북한의 통일외교

북 한 학 총 서
북한의 새인식 ⑩

북한의 통일외교

북한연구학회 편

景仁文化社

■ 발간사

통일연구원 선임연구위원

북한연구학회가 출범한 지도 벌써 10년이 지났다. 세월은 유수같이 빠르고, 10년이면 강산도 변한다는 데, 10여 년 전에는 40대 초반의 중년의 나이로 학계를 누볐던 학자들이 이제는 머리가 희끗희끗하고 중후한 50대 초반의 학자들로 변모하였다. 그래도 연구활동을 묵묵하게 하고 있는 모습을 보면, 여전한 연구열에 감탄하곤 한다.

10여 년의 세월이 흐르면서 북한학계는 눈부시게 발전하였다. 남북관계의 변화만큼 북한학계 또한 변화했고, 양적인 면이나 질적인 면에서 비교할 수 없을 만큼 장족의 발전을 이룩하였다. 우선 북한연구학회 회원만 해도 400여 명 가까이 증대하였고, 새로운 시각으로 쓰여진 학위논문과 학술논문, 단행본 등이 수백 편에 이르고 있다. 특히 사회문화, 여성, 무용, 가족, 과학, 체육 분야 등에서도 연구성과물이 나오면서 북한학 연구의 다양성이 확보되었다. 북한을 정치군사, 경제적 측면에서만 주로 분석·전망하는 한계를 벗어나 다양한 관점에서 분석·전망할 수 있는 터전이 마련된 셈이다. 앞으로도 더욱 다양한 분야에서 연구 성과물들이 쏟아져 나올 것으로 기대된다. 아울러 우수한 신진학자들이 많이 배출되어 북한학 연구의 저변이 확보됨으로써 북한학의 명맥을 유지할 수 있게 되었고, 통일에 대비한 인적 집단이 충분히 확보됨으로써 통일 이전이나 이후의 문제점, 특히 통일후유증을 최소화할 수 있게 되었다.

사실 1989년 을유문화사가 12권의 북한학 총서를 간행한 이후 이렇다할 북한연구 총서가 나오지 않아 일반인이나 전문가들의 아쉬움이 컸었다. 이러한 기대가 오늘날 『북한의 새인식』(전 10권)이라는 총서가 나오게 된 배경이 되었다. 솔직히 처음 시작할 때는 제대로 책이 나올까 하는 두려움도 없지 않았지만 훌륭한 동료, 후배들의 격려에 힘입어 끝까지 출판을 마무리할 수 있었다. 책이 나오게 된 지금에 와서 돌아보니, 『북한의 새인식』 총서 10권의 출판이 북한학의 역사에도 크게 기여하게 되리라는 자부심이 일을 끝까지 마무리할 수 있었던 큰 힘이 아니었나 생각된다.

이 자리를 빌어 모든 난관을 참고 견뎌준 편집책임자 정영철 박사를 비롯해 전영선·이무철·신효숙·고재홍 박사님들께 감사를 드린다. 그리고 출판계의 어려움에도 불구하고 별 이익도 없는 사업에 흔쾌히 출판을 맡아준 경인문화사 한정희 사장님께 감사드린다. 특히 출판의 타당성을 놓고 망설이고 있을 때 자신감을 불어 넣어준 유영구·정창현 선생에게 무한한 감사를 드린다. 아울러 많은 실무자들이 일을 할 수 있도록 물심양면으로 도와준 최준택 차장님, 정세현·박영규·라종억 박사님들께도 사의를 표한다. 아울러 총서 출간을 위해 지원을 마다하지 않은 미래에셋 최현만 사장님께도 감사드린다. 마지막으로 집필자 선정을 위해 시간을 아끼지 않으신 북한연구학회의 정규섭·고유환·김근식·이기동 박사님들께 감사드린다.

아쉬운 것은 수 천편의 책과 글 중에서 110여 편의 글과 110여 명의 필자들만이 선정되어 좋은 글과 필자들이 많이 빠졌다는 점이다. 여러 가지 이유로 여기에 실리지 못한 연구자들에 대해서는 죄송한 마음을 금할 길이 없다. 지면관계상 또는 필자별·분야별로 안배를 하다보니 많은 우수한 논문들과 필자들이 빠지게 되었다. 다음에 이러한 기회가 있을 때는 보다 정교한 선정작업이 이루어져 모든 글들이 실리기를 바란다. 다시 한번 총서가 나오기까지 물심양면으로 도와주신 수많은 선배·동료·후배님들에게 감사의 마음을 전하고, 이 총서가 수많은 초학자는 물론 기존 연구자들에게도 북한 연구의 좋은 길잡이가 되기를 바라면서 발간사를 가름한다.

2006년 11월
북한연구학회장 **전 현 준**

■ 추천사

동국대학교 교수

북한연구학회가 창립 10주년을 맞아 북한학 총서 『북한의 새인식』(전 10권)을 출간하는 것은 대단히 뜻 깊은 일이다. 학회 창립의 산파역을 맡아 동분서주하던 일이 엊그제 같은 데, 벌써 10년의 세월이 흘렀다. 그 동안 학회는 장족의 발전 속에 북한, 남북관계 등의 영역에서 많은 연구 성과를 거뒀다. 총서 10권을 출간함으로써 이제 학회는 단단한 반석 위에 섰다 하겠다.

사실 북한학 총서는 지난 1989년 을유문화사에서 『북한의 인식』(전 12권)으로 출간된 적이 있었다. 당시의 북한학 총서는 북한 연구의 척박한 현실을 반영하듯, 북한에 대한 각 분야의 소개에 그친 점이 없지 않다. 그럼에도 당시의 『북한의 인식』은 연구자들에게 많은 영향을 미쳤고, 상당한 성과를 거두었다. 그로부터 약 17년의 시간이 흐른 뒤, 남북한은 물론 남북관계에도 많은 변화가 있었다. 가장 큰 변화는 2000년 정상회담과 '6·15 공동선언'의 발표라고 할 수 있다. 이로부터 약 6년의 시간동안 남북한은 과거의 대립과 갈등을 지양하고, 평화와 공존, 번영을 위한 여러 분야에서의 협력을 진척시켜왔다. 그 결과 이제 남북한간에는 무역액 10억 달러 이상, 연간 교류 인원 10만 명을 웃도는 관계 진전을 이루었다. 북한 연구도 이러한 시대적 조류에 맞게 많은 발전을 이룩하였다. 과거 정치와 경제, 군사부문에 한정되던 연구 주제들이 사회, 여성, 가족, 교육, 문화, 과학기술, 외교 등으로 확장되었고, 연구의 질도 심화되었다. 이러한 조건에서 북한학 총서의 발간은 북한학의 새로운 단계로의 발전을 위한 시의 적절한 기획이고, 앞으로의 발전을 위한 단단한 초석이라고 할 수 있겠다.

총 114편의 논문으로 구성된 이번의 총서는 북한의 정치·경제·사회·문화 등 모든 영역을 망라한 국내외 최초의 대규모 기획이다.

 1권 ‘북한의 정치 1’에서 10권 ‘북한의 통일외교’에 이르기까지 북한 연구의 중요한 주제들을 모두 포괄하고 있다. 필진 역시 원로 학자에서부터 소장 학자에 이르기까지 국내 북한학 연구 인재들을 총망라하였다. 각각의 논문을 그 분야 전문 연구자가 집필함으로써 총서의 무게감을 더한 것도 큰 성과라 할 수 있다. 이러한 성과는 그동안 북한학 연구자들의 저변이 확대된 현실과 그 연구의 질적 심화의 과정을 그대로 보여주고 있는 고무적인 현상이다.

 연구사적 차원에서도 총서 발간으로 이제 국내 북한 연구는 한 획을 그었다고 할 수 있다. 탈냉전 이후 북한 연구를 집대성한 최초이자 최대의 성과이기 때문이다. 이 성과를 바탕으로 학회 창립 20주년이 되는 2016년에는 북한학과 통일학을 망라한 총서 20권의 출간을 기대한다. 북한 연구의 지평을 넓힌 북한학 총서는 북한학 연구에 관심 있는 모든 연구자와 학생들에게 길잡이로서 손색이 없다. 관심 있는 모든 이들에게 일독을 권하는 바이다.

 끝으로 총서 발간을 기획하고 출간을 가능케 한 전현준 회장과 출판을 위해 수고한 연구자들에게 감사를 표하는 바이다.

2006년 11월

북한연구학회 고문을 대표하여

강 성 윤

■ 추천사

통일부 장관

북한연구는 우리 사회의 북한에 대한 인식의 거울이라고 할 수 있습니다. 남북관계의 변화만큼이나 우리의 북한에 대한 이해의 방향과 깊이도 많이 변화되어 왔기 때문입니다.

냉전시기 북한에 대한 연구는 이데올로기적 가치판단에 따라 실증적·과학적 연구가 크게 제약되었고, 그 결과 학문성 자체까지도 의심을 받아온 것이 사실입니다.

그러나 이제 그 시대는 지나갔습니다. 1980년대 후반 한국 사회의 민주화와 세계냉전의 붕괴는 북한 연구에 있어서도 큰 영향을 미쳤습니다. 이데올로기적 편견의 탈피, 실사구시의 강조, 객관적 비교연구, 이런 것들이 북한 연구에서도 본격적으로 나타나기 시작했습니다.

북한연구학회의 창립도 이러한 시대적 흐름과 궤를 같이 하고 있다고 봅니다.

북한연구학회는 지난 1996년 출범한 이래 객관적·실증적이고 학제적인 북한 연구를 통해 북한에 대한 새로운 시각을 제시하는데 앞장서 왔습니다.

이러한 노력의 연장선상에서 북한연구학회 창립 10주년을 맞아 발간한 『북한의 새인식』(전 10권)은 그간의 북한 연구의 결정체이자 국내 북한 연구자들의 땀과 노력이 빚어낸 값진 쾌거입니다.

북한 연구는 다른 연구와 달리 3중고에 시달리고 있습니다. 이분법적 이념의 편견이 여전히 남아 있고, 공신력있는 1차 자료를 획득하는 것이 불가능한 경우가 많고, 경험적이고 실증적인 현장연구가 상당히 제약되어 있다는 것입니다.

『북한의 새인식』은 이러한 3중고 속에서도 북한의 실체에 최대한 가까이 접근하고자 한 학자적 소신과 열정이 녹아 있습니다.

이 10권의 총서는 이러한 어려움 속에서도 북한의 정치·경제·사회·문화 등 제반 분야의 과거와 현재, 나아가 미래까지를 아우르고 있다는 점에서 북한 연구에 있어 매우 귀중한 자산이 될 것으로 평가합니다.

북한을 이해한다는 것은 우리 자신을 보다 잘 이해하는 것입니다. 60년간 잊고 있었던 우리의 반쪽을 알아가는 과정입니다.

북한을 정확히 아는 것은 진정한 통일을 위한 첫걸음이기도 합니다. 남북이 하나의 공동체로 나아가기 위해서는 서로에 대해 있는 그대로 인식하는 것이 무엇보다 중요하며, 그러한 바탕 위에서 남북간에 차이를 좁히고 동질감을 확산시키는 부단한 노력이 이루어져야 할 것입니다.

그동안 이 총서가 발간되기까지 많은 수고를 아끼지 않으신 전현준 북한연구학회장을 비롯한 출판 관계자 여러분의 열정과 노고를 높이 평가하며 경의를 표합니다.

이 총서가 북한과 통일에 대해 연구하는 내외의 학자들에게는 소중한 나침반이 되고, 대북정책을 추진하고 있는 정부의 실무자에게는 정책을 수립하고 집행하는 데 있어 유용한 참고서가 될 것입니다.

그리고 일반인에게는 편견없이 북한을 바라볼 수 있는 진솔한 설명서가 될 것으로 기대합니다.

2006년 11월
통일부 장관
이 종 석

■ 추천사

전 통일부 장관

1989년에 국내 한 출판사가 『북한의 인식』(을유문화사)이라는 북한학 총서 12권을 출간한 이후, 17년 만에 북한연구학회가 『북한의 새인식』 총서 10권을 출간하게 되었다. 북한연구학회 회원인 114명의 학자들이 집필한 대작大作이다. 북한에 관한 한 다루지 않은 문제가 거의 없는 것 같다. 먼저 이러한 방대한 연구사업을 기획하고 추진해 온 전현준全賢俊 회장을 비롯한 북한연구학회 임원진의 추진력과 노고에 대해 경의를 표한다.

1989년을 전후해서 북한은 매우 어려운 상황에 처해 있었다. 남북간 체제경쟁은 사실상 오래전에 결판이 났고, 중국의 개혁·개방과 소련의 페레스트로이카·글라스노스트가 속도를 내면서 국제정세가 탈냉전 방향으로 발전하는 동시에 사회주의권은 붕괴되는 상황이었다. 체제생존이 위협받는 상황에서 북한 나름의 자구自救를 위한 노력이 시작되었다. 북한의 모습과 실체가 작은 변화나마 시작했었다는 점에서 1989년에 국내 출판사가 출간한 『북한의 인식』이라는 총서는 북한에 대한 지식과 정보의 갈증을 느끼던 사람들에게 매우 유익한 길잡이 역할을 했다고 본다.

그로부터 17년이라는 시간이 흐르는 동안 국제정세도 변했지만, 남북관계는 가히 '극적인 변화'라고 할 수 있을 정도로 변했다. 남북 정상회담 이후 남북관계가 빠른 속도로 개선되면서 북한도 다른 사회주의국가들처럼 개방·개혁을 시작했고, 북한주민들의 대남인식과 북한사회의 변화도 감지되고 있다. 북한을 제대로 알아야 한반도 평화와 남북관계 개선을 위한 올바른 인식과 정책대안이 나올 수 있다는 점에서 17년 전의 북한학 총서를 수정·보완할 필요는 충분히 있다. 그때의 총서가 당시로서는 훌륭한 역할을 했지만, 최근의 변화 상황까지 설명할 수는 없기 때문이다.

21세기를 맞이하여 북한도 새로운 시각과 관점에서 살 길을 찾고 있다. 변하고 있는 북한을 분석하고 평가하는 데도 새로운 시각과 관점이 필요하게 되었다. 그런데 매사에 지속(continuity)과 변화(change)가 공존하기 때문에 변화의 요소를 보면서도 지속의 요소를 놓쳐서는 안 된다.

이번에 북한연구학회의 북한학총서를 집필한 학자들 중 상당수는 1990년대에 박사학위를 받고 대학과 연구기관에서 가르치고 연구해온 신진학자들이다. 그러나 집필진에는 원로학자도 있고 중진학자도 적지 않다. 신진학자들과 원로·중진이 함께 토의하고 분야를 나누어 집필하여 하나의 총서로 꾸몄으니, 집필진 구성면에서 노老·장壯·청靑 3결합이 조화롭게 이루어진 셈이다. 북한연구학회가 출간하는 총서『북한의 새인식』은 변화된 상황에 맞게 적시에 출간되기 때문에 의미가 크지만, 북한에 대해서 가질 수 있는 편견을 극복하고 북한 실체에 더 가까이 다가갈 수 있도록 집필진이 구성되었다는 점에서도 주목을 받을만하다고 본다.

다시 한 번 북한연구학회의『북한의 새인식』총서 출간을 축하하면서, 북한문제에 관심 있는 분들, 특히 통일 후계세대들에게 이 책을 추천하고자 한다.

2006년 11월
북한연구학회 명예고문을 대표하여
丁 世 鉉

<차 례>

□ **발간사**

□ **추천사**

서 문

□ 북한의 통일·외교 연구의 방향과 과제 〈유호열〉 ▌ 1

제1부 북한의 통일정책

□ 북한의 대남·통일정책의 기조와 전개과정 〈고유환〉 ▌ 11

1. 머리말 ······ 11
2. 북한 통일정책의 기조 ······ 12
3. 김일성시대 북한의 대남·통일정책 전개과정 ······ 20
4. 김정일 정권의 대남·통일정책 전개과정 ······ 33
5. 6·15 남북공동선언 이후 북한의 대남정책 ······ 37
6. 북한의 대남정책 전망과 우리의 대응 ······ 49

□ '6·15 남북공동선언' 이전 북한의 대남 정책 특징 〈전현준〉 ▌ 61

1. 서 론 ······ 61
2. 연구를 위한 전제 ······ 63
3. 북한 대남 정책의 '반복' 사례 ······ 71
4. 결 론 ······ 93

□ 북한의 연방제 통일방안:

North Korea's Federation Formula 〈윤 황〉 ▌ 103

1. 서 론 ······ 103
2. 연방제 통일방안의 변천과정에 따른 개념과 내용 ······ 110

3. 연방제 통일방안의 쟁점과 평가 ······ 140
4. 결 론 ······ 163

□ 분단통일국과 한반도 통일 〈정지웅〉 ┃ 191

1. 들어가며 ······ 191
2. 독 일 ······ 192
3. 예 멘 ······ 204
4. 베트남: 공산주의 무력 흡수 통일(통합이론의 적용 불가) ··· 216
5. 분단통일국이 한반도에 주는 교훈 ······ 222

제2부 북한의 외교

□ 북한 외교정책의 역사적 전개 〈정규섭〉 ┃ 243

1. 머리말 ······ 243
2. 북한 외교의 목표와 기조 ······ 244
3. 냉전기 북한 외교정책: 1948~1988 ······ 246
4. 세계질서 변화와 대외정책의 조정: 1989~1998.8 ······ 253
5. 김정일 정권의 외교정책: 1998.9~ ······ 265
6. 맺음말 ······ 279

□ 1990년대 북한의 대미정책:

정체성 정치의 작동방식을 중심으로 〈서보혁〉 ┃ 285

1. 서 론 ······ 285
2. 북한의 국가정체성과 대미정책 ······ 287
3. 정체성 정치의 효과: 제네바합의까지 ······ 293
4. 정체성 정치의 제약: 제네바합의 이후 ······ 299
5. 결 론 ······ 306

□ 북한의 대일정책: 북한의 대일인식에 대한
≪조선통신≫ 기사 분석을 중심으로 〈진희관〉 ▌ 319

1. 문제제기 ··· 319
2. 북일관계 연구의 동향 ··· 321
3. 북한의 대일정책 기조 ··· 329
4. '조선통신'의 기사 동향 ·· 332
5. 쟁점별 북한의 대일인식 ··· 337
6. 결 론 ··· 344

□ 북·러관계 〈정성임〉 ▌ 349

1. 서 론 ··· 349
2. 양국관계의 결정요인: 인식상의 특징 ·························· 350
3. 북·러관계의 역사적 전개 ··· 361
4. 북·러관계의 특징과 한계 ··· 373
5. 결 론 ··· 387

□ 북한의 대중국외교정책 〈유광진〉 ▌ 403

1. 서 론 ··· 403
2. 북한의 외교정책과 중국 ··· 405
3. 북한의 대중국외교정책 전개와 발전 ···························· 412
4. 북한의 대중국외교정책 전망 ······································· 419
5. 결 론 ··· 427

□ **찾아보기** ▌ 435
□ **필자약력** ▌ 439

서문:
북한의 통일·외교 연구의 방향과 과제

유 호 열

　북한에게 있어 통일과 외교문제는 체제 생존에 직결된 가장 시급한 당면 현안 문제인 동시에 향후 북한이 해결해야 할 가장 핵심적 과제이다. 통일문제는 북한의 대남정책과 남북관계란 측면 이외에도 북한체제의 정체성과 관련되어 있다. 2000년 6·15 정상회담 이후 남북관계가 개선되고 교류협력이 심화되고는 있으나 남한 사회 내부에서의 '남남갈등'의 지속과 함께 민족공조의 실상에 대한 부정적 시각도 만연되고 있어 남북관계의 전개과정을 낙관할 수 없는 실정이다.

　약소국이자 현존하는 거의 유일한 사회주의 국가로서 북한은 외교문제를 사활적 이해관계로 파악하고 있다. 1990년대 사회주의권의 연쇄적 몰락과 독일 통일을 목격한 북한은 세계 유일 초강대국인 미국과의 관계개선을 생존을 위한 핵심고리로 설정하여 대미외교를 전개하였다. 그럼에도 핵문제와 미사일 등 대량살상무기를 지속적으로 개발함으로써

9·11 이후 새롭게 전개되는 국제질서에서 고립을 자초하였다. 국제사회의 대북제재 움직임이 가속화되는 가운데 전통적인 우방인 중국과 러시아와의 관계마저 불투명해지고 있다.

이처럼 2000년대 북한의 외교와 통일문제의 중요성에 비례하여 북한연구에서도 이 분야에 관한 학술적 연구와 각종 정책적 제안들이 쏟아져 나오고 있다. 본 저서는 이같은 시대적 상황에 부응하여 북한이 당면한 핵심 현안과제인 통일 및 외교분야에 관한 국내 전문가들의 분석과 제안을 묶어 출판한 것이다. 저서의 편제상 북한의 대남정책과 통일방안을 중심으로 4편의 논문과 북한의 외교 부문을 다룬 5편의 논문으로 구성되어 있다. 총 9편의 논문은 북한 외교와 통일에 관한 주요 현안별 연구의 집합체일 뿐, 단일한 인식과 방법론상 통일된 형태로 이루어지지는 않았다. 그럼에도 불구하고, 그리고 바로 그러한 이유에서 이 책에 수록된 논문들을 통해 북한의 외교와 통일문제에 관한 연구의 현주소를 보다 뚜렷하게 파악할 수 있으며 정책 분야에서 다양한 실천 방안을 모색할 수 있는 계기가 되었다.

북한연구는 객관성과 과학성을 추구하는 학문적 연구인 동시에 동족으로서, 통일의 대상으로서의 북한에 대한 가치개입이 불가피한 현실적 정책개발작업을 포함하고 있다. 본 저서에서 제시된 북한 외교 및 통일에 관한 연구들은 연구자 개인의 성향 및 경험의 차이에도 불구하고 몇 가지 공통점을 발견할 수 있다.

첫째, 북한연구에서의 실사구시적 입장이 강조되고 있다. 북한의 통일 및 외교 분야는 남한을 비롯한 주요 국가 등 상대가 있는 분야이다. 남북대결이나 냉전시기 북한의 통일 및 외교에 관한 연구는 북한의 입장이나 자료에 대한 객관적 분석보다는 남한의 시각과 입장, 각국의 국가 이익과 관점에서 북한에 대한 연구가 진행되었다. 자연히 이데올로기적이고 관념적인 접근이 주류를 이룰 수 밖에 없었다. 북한의 자료를 활용함에 있어서도 이러한 이데올로기의 제약을 벗어날 수 없었으며, 선험적 연구를 뒷받침하는 근거로서 이용하는데 그쳤다. 그러나 본 저서에 수록된 논문들은 과거와 같은 이데올로기적 접근을 지양하고 가급적 북한의 원전을 있는 그대로 이해하려고 노력하였으며 해석이 필요한 경우에도 논리적 근거를 제시하며 실사구시적 차원에서 접근하였다. 고유환 교수의 "북한의 대남·통일정책의 기조와 전개과정"을 비롯하여 전현준 박사의 "'6·15 남북공동선언' 이전 북한의 대남 정책 특징" 연구 및 정규섭 교수의 "북한외교정책의 역사적 전개" 논문, 정성임 박사의 연구 등은 이러한 북한 원전의 객관적 분석의 시금석이 되고 있다.

둘째, 북한에 대한 인식과 관점을 21세기 현실에 토대하여 재구축하려고 하였다. 분단 60년동안 북한을 연구함에 있어 북한은 정체된 대상으로, 불변의 항수로서 간주하는 경향이 많았다. 그러나 1990년대 세계가 급변하는 것과 같이 북한 역시 북한의 기준에서 보면 적지 않게 변화를 시도하였음을 부인할 수 없다. 상대인 남한과 주변 각국의 변화에 적응하기 위한 북한의 인식과 정책의 변화를 감안하지 않고 북한에 대한 정확한 판단은 불가능하다. 북한의 실상과 정책에 관한 논의를 북한 불변론에 입각하기 보다는 북한이 대내·외적 상황 변화에 따라 변화하거나 변화할 수 밖에 없다는 관점에서 전개함으로써 북한연구를 학계의 지적 연구대상으로 분명히 자리매김하였다. 서보혁 박사의 "1990년대 북한의 대미정책" 연구와 진희관 교수의 "북한의 대일정책" 정성임 박사의 "북·러 관계" 논문 및 유광진 교수의 "북한의 대중국 외교정책" 연구 등 북한의 주변 4국 외교에 관한 연구는 이러한 현실적 변화를 중점적으로 반영하고 있다.

셋째, 북한에 대한 인식과 향후 정책 방향을 제시함에 있어 진보와 보수와 같은 이분법적 접근을 지양하고 합리적인 대안을 제시하고자 하였다. 북한의 통일 및 외교분야 연구에서 연구자의 가치를 배제할 수 없음은 우리 사회에서 북한이 차지하는 위치나 비중으로 볼 때 불가피하다. 비록 북한을 학문적 대상으로 설정하더라도 북한의 바람직한 변화를 유도하고 한반도의 평화와 안전을 유지해야 한다는 정책적 필요성을 도외시 할 수 없는 것이 현실이다. 문제는 이러한 북한에 대한 가치판단이 보수와 진보 등 이분화됨으로써 남남갈등을 확대 재생산하는데 학계도 일정부분 책임을 면할 수 없었다는 점이다. 다행히 본 저서에 수록된 논문들은 보수와 진보의 시각을 다양하게 표출하면서도 합리적인 대안을 제시함으로써 북한연구의 지평을 확대하고 담론의 수준을 제고하는데 기여하였다. 윤황 교수의 "북한의 연방제 통일방안"에 관한 논문은 자유민주주의 이념과 체제를 중심으로 통일이 이루어져야 한다는 기본 전제에도 불구하고 보수와 진보의 이념적 대립을 극복할 수 있는 가능성을 충분히 제시해 주었다.

넷째, 북한연구에서 이데올로기적 접근이나 역사서술적 분석을 넘어 과학화를 시도하였다. 북한연구는 자료의 제약과 접근성의 한계를 아직 충분히 극복하지 못하고 있다. 그러나 제한된 연구 환경에서도 일반 사회과학적 접근 방식이나 이론을 적용하는 노력을 포기할 수는 없다. 연구에서 가설을 설정하고 이를 검증 가능한 방식으로 증명하고자 하는 시도는 북한 연구를 한단계 도약시키는데 불가결의 요소이다. 시기별 또는 사례별 비교 분석을 시도하고 기존의 이론틀을 적용함으로써 북한의 실상을 체계적으로 비교, 정리하는 작업은 북한 연구를 특수지역연구에서 벗어나 일반화하는데 결정적으로 도움이 될 것이다. 전현준 박사의 북한의 대남정책의 패턴 연구나 정지웅 통일미래사회연구소장의 "분단통일국과 한반도 통일" 연구에서 제시한 독일, 베트남, 예멘의 통일 사례에 대한 비교 분석, 그리고 서보혁 박사의 구조주의 이론의 적용 등은 북한 연구 방법론의 다각화 가능성을 제시한 논문들이다.

본 저서에 게재된 논문들을 통해 북한 외교 및 통일문제에서 이룩한 성과에도 불구하고, 또는 그러한 성과에 덧붙여 향후 북한 외교 및 통일 연구에서 다루어야 할 과제들도 적지 않다. 북한의 대남정책 및 통일방안과 관련하여 우리의 대북정책 및 통일방안과의 접점을 찾는 노력이 있어야 한다. 북한의 대남정책과 통일방안은 자신의 정체성과 목표, 이해관계에 따라 수립되고 추진되었다. 동시에 남한의 대북정책과 통일방안 역시 남한의 목표와 이해관계에 따라 결정되고 진행되었다. 그러나 이미 1990년대 남북한은 숱한 협상과 교류협력의 경험을 축적하면서 상호 영향을 주고받으면서 남북관계를 진척시켜왔다. 따라서 이제는 북한의 대남정책과 통일방안에 관한 연구에서 남한과의 접촉 및 교류를 통해 변화된 측면을 집중적으로 분석하여 향후 북한을 바람직한 방향으로 유도할 수 있는 전략과 정책 수립이 이루어져야 한다.

과거 남북 대결시대와 냉전시기가 남북간 상호 고립되거나 일방적인 제안에 그쳤던 시기였다면 현재의 남북관계는 방향성과 경중의 차이는 있으나 상호의존적 형태로 발전하고 있다. 따라서 북한에 대해 추진되었던 햇볕정책에 대한 성과를 냉정하고 객관적으로 평가하고 분석함으로써 북한체제의 향후 진로와 정책 방향을 보다 전략적으로 수립할 필요가 있다. 지난 10여 년간 적지 않은 북한 연구자들이 북한 바로알기 차원에서 북한에 대한 객관적 실체 파악에 주안점을 두고 북한 원전 등 북한의 입장에서 내재적 접근을 시도하였다면 이제는 정책적 차원에서 북한의 정책 변화를 유도할 수 있는 구체적인 전략을 제시하여야 한다. 북한의 대남·통일정책의 기조를 올바르게 파악하고 북한의 대남정책의 패턴과 연방제 통일방안의 실상을 역사적 사실과 담론의 일반화를 통해 정리하였다면 이젠 그러한 북한에 대한 올바른 대응책을 실사구시적 차원에서 실용적인 측면에서 강구하여야 한다. 독일을 비롯한 베트남과 예멘 등 과거 분단국들의 통일 사례와 교훈을 통해 한반도 통일의 가능성과 시나리오를 작성할 수 있다면 보다 구체적인 통일 대계를 범정부차원에서 민관이 합동으로 마련하여야 한다. 북한 연구를 심화 발전시킴으로써 우리 사회에 팽배한 소위 남남갈등을 극복하고 보수-진보의 이분법적 대결을 뛰어넘는 창조적 담론의 토대를 제시하여야 한다. 통일은 평화적으로 달성하되 북한의 급변사태를 외면할 수도 없으며 통일비용과 통일의 후유증이 심각함을 동시에 감안한 다양한 형태의 대비계획도 구체적으로 수립하여야 할 것이다.

북한 외교는 대남정책 및 통일문제와 맞물려 북한의 장래와 한반도의 평화와 안전을 위해 매우 중요한 과제이다. 북한의 주변 4대 강국에 대한 외교를 분석함에 있어 북한의 입장과 이해뿐만 아니라 주변 각국의 이해관계와 목표를 심층적으로 분석해야 한다. 약소국이면서 동시에 분단국이고, 인권문제가 심각한 독재국가이자 대량살상무기를 개발하고 있는 위험한 국가인 북한에 대해 주변 4국은 자국의 입장에서 구체적인 접근 방법을 다각도로 모색하고 있음을 잊지 말아야 한다.

비단 북한의 외교는 주변 4국과의 관계 속에서만 이루어지는 것이 아니다. 비록 주변 4국과의 외교가 중요하고 북한의 대외역량의 상당부분이 이들 국가들과의 관계에 집중되고 있는 현실에서 북한의 국제기구와의 외교나 제3세계 및 대서방외교 역시 북한의 관점에서 무시할 수 없는 부분이다. 더구나 북한의 외교에서 갈등뿐만 아니라 협력의 경험도 중요한 까닭에 북한의 다변화된 외교 성과와 경험에 대한 구체적인 연구가 이루어져야 한다. 현재와 같이 대미외교가 절대적으로 중요하고 핵문제가 가장 큰 정책 현안인 상황에서 여타 부문에 대한 연구가 소홀해질 수 밖에 없으나 이러한 연구의 질적, 양적 불균형을 시정함으로써 북한이 국제사회의 책임있는 일원으로 복귀할 수 있는 객관적 조건을 마련해 줄 수도 있을 것이다.

북한의 통일 및 외교에 관한 연구는 별개의 분야로 분리될 수 없는 특성을 갖고 있다. 북한의 대내적 특성과 각종 현안 과제들도 통일 및 외교 분야와 분리될 수 없는 것과 마찬가지이다. 각론에서 북한의 대남·통일·외교 현안과제와 정책을 상세하게 연구하는 것과 동시에 이러한 연구가 북한의 정치, 경제, 군사, 사회문화의 제반 과제들과 맞물려 종합적으로 비교 검토되어야 하며 아울러 남한을 비롯한 국제사회와의 접점에서 연구가 확대 심화되어야 한다.

본 저서는 이러한 시대적, 정책적, 학문적 필요성에 공감하여 보다 포괄적이고 종합적인 북한연구의 일환으로 이루어졌으며 그런 의미에서 일단계 소임을 충실히 이행하였음을 기쁘게 생각한다. 이러한 연구가 일회성 연구에 그치지 않고 후속 연구를 통해 지속적으로 축적되어 학문과 정책 차원에서 발전하여야 한다. 앞으로 관련 학계와 전문가 및 정책 실무자, 그리고 일반 국민들의 냉정한 평가와 질타를 기대하며 또한 이러한 연구가 정작 연구의 대상인 북한 학계 및 관련 실무자들과의 건설적인 대화와 토론으로 이어질 수 있기를 진심으로 기대한다.

제1부
북한의 통일정책

고유환　북한의 대남·통일정책의 기조와 전개과정
전현준　'6·15 남북공동선언' 이전 북한의 대남 정책 특징
윤　황　북한의 연방제 통일방안:
　　　　North Korea's Federation Formula
정지웅　분단통일국과 한반도 통일

북한의 대남·통일정책의 기조와 전개과정

고 유 환

1. 머리말

북한 정권의 존재 의의는 혁명역량 강화를 통한 남조선해방과 한반도의 공산화를 실현하는 것이다.[1] 그러나 전반적 혁명역량의 약화로 북한당국은 공세적 체제 확대보다는 수세적 체제유지에 주력할 수밖에 없는 상황으로 내몰리고 있다. 사회주의권의 붕괴와 북한 내부의 경제난 및 남북한간 국력격차의 심화, 그리고 남한에서의 민주화 진전 등은 북한이 주장해 왔던 '3대혁명역량의 강화', 즉 국제 혁명역량의 강화, 북한 사회주의 혁명역량의 강화, 남한 혁명역량의 강화를 저해하는 요소로 작용하고 있다. 북한은 그 동안 한반도 공산화 통일의 실현을 위해 '평화적 혹은 비평화적 수단'을 동원하여 모든 투쟁을 전개해 왔지만 국제적 지원 역량인 사회주의권의 붕괴와 심각한 경제난 등으로 공산화 통일의 실현은 불가능하게 되었다.

조국통일에 대한 강박감과 혁명역량의 약화, 이상과 현실 사이의 괴리는 북한당국의 딜레마다. 북한은 이러한 궁지로부터 탈피하기 위해서 내부적으로는 '우리식 사회주의론'을 통해서 주민들에 대한 사상통제를 강화하고, 핵·미사일 등 대량살상무기(WMD) 개발을 체제수호 및 대외 협상용으로 활용하면서 자본주의 세계경제로의 편입을 조심스럽게 추진하고 있다.

북한은 사회주의권의 붕괴에 따른 사회주의 이데올로기에 대한 정체성의 위기, 식량난·에너지난·생필품난·외화난 등의 심각한 경제위기, 탈북자 급증 등 사회일탈의 위기 등 총체적이고 구조적인 체제위기 상황 하에서 생존을 위한 고육지책으로 해방의 대상인 남한과 '6·15 남북공동선언'을 통해 공존을 합의하고, 타도의 대상인 미국, 일본 등 자본주의 국가들과의 관계개선을 추진하고 있다.

이 글의 목적은 북한 대남정책의 전개과정을 지속과 변화라는 관점에서 대남전략, 전술, 행동방침[2]의 변화 가능성과 한계를 살펴보는 데 있다.

2. 북한 통일정책의 기조[3]

1) 통일문제의 본질에 관한 북한의 주장

북한은 한반도의 통일문제가 생기게 된 주원인을 '미제의 남조선 강점'에 있다고 단정하면서, 외세의 지배 및 간섭 종식, 전국적 범위에서의 민족의 자주권 확립, 남북간 민족적 단합 도모 등을 통일의 본질적인 문제로 규정하고 있다. 1980년대 중반까지 통일문제를 보는 북한당국의 주장을 인용해 보면 다음과 같다.

"조선의 통일문제는 외세의 지배와 간섭을 종식시키고 조선민족의 자주권을 완전히 실현하며 북과 남 사이의 불신과 대립을 없애고 민족적 단합을 이룩하는 문제입니다"4)

"조국통일문제는 조선민족내부문제이며 외세에 의하여 짓밟힌 민족의 자주권을 전국적 판도에서 되찾기 위한 조선민족의 사활적 이해에 관한 문제이다"5)

"조국통일은 나라의 한 부분을 제국주의자들이 강점함으로써 국토와 민족이 인공적으로 분열된 특수한 조건에서 제기되는 문제이다. 우리나라에서 조국통일문제가 생기게 된 것은 미제의 남조선 강점과 관련되어 있다"6)

북한이 내세우고 있는 통일문제의 명목적·표면적 본질은 외세를 몰아내고 전국적 범위에서 민족의 자주권을 되찾는 문제이지만, 실질적·내면적 본질은 전국적 범위에서의 사회주의, 공산주의 혁명과 건설을 완수한다는 데 있다. 따라서 북한이 말하는 조국통일은 사회주의, 공산주의 혁명과 건설을 완수하는 과정에서 일차적으로 미해방지역인 남한을 미국으로부터 해방시켜 전국적 범위에서 자주성을 실현한다는 것을 의미한다. 이는 1985년 북한에서 발행한 '위대한 주체사상 총서' 제5권, 『사회주의, 공산주의건설이론』에서 '조국통일에 관한 이론'을 다루고 있는 점에서도 확인할 수 있다.

북한이 전국적 범위에서 민족적 자주권을 확립하는 것을 통일의 본질로 내세운 것은 외세(미군)의 철수는 곧 한반도의 공산화 통일의 전제조건, 즉 '외세의 배격은 조선혁명에서 주체사상의 구현을 위한 전제조건의 마련'이라는 기본 가정으로부터 나온 것이다. 이처럼 북한은 외세에 의하여 인공적으로 갈라진 국토와 민족을 하나로 합치는 것을 조국통일문제의 본질과 성격을 규정하는 중요한 측면이라고 주장한다.

1990년대에 들어서면서 북한은 '사회정치적 생명체론'을 원용하여 민족의 혈맥을 이어 전국적 범위에서 민족의 자주성을 회복하는 것을 통일문제의 본질로 규정하고, 통일문제 해결에 있어 유관국가들의 책임과 협력을 강조하여 주목을 끈 바 있다. 1991년 8월 1일 김일성은 조국평화통일위원회('조평통') 책임일군과 조국통일범민족연합('범민련') 북측본부성원들에게 발표한 담화 "우리 민족의 대단결을 이룩하자"에서 통일의 본질은 "인위적으로 갈라진 민족의 혈맥을 다시 잇고 민족적 화합을 이룩하는 문제이며 전국의 범위에서 민족의 자주성을 이룩하는 문제"라고 규정했다.7) 그리고 1993년 신년사에서 김일성은 "조국통일 문제는 우리 민족이 주체가 되어 해결하여야 할 민족적 문제인 동시에 유관국가들도 책임을 느끼고 적극 협력하여야 할 국제적인 문제"라고 언급하였다.

한편 김일성의 후계자인 김정일도 "통일문제를 하나의 전일체로서의 우리 민족의 자주성의 확립문제"로 보고 있다.8) 김정일은 1983년 5월 3일 마르크스 사망 100주기를 맞아 발표한 논문을 통해서 "오늘 우리 앞에는 공화국북반부에서 사회주의건설을 다그치는 한편 분열된 조국을 통일하고 전국적 범위에서 민족의 자주권을 확립하여야 할 중대한 과업이 나서고 있다"고 주장하였다. 김정일은 주체사상의 기치아래 사회주의건설을 추진하며 전국적 범위에서 민족의 자주권을 확립하는 것을 '주체혁명위업의 완성'으로 보고, 남한에서의 민족자주의식 고취를 통한 '반미자주화'와 '반파쑈민주화' 투쟁을 강조하였다.9)

김일성 사망 이후 김정일은 1997년 8월 4일 '노작' "위대한 수령 김일성동지의 조국통일유훈을 철저히 관철하자"(이하 '8·4 노작')에서 "우리나라의 통일문제는 남조선에 대한 외세의 지배와 간섭을 끝장내고 전국적 범위에서 민족의 자주권을 확립하며 갈라진 민족의 혈맥을 다시 잇고 하나의 민족으로서 민족적 단합을 실현하는 문제이다"라고 통일문제의 본질을 밝히고 있다.

2) 조국통일의 기본방침과 3원칙

북한은 통일정책의 원형을 항일혁명 투쟁시기인 1936년 5월 5일에 창건된 반일민족통일전선체인 '조국광복회'의 10대 강령에 두고 있다. 북한당국은 조국광복회 10대강령을 김일성이 직접 작성한 노동계급의 혁명강령이라고 주장하고, 해방 이후 김일성 명의로 발표되고 있는 모든 통일관련 강령, 방침, 선언 등은 조국광복회 10대 강령에 그 뿌리를 두고 있다고 주장한다. 이를 토대로 북한은 조국통일 3대 원칙과 5대 방침, 그리고 10대 강령 등을 통해 통일정책의 기본방침과 원칙을 밝히고 있다.

김일성은 1948년 신년사와 1948년 3월 북조선민주주의민족통일전선 중앙위원회 제25차 회의에서 한 연설 "반동적 남조선단독정부선거를 반대하고 조선의 통일과 자주독립을 쟁취하기 위하여"와 그 밖의 연설들에서 조국통일의 기본방침을 '자주적'으로, '민주주의적 원칙'에서 '평화적 방법'으로 나라의 통일문제를 해결하는 것이라고 주장했다. 자주적 원칙은 "오늘의 조선문제는 오직 조선사람만이 해결할 수 있으며 조선인민 외에는 그 누구도 이것을 해결할 능력도 권리도 없습니다"[10] 라고 한 김일성의 주장에 따라 조선인민이 자주적으로 조국을 통일한다는 것을 말한다. 민주주의적 원칙은 전체 조선인민의 자유로운 의사에 따라 민주주의적인 남북총선거를 실시하여 통일적인 중앙정부를 세우는 방법으로 나라의 통일을 실현하는 것을 의미한다. 그리고 평화적 방법으로 조국을 통일한다는 것은 무력행사에 의거하지 않고 대화와 협상의 방법으로 통일문제를 해결한다는 것을 의미한다.

북한이 1970년대 초에 발표한 '조국통일 3대원칙'은 첫째로, 외세에 의존하거나 외세의 간섭이 없이 민족자결의 원칙에서 자주적으로 통일문제를 해결하는 것이며, 둘째로, 서로 상대방을 반대하는 무력행사에 의거하지 않고 평화적으로 통일을 실현하는 것이며, 셋째로, 사상과 이념, 제도의 차이를 초월하여 민족대단결을 도모하는 것이다. 자주, 평화통일, 민족대단결의 원칙은 1972년 '7·4 남북공동성명'에 의해 내외에 선포되었다.

1973년 6월 23일 김일성의 연설을 통해 발표된 '조국통일 5대방침'은 ① 북과 남 사이의 군사적 대치상태의 해소와 긴장상태의 완화, ② 북과 남 사이의 다방면적인 합작과 교류의 실현, ③ 북과 남의 각계각층 인민들과 각 정당, 사회단체 대표들로 구성되는 대민족회의의 소집, ④ 고려연방공화국 국호에 의한 남북연방제의 실시, ⑤ 단일한 고려연방공화국 국호에 의한 유엔가입을 그 내용으로 하고 있다.[11]

1993년 4월에 발표한 '조국통일을 위한 전민족적 대단결 10대강령'에서 북한은 통일을 앞당기기 위해서는 민족자주의 원칙을 견지하여야 한다고 주장하고 "민족자주의 원칙은 양보할 수 없는 조국통일의 근본원칙"이라고 밝히면서 주체사상에 입각하여 자주성을 사람, 나라, 민족의 생명으로 규정하고 나섰다.

여기서 검토하고 넘어가야 할 사실은 김일성이 밝힌 조국통일의 기본방침과 3대원칙이 남조선혁명을 위한 '전략전술적 방침'의 일환으로 제시된 것이지, 진정으로 평화적 방법으로 통일을 이루고자 한 것은 아니라는 점이다. 이는 다음의 인용문을 통해서 확인할 수 있다.

> "위대한 수령님께서 밝히신 자주성과 민주주의원칙, 평화적 방법을 기본내용으로 하는 조국통일 기본방침과 자주성의 원칙과 함께 평화통일, 민족적 대단결의 원칙으로 이루어진 조국통일 3대원칙은 분열된 우리나라의 현실적 조건과 미제와 같은 제국주의 원흉을 투쟁대상으로 하고 있는 조선혁명의 특수한 실정 그리고 슬기롭고 용감한 조선인민의 혁명성에 대한 과학적 평가에 기초한 전략전술적 방침이다"[12]

3) 조국통일을 위한 투쟁방도와 두 전도

(1) 반미 자주화투쟁과 반파쇼 민주화투쟁

김일성은 조국의 자주적 통일을 위해서는 미제와 그 앞잡이들을 반대하는 투쟁, 즉 반미 자주화와 반파쇼 민주화 투쟁을 벌려야 한다고 하면서 "남북조선의 전체 인민이 굳게 단결하여 영웅적 투쟁을 전개하여야만 미제국주의자들과 국내반동을 물리치고 최후의 승리를 쟁취할 수 있습니다"[13]라고 강조하고 있다. 북한은 미국을 한반도 분단의 장본인이며, 통일을 가로막는 주되는 장애물로 간주한다. 따라서 반미구국투쟁을 통하여 미국을 몰아내고 그와 결탁한 국내 반동세력을 타도하지 않고서는 나라의 통일을 실현할 수 없다고 본다.[14]

북한의 주장에 의하면 남북분단은 미국이 남한을 강점한데 그 원인이 있으며, 아직 통일이 실현되지 못하고 있는 것도 미국의 간섭과 방해책동이 계속되기 때문이라는 것이다. 따라서 남한에서 자주성을 실현하기 위해서는 통일을 방해하는 미군이 철수되어야 하며, 또 그 '괴뢰인파쇼정권'도 타도되어야 한다고 주장한다. 그러나 한국에서의 '문민정부' 출범 이후 북한은 '반파쇼민주화 투쟁'보다는 '반미자주화 투쟁'에 치중하고 있다.

(2) 평화적 방법과 비평화적 방법

김일성은 조국통일의 두 전도인 평화적 통일과 전쟁에 의한 통일에 대해서 다음과 같이 밝히고 있다.

"우리 혁명에는 두 가지 전도가 있습니다. 우리나라가 평화적으로 통일되는 것이 하나의 전도요, 큰 전쟁으로 인하여 제국주의세력이 급격히 약화되는 조건하에서 나라의 통일이 실현되는 것이 다른 하나의 전도입니다"[15]

북한이 주장하는 평화적 통일이란 북과 남 사이의 신뢰와 전민족적 단합에 기초하여 전쟁 없이 조국통일을 이룩하는 것을 말하며, 비평화적 방법에 의한 통일이란 전쟁에 의하여 조국통일이 실현되는 것을 말한다.

북한이 말하는 평화적 통일의 가능성은 "① 남조선당국이 인민들의 압력에 못 이겨 조국통일 3대원칙과 5대방침을 접수하고 실현하게 되는 경우, ② 남조선에 반제자주적인 정권이 서거나 남조선이 중립화되는 경우, ③ 남조선에서 혁명역량이 강력하게 꾸려지고 남조선혁명이 승리하는 경우" 등이다.16)

그리고 비평화적 통일의 가능성은 "① 미제가 조선인민에게 전쟁을 강요하게 될 때 우리가(북한이) 맞받아 나아가 조국을 통일하는 것, ② 미제의 침략세력이 약화되었을 때 우리의(북한의) 힘으로 미제를 내쫓고 통일을 이룩하는 것, ③ 남조선에서 혁명정세가 성숙되고 남조선 인민들이 결정적인 투쟁에 떨쳐나서 북반부형제들의 지원을 요구할 때 우리의(북한의) 지원에 의하여 남북혁명역량의 전략적 배합이 이루어지게 됨으로써 실현되는 것" 등이라고 주장한다.17)

북한이 '사회주의 건설(체제유지)'과 '조국통일(전한반도의 공산화)'이라는 목표를 달성하기 위해 '무력해방', '남조선혁명', '남북대화', '연방제' 등의 방식을 국내외 상황에 따라 융통성 있게 배합하는 대남전략을 사용해 온 것은 바로 이 같은 두 가지의 전도에 기초한 것이다. 다시 말해 북한은 공산화통일을 위한 대남전략으로서 남북대화 제의 및 연방제 통일방안 제시로 표현되는 선전차원의 위장평화공세와 무력도발 및 지하당 구축으로 나타나는 전복차원의 통일전선전술을 병행 추진하는 이중전략을 구사해 왔다는 것이다.18)

4) 남조선혁명의 성격과 대중투쟁 전술

북한은 남조선혁명을 "제국주의적 및 봉건적 예속에서 남조선인민들을 해방하고 남조선인민들의 자주성을 찾기 위한 심각한 사회혁명"이라고 하면서 "남조선혁명은 남조선사회의 기본모순으로 하여 생겨난 지역혁명으로서 미제와 남조선인민사이의 민족적 모순을 해결하기 위한 민족해방혁명이며 미제를 등에 업고 있는 국내반동세력과 남조선인민들 사이의 계급적 모순을 해결하기 위한 인민민주혁명"[19]이라고 밝혀, 남조선혁명의 성격을 '민족해방인민민주주의혁명'이라고 규정하였다.

김일성이 『남조선혁명과 조국통일이론』에서 밝힌 남조선혁명의 전술은 '대중투쟁에 관한 전술'이다. 북한은 주체사상에 입각하여 "혁명과 건설의 주인은 인민대중이며 혁명과 건설을 추동하는 힘도 인민대중에게 있다"라는 논리에 따라 대중투쟁 전술을 구사해 왔다. 허종호의 설명에 의하면, "대중투쟁의 전술은 정세변화와 혁명발전의 요구, 군중의 의식수준과 요구에 맞게 정치투쟁의 구호와 경제투쟁의 구호, 민족적 구호와 계급적 구호를 적절히 배합한 정확한 투쟁구호를 제시하며 정치투쟁과 경제투쟁, 합법 및 반합법 투쟁과 비합법투쟁, 폭력투쟁과 비폭력투쟁 등 온갖 투쟁형태와 방법을 옳게 선택하고 능숙히 배합하여 적내부모순들과 모든 가능성들을 다 이용하도록 대중투쟁을 이끌 수 있게 하는 투쟁의 지침"[20]이라는 것이다.

5) 북한이 제시한 통일방안

분단 이후 북한이 제시한 통일방안은 남북총선거안, 과도적 연방안, 연방국가안, 1민족 1국가 2제도 2정부 연방안 등으로 대별해 볼 수 있다. 이러한 방안들은 북한의 통일을 위한 전략적 단계의 설정과 밀접히 결부되어 있다. 해방 후 혁명적 민주기지 노선의 단계에서는 '남북총선안'을, 1960년대 지역혁명론으로 이행하는 시기에는 '과도적 연방제'를, 1980년대 들어서면서 '고려민주연방공화국(연방국가제)'을 제시하다가 사회주의권이 붕괴하고 흡수통일의 가능성이 높아지자 1990년대 '1민족 1국가 2제도 2정부에 기초한 연방제(낮은 단계의 연방제)' 방식을 통일방안으로 제시하고 있다. 북한의 통일방안의 제시과정과 주요내용은 다음 장의 북한 통일정책의 전개과정에서 구체적으로 살펴보기로 한다.

3. 김일성시대 북한의 대남·통일정책 전개과정[21]

북한은 통일정책을 추진함에 있어서 표명정책과 실질정책 사이에 큰 괴리를 보이는 통일전략의 이중성을 보여 왔다. 1945~1950년대는 남북총선안을 명시적 통일방안으로 제시하고, 실질적으로는 민주기지론에 입각한 사회주의체제의 확대, 즉 한반도의 무력통일을 시도하였다. 1960년대는 과도적 연방안을 제시한 이면에서 지역혁명론에 입각한 남조선혁명론을 정립하였다. 그리고 1970년대는 표면적으로 남북대화를 추진하면서 내부적으로는 남조선혁명의 성격을 민족해방인민민주주의 혁명으로 규정하고 반미자주화와 반파쑈민주화 투쟁을 지속하였다. 1980년대에 접어들면서 북한은 공산화통일의 희망을 포기하지 않은 상태에서 점차 통일정책의 현실적 수정, 즉 '혁명전략'에서 '연방전략'으로의 노선을 수정하였지만 국가테러(버마 암살폭파사건, KAL기 폭파사건 등)를 통한 남한사회의 혼란을 꾀하기도 하였다. 그러나 1988년을 기점으로 북한은 남한과의 공존과 화해를 모색하는 일련의 조치를 취하면서 계급적 동기보다는 민족적 동기를 통일정책에 부여하면서 ‘민족대단결론’을 강조하고 있다. 김일성시대 북한 통일정책의 전개과정을 연대순으로 기술해 보면 다음과 같다.

1) 1945~1950년대: 민주기지론·남북총선안

1945~1950년대는 남북총선안을 명시적 통일 방안으로 제시하고 실질적으로는 ‘민주기지론’에 입각한 사회주의 체제의 확대, 즉 한반도의 무력통일을 시도한 바 있다.

1946년 3월부터 시작된 미소공동위원회가 5월에 결렬되자 그때까지 북한이 취해왔던 노선에 큰 변화가 나타났다. 북한당국은 미소교섭에 의한 통일정부 수립이 불가능하다고 인식하고, 북조선에 있어서 민주주의 근거지의 건설, 즉 사실상의 북조선 단독정부수립과 남조선의 민주화와 그 혁명을 목적으로 한 이른바 ‘민주기지론’으로 정치노선을 전환하였다.[22]

민주기지로선은 1946년 8월 북조선공산당과 조선신민당의 합동으로 창립되는 ‘북조선로동당 창립에 대한 보고’에서 명확히 제시되었다. 김일성은 이 보고에서 “오늘 북조선은 조선의 민주주의 개혁의 책원지가 될 뿐만 아니라 전 동방에 있어서 민주주의 발원지의 역할을 하고 있습니다”[23]라고 하면서 “오늘 조선인민 앞에 나선 가장 중요한 과업은 하루바삐 남조선의 반인민적 반동노선을 극복하고 남조선에도 북조선과 같이 철저한 민주주의적 개혁을 실시하며, 그렇게 함으로써 통일되고 독립된 새 민주조선을 건설하는데 있습니다”[24]라고 주장했다.

김일성은 해방 당시 조선의 혁명단계를 ‘반제반봉건민주주의혁명’ 단계로 규정하고, 북조선을 민주주의적 기지로 만들어야 한다고 강조했다. 즉, “미제의 남조선강점으로 말미암아 전국적으로 혁명을 밀고나갈

수 없게 된 조건에서 공화국 북반부에 조선혁명의 강력한 보루"인 혁명
적 민주기지를 창설해야 한다는 것이다.[25]

2) 1960년대: 남조선혁명론 · 과도적 연방제

1960년대는 과도적 연방안을 제시한 이면에서 '지역혁명론'에 입각
한 남조선혁명론을 제시하고 남한에서 통일혁명당을 건설하고 게릴라
를 침투시키는 등의 대남 강경 노선을 견지하였다.

북한이 전쟁대신 채택한 통일전략은 혁명전략이다. 이 새로운 전략의
윤곽은 1960년대 초 김일성이 한 연설에서 점진적으로 노출되었다. 혁
명전략의 요지는 남한에 혁명역량을 배양하는 것을 지원하고, 혁명의
목표는 미군철수와 남한정권의 타도 및 민주정권의 수립에 둔다는 것이
다. 김일성은 만일 남한의 혁명역량이 총동원되어 투쟁을 하고 전세계
의 혁명역량이 반제 반미 투쟁에 박차를 가한다면 남한에서 미군은 반
드시 몰아낼 수가 있으며 미군의 부축이 없으면 남한의 '괴뢰'정권은
반드시 붕괴할 것이라고 주장, 남한에 민주정권이 수립되면 북한과 손
을 잡아 통일정부를 세울 수 있다는 논리를 내세웠다.[26]

그러나 북한은 내부적으로는 혁명전략을 수립했으면서도 표면적으로
는 과도적 연방안을 제의했다. 김일성은 남한에서의 4·19직후인 1960
년의 8·15해방 15주년 경축대회에서 남한당국이 아직 자유로운 남북총
선거를 받아들일 수 없다면 먼저 조국통일을 앞당기기 위한 과도적 대
책으로 남·북조선의 연방제를 실시할 것을 제기하면서, 체제연합에 가
까운 연방제의 방향을 다음과 같이 밝혔다.

"우리가 말하는 연방제는 당분간 남북조선의 현재 정치제도를 그대
로 두고 조선민주주의인민공화국 정부와 '대한민국' 정부의 독자적인
활동을 보존하면서 동시에 두 정부의 대표들로 구성되는 최고민족위

원회를 조직하여 주로 남북조선의 경제문화발전을 통일적으로 조절하는 방법으로 실시하자는 것입니다"[27]

김일성은 연방제가 실시되면 남북접촉을 통하여 상호이해가 촉진되며, 정치·경제적 연계가 강화되고 민족적 화목의 분위기가 조성되어 통일을 앞당기는 데 유리한 국면이 조성될 것이라고 주장하였다. 그리고 남한당국이 연방제조차 접수할 수 없다면 남·북한 실업계대표들로 경제위원회를 조직하여 정치문제와는 관계없이 경제적 협조와 교류라도 실현할 것을 제의하였다. 당시 북한의 연방제 및 교류협력 제의는 남한보다 우세했던 경제력과 4·19 이후 조성된 남한의 혼란한 정세를 이용한 북한의 대남전략의 한 형태로 나왔던 것이었다.

북한은 1961년 6월 조선로동당 제4차 대회에서 혁명적 당의 지도아래 노농동맹을 정점으로 한 반미구국통일전선 형성이라는 '남조선혁명론'을 채택했다. 김일성은 "남조선에서 모든 애국적 역량을 망라하는 반미구국통일전선을 형성하는 것은 혁명발전의 가장 중요한 요구"라고 하면서 "남조선의 노동자, 농민, 도시 소부르죠아지, 청년학생, 지식인 그리고 민족 부르죠아지까지도 조국의 분열과 미제국주의 식민통치에 의하여 다같이 고통을 당하고"있고, "이들은 모두가 다 공통한 민족적 이해관계에 의하여 연결"되어 있다고 하면서 반미구국통일전선을 형성하는 데 있어서 노동계급의 영도 밑에 노동자 농민의 동맹을 강화하는 것이 무엇보다 중요하며 노농동맹은 통일전선의 정치적 및 사회적 기초로 되여야 한다고 주장했다.[28] 당시 노농동맹을 강조한 것은 남한사회에서 농민이 차지하는 비중이 높았기 때문으로 볼 수 있다.

3) 1970년대: 민족해방인민민주주의혁명론 · 제1대화시대

1970년대는 '대화있는 남북대결시대'로 표면적으로 남북대화를 추진하면서 내부적으로는 남조선혁명의 성격을 '민족해방인민민주주의혁명'으로 규정하고 '반미자주화'와 '반파쑈민주화' 투쟁을 지속하였다.

1970년대의 북한의 통일전략은 1960년대의 남조선혁명론을 더욱 구체화하여 '민족해방인민민주주의혁명론'으로 발전하였다. 1970년대 북한의 통일전략은 주한 미군철수와 남한의 '파쑈'통치를 반대하는 남조선혁명을 수행한 다음 남북합작을 통한 '민주연합정부수립', 즉 용공정권의 수립을 통한 공산화통일이었다. 이는 2단계 혁명론으로 제1단계는 남조선에서 혁명에 의하여 현정권을 타도하고, 제2단계는 수립된 정권과의 사이에 '평화적' 통일을 한다는 것, 즉 연공정권의 수립을 통한 한반도의 공산화통일을 실현한다는 것을 의미한다.

북한은 1970년 11월에 열린 제5차 조선로동당 대회에서 한 김일성의 보고를 통해 남조선혁명의 기본성격을 다음과 같이 '민족해방인민민주주의혁명'으로 규정하였다.

> "남조선혁명은 미제국주의 침략자들을 반대하는 민족해방혁명인 동시에 미제의 앞잡이들인 지주, 매판자본가, 반동관료배들과 그들의 파쑈통치를 반대하는 인민민주주의혁명입니다. 이 혁명의 기본임무는 남조선에서 미제국주의 침략세력을 내쫓고 그 식민지통치를 없애며 군사파쑈독재를 뒤집어엎고 선진적인 사회제도를 세움으로써 민주주의적 발전을 이룩하는 데 있습니다"[29]

김일성은 1970년 당시 남한의 혁명가들과 국민의 중요한 과업은 "미제국주의의 식민지통치와 그 앞잡이들의 파쑈적 폭압을 반대하고 사회의 민주화를 실현하기 위한 대중투쟁을 적극 발전시키는 것"[30]이라고 하면서 폭력적 혁명역량 준비와 남한정권의 타도를 통해 '인민민주주의정권'을 세우는 것이 남조선혁명의 목적이라고 주장했다. 김일성은 또 남조선혁명에서 '평화적 이행'은 있을 수 없고, 평화적 통일은 남조선혁명 후의 일이라는 것을 명확히 했다.

1971년 8월 6일 김일성은 "미제를 반대하는 아세아 혁명적 인민들의 공동투쟁은 반드시 승리할 것이다"라는 연설에서 새로운 남북협상 방침을 내놓고, 남한의 민주공화당을 포함한 모든 정당, 사회단체 및 개별적 인사들과 아무 때나 접촉할 용의가 있음을 밝힘으로써 남북적십자단체들간의 예비회담이 진행되었다.

이와 별도로 남북고위급회담이 열려 1972년 7월 4일 이른바 '민족공동의 행동강령, 조국통일의 대원칙'인 자주, 평화통일, 민족대단결로 이루어진 '조국통일 3대원칙'을 기본내용으로 하는 남북공동성명이 발표되었다. 공동성명 발표 이후 북한은 자주원칙은 주한미군의 철수와 외세의 간섭 배제이고, 평화통일원칙은 남한의 군사시설 보강, 장비현대화, 군사연습 등의 중지이며, 민족대단결은 남한의 반공법(국가보안법)의 철폐를 의미한다고 밝힘으로써[31] 통일 3원칙을 둘러싸고 남한과 해석상의 이견을 노출하였다.

그리고 북한은 조국통일 3대원칙을 이행하기 위한 방안으로 남북사이의 군사적 대치상태를 해소할 것을 제의하면서 그 구체적 조치로서 ① 무력증강과 군비경쟁의 중지, ② 모든 외국군대의 철거, ③ 군대와 군비의 축소, ④ 외국으로부터의 무기반입의 중지, ⑤ 평화협정의 체결을 내용으로 하는 5개항목의 제안을 내놓았다.[32] 또한 북한은 남북간의 정치, 군사, 외교, 경제, 문화 등의 여러 분야에 걸쳐 다방면적인 합작과 교류를 실시할 것도 제의하였다.

한편, 북한은 1973년 발표된 한국정부의 '6·23 특별성명'을 "두개 조선 조작책동"을 통한 장기집권야욕의 실현이라고 비난하였다. 그리고 당일인 1973년 6월 23일 김일성은 체코슬로바키아사회주의공화국 당 및 정부대표단 환영 평양시 군중대회연설 "민족의 분열을 방지하고 조국을 통일하자"에서 ① 북과 남사이의 군사적 대치상태의 해소와 긴장상태의 완화, ② 북과 남사이의 다방면적인 합작과 교류의 실현, ③ 북과 남의 각계각층 인민들과 각 정당, 사회단체 대표들로 구성되는 대민족회의의 소집, ④ 고려연방공화국의 단일국호에 의한 남북연방제의 실시, ⑤ 단일한 고려연방공화국 국호에 의한 유엔가입 등을 내용으로 하는 '조국통일 5대방침(강령)'을 제시하였다.[33]

북한당국은 1970년대에 맞은 제1대화시대를 남한당국이 장기집권을 위한 '총통제'개헌을 하고 양면전술을 활용하여 한편으로 '평화통일'의 간판을 내세우고 다른 한편으로는 '대화 있는 대결', '대화 있는 경쟁', '대화 있는 공존'을 공공연히 부르짖으면서 분열의 영구화를 꾀하고 있으며 군사력 증강에 모든 힘을 다 돌리고 있다고 비난하였다.[34]

1970년대 초에 남북한간에 대화가 시작된 것은 남북한관계에서 새로운 이정표가 세워졌다는 것을 의미하지만 북한이 대남 혁명전략을 포기하였음을 함축하고 있다고는 볼 수 없다. 남북대화는 혁명전략의 테두리 안에서 채택된 행동방침이었다고 볼 수 있다. 혁명전략의 중간목표의 하나는 남한에서 미군철수를 유도하는 것인데, 남북대화가 바로 미군철수의 여건조성 역할을 할 수 있다고 믿었던 것 같다.[35]

4) 1980년대: 고려민주연방공화국창립방안 · 제2대화시대

북한은 1980년 10월 6차당대회를 계기로 대남강경노선을 수정하여 대남정책에 다소 변화를 추구하였다. 새로 개정한 당규약에서 "조선로동당의 당면목적은 공화국 북반부에서 사회주의의 완전한 승리를 이룩하여 전국적 범위에서 민족해방과 인민민주주의의 혁명과업을 완수하는데 있으며 최종목적은 온 사회의 주체사상화와 공산주의사회를 건설하는데 있다"라고 규정하여 남한에 대한 공산화통일을 포기하지는 않았다. 그러나 김일성의 당대회보고와 당규약에 3대혁명역량강화론, 민주기지론, 지역혁명으로서의 남조선혁명론에 대해서는 언급이 없이 '고려민주연방공화국 창립방안'을 제시하였다. 이는 북한이 1980년도에 들어서면서 '혁명전략'을 '연방전략'으로 점진적으로 대치하기 시작했다는 것을 의미한다.

제6차 당대회에서 행한 당중앙위원회 사업총화 보고 3항 "조국의 자주적 평화통일을 이룩하자"에서 김일성은 남한당국이 분열을 영구화하기 위해 '두개 조선'정책과 '유엔동시가입' 및 '교차승인'을 추진하고 있다고 주장하고, '조국의 자주적 평화통일'을 이룩하기 위해서는 ① 남조선에서 군사파쑈통치를 청산하고 사회의 민주화를 실현하여야 하며(반공법·국가보안법 폐지요구), ② 긴장상태를 완화하고 전쟁위험을 제거해야 하고(정전협정을 평화협정으로 대체 요구), ③ 미국의 '두개 조선' 조작책동을 저지시키며 조선의 내정에 대한 미국의 간섭을 끝낼 것(미군철수), ④ 한반도의 통일이 반드시 자주, 평화통일, 민족대단결의 3대 원칙에 기초하여 실현되어야 하며, 이를 실현하는 방도로서 북과 남에 있는 사상과 제도를 그대로 두고 북과 남이 연합하여 하나의 연방국가를 형성하는 것(고려민주연방공화국창립방안) 등을 주장했다.

그리고 고려민주연방공화국이 실행할 10대 시정방침으로 ① 자주성 견지, ② 민주주의 실시 및 민족대단결 도모, ③ 남북의 경제적 합작과 교류 실시 및 민족경제의 자립적 발전, ④ 과학·문화·교육 분야에서의 교류와 협조, ⑤ 전국적 범위에서 교통·체신 수단의 자유로운 이용, ⑥ 전체인민의 생활안정과 복리증진, ⑦ 군사적 대치상태 해소와 민족연합군 조직, ⑧ 해외동포들의 민족적 권리와 이익 옹호·보호, ⑨ 두 지역정부의 대외활동의 통일적 조절, ⑩ 평화애호적인 대외정책 실시 등을 밝혔다.[36]

'연방'을 만들자는 북한의 안은 1960년 이후 정기적으로 들고 나온 안이다. 1960년대 초에 내놓은 '남북연방제'는 "어디까지나 통일에로 가는 노정에 거쳐야 할 과도적 조치로 제기된 것이며 남북연방제의 실시가 곧 통일국가의 형성을 의미하는 것은 아니"라는 것이 강조되었다. 그러나 고려민주연방공화국창립방안은 처음으로 연방자체가 통일의 최종형태이라는 논리, 즉 고려민주연방공화국은 '연방형식의 통일국가'라는 것을 명백히 밝혔다. 고려민주연방공화국은 공통의 사회제도에 기초하고 있는 기성의 연방공화국들과는 성격이 다른 것이다. 북한이 주장하는 "연방국가는 공통한 사회제도에 의해서가 아니라 단일민족이라는 공통성에 기초하여 이루어지는 전혀 새로운 성격의 연방국가"37)로서 1민족 2제도의 연방제인 것이다.

1984년 9월 28일 한국에 북한 적십자사 수재물자가 도착하면서 남북간에는 '제1차 경제회담'(1984.11.15), '남북적십자회담 예비회담'(1984.11.20), '제1차 남북 국회예비회담'(1985.7.23), '고향방문단 및 예술단 교환 방문'(1985.9.20～23), '제1차 체육회담'(1985.10.8) 등이 연이어 이루어지면서 이른바 '제2대화시대'를 맞았다.

1980년대에 접어들면서 북한은 공산화통일의 희망을 포기하지 않은 상태에서 점차 통일정책의 현실적 수정, 즉 혁명 전략에서 연방 전략으로 노선을 수정하였지만 버마 암살폭파사건, KAL기 폭파사건 등 국가가 지원하는 테러를 통한 남한 사회의 혼란을 꾀하기도 하였다.

그러나 1980년대 중반부터 소·동구 사회주의권의 체제 개혁이 시작되고, 남북한간 국력 격차가 심화되자 1988년을 기점으로 북한은 대남 테러를 자제하면서 남한과의 공존과 화해를 모색하기도 하였다. 북한이 1988년을 기해 기존의 대남 정책에 다소 변화를 꾀한 것은 사회주의권 붕괴에 따른 체제 유지에 대한 위기감과 한국 정부의 '민족자존과 통일 번영을 위한 특별선언(7·7선언)'을 통한 대북 포용정책(화해협력정책)에 영향을 받은 것으로 보인다.

5) 1990년대: 느슨한(낮은 단계) 연방제·민족대단결론

1980년대 말부터 시작된 한반도 통일과 관련한 국내·외적 환경변화는 그 누구도 예측하지 못했을 만큼 변화의 폭과 속도가 크고 빨랐던 혁명적인 것이었다. 1985년 3월 소련에서의 고르바초프 등장 이후 시작된 사회주의권의 체제개혁은 세계적인 대전환과 변혁을 가져오는 촉매 역할을 하였다. 1989년을 기점으로 동구 사회주의권 붕괴, 몰타미소정상회담, 1990년 독일통일과 유럽안보협력회의(CSCE)에서의 냉전종식선언, 1991년 소연방 해체와 독립국가연합(CIS)의 탄생 등에서 보는 바와 같이 2차대전 이후 지속되어 왔던 동서간의 냉전적 양극체제는 소멸되고 탈냉전시대의 '신세계질서(the new world order)'가 형성되고 있다.

탈냉전의 기류가 한반도에도 미쳐옴으로써 한반도정세도 1991년을 기점으로 크게 변화를 겪고 있다. 1991년 9월 17일 남북한 UN 동시가입, 그리고 「남북 사이의 화해와 불가침 및 교류·협력에 관한 합의서」(1991년 12월13일 채택, 1992년 2월 19일 발효) 및 「한반도의 비핵화에 관한 공동선언」(1991년 12월 31일 채택, 1992년 2월 19일 발효) 등을 채택·발효시킴으로써 남북한은 국내외적으로 평화공존체제를 제도화하는 획기적인 초치들을 취하게 되었다.

그러나 1992년 9월 17일 제8차 남북고위급회담에서 남북기본합의서의 이행과 준수를 위한 부속합의서를 채택·발효시킨 이후 남북한관계는 북한의 핵문제와 미사일 등 대량살상무기(WMD)문제, 김일성 주석 사망과 권력개편문제, 그리고 '통미봉남'정책 등으로 교착상태에 빠졌다.

1990년대는 북한사회주의의 시련기라고 할 수 있다. 특히 동구 사회주의권의 붕괴와 소련방의 해체, 독일통일 등은 북한에게 있어 충격이 아닐 수 없었다. 1990년대에 들어오면서 나타난 북한의 대남전략의 변화는 '계급노선'을 뒤로하고 민족공동의 이익을 앞세우면서 '민족대단결'에 대한 강조를 하고 있다는 점을 들 수 있다.

김일성은 1990년 10월 18일 제2차 남북고위급회담 한국대표단과의 회견에서 처음으로 "하나의 민족, 하나의 국가, 두개 제도, 두개 정부에 기초한 연방제 방식"의 통일을 실현하자고 제의하였고,[38] 1991년 신년사에서 연방제통일방안에 대한 수정의사를 밝혔다. 그는 고려연방제통일방안의 정당성을 재강조하면서 1민족 1국가 2제도 2정부라는 통일의 방도를 밝히고 "연방제 방안에 대한 민족적 합의를 보다 쉽게 이루기 위해 잠정적으로는 연방공화국의 지역적 자치정부에 더 많은 권한을 부여하며 장차로는 중앙정부의 기능을 더욱더 높여나가는 방향으로서 연방제통일을 점차적으로 완성하는 문제도 협의할 용의가 있다"[39]고 함으로써 연방제방안을 수정할 의도가 있음을 시사했다. 이는 통일과정에서 남북지역정부가 잠정적으로 외교 및 군사적 권한을 보유한다는 의미로 국가연합(체제연합)의 성격을 지닌 '느슨한 연방제(낮은 단계의 연방제)'로 볼 수 있을 것이다.

북한이 연방제와 통일국가를 동일시하면서 1민족 1국가 2제도 2정부안을 내놓은 것은 '제도통일(흡수통일)'이 불가능해진 조건하에서 북한 사회주의체제를 고수하면서 '민족통일'의 실현을 시도하기 위한 것으로 볼 수 있다. 소·동구권에서의 사회주의체제가 붕괴한 후 북한은 수세적·방어적 통일정책을 펴기 시작했다. 김일성은 하나의 민족국가 내에 두 제도와 두 정부가 공존할 수 있다고 말함으로써, 남한의 독일방식에 의한 통일의 추구를 비난하고 제도의 흡수통합을 거부했다. 김일성의 안은 사실상 연방제에 의한 하나의 '민족국가' 형성을 통일로 간주하고 두 제도와 정부의 공존을 꾀하려는 것으로, '연방제 통일'이라는 명분으로 자기 제도를 방어하려는 것이었다.[40]

1993년 김일성 신년사를 통해 "조선의 통일문제는 우리 민족이 주체가 되어 해결하여야 할 민족적 문제인 동시에 유관국들도 책임을 느끼고 적극 협력하여야 할 국제적인 문제"라고 밝힌 이후 북한은 민족내부인 남북한간의 노력을 통한 공존의 길보다는 미국·일본과의 관계개선에 주력하기 시작했다.

북한은 1993년 4월 7일에 개막된 최고인민회의 제9기 5차회의에서 그 동안의 통일관련 주장들을 종합하여 '조국통일을 위한 전민족대단결 10대강령'을 김일성의 명의로 채택했다. '10대 강령'의 내용은 ① 전민족의 대단결로 자주적이고 평화적이며 중립적인 통일국가를 창립해야 한다. ② 민족애와 민족자주정신에 기초하여 단결해야 한다. ③ 공존·공영·공리를 도모하고 조국통일위업에 모든 것을 복종시키는 원칙에서 단결해야 한다. ④ 동족사이에 분열과 대결을 조장시키는 일체의 경쟁을 중지하고 단결해야 한다. ⑤ 북침과 남침, 승공과 적화에 대한 우려를 다같이 없애고 서로 신뢰하고 단합해야 한다. ⑥ 민주주의를 귀중히 여기며 주의·주장이 다르다고 하여 배척하지 말고 조국통일의 길에서 함께 손잡고 나가야 한다. ⑦ 개인과 단체가 소유한 물질적·정신적 재산을 보호해야 하며 그것을 민족대단결을 도모하는데 이롭게 이용하는 것을 장려해야 한다. ⑧ 접촉·왕래·대화를 통해 전민족이 서로 이해하고 신뢰하며 단합해야 한다. ⑨ 조국통일을 위한 길에서 북과 남, 해외의 전민족이 서로 연대성을 강화해야 한다. ⑩ 민족대단결과 조국통일위업에 공헌한 사람들을 높이 평가해야 한다[41] 등이다.

궁극적으로 '전민족대단결 10대강령'은 계급노선을 포기한 것처럼 가장하고 민족우선론적 입장에서 전민족의 연대성을 강화하기 위한 전민족적 통일전선전술의 한 형태로 보아야 할 것이다. 왜냐하면, 북한은 사회주의·공산주의 건설 차원에서 조국통일문제를 다루고 있기 때문에 계급노선은 피할 수 없는 그들의 일관된 정책이기 때문이다.

북한은 1993년에 들어오면서 남북고위급회담을 응하지 않는 대신 핵사찰문제를 둘러싸고 서방세계와 갈등을 빚다가 3월에 준전시상태 선포, 핵확산금지조약(NPT)탈퇴선언(1993.3.12) 등의 일련의 대결과 긴장 조치를 취하게 되었다. 따라서 한반도에는 전쟁의 위기가 감도는 긴장 상태가 계속되고, 국제사회의 대북압력이 고조되자, 1994년 6월 김일성은 대결국면을 화해국면으로 전환시키기 위해서 미국과는 북―미 3단계 고위급회담을, 그리고 남한과는 최고위급회담(정상회담)을 제의하고 핵문제로 조성된 위기를 해소하기 위한 대타협을 모색하였다.

김일성의 정상회담제의를 남한당국이 조건없이 수락함으로써 남북한은 1994년 6월 28일 정상회담을 위한 예비접촉을 갖고 김영삼 대통령이 7월 25일부터 27일까지 2박 3일 동안 평양을 방문하여 김일성주석과 정상회담을 갖기로 합의함으로써 분단 반세기만에 역사적인 남북정상회담이 열리기로 예정되었다. 하지만 7월 8일 정상회담의 당사자인 북한의 김일성주석이 갑작스럽게 사망함으로써 모처럼 맞이한 남북관계 개선의 기회를 잃고 말았다. 김일성 사망을 계기로 남한사회에 '조문파문'이 일자 북한은 남한정부 당국의 조문불허를 트집 잡아 대남비방 공세를 강화하였다.

북한이 '핵개발카드'를 활용해서 1994년 10월 제네바에서 북·미 기본합의문(Agreed Framework)을 채택하면서, 남북기본합의서는 '사문화死文化'되고 말았다. 조지 W 부시 미국행정부 출범 전까지 북한은 북·미 제네바 기본합의문을 이행하려고 노력했다. 그러나 남북기본합의서는 북·미 평화협정 체결을 주장하는 과정에서 "남북간에는 기본합의서를 통해서 불가침합의를 이뤄놓았다"고 주장할 때 잠시 언급될 뿐이었다.

4. 김정일 정권의 대남·통일정책 전개과정

김정일 정권의 통일·대남정책의 기본 방향은 1997년 8월 4일 김정일의 '노작' "위대한 수령 김일성동지의 조국통일유훈을 철저히 관철하자"(이하 '8·4 노작')와 1998년 4월 18일 '남북조선 정당, 사회단체대표 자연석회의 50돌기념 중앙연구토론회에 보낸 서한', "온 민족이 대단결하여 조국의 자주적 평화통일을 이룩하자"('이하 4·18 서한')에 잘 나타나 있다.

김정일이 당내에서 김일성의 후계자로 지명된 1974년 2월 이후 주체사상 관련 문헌(논문·담화 등)은 주로 김정일 명의로 발표되었으며, 통일관련 문헌은 김일성의 명의로 발표되었다. 김정일이 후계자로 등장한 이후 북한당국은 김일성을 '조국통일의 구성'으로, 김정일을 '사상이론의 영재'로 역할을 분담지우면서 김일성－김정일 부자세습체제를 유지하면서 후계체제를 준비해 왔기 때문에 김정일은 그동안 통일관련 문헌을 거의 발표하지 않았다. 따라서 '8·4 노작'은 지난 30여 년간 김정일 명의로 발표된 문헌 중 최초의 체계적인 통일관련 문헌이다. '8·4 노작'에서 김정일은 그동안 김일성 명의로 발표되었던 통일관련 주의·주장들을 집약하고 있다.

김정일은 통일문제의 본질에 대해서 "우리나라의 통일문제는 남조선에 대한 외세의 지배와 간섭을 끝장내고 전국적 범위에서 민족의 자주권을 확립하며 갈라진 민족의 혈맥을 다시 잇고 하나의 민족으로서 민족적 단합을 실현하는 문제이다"라고 밝히고 있다. 그리고 김일성이 밝힌 조국통일 3대원칙(1972년 7·4 공동성명), 고려민주연방공화국창립방안(1980년 10월 제6차 당대회) 전민족대단결 10대강령(1993년 4월 최고인민회의 제9기 제5차회의) 등을 "조국통일의 근본원칙과 방도들을 전일적으로 체계화하고 집대성한 조국통일 3대헌장"이라고 밝히면서 "조국통일을 위한 투쟁에서 정세의 변화에 따라 구체적인 방법은 달라질 수 있어도 조국통일의 근본 원칙과 입장에서는 변화가 있을 수 없다"라고 밝혀 김일성의 통일노선의 기본원칙과 방도들을 충실히 추종할 것임을 분명히 했다.

'8·4 노작'에 나타난 김정일의 통일방안과 통일정책은 1990년대 초부터 북한당국(김일성)이 주장하고 추진해왔던 것들이다. 통일방안은 하나의 민족, 하나의 국가, 두개 제도, 두개 정부에 기초한 연방제방식의 민족통일국가 창립이며, 주요 통일정책은 북－미 평화협정 체결을 통한 '새로운 평화보장체계' 수립, 남한에 대한 '반북대결정책'을 '연북화해정책'으로의 전환 요구, 북－미, 북－일 관계 개선 의지 표명 및 통일에 관한 유관 국가들의 협조 강조 등이다.42)

사회주의권 붕괴 이후 북한당국은 남북한이 반세기가 넘는 기간 서로 다른 사상과 제도를 유지하면서 누구도 이것을 양보하려 하지 않고 있는 조건에서 조국통일을 실현할 수 있는 최선의 방도는 "하나의 민족, 하나의 국가, 두개 제도, 두개 정부에 기초한 연방제방식의 민족통일국가를 창립하는 길밖에 없다"고 거듭 주장한다. 그리고 고려민주연방공화국창립방안은 "누가 누구를 먹거나 먹히우지 않는 방법"으로 통일을 실현할 수 있는 "가장 현실적이며 합리적인 통일방안"이라고 밝히고 있다. 북한당국은 "역사적으로 면면히 이어온 민족적 공통성을 기초로 한다면 두 제도는 얼마든지 하나의 국가, 하나의 통일공동체안에 공존할 수 있다"고 주장하면서 많은 나라들에서 사상과 주의주장이 다른 정당들이 연립정부를 구성하고 있다는 점과 홍콩이 중국에 귀속됨으로써 한 나라 안에 서로 다른 두 제도가 공존할 수 있다는 것이 실천적으로 확정되었다는 점 등을 강조하면서 연방제방식의 통일을 주장하고 있다.43)

그러나 북한이 예로 들고 있는 중국의 '일국양제(1국가 2체제)'는 사회주의체제(사회주의 시장경제체제)가 지배권을 가지면서 일부 지역에서 자본주의체제를 유지하는 방식이었다. 따라서 중국의 '일국양제' 방식은 "북과 남이 동등하게 참가하는 민족통일정부를 내오고 그 밑에서 북과 남이 같은 권한과 의무를 지니고 각각 지역자체제를 실시하는 련방공화국을 창립하여 조국을 통일할 것"을 주장한 김일성의 연방제방식의 통일과는 성격이 근본적으로 다르다고 할 수 있다.

'8·4 노작'에서 나타난 가장 두드러진 특징은 김정일정권이 김일성 사망 직전에 추진했던 서방과의 대타협노선, 특히 북－미, 북－일 관계 개선에 주력할 것이란 점이다. 김정일은 북－미관계 발전과 관련하여, "미국이 냉전시대의 낡은 관념에서 벗어나 힘의 입장에서 조선문제를 대하지 않고 조선반도의 평화와 통일에 도움이 되는 일을 한다면 조미관계도 두 나라 인민들의 이익에 맞게 좋게 발전할 것이다"라고 밝히고 있다.

그리고 북－일관계 개선과 관련하여 "지난날 우리 인민에게 헤아릴 수 없는 불행과 재난을 들씌운 일본은 과거를 진심으로 반성하고 우리 공화국에 대한 적대시정책을 버려야 하며 조선의 분열을 부추기고 통일을 방해하는 일을 하지 말아야 한다. 그러면 우리는 우리나라의 인방인 일본을 우호적으로 대할 것이며 비정상적인 조일관계도 개선되게 될 것이다"라고 밝히고 있다.

김정일은 북－미, 북－일관계 개선을 위해서는 미국과 일본의 대북한 태도변화가 있어야 한다는 점을 전제조건으로 제시하고 있지만, 이들 국가와의 관계개선에 대한 강한 의지가 있음을 드러낸 것으로 볼 수 있다.

1998년 4월 18일 김정일의 서한, "온 민족이 대단결하여 조국의 자주적 평화통일을 이룩하자"(이하 '4·18 서한')에서 김정일은 김일성이 내놓은 "민족대단결사상은 민족의 자주성을 옹호하고 실현하기 위하여 사상과 이념, 정견과 신앙의 차이, 재산의 유무와 사회적 지위에 관계없이 모든 계급, 계층이 민족공동의 요구와 이익을첫자리에 놓고 하나로 굳게 단합할 데 대한 사상"이라고 주장했다. '4·18 서한'에서 김정일은 김일성의 '전민족대단결 10대 강령'을 구현하기 위한 '민족대단결 5대 방침'으로 ① 민족자주의 원칙에 기초한 민족대단결, ② 애국애족·조국통일의 기치 밑에 단결, ③ 북과 남사이의 관계 개선, ④ 외세의 지배와 간섭 반대 및 민족반역자들·반통일세력을 반대하여 투쟁, ⑤ 온 민족이 서로 내왕·접촉·대화를 발전시키고 연대연합을 강화하는 것 등을 제시했다.

민족대단결론은 1972년 '7·4 남북공동성명'에서 밝힌 '조국통일 3대 원칙'의 하나이다. 북한에서 민족대단결론이 다시 강조되기 시작한 것은 1993년 4월 7일 김일성 명의로 '조국통일을 위한 전민족대단결 10대 강령'을 채택하면서부터이다. 김일성은 1993년 4월 최고인민회의 제9기 제5차회의에서 "힘있는 사람은 힘으로, 지식있는 사람은 지식으로, 돈있는 사람은 돈으로 나라의 통일과 통일된 조국의 융성번영을 위해 모두다 특색있는 기여를 할 데 대한 민족대단결사상을 천명"하면서 '조국통일을 위한 전민족대단결 10대강령'을 내놓았다.

이와 같이 북한은 1990년대에 들어서면서 민족 자주와 민족대단결을 강조하면서 "사상과 이념, 정견과 신앙, 계급과 계층의 차이를 뒤로 미루고 민족애와 민족자주정신에 기초하여 통일애국의 기치 밑에 하나로 굳게 뭉치자" "힘있는 사람은 힘으로, 지식있는 사람은 지식으로, 돈있는 사람은 돈으로 통일애국위업에 특색있게 기여하자"44)라는 등의 주장을 펴면서 남북관계 개선에 적극적으로 나오고 있다. 1990년대에 들어서면서 북한은 수세적·방어적 입장에서 흡수통일을 경계하면서, 통일문제에 있어 '계급적 동기'보다는 '민족적 동기'를 부여하고 있다.

5. 6·15 남북공동선언 이후 북한의 대남정책

1) 남북한의 통일방안 공통성 인정

김일성 주석 사후 6년여 동안 북한은 이른바 '통미봉남' 전략을 구사하면서 미국과 핵동결을 약속하고 서울을 거치지 않고 워싱턴과 도쿄로 가려했지만, 북한이 바라는 만큼 관계개선 속도가 나지 않았다. 김일성 사후 북한은 선군정치와 강성대국건설을 표방하면서 고난의 행군, 사회주의 강행군 · 구보행군, 제2의 천리마대진군 등으로 난관을 헤쳐 나오려 했지만 내부자원의 고갈로 식량문제도 해결하지 못할 정도로 역부족을 절감하게 됐다. 따라서 북한은 2000년 6월 통미봉남 전략을 근본적으로 수정하여 남북정상회담에 응함으로써 김일성 사망으로 유보했던 서방과의 대타협노선을 다시 본격화하게 됐다.

2000년 6월 15일 김대중 대통령과 김정일 국방위원장이 남북공동선언문에 서명함으로써 남북한은 화해협력, 공존공영의 새 시대를 열었다. 남북정상들이 분단 이후 처음으로 열린 정상회담에서 공동선언문을 만들어냄으로써 상호이해 증진과 남북관계 발전 및 평화통일을 실현하는 기틀을 마련했다.

6·15 남북공동선언 2항에서 남과 북은 '통일을 위한 남측의 연합제안과 북측의 낮은 단계의 연방제안이 서로 공통성이 있다고 인정'했다. 남북한이 양립 불가능한 것으로 인식했던 상대편의 통일방안을 상호 인정하기 시작했다는 점에서 그 의의를 찾을 수 있다. 남한의 공식 통일방안인 '한민족공동체 건설을 위한 3단계 통일방안(약칭, 민족공동체 통일방안)'의 2단계인 남북연합 및 '김대중의 3단계 통일방안'의 1단계인 남북연합과 북한 김일성 주석이 1991년 신년사에서 밝힌 고려연방제 통일

방안의 1민족, 1국가, 2제도, 2정부의 낮은 단계의 연방제 사이에 공통성이 있다는 것이다. 분단 이후 최초로 남북한 당국이 남북한 통일방안의 공통성을 인정했다는 것은 놀라운 진전이다.

남북연합과 낮은 단계의 연방제의 공통점은 첫째, '평화적 통일'을 전제로 하고 있다. 둘째, 통일의 완성상태가 아니라 통일을 향한 '과도기적 성격'을 갖고 있다. 셋째, 독립국가 연합(CIS)과 같은 '국가연합'의 형태이다. 넷째, 남북 지역정부가 동등한 자격으로 중앙정부에 참여한다는 등의 공통점이 있다.[45]

북한은 2000년 10월 6일 조국평화통일위원회 안경호 서기국장이 고려민주연방공화국 창립방안 제시 20돌을 기념해 열린 평양시 보고회 연설에서 6·15공동선언에 명기된 북측의 '낮은 단계의 연방제'는 김일성 주석이 1991년 신년사에서 제시한 방안이라고 확인했다. 안경호는 "낮은 단계의 연방제안은 하나의 민족, 하나의 국가, 두개 제도, 두개 정부의 원칙에 기초하되 북과 남에 존재하는 두개 정부가 정치, 군사, 외교권 등 현재의 기능과 권한을 그대로 갖게 하고 그 위에 민족통일 기구를 내오는 방법으로 북남관계를 민족공동의 이익에 맞게 통일적으로 조정해 나가는 것"을 기본 내용으로 하고 있다고 설명했다.[46]

한편 민족공동체 통일방안에 대한 해설서에 의하면, 남북연합단계는 남북이 화해·협력단계에서 구축된 신뢰를 토대로 통합과정을 관리하는 단계로서, 남북간에 평화를 제도화하고 민족의 동질화를 본격적으로 추진하는 단계이다. 남과 북은 이 단계에서 민족공동생활권을 형성하면서 사회·문화·경제공동체를 이루어 나가게 될 것이다. 또 남북연합에 공동기구를 두어 어떤 일을 할 것인가를 남북간에 합의에 의해 구체적으로 규정하게 되며, 이들 공동기구에서 국가통합 즉, 정치와 제도의 통합을 위한 여러 방법을 논의하게 될 것이다. 예컨대 남북정상회의나 각료회의를 열어 동질화 작업을 위한 구체적인 과제를 논의하거나, 남북

의 의회대표들이 통일헌법안을 마련하는 일들이 그것이다.[47]

자유민주주의체제를 지향하는 남측의 연합제와 주체사상에 입각하여 사회주의·공산주의 혁명과 건설을 추진하고 있는 북측의 낮은 단계의 연방제 통일방안[48]에서 공통성이 있다고 남북정상이 합의함으로써 통일논의에 있어 일대 전기를 맞이했다. 그러나 목적지향이 서로 다른 남북한이 내놓은 각각의 통일방안에서 공통성을 인정한 것은 통일방안의 공통성에 대한 합의보다 '누가 누구를 먹거나 누구에게 먹히지 않는 원칙(1991.1.1 김일성 주석 신년사)'과 '적화통일이나 흡수통일 없이 함께 공존공영하는 원칙(2000.6.15 김대중 대통령 귀국인사말)'에 남북정상이 합의한 것으로 봐야할 것이다. 남한이 과도체제(중간단계)로 내놓은 남북연합과 북한의 낮은 단계의 연방제는 목적지향이 다르기 때문에 본질상으로는 공통성을 발견하기 어렵다. 서로 다른 길을 가는 데 있어 중간 기착 지점에서 만난다고 하여 같은 길을 간다라고 말 할 수는 없는 것이다. 따라서 같은 길을 함께 가기 위해서는 어느 한쪽이 자기의 목적지를 바꾸거나 양측이 제3의 길을 가기로 합의할 때만 가능한 것이다. 그러나 현 시점에서 남북한이 각각 지향하고 있는 이념과 체제를 포기할 의향은 전혀 없는 것으로 보인다. 이것은 남북한 각각의 국가 또는 정권의 정체성과 관련된 문제이기 때문이다.

2) '민족공조론'에 따른 우리 민족 대 미국의 대결구도

북한은 6·15 남북공동선언에서의 통일방안에 대한 공통성 인정을 계기로 '조국통일의 기치는 민족공동의 투쟁의 기치'라고 주장하면서 차이점을 부각시키지 말고 공통점에 기초하여 민족공동이익을 실현할 것을 강조하고 있다. 북한은 조국통일의 기치가 민족공동의 투쟁의 기치로 되는 것은 첫째, 그것은 무엇보다도 조국통일이 최대의 민족적 요구로, 민족공동의 위업으로 나서기 때문이라는 것이다. 둘째, 조국통일위업이 민족내부의 계급적 모순이나 제도상의 대립을 해결하기 위한 것이 아니라 민족적 화합을 이룩하고 전국적 범위에서 민족의 자주성을 실현하기 위한 민족적 위업이기 때문이라는 것이다. 북한은 "조국통일이 민족지상의 과업으로 나서고 있는 조건에서 어느 계급이나 계층도 자기의 이해관계를 민족공동의 이익보다 앞세워서는 안된다. 하나의 민족으로서의 공통점에 기초하여 민족공동의 위업실현에 나서지 않고 차이점을 전면에 내세우면서 서로 배척하고 적대시 한다면 조선민족은 언제가도 대단결도 조국통일도 실현할 수 없게 될 것"49)이라고 주장했다.

북한은 6·15 공동선언을 '민족자주선언'이라고 하면서 "통일의 길에 아무리 복잡한 문제들이 제기된다 하더라도 북과 남이 민족자주와 애국의 입장에 서서 연방제안과 연합제안의 공통성을 살려 이 방향에서 통일을 지향시켜 나간다면 겨레의 한결 같은 통일의지와 거대한 힘을 통일의 광장으로 이끌어 갈 수 있다"고 주장하면서 민족애와 민족자주정신을 부쩍 강조하고 있다.50)

북한의 한 학자는 조국통일3대헌장이 '우리 민족끼리' 이념에 다 반영되어 있다고 하면서 현 시기 북한의 "조국통일정책은 우리 민족끼리 이념을 북남관계의 모든 분야에 철저히 구현해나가는 것"이라고 말했다. 그는 "<우리 민족끼리> 리념은 조국통일문제를 우리 민족 자신이 주인이 되어 우리 민족의 의사와 리익에 맞게 우리 민족 자체의 힘으로 풀어 나갈 데 대한 사상이다"라고 주장했다. 또한 우리 민족끼리 이념에는 민족자주정신, 민족대단결사상, 평화통일의지 등이 담겨있다고 주장하고, "<우리 민족끼리> 리념이 조선반도의 평화를 지켜내는 거족적인 반전평화운동으로 구현"되어야 한다고 주장했다.51)

북한은 미국으로부터 오는 전쟁의 위협을 남한을 방패로 삼아 막아보려는 듯 '우리 민족끼리 이념'에 따른 '민족공조', '민족단합' 등을 강조하면서 핵문제로 불거진 위기를 '전체 조선민족 대 미국의 대결구도'로 몰고 가려 하고 있다. 북한은 "조선반도에서 평화의 파괴자, 전쟁의 화근은 미국이며 평화의 수호자, 전쟁방지의 주인은 북과 남의 우리 민족"이기 때문에 "조선반도의 대결구도는 북과 남의 조선민족 대 미국으로 된다"고 주장하고 있다.52)

북한은 2003년 3월 18일 정부, 정당, 단체 합동회의를 개최하고 민족공조, 선군정치 등을 강조하고, "민족공조로 민족의 자주권과 나라의 평화를 지켜 낼 것을 절박한 민족적 과업으로 제기"했다. 북한은 합동회의에서 최고인민회의 상임위원회 부위원장 양형섭의 보고를 통해서 "조선반도의 대결구도가 전체 조선민족 대 미국으로 되고 있는 오늘 온 겨레가 거족적으로 단합하여 남조선에서 미군을 철수시키고 <핵문제>를 구실로 미국과 남조선호전세력이 벌리는 군사연습을 저지시키기 위한 투쟁을 힘차게 벌려나가야 한다"고 주장했다. 북한은 "민족공조는 남북공동선언의 기본정신인 '우리 민족끼리'의 이념을 구현한 것"이라고 주장하고 민족대단결을 실현할 것을 강조했다. 북한은 "민족공조의 시대에 사상과 이념, 신앙이 다르다고 하여 통일애국단체들과 인사들의 활동이 더 이상 문제시되거나 탄압의 대상이 되지 말아야 한다고 하면서 온 겨레가 민족공조의 실현을 첫 자리에 놓고 민족자주, 애국애족의 이념에 기초하여 민족대단결을 실현해 나가야 한다"고 주장했다.53)

양형섭은 그들의 "선군정치는 온 민족의 존엄과 자주권을 수호하며 전쟁을 막고 평화를 지키는 가장 믿음직한 담보"라고 지적하고, 그들의 "선군정치는 민족의 자주권을 침해하는 외세에는 철추를 내리는 정의의 보검으로 되지만 남조선에는 위협으로도 되지 않고 해도 주지 않는 애국애족의 정치"라고 주장했다. 양형섭은 북한의 "선군정치가 없었더라면 조선반도에서는 이미 오래전에 열백번도 더 전쟁이 터졌을 것이며 우리 민족성원 모두는 핵전쟁의 희생물이 되었을 것"이라고 주장했다.

북한은 합동회의에서 채택한 호소문에서 북한은 반미, 반전평화투쟁, 미군철수투쟁을 벌리자고 선동하고 북미불가침조약체결을 촉구했다.[54]

참여정부 출범 이후 한동안 김대중 정부의 '햇볕정책'의 동력에 의해 남북관계가 진전돼 가다가, 핵문제 등으로 새로운 동력을 찾지 못함에 따라 2004년 하반기부터 10개월 동안 당국 대화가 중단되기도 했다. 북한이 북핵문제 등으로 국제적 고립이 가중되는 시점에서 남북대화의 문마저 받아버린 속사정을 알아볼 필요가 있는데, 무엇보다 북한이 심각하게 생각하는 것은 미국 하원의 북한인권법안 통과(2004.7.21) 직후에 있은 468명 탈북자의 한국입국을 북한체제 붕괴를 위한 '평화적 이행전략'으로 인식하고 남북대화 중단이란 강경 조치를 취한 것으로 보인다. 북한이 탈북자 입국문제에 대해 "조직적이고 계획적인 유인납치행위"라고 하면서 강하게 반발하는 데는 미국이 북한인권법을 제정하여 북한을 평화적으로 붕괴시키려 하는데 남측이 동조하는 것으로 보았기 때문이다. 북한이 남북대화에 나오지 않은 것은 체제전복과 관련한 어떠한 시도도 용납하지 않겠다는 것과 대규모 탈북자 입국을 체제붕괴의 전조로 인식되는 것을 막기 위한 것으로 보인다. 조총련 기관지『조선신보』가 남측 당국이 "탈북자 문제를 민족적 이익의 견지에서가 아니라 미국의 의도에 따라 처리했다"고 하면서, 10년 전 김영삼 정부가 조문파동을 빚어내고 북한 조기붕괴론을 내세워 흡수통일을 추구한 것과 다를 바가 무엇이겠는가 라고 주장한 대목을 주목할 필요가 있다.[55]

다음으로, 남한당국의 '북핵해결 우선주의'에 대한 북한의 불만을 지적할 수 있다. 미국의 9·11 테러사태 이후 위기의 한반도정세를 안정화시키기 위해서 우리 정부는 남북장관급회담의 지속 등 남북대화를 통해서 북한의 안보불안감을 덜어주고 신뢰구축과 긴장완화를 적극 모색했다. 그리고 노무현 정부는 핵문제가 해결될 때까지 특사교환이나 정상회담을 추진하지 않겠다는 입장을 고수했다. 참여정부는 북핵문제 해결의 큰 가닥을 잡아야 남북화해협력정책을 가속화할 수 있다는 대북정책 기조를 설정하고 기존 합의사항 이행에 주력할 뿐 정부차원의 새로운 남북협력사업을 추진하지 않았다. 노무현 정부는 출범 이후 북핵해결을 위한 한반도 위기상황 악화방지 등 상황관리에 주력할 뿐 상황돌파를 위한 무리수를 쓰지 않았다. 그러나 북한은 열린우리당의 2004년 4·15 총선 승리로 집권당이 여대야소의 안정의석을 확보함으로써, 6·15 남북 공동선언을 본격적으로 이행할 수 있는 주·객관적 조건들을 갖추었다고 보고 탄핵정국 이후 참여정부의 전향적 대북정책에 큰 기대를 걸었던 것으로 보인다. 그럼에도 불구하고 노무현 정부가 여전히 북핵해결 우선과 국제공조를 강조하자 이에 반발하면서 10개월 동안 당국간 대화에 나오지 않았던 것으로 보인다.

참여정부 출범 이후 남북관계 진전이 어려웠던 것은 북핵문제란 걸림돌과 함께 북한의 남한에 대한 지나친 기대와 실망, 그리고 남한의 북한에 대한 상호신뢰우선과 호혜주의에 입각한 북한의 태도변화 요구 등이 반영된 것으로 보인다. 특히, 북한의 남한 당국에 대한 불만은 대북송금 특검수사, '협력적 자주국방' 계획 아래 추진하고 있는 무력증강, 충무계획(충무 3300, 충무 9000) 등 급변사태 비상계획 언론공개, 조문불허, 대규모 탈북자 입국 등이 연이어 발생한데서 기인한 것으로 보인다.56)

남북대화가 중단된 가운데 2005년 2월 10일 북한은 외무성 성명을 통해 핵보유와 6자회담 불참을 선언함으로써 한반도정세가 급박하게 돌아갔다. 3차 6자회담 개최 이후 1년째가 다가오는 시점에서 인내의 한계론에 따라 '6월 위기설'이 나오기도 했다. 2005년 5월 무렵부터 북한은 '핵실험설', '6월 위기설' 등에 따른 한반도위기 조성에 부담을 느낀 듯 폐연료봉 추출완료 주장과 남북대화 재개를 통해서 '위기국면'을 '대화국면'으로 전환시키고자 했다. 10개월 동안의 긴 정체기를 거쳐 2005

년 5월 16일부터 19일까지 개성에서 열린 남북실무회담에서 남과 북은 한반도 평화를 위해 함께 노력하기로 하고 ① '6·15 통일대축전'에 장관급 당국대표단 파견, ② 제15차 장관급회담을 6월 21~24일 서울에서 개최, ③ 북측에 당면한 봄철 비료 20만톤 제공 등에 합의했다. 이로써 남북관계 정상화의 계기를 마련했다.

북한은 2005년 '6·15통일대축전'과 '6·17 정동영-김정일면담'과 함께 '제2의 6·15시대'를 연 것을 계기로 대화, 접촉, 교류를 강화하면서 '민족중시', '민족제일' 관점과 입장에서 '미군철수투쟁' 등 대남 공세를 강화하고 있다. 그리고 안경호의 발언 등을 통해서 남한 국내 정세와 관련하여 '반보수대연합'을 실현하여 '친미보수세력'의 집권을 막으려는 움직임을 본격화하고 있다. 북한은 2006년 1월 1일자 신년공동사설에서 올해 조국통일운동 구호로, "<우리민족끼리> 기치높이 자주통일, 반전평화, 민족대단합의 3대 애국운동을 힘있게 벌려나가자!"를 들고 나옴으로써 민족중시, 민족제일의 민족공조를 강조했다. 북한은 로동신문 2006년 4월 26일자를 통해서 3대 애국운동을 김일성이 제시한 조국통일3대원칙을 구현하고 있으며 그것을 관철하기 위한 전민족적인 애국투쟁이라고 강조했다. 다시 말해 자주통일애국운동은 민족자주의 원칙을 구현하고, 반전평화애국운동은 평화통일의 원칙을 구현하며, 민족대단합애국운동은 민족대단결의 원칙을 구현하고 있다고 주장했다.

북한은 2006년 5월 4일자 ≪로동신문≫ 논설 "북남관계를 근본적으로 개선해야 한다"에서 "6·15공동선언을 지지하고 민족의 화해와 단합, 북남관계의 진정한 발전을 바란다면 서로의 사상과 체제를 인정하고 존중하는 용단을 내려야 한다"고 주장하고, "상대방의 사상과 체제를 인정하고 존중하려는 용단을 내려야 한다"고 강조했다. 북한은 "서로의 사상과 체제의 인정과 존중으로 북남관계에서 근본적인 전환을 가져오기 위해서는 남조선에서 낡은 대결시대의 관념과 관습을 버려야 하며 민족적 화해와 런북통일기운을 억누르는 「보안법」과 같은 온갖 반통일 제도적 장벽들을 제거하여야 한다"고 주장했다. 또한 북한은 낡은 대결시대의 유물을 청산하고 북남관계를 새로운 높은 단계에로 발전시켜나가게 하는 상징적인 일로, "자기 측 인원들이 상대측의 성지와 명소, 참관지들을 자유롭게 방문할 수 있도록 허용하는 실천적 조치를 취하는 것도 필요하다"고 주장했다.[57]

남북정상회담을 계기로 남북관계의 새로운 패러다임이 만들어지고 있지만 아직 해결해야할 과제들이 많이 남아있다. 남북정상회담을 계기로 남과 북은 시대착오적인 적대정책을 청산하고 민족공동번영을 추구할 것을 약속했다. 그러나 남북간에는 분단반세기 이상 유지해왔던 적대관계를 완전히 해소하지 못하고 있다. 정상회담 이후에도 북쪽은 '전 한반도의 공산화'를 명문화하고 있는 노동당 규약을 개정하지 않고 있으며, 남쪽 역시 국가보안법을 유지하고 있다. 이것은 초법적인 통치권 차원의 남북 양 수뇌부의 결단이 아직 제도화되지 않은데 따른 불일치 현상으로 볼 수도 있다. 그러나 보다 근본적인 문제는 아직까지 남북 사이에 긴장완화와 평화정착이 이뤄지지 않았기 때문에 시대착오적인 적대관계를 완전히 청산하지 못하고 있는 것이다.

또한 남북 화해협력정책을 추진하는 과정에서의 남북한 사회내부의 갈등도 만만치 않다. 남쪽사회에서는 북한변화 여부, 대북지원과 관련한 '퍼주기' 논란, 통일방안 공통성 인정과 관련한 통일방안 논쟁 등이 나타나면서 '남북화해시대의 남남갈등'이란 역설이 형성되고 있다. 북쪽 사회도 부시행정부 출범 이후 미국의 대북 강경정책의 추진과 9·11 테러사태 이후의 정세변화에 민감한 반응을 보이면서 김정일 국방위원장이 약속한 남북간 합의사항도 잘 지켜지지 않는 '유일체제'의 모순이 나타나고 있다.[58]

북한이 서울을 통하면서 주변국가들의 대북한 영향력 경쟁은 치열해졌다. 중국·러시아가 북한의 '후견자' 역할을 자임하고, 미국·일본의 대북접근 움직임은 가속화됐다. 북한은 남북정상회담을 대미 접근카드로 활용해서 북ー미 고위급회담을 성사시키고 핵개발 동결, 미사일 개발 및 수출 포기 카드를 활용해서 미국과 현안문제인 적대관계(교전관계) 해소 및 평화협정 체결, 테러국가 지정해제 및 경제지원 문제 등에 대한 일괄타결을 모색했다. 그러나 2001년 1월 20일 미국의 조지 W 부시정부의 출범으로 북한의 북ー미관계 개선 전략은 막대한 차질을 빚게 되었다. 부시 행정부 출범 이후 북한은 미국의 대북 압박정책이 가중되자 남북간 '민족공조'를 통해서 미국 강경정책의 예봉을 피해보고자 한다. 북한은 미국이 6·15 남북공동선언을 전면부정하면서 남북철도, 도로연결 등 남북교류협력사업 전반을 미국이 방해하고 있다고 주장하면서 "민족공조를 더욱 강화하여 미국의 무모한 <국제적 협력>을 짓 부셔 버리고 조국통일의 앞길을 반드시 열어나갈 것"59)이라고 다짐하고 있다.

3) 선군정치와 강온갈등에 따른 대남강경노선

김일성 사후 본격화하고 있는 북한의 '선군정치先軍政治'는 군부의 과대성장을 불가피하게 만든다. 군에 대한 우선적인 자원배분과 군에 의한 대민통제 강화는 '비상계엄체제'와 같은 것으로, 일시적인 위기관리에는 유용하지만 장기적으로는 군부의 과대성장을 가져와 김정일의 정책적 자율성을 제한할 수밖에 없을 것이다.

철도시험운행 무산(2006.5.25), 미사일시험발사 강행(2006.7.5) 등의 강경노선도 결국 선군정치에 따른 무리수로 볼 수 있다. 식민통치기구의 잔재를 물려받은 신생독립국가들에서 나타났던 '과대성장국가론'60) 처럼, 북한은 '과대성장군부론'에 따른 군의 대민통제와 군사우선의 강경정책을 표출하고 있다. 최근 북한 내부에서는 내각과 대남 및 대외 일꾼들이 추진했던 개방정책에 대해서 군부의 반발 등 강온파간의 갈등이 나타나고 있는 것으로 보인다. 금강산관광개방, 개성공업지구개방 등 군사적으로 민감한 지역을 남쪽에 내어줬음에도 불구하고 기대했던 성과가 나타나지 않은데 따른 군부 등 강경파의 불만이 반영돼 열차시험 운행 취소 등의 정책결정구조의 이상조짐이 나타났다. 북한 군부는 그 동안 금강산 관광을 위해서 잠수함기지인 장전항을 내주고, 개성공단을 위해서 군대를 후방배치 했음에도 불구하고 남측으로부터 얻은 것이 무엇인가에 대해서 불만을 노출해 왔다.

열차시험운행 무산 조치와 미사일 시험발사 강행 등과 관련해서 북한 내부의 의사결정구조에 문제가 있는 것이 아닌지 의문이 제기되고 있다. 열차시험운행의 경우 남북 쌍방당국이 합의한 내용을 북한 군부가 뒤집음으로써 북한 내부의 정책결정 시스템에 혼선 또는 문제가 있는 것으로 볼 수도 있다는 것이다. 그러나 북한 내부의 '유일체제' 운영 원리와 정책결정과정을 살펴보면 김정일 위원장에 대한 군부의 반발로 보기는 어렵다. 북한은 김정일시대 기본통치방식으로 선군정치를 강조하고 있다. 따라서 열차시험운행 무산 조치도 군이 사회 전반에 막강한 영향력을 행사하고 있으며 체제수호 의지가 확고하다는 측면을 보여주려는 의도가 있는 것으로 볼 수 있다.

결국 열차시험운행 무산, 북측인사와 언론의 대남강경발언,[61] 미사일 시험발사 강행 등은 6자회담 교착과 남북관계 진전이 늦어지는데 따른 강경파들의 불만을 반영한 김정일 위원장의 정책선택으로 볼 수 있을 것이다. 북한 의사결정구조는 '김정일 직할체제'이다. 따라서 당, 내각, 군, 통일전선부 등 각급 기관은 횡적인 의사소통을 거의 할 수 없다. 북한에서 주요문제에 관한 결정은 각급 기관에서 올라오는 보고를 종합하여 김정일이 최종적으로 결정하는 수직적 김정일 직할체제이다. 열차시험운행 취소와 미사일 시험발사 강행 등도 관계당국 사이에 충분한 의사소통 없이 김정일이 선군정치에 따라 강경군부의 손을 들어줌으로써 발생한 정책혼선으로 보인다.

최근 일련의 북한의 강경조치와 의사결정과정의 혼선은 새롭게 부상하고 있는 '혁명4세대'에 대한 견제와 '전-홍갈등'으로도 해석할 수 있다. 특권층의 자녀 등으로 이뤄진 혁명4세대(30~40대) 전문기술관료(Experts, 전專)들이 대남사업과 대외사업 부문에서 새로운 실세로 떠오르는 과정에서 불거진 갈등의 결과 합의 이행이 잘 안 되는 문제가 발생한 것으로 보인다는 것이다. 당성과 계급성이 강한 강경파(Reds, 홍紅)들이 남북관계 진전 성과에 불만을 표출하는 과정에서 김정일 위원장이 강경파의 손을 들어줌에 따른 정책혼선 가능성을 주목해야 할 것이다. 이는 전-홍갈등이 일어나는 징후로 볼 수 있음으로 지속적인 관찰이 필요하다. 전진 배치된 혁명4세대인 전문기술관료들의 개혁개방노선이 본격화하려면 성과로 이를 뒷받침해 나가야 한다. 미국과 한국의 대북정책도 전문기술관료들의 입지가 강화될 수 있는 방향에서 이를 지원하고 성과가 나타날 수 있도록 해야 할 것이다.

미사일시험발사 이후 유엔 안보리의 대북결의안 채택에 따른 대량살상무기확산방지구상(PSI) 등 대북제재와 압력의 본격화, 미국의 대북 '체제변환(regime transformation)' 정책의 본격화 등 잃을 것이 훨씬 많은 손익계산에 따르면 북한이 미사일 시험발사를 하지 않는 것이 합리적이다. 하지만 정권유지를 최우선 순위로 생각하는 북한지도부의 정책의 합리성은 다르다. 난국돌파를 둘러싸고 내부적으로 강온파간에 심각한 갈등(북북갈등)이 불거져 있을 경우 북한지도자는 강경군부의 손을 들어주고 대외위기조성을 통한 대내결속에 주력할 것이다.

체제위기가 심화하고 있는 북한이 핵실험과 미사일 시험발사 또는 무력도발 등 위기조성을 강행할 경우 북한은 생존을 담보하기 어려울 것이다. 북한지도부가 추진한 미사일시험발사라는 충격요법을 통한 국면전환 시도는 대포동 2호 미사일 발사 실패, 안보리 대북 결의안 채택, 남북관계와 북−중관계 냉각 등 '총체적 실패'로 돌아가고 있다. 이에 따른 리더십 위기를 회피하는 수단으로 북한 지도부가 추가적인 위기조성을 감행할 가능성을 배제할 수 없는 상황이다.

6. 북한의 대남정책 전망과 우리의 대응

사회주의권 붕괴 이후 경제난 및 남북간 국력격차 등 혁명역량의 약화로 향후 김정일정권의 대남 · 통일정책은 체제확대를 위한 공세적인 정책보다는 체제수호에 집착하면서 수세적인 입장을 취할 수밖에 없을 것이다. 북한당국이 통일의 시기 문제를 '1995년 통일원년'에서 '1990년대 통일'로, 김정일 문헌('8·4 노작')에서 또 다시 '우리 세대 통일('우리 대에 조국통일')'로 그 시기를 후퇴하고 있는 데서도 통일관련 국내외정세의 열세를 인정하고 수세적 입장을 취하고 있는 것을 확인할 수 있다.

김정일은 남한당국이 "반민족적이며 반통일적인 대결정책에서 벗어나 실지행동으로 긍정적인 변화를 보인다면 우리는 그들과 아무 때나 만나 민족의 운명문제를 놓고 허심탄회하게 협상할 것이며 조국통일을 위하여 함께 노력할 것"이라고 주장했다. 하지만 남한당국이 수용하기 어려운 전제조건인 국가보안법 철폐, 외세공조 포기, 통일 · 애국단체의 활동보장 등을 내걸고 남한당국의 태도변화를 남북관계 개선의 전제조건으로 제시하고 있다는 점에서 앞으로의 남북관계도 순탄치 않을 것으로 예상된다.

북한이 처한 상황이 매우 불투명하고 김정일의 통치스타일이 '변칙적'이기 때문에 향후 남북관계를 전망하기란 매우 어렵다. 김정일이 남북대화에 적극적으로 나오려면 북－미 적대관계를 해소하는 것과 함께 그의 권력기반이 확고해지고 경제난으로부터 어느 정도 벗어나야 할 것이다. 김정일정권은 시급한 내부문제로부터 어느 정도 벗어나고, 군부로부터 정책적 자율성을 확보하여야 남북대화 등의 관계개선에 적극성을 보일 것이기 때문에 획기적인 남북관계의 개선을 위해서는 좀더 시간이 필요한 것 같다. 김정일정권은 당분간 내부사정이 나아지지 않고 체제위기가 심화되면 위기조성전술(벼랑끝전술)을 구사하면서 남북관계를 긴장시키는 강·온 양면 전술을 반복할 가능성이 높다.

그러나 북한당국은 '북한식 정경분리정책'을 추진하면서 남북교역과 경협 그리고 관광개방 등 민간차원의 남북교류·협력에는 계속해서 적극성을 보이면서 외화 획득에 주력할 것으로 전망된다. 북한의 남북관계 개선노력은 경제재건과 밀접한 연관관계가 있다. 2002년 하반기부터 북한이 취하고 있는 '7·1 계획경제 개선 조치'와 남북관계 원상회복 노력 그리고 북－미 관계개선 및 북－일 국교정상화 노력 등은 밀접한 연관관계가 있는 데 그것은 한계점에 달한 북한경제를 재건하기 위한 '새로운 발전전략'의 일환으로 나온 정책전환으로 볼 수 있을 것이다.[62] 2002년 하반기부터 북한지도부는 미국 부시행정부 출범 이후 주춤했던 '신사고'에 입각한 계획경제의 개선과 대외관계 확장 등 새로운 발전전략을 구체화하고 있다. 북한은 내부적으로 임금·물가인상 등 하부단위의 '창발성'을 이끌어내는 인센티브제를 도입하는 등 계획경제 개선조치를 통한 자구노력과 변화의지를 내외에 과시하고 대외관계 확장에 주력했다. 이러한 북한의 '강성부흥전략'이 성공을 거두기 위해서는 서방세계의 지원이 불가피하다는 점에서 북한은 남북관계 진전과 이를 기반으로 한 북－미, 북－일 관계정상화 교섭을 본격화하려 했던 것으로 보인다.

북한이 추진하고 있는 경제재건 노력이 성공을 거두기 위해서는 서방 세계와의 '대타협'이 불가피하다. 남북관계 진전은 북한의 최소한의 생존근거를 마련해주는 의미를 가지는 것으로, 대북 식량지원과 남북경협은 긴급한 식량난을 어느 정도 완화해줄 뿐이지 북한경제 위기를 근본적으로 해결해 줄 수는 없는 것이다. 북한이 처한 경제위기를 극복하기 위한 근본적인 처방은 내부적인 개혁·개방과 함께 경제재건에 필요한 자본과 기술을 서방 세계로부터 도입하는 길이다. 따라서 북한이 경제재건 계획을 성공적으로 추진하기 위해서는 남북관계 진전과 함께 북一미 적대관계 해소 및 미국이 지정한 테러지원국 명단에서 벗어나야 하고, 북一일 국교정상화가 이뤄져야 한다. 북一미 적대관계 해소는 북한이 안보불안감에서 벗어나 안심하고 개혁·개방을 추진할 수 있는 환경을 마련해 주는 의미가 있다. 북한은 미국이 지명한 테러지원국 명단으로부터 벗어나야 경제재건에 필요한 재원을 국제금융기구로부터 빌려올 수 있다. 특히 북一일수교에 따른 식민지배에 대한 보상(배상)자금 50억~100억 달러는 북한 경제난을 해소하는 데 획기적인 전기를 마련할 것이다.

북한이 추진하고 있는 이러한 경제재건 계획이 성공을 거두기 위해서는 북한 지도부의 '신사고'와 정책전환이 필요하다. 북한은 서방 세계가 우려하고 있는 대량살상무기 개발을 포기하고 '불량국가'이미지를 벗어 던지고, 정상국가로서 국제무대로 나와야 할 것이다. 그리고 북한은 남한을 비롯한 서방국가들과 한 약속은 반드시 지키는 관행을 만들어나가야 할 것이다.

2000년 6월 남북정상회담 이후 북한이 추진하고 있는 남북관계 개선정책은 사상이론적 조정없이 '민족대단결론'에 따른 것이다. 북한이 내부적인 사상이론적 조정없이 남북관계 개선에 나섬으로써 국내외적인 환경변화(부시 행정부 출범과 미국의 테러사건)에 민감하게 반응하는 취약성을 보이고 있다. 북한은 미국의 대테러전쟁이 끝날 때까지 긴장을 늦추지 않을 것이며, 미국의 반테러 응징의 불똥이 북한으로 튀지 않기를 간절히 바랄 것이다. 테러지원국 명단에 올라 있는 북한으로서는 미국의 반테러 응징전쟁이 북한에게 있어서도 예외가 될 수 없다는 위기인식을 가짐으로써 남북관계도 이와 연계돼 정세변화에 따라 기복이 심할 것으로 예상된다.

2002년 10월 북한이 고농축 우라늄(HEU) 핵개발을 '시인했다'는 미국의 주장으로 재발한 2차 북핵위기는 수년째 지속하고 있다. 2005년 2월 10일 북한의 '핵보유와 6자회담 불참선언'으로 촉발된 '한반도 6월 위기설'은 '6·17 정동영－김정일 면담'과 '9·19 공동성명' 채택으로 한고비를 넘기게 됐다. 하지만 선 핵포기를 요구하는 미국과 경수로 제공을 핵포기의 전제조건으로 내세우고 있는 북한의 입장 차이, 미국의 북한에 대한 위폐제조 의혹제기와 금융제재, 북한의 미사일 시험발사 강행 등으로 6자회담은 진전을 보지 못하고 있다. '선군정치'를 하고 있는 북한 내부의 강경기류와 미국 네오콘의 입장을 대변하는 강경파의 입장이 맞서 공동성명 이후 북핵문제는 진전을 보지 못하고 있는 것이다.

북－미 대화에 임하는 양국의 입장 차이가 너무 크고, 미국이 이라크전쟁 등 반테러전쟁에 주력하고 있어 북－미관계 개선이 이뤄지기까지는 많은 시간이 필요할 것이다. 따라서 북한은 당분간 남북관계 진전에 주력할 수밖에 없는 상황이다. 북한은 미국이 '무장해제'를 요구하면서 북－미대화를 지연시킬 경우, 한반도문제의 당사자 해결 구도를 정착시키는 차원에서 남북대화를 지속함으로써 '한반도문제의 한반도'를 통한 미국의 영향력 축소전략을 지속할 가능성도 있다.

우리 정부가 북한의 대남정책 변화를 유도하기 위해서 추진해야 할 대북정책 추진전략을 제시해 보면 다음과 같다.

첫째, 접촉·제공·대화를 통한 북한변화전략을 지속해야 할 것이다. 사회주의권 붕괴 이후 현재까지 북한이 식량난 · 에너지난 · 외화난 등 심각한 경제위기에 봉착해 있기 때문에 앞으로도 상당기간 '제공을 통한 북한변화 전략'의 추진이 불가피할 것이다.

둘째, 부시행정부 출범 이후의 한반도정세 변화에 적극적으로 대응해 나가야 할 것이다. 부시 행정부 출범과 미국의 테러사건 이후 남북관계의 소강국면에서도 확인했듯이 남북관계는 수많은 변수들이 작용하기 때문에 언제 어떻게 변할지 모르는 상황이다. 따라서 화해협력, 공존공영의 남북관계 새 시대가 정착될 수 있도록 하기 위해서는 국내외적인 상황변화에 따른 우리의 치밀한 대북전략과 외교전략을 개발하는 데 지혜를 모아야 할 것이다. 특히 우리 정부는 현안문제인 북한 대량살상무기문제의 평화적 해결을 위해 노력해야 할 것이다. 북한은 수령 중심의 유일체제이기 때문에 북－미간 협상을 통해서 국가차원의 테러와 테러지원국들로의 미사일 수출을 막을 수 있다는 점을 미국에 설득하는 한편, 북한에 대해서도 대량살상무기개발을 포기하지 않으면 생존이 불가능하다는 점을 설득해야 할 것이다.

셋째, 북한의 현 정세인식의 오판에 대한 설득 노력을 지속해야 할 것이다. 북한이 핵과 미사일문제로 국제사회와 갈등을 지속할 경우, 북한은 미국으로부터 숨쉬기 어려울 정도의 압박과 위협을 받을 것이며 경제재건도 어렵게 될 것이란 점을 남북대화 채널을 통해서 강조할 필요가 있다. 특히 우리 정부는 북한이 대포동 2호 재발사, 핵실험 강행 등 이른바 '한계선(red line)'을 넘지 않도록 설득해야 할 것이다.

끝으로, 우리 정부는 남북정상회담 이후 전통적인 한미공조('외세공조')에서 남북공조('민족공조')로 비중이 옮겨가는 과정에서 불가피하게 나타날 수 있는 한미갈등과 반미주의 확산을 잘 수습해 나가야 하는 과제를 슬기롭게 풀어나가야 한다. 남북관계가 진전되면 국제공조에서 남북공조로 비중이 옮겨갈 수밖에 없다. 이 과정에서 한미간의 갈등이 불거질 수 있는데 우리 정부는 양립하기 어려운 국제공조와 민족공조를 상호보완적으로 잘 조화시켜나가야 하는 과제를 안고 있다.

※ 이 글은 "북한의 대남통일정책의 전개과정," 『21세기의 남북한 정치』 (서울: 한울, 2000)에 수록되었다.

주註

1) 북한은 1980년 6차 당대회에서 개정한 조선로동당 규약에서 "조선로동당의 당면목적은 공화국 북반부에서 사회주의의 완전한 승리를 이룩하며 전국적 범위에서 민족해방과 인민민주주의 혁명과업을 완수하는 데 있으며 최종목적은 온 사회의 주체사상화와 공산주의사회를 건설하는 데 있다"고 하여 한반도 공산화통일을 조선로동당의 최종목표로 하고 있다는 점을 명문화 하고 있다.

2) 북한의 통일정책을 설명하려면 우선 전략, 전술, 행동방침의 세 개념을 구별할 필요가 있다. 전략은 장기적인 행동계획 또는 목표이고, 전술은 전략적 목표를 달성하기 위하여 사용되는 단기적인 행동, 수단 또는 계략을 의미한다. 행동방침은 전략과 전술 중간에 위치한 개념으로, 전략의 테두리 안에서 취해지는 행동을 통일적으로 지칭하며, 전술보다는 유효 기간이 긴 것이 특징이다. 고병철, "북한의 통일전략은 변하고 있는가," 『계간 사상』 (1991년 봄호), 100쪽.

3) 고유환, "북한의 대남정책 전개과정과 그 방향," 『정책연구』 통권116호 (서울: 국제문제조사연구소, 1994년 4호), 23∼97쪽 ; 고유환, "북한의 대남통일정책의 전개과정," 이상민 외, 『21세기의 남북한 정치』 (서울: 한울, 2000).

4) 김일성, 『김일성저작선집 8』, 371∼372쪽.

5) 허종호, 『주체사상에 기초한 남조선혁명과 조국통일리론』 (평양: 사회과학출판사, 1975), 5쪽.

6) 사회과학출판사, 『위대한 주체사상 총서 제5권: 사회주의, 공산주의 건설이론』 (서울: 도서출판 태백, 1989), 282쪽.

7) 『내외통신』 종합판 46 (1992), 527쪽.

8) 김재천, 『후계자문제의 이론과 실천』 (1989), 225쪽.

9) 김정일, "맑스-레닌주의와 주체사상의 기치를 높이 들고 나아가자(칼 맑스 탄생 165돐 및 서거 100돐에 즈음하여, 1983.5.3)," 『김정일중요문헌집』 (서울: 도서출판 별, 1992), 157∼158쪽.

10) 김일성, "우리는 이해에 무엇을 하며 어떻게 일할 것인가?," 『김일성저작선집 1』 (1948), 149쪽.

11) 발표 당시에는 조국통일 5대강령으로 불려졌다. 『김일성저작집 28』, 398쪽.

12) 허종호, 앞의 책, 10쪽.

13) "우리는 이해에 무엇을 하며 어떻게 일할것인가?," 『김일성저작선집 1』 (1948), 159∼160쪽.

14) 조선로동당 중앙위원회 당력사연구소 지음, 『조선로동당략사 1』 1979년판 (서울: 돌베개, 1989), 316쪽.

15) 『김일성저작선집 1』, 573쪽.

16) 허종호, 앞의 책, 264~267쪽.

17) 허종호, 위의 책, 267~271쪽.

18) 『내외통신』 제854호 (1993.7.1).

19) 허종호, 위의 책, 4쪽.

20) 허종호, 위의 책, 11쪽.

21) 고유환, 앞의 논문, 23~98쪽.

22) 鐸木昌之, 『北朝鮮: 社會主義と傳統の共鳴』(東京: 東京大學出版會, 1992), 17~18쪽.

23) 김일성, "근로대중의 통일적당의 창건을 위하여(북조선로동당창립대회에서 한 보고 1946.8.29)," 『김일성저작선집 1』, 70쪽.

24) 위의 책, 74쪽.

25) 북한이 말하는 민주기지는 "혁명하는 나라의 한지역에서 승리한 혁명을 공고히 하여 혁명의 전국적 승리를 담보하는 책원지"이다. 『정치사전』 (평양: 사회과학출판사, 1973), 1235쪽.

26) "조국통일위업을 실현하기 위하여 혁명력량을 백방으로 강화하자," 『김일성저작선집 4』 (1968), 77~96쪽 ; 고병철, 앞의 논문, 101쪽.

27) 김일성, 『남조선혁명과 조국통일에 대하여』, 214쪽.

28) 『북한'조선로동당'대회 주요문헌집』 (서울: 돌베개, 1988), 231쪽.

29) 『북한'조선로동당'대회 주요문헌집』, 315쪽.

30) 『북한'조선로동당'대회 주요문헌집』, 321쪽.

31) 『김일성저작선집 6』, 287~289쪽 ; 정규섭, "북한의 내부변화와 통일전략 전망," 『국방논집』 18 (1992년 여름), 82쪽.

32) 『조선로동당략사 2』, 앞의 책, 335쪽.

33) 김일성, "조국통일 5대방침에 대하여," 『김일성저작선집 6』 (1973), 448쪽.

34) 『정치사전』, 앞의 책, 773쪽.

35) 고병철, 앞의 논문, 102쪽.

36) 『북한'조선로동당'대회 주요문헌집』, 앞의 책, 385~398쪽.

37) 정리근, 『민족의 단합과 조국통일을 위한 위대한 령도』(평양: 백과사전출판사, 1990), 195쪽.

38) 《로동신문》 1990년 10월 19일.

39) 『내외통신』 종합판 제44호 (1991), 499쪽.

40) 스즈키 마사유키 저, 유영구 역, 『김정일과 수령제 사회주의』(서울: 중앙일보사, 1994), 40~41쪽.

41) 《로동신문》 1993년 4월 8일.

42) 김정일의 '유관국가론'은 장석, 『김정일장군 조국통일론』(평양: 평양출판사,

2002), 177~219쪽을 참고 바람.

43) 최근 북한이 연방제방식의 통일을 국제적 추세나 한반도의 분단상황, 주변국의 이익 측면에서 가장 합리적인 통일방안이라고 하면서 홍콩식 '1국가 2체제'를 언급한 것은 1999년 7월 6일 발표한 '조선민주주의인민공화국 정부비망록', ≪조선중앙통신≫ 1999년 7월 7일 ; 1999년 9월 백남순의 유엔총회 발언 ≪조선중앙방송≫ 1999년 11월 1일 등이 있다.

44) 범민련공동의장단회의 호소문, 1999년 4월 7일.

45) 남궁 영, "남북한 통일방안의 재고찰: 연합제와 낮은 단계 연방제," 『6·15 공동선언과 남북통일의 당면과제』 (단국대 행정법부대학원 개원 20주년기념 학술대회 논문집, 2001.5.26), 19~20쪽.

46) ≪연합뉴스≫ 2000년 10월 6일.

47) 통일연수원, 『민족공동체 통일로 가는 길』 (서울: 통일부 통일연수원, 1996), 14쪽.

48) '체제연합적 성격을 갖는 느슨한 연방제안(낮은 단계의 연방제안)'을 밝혔던 1991년 1월 1일 김일성 주석의 신년사를 보면 북한의 목적지향을 분명히 알 수 있다. 당시 김일성 주석은 "남조선 당국자들은 우리 당과 공화국 정부의 자주적 입장은 확고부동하며 주체사상을 구현하여 건설한 우리의 사회주의는 필승불패라는 것을 똑똑히 알아야 할 것입니다"라고 밝혀, 북한이 지향하는 통일국가의 이념과 체제는 주체사상이 구현된 사회주의 · 공산주의체제임을 분명히 했다.

49) ≪로동신문≫ 2000년 9월 25일.

50) ≪로동신문≫ 2000년 8월 5일 ; 2000년 8월 21일.

51) 정기풍, "6·15시대 공화국의 조국통일정책에 대하여," 『6·16공동선언 6주년기념 남북(북남)대표 조국통일강연회 발표문』 (본: 민주평통 구주북부협의회, 도이취란드 · 조선의학협회, 2006년 5월 28일), 4~15쪽.

52) ≪로동신문≫ 2003년 3월 28일.

53) ≪조선중앙통신≫ 2003년 3월 18일.

54) ≪조선중앙통신≫ 2003년 3월 18일.

55) ≪조선신보≫ 2004년 8월 7일.

56) 북한은 2004년 12월 27일 조평통 서기국을 통해서 참여정부 2년을 결산하면서 대북송금특검, 조문불허, 탈북자 기획입국, 합동군사훈련, 급변사태 비상계획, 친북 사이트 차단, 남한의 핵 과학실험, 이라크 추가파병, 보안법 유지, 반성부재 등 10가지 문제점을 들어 대남 비난을 했다. ≪조선중앙통신≫ 2004년 12월 27일.

57) ≪로동신문≫ 2006년 5월 4일.

58) 김정일 북한 국방위원장은 6·15 공동선언에서 서울답방을 약속했음에도 불구

하고 이 약속을 지키지 않았다. 김정일은 2001년 9월 북한을 방문한 장쩌민江
澤民 당시 중국 국가주석 겸 공산당 총서기에게 자신이 남한 답방을 하지 않은
것은 미 대선에서 조지 W 부시가 당선된 후 국제정세의 변화로 답방효과에
대한 예상이 좋지 않았기 때문이라고 밝힌 것으로 확인됐다. 김 위원장의 이
같은 발언은 2006년 7월 30일 발간된 장 전 주석의 외교실록 『더 아름다운
세상을 위해: 장쩌민 외교방문 실록(爲了世界更美好: 江澤民出訪紀實)』에 실려 있
다. ≪연합뉴스≫ 2006년 7월 31일.

59) 조선중앙통신 논평, "민족공조 강화하여 미국의 <국제적 협력>을 짓부셔 버
릴 것이다," ≪조선중앙통신≫ 2002년 12월 4일.

60) '과대성장국가론'은 식민지시대 과대 성장한 국가가 독립 이후에도 시민사회
를 억압하면서 독재체제를 유지하는 국가기구체제를 말한다. Hamza Alavi
and Teodor Shanin, *Introduction to the Sociology of "Developing Societies"* (London:
Macmillan, 1982).

61) 광주에서 열린 6·15 공동행사에서 북한 안경호 조국평화통일위원회 서기국장
은 "한나라가 집권하면 남북교류협력이 파탄날 것"이라고 말했다. 7월 12일
부산에서 열린 제19차 남북장관급회담에서 기조발언에서 북측 대표단장인 권
호웅 내각 책임참사는 "선군정치가 남측에 안전도 도모해주고 남측의 광범위
한 대중이 선군의 덕을 보고 있다"는 괴변을 늘어놓았다. 북한은 최근 "조선로
동당의 선군정치는 민족의 자주권과 나라의 평화와 안전을 수호하는 정의의
보검으로, 자주통일시대를 전진시키는 위력한 추동력으로 되고 있다"고 강조
하고 있다. 북한은 "미제가 6·15공동선언을 반대하고 북남관계발전에 훼방을
놓으며 통일과정을 파괴하기 위해 조선반도에서 전쟁의 불을 지르지 못해 발
광하면서도 감히 어쩌지 못하고 있는 것은 우리 공화국의 선군정치가 위력하
기 때문이다. 조선민족의 존엄과 리익을 건드리는 자는 용납하지 않는 것이
우리 선군조선의 기질이고 담력이다. 우리 공화국이 선군정치를 펴는 한 우리
민족의 리익을 그 누구도 건드리지 못한다. 선군정치는 전쟁의 위험을 막고
평화통일의 길을 지켜주는 평화수호의 정치이다"라고 주장했다. ≪로동신문≫
2006년 7월 3일.

62) 북한은 그들이 "연이어 취하고 있는 폭 넓고 대담한 정치경제적 조치들은 방대
한 인구와 자원 그리고 광활한 시장을 가진 동북아지역 나라들 사이의 협조를
가일층 강화하고 이 지역의 평화와 안정, 지속적인 경제발전에 실천적 기여로
되고 있다"고 주장한 바 있다. ≪조선중앙통신≫ 2002년 11월 4일.

<참고문헌>

1. 북한문헌

김태영,『애국애족의 통일방안』(평양: 평양출판사, 2001).
장 석,『김정일장군 조국통일론』(평양: 평양출판사, 2002).
허종호,『주체사상에 기초한 남조선혁명과 조국통일리론』(평양: 사회과학출판사, 1975).

2. 남한문헌

고병철, "북한의 통일전략은 변하고 있는가,"『계간 사상』(1991년 봄호).
고유환, "북한의 대남정책 전개과정과 그 방향," 국제문제조사연구소,『정책연구』통권116호 (1994).
고유환, "북한의 대남통일정책의 전개과정," 이상민 외,『21세기의 남북한 정치』(서울: 한울, 2000).
고유환, "남북한의 통일전략과 통일방안의 접점: 연합제와 낮은 단계의 연방제," 통일정책연구소,『북한조사연구』제5권 1호 (2001).
남궁 영, "남북한 통일방안의 재고찰: 연합제와 낮은 단계 연방제,"『6·15 공동선언과 남북통일의 당면과제』(단국대 행정법부대학원 개원 20주년기념 학술대회 논문집, 2001.5).
북한 사회과학출판사,『위대한 주체사상 총서 제5권: 사회주의, 공산주의 건설이론』(서울: 도서출판 태백, 1989).
전미영, "북한 대남정책 연구의 쟁점,"『현대 북한연구와 남북관계』(서울: 북한연구학회 2004년 추계학술회의논문집, 2004.9.17).
전현준,『북한의 대남정책 특징』(서울: 통일연구원, 2000).
정규섭, "북한의 내부변화와 통일전략 전망,"『국방논집』제18호(1992년 여름).

'6·15 남북공동선언' 이전
북한의 대남 정책 특징

전 현 준

1. 서 론

2000년 6월 남북정상회담을 통해 이루어진 한반도 평화 무드는 2001년 1월 미국의 부시 행정부 등장 이후 매우 유동적인 상황으로 변했다. 그 이유는 미국의 '9·11 테러사건' 이후 테러방지를 국가이익 우선순위 1위로 설정한 미국이 대對아프가니스탄 전쟁을 벌여 승리를 얻어내고, 여세를 몰아 2002년 1월에는 북한·이라크·이란을 '악의 축'으로 규정, 이의 축출을 위해 매진하고 있기 때문이다.

특히 2002년 10월 북한의 '핵개발 시인' 이후 핵개발 포기 이전에는 어떤 대화도 있을 수 없다는 미국의 입장과 불가침조약만이 해결책이라는 북한의 입장이 팽팽히 맞섬으로써 한반도 위기지수는 1993~1994년에 발생한 한반도 위기수준까지 상승하고 있는 상태이다. 물론 위기지

수가 높다고 해서 전쟁이 발발하는 것은 아니지만 미국과 북한의 세계 관과 문제해결 방식간에 너무나 많은 차이가 나기 때문에 6·25 전쟁을 경험한 우리로서는 불안하지 않을 수 없는 것이다.

우리와 통일을 이루고 살아야 할 북한은 현재 '김일성주의'를 가치의 척도로 삼고 있는 국가이다. 북한은 수령주의에 입각, 오히려 미국을 '악의 화신'으로 규정하고 남한을 '그의 하수인' 정도로 인식하고 있다. 따라서 한반도가 북한핵 문제를 중심으로 커다란 소용돌이에 빠져있지만 남한은 생산성있는 역할을 못하고 있다. 북한은 남한의 존재가치를 인정해 주지 않고 오히려 '구원'과 '해방'의 대상으로만 간주하고 있다.

북한의 대남 인식은 대남정책에 그대로 반영되어 1950년에는 '민족해방전쟁'을 벌였고, 이후에도 수많은 도발을 자행하였다. 그 배경은 역시 '남한 경시풍조' 때문이다. 북한은 수시로 '민족공조'를 주장하지만 실제로는 북한 입장의 수용을 의미한다. 김정일이 남한방문 약속을 이해하지 않고 있는 중요한 이유 중의 하나도 약속불이행에 대한 '불감증' 또는 '남한경시'에서 비롯된 것으로 볼 수 있다.

어떻든 북한이 남한을 대하는 태도는 매우 비상식적이다. 수시로 남한의 최고지도자에 대해 위해를 가하려 하였고, 남한정세에 개입하여 자신들의 목표를 달성하려 하였다. 김대중 정부는 대북 포용정책을 통해 북한의 태도를 변화시켜 보려 하였다. 이러한 전략적 목표때문에 김대중 정부는 '대북 퍼주기론'으로부터 '북한대변자'까지 온갖 비난을 받으면서도 대북 지원을 지속하였다. 그러나 북한은 잠수정 침투, 서해도발, 미사일 수출, 핵개발 등 김대중 정부의 기대와는 반대의 반응을 보여줌으로써 김대중 정부를 곤경에 빠뜨렸다. 북한변화는 커녕 남한이 오히려 북한의 대남 혁명전략에 말려드는 것 아니냐는 비난까지 일어나고 있는 상황이다.

역사는 '발전하느냐' 아니면 '반복되느냐'의 문제는 역사학의 근본적인 연구주제이지만 북한은 왜 구태를 버리지 못하고 김대중 정부와 정상회담까지 추진하고서도 이처럼 도발적인 행동을 반복함으로써 김대중 정부를 곤경에 빠지도록 하는 것일까? 그 이유는 남한정부의 성격과 무관하게 일관성있는 대남 인식이 존재하고 이러한 인식에 바탕한 대남 정책을 추진하기 때문일 것이다.

본 연구는 북한의 대남 정책은 주기적으로 강경과 온건사이를 ‘반복’한다는 전제하에 이를 증명해 내려는 데 그 목적이 있다. 설명에 동원되는 구체적인 사안은 1968년 ‘1·21 사태’와 ‘7·4 남북공동성명,’ 1983년 ‘아웅산테러 사건’과 ‘이산가족 시범상봉,’ 1987년 KAL858기 폭파사건과 ‘남북기본합의서’ 채택, 1999년 ‘6·15 서해교전 사건’과 ‘6·15 남북공동선언’ 등이다.

본 연구의 범위는 북한의 대남 정책을 어떻게 구명할 것이냐에 한정될 것이다. 따라서 북한을 어떻게 대할 것이냐에 대한 소신이나 방안은 제시되지 않는다.[1]

2. 연구를 위한 전제

1) 선행연구 고찰

북한의 통일정책은 대내 정책, 대외 정책, 대남 정책 등 3부분으로 이루어진다. 따라서 북한의 대남 정책은 통일정책의 일부분이다. 그럼에도 불구하고 대부분의 대남 정책 연구는 통일정책과 혼동해서 이루어지고 있다. 그것도 주로 통일방안에 주안점이 두어지고 있다. 그러나 엄밀한 의미에서 통일정책과 대남 정책은 구별되어야 할 것이다.

북한의 대남 정책 연구도 북한의 전략전술에 초점이 맞춰져 있는 것이 대부분이다.2) 대남 정책은 대남 전략전술보다 그 범위가 훨씬 넓다고 해야 할 것이다. 일반적으로 대남 정책은 고정적 측면이 강한반면 전략과 전술은 가변적이라 할 수 있을 것이다. 그리고 중요한 것은 정책은 공개적인 반면, 전략전술은 비공개적이고 비밀리에 수행되는 경우가 많다는 점이다.

아울러 연대기적인 입장에서 대남 정책을 분석하는 연구물들이 있다. 이것의 장점은 중요사건을 기준으로 북한의 특징적인 대남 정책을 제시함으로써 대남 정책 추이를 일목요연하게 알 수 있다는 점이다.3) 그러나 이 방법 역시 북한의 대남 정책을 체계적으로 인식하는 데는 한계가 있을 수밖에 없다.

또한 통일방안을 중심으로 북한의 대남 정책을 연구한 결과들이 있다.4) 그러나 이 연구 역시 북한의 통일방안을 이해하는 데는 매우 유용하지만 대남 정책을 종합적으로 평가하기에는 한계가 있다.

한편 북한의 대남정책과 관련 정책의 변화 여부에 대한 연구가 많다.5) 주 논제는 북한이 변하고 있느냐 그렇지 않느냐는 문제이다. 특히 2000년 남북정상회담 이후 북한의 변화문제가 주요 쟁점이다.

대남 정책 연구에 있어서 사건을 정확히 파악하는 것은 주요하고 본 연구도 이러한 방법을 채용할 것이다. 그러나 일련의 사건들이 어떤 맥락을 가지고 연동되는가에 대한 분석은 많지 않은 것 같다.6)

따라서 본 연구는 이러한 한계를 극복하기 위해 북한의 대남정책을 설명할 수 있는 새로운 가설을 세우고 이를 증명하는 연역적인 방법을 채용하였다. 물론 이러한 방법론 또한 한계가 있을 수밖에 없을 것이다. 특히 사건에 대한 연구자의 주관적 해석과 드러나지 않은 사건, 예를 들면 이면합의나 밀사행위 등을 파악할 수 없는 것 등이 한계로 지적될 수 있을 것이다.

그럼에도 불구하고 학문의 모험성이 필요하다는 인식하에 본 연구를 시도하려 하고 향후에는 이러한 한계를 극복한 발전된 연구를 추진할 수 있도록 노력하겠다.

2) 연구를 위한 분석 틀

해방 이후 남북관계는 한반도 통일과정에서의 주도권 장악 투쟁사라 해도 과언이 아닐 것이다. 특히 북한은 전쟁방식을 통해 한반도통일을 추진함으로써 우리 민족에게 씻을 수 없는 과오까지 범하였다. 한국전쟁은 남북한에게 엄청난 인적·물적·정신적 피해를 안겨주었다.[7] 전쟁의 상처는 대를 이어 전해짐으로써 남북한의 상대방에 대한 적개심은 현재까지 잔존해 있고, 진정한 남북관계 개선에 결정적인 장애요인이 되고 있다. 더욱 불행한 사실은 북한이 한국전쟁 이후에도 수많은 도발을 자행함으로써 남한의 대북 불신을 고착화시켰다는 점이다.

계급론에 입각한 사회주의의 세계화와 민족론에 입각한 통일국가 수립이 중첩적인 형태로 나타난 북한의 대남 강경 정책은 자본주의와 자유민주주의를 신봉하는 남한에게는 공포의 대상이 될 수밖에 없었다. 물론 북한이 대화를 강조하지 않은 것은 아니었다. 해방이후부터 북한은 남북합작을 주장하였고,[8] 한국전쟁 이후에도 평화와 대화를 주장하였다. 그러나 이러한 북한의 주장을 남한은 철저히 통일전선전술로 이해하였기 때문에 별다른 결실을 보지 못하였다. 통일전선전술은 친북인사 확보를 위해 북한이 공식적으로 채용한 방법이었기 때문에 남한의 경계는 당연한 것이라 할 수 있을 것이다.

한국전쟁 이후 조성된 남북간 긴장은 1970년에 접어들면서 깨졌다. 남북대화가 시작된 것이다. 1971년 적십자 회담을 시작으로 물꼬가 트인 남북관계는 1972년 7·4남북공동성명, 1985년 남북이산가족 상봉, 1991년 남북기본합의서 채택, 2000년 6·15 남북공동선언 등으로 이어졌다.

우리는 북한의 행태로부터 몇 가지 중요한 특징을 발견할 수 있다. ① 중요한 남북간 타협 전에는 북한의 도발이 있었다. ② 남한에 대한 도발 이후 이를 무마하기 위한 수단으로 북한의 대화제의가 등장하고 남한은 이를 그대로 또는 수정하여 수락한다. ③ 남북대화가 시작되면 우여곡절을 거치지만 역사에 남을 만한 대타협이 이루어진다. ④ 북한은 남북대화와 거의 동시에 대외개방 정책을 도입한다. ⑤ 대타협은 이내 중지되거나 파기된다 등이다. 이를 좀 더 자세히 분석해 보면 다음과 같다.

첫째, 1968년 1월 21일 청와대 기습 사건, 10월 30일 울진·삼척 무장군인 침투 사건, 1969년 12월 11일 KAL기 납치사건이 발생하였다. 이후 1971년 8월 6일 김일성은 남한의 민주공화당을 포함한 제 정당사회단체와의 접촉의사를 표명하였다. 이에 대해 8월 12일 남한의 '대한적십자사'가 '남북간이산가족찾기운동' 협의를 위한 남북 적십자회담을 제의하였고, 8월 14일 북한적십자회가 이산가족, 친척, 친구의 자유왕래 토의 등도 포함된 판문점 회담을 역제의하였다. 이를 계기로 비록 적십자 회담이기는 하였지만 정식적으로 정부의 승인하에 남북이 한자리에 모여 회담을 하게 되었다. 이것이 모태가 되어 1972년 5월 이후락 중앙정보부장이 극비방북, 김일성과의 대화를 통해 남북 당국간 대화채널 수립을 합의함으로써 1972년 7월 4일 역사적인 '7·4 남북공동성명'이 발표되었다. 이를 바탕으로 남북조절위원회가 설치되어 통일에 대한 한민족 전체의 열망이 컸으나 북한은 1973년 8월 28일 '김대중 납치사건'(8.8)을 구실로 조절위원회 활동을 일방적으로 중단하였다. 한편 북한은 6개년경제계획에 필요한 자본조달을 위해 1972년부터 서방국가들로부터 외채를 본격적으로 도입하기 시작했다.

둘째, 북한은 남한의 전두환 정권을 붕괴시키기 위해 1983년 10월

9일 ‘아웅산 요인테러’ 사건을 일으켰다. 이 사건으로 남한의 고급관료 4명을 포함한 17명이 사망하고 14명이 부상당하였다. 이후 북한은 1984년 1월 11일 ‘남한당국’을 포함한 ‘3자회담’을 제의하였다. 남한은 동일 자로 남북고위급책임자회의를 역제안하였다. 이후 북한은 9월 8일 북한 적십자회를 통해 남한 수재에 대한 구호물자를 제공하겠다는 제안을 하였다. 북한의 대남 수재물자 제공 문제를 논의하기 위한 남북 적십자간 회담이 6년 9개월만에 9월 18일부터 개최되었다. 9월 30일부터 인천, 북평, 판문점 등으로 유입되기 시작한 수재물자는 10월 4일까지 인도완료되었다. 수재물자 인도를 계기로 남한은 10월 6일 이산가족 문제를 다룰 적십자 회담 재개를 북한에 촉구하였고 북한은 10월 29일 이를 수락하였다. 1985년 5월 28일 1973년 7월 이후 12년만에 재개된 것이다. 5월 30일에는 적십자실무대표 협의를 통해 예술단·이산가족고향방문단의 상호방문이 합의되었고, 남북의 고향방문단·예술단이 9월 20일부터 23일까지 상호 방문하였다. 북한은 대남 수재물자 제공 제의 날짜인 9월 8일 최고인민회의 상설회의를 통해 ‘합영법’을 발표하였다.

셋째, 북한은 1987년 12월 16일의 남한대통령 선거를 앞둔 시점인 11월 29일 미얀마 상공에서 KAL858기를 폭파시켰다. 이에 대한 남한의 반응은 격앙 그 자체였다. 김일성은 1988년 1월 1일 ‘남한집권자’와의 대화 용의를 표명하고, 남북연석회의를 제안하였다. 이어서 북한은 3월 8일 남북연석회의 예비회의를 제안하였고, 남한은 6월 3일 남북고위당국자회담을 제안했으며, 북한은 남북연석회담 준비를 위한 것이라면 당국자회담을 고려하겠다는 입장을 표명하였다. 남한은 1988년 12월 28일 강영훈 총리가 ‘남북고위당국자회담’을 제안하였고, 1989년 1월 16일 북한은 이를 수락하였다. 이에 근거하여 1989년 2월 8일부터 남북총리급회담을 위한 예비회담이 시작되었고, 드디어 1990년 9월 5일 제1차 남북고위급회담이 서울에서 개최되었다. 1991년 12월 13일 남북고위급회담 5차회의에서 역사적인 '남북기본합의서'가 채택되었다. 이것은 1992년 2월 19일 발효되었다. 이와 함께 북한은 1991년 12월 28일 '나진·선봉자유경제무역지대'를 설정, 부분적인 대외개방을 추진하였다.

넷째, 1999년 6월 15일 서해에서는 NLL 근처의 '꽃게잡이' 어장에서 남북한 해군이 교전한 사건이 발생하였다. 이 교전으로 인해 북한군 20～30명이 사망하였고, 어뢰정 1척이 침몰하였다. 이 사건에도 불구하고 북한은 6월 17일, 6월 21일부터 예정된 북경 차관급회담에 참석하겠다는 의사를 밝혔고, 비록 결렬은 되었지만 6월 23일부터 차관급회담이 개최되었다. 2000년에 들어서면서 북한은 비공식 경로를 통해 남한의 대북 지원을 요청하였고, 유럽을 방문중이던 김대중 대통령은 3월 9일 '베를린 선언'으로 화답하였다. 3월부터 비밀라인을 통해 남한의 박지원 밀사와 북한의 송호경간 대화가 시작되었고, 4월 8일에는 남북정상회담에 합의하였다. 이에 따라 2000년 6월 13일부터 15일까지 역사적인 남북정상회담이 개최되었다. 주지하듯이 그 결과로 '6·15 남북공동선언'이 발표되었다. 이후 남북대화는 급물살을 탔으나 김정일위원장의 답방은 이루어지지 않았고, 2002년 6월에는 서해 NLL에서 '6·29 서해교전'이 발생하였다. 이로 인해 김대중 정부의 대북 포용정책은 중대한 고비를 맞이하였으나 남한 정부는 서해교전이 '기획도발'이 아님을 강조하는 한편, 대화로 문제를 풀어야 함을 강조하였다. 이에 대해 북한은 7월 25일 서해사태에 대한 유감표명과 함께 제7차 장관급회담을 제의함으로써 대화는 지속되었다.

한편 북한은 경제강국 건설에 필요한 외화획득을 위해 1998년 11월 21일부터 금강산관광을 시작하였고, 2000년부터는 이탈리아를 비롯한 EU국가들과의 수교에 박차를 가했으며, 2002년에는 신의주 및 개성지역을 '특구'로 지정하였다.

이것을 정리해 보면 <표 1>과 같다. 위의 분류는 필자가 연구편의

상 주요사건을 기준으로 임의로 설정하였다.

<표 1> 북한의 주요 대남정책 행태

구분	도 발		대 화		대타협 및 개방		파 기	
제1기	'68.1.21	청와대 기습 기도	'71.8.6.	김일성, 공화당 등과 접촉제의	'72.7.4.	7·4남북 공동성명	'73.8.28.	북한, 남북 대화 중단 선언
	10.30~11.3	울진·삼척무장침투	8.12.	한적, 적십자회담 제안	'72.	외자도입 본격화		
	'69.12.11	KAL기 납치	8.14.	북적, 회담 수용				
			8.20~'73.7.11	적십자예비 및 본 회담				
			'72.5.2.	김일성-이후락 회담				
제2기	'83.10.9.	아웅산 테러	'84.1.11.	북한, '남한 당국' 포함, 3자회담 제의	'85.9.20~23.	최초의 고향방문단 예술단 상호방문	'86.1.20.	북한, 대화 전면 중단
			9.8.	북적, 대남 수해 지원 제의	'84.9.8.	합영법 채택		
			10.3.	북적, 직통전화 지속				
			10.29.	북한, 적십자회담 예비회담 제안				
			'85.5.29	적십자회담 재개				

기								
제3기	'87.11.29	KAL858기 폭파	'88.1.1	북,'남한집권자'와 대화 용의	'91.12.13	기본합의서 합의, 채택	'92.12.19	북 제9차 고위급 회담 거부 성명
			3.8.	북, 남북연석회의예비회의개최 제안	12.28	나진·선봉 특구 지정		
		⇒	12.28.	강영훈, 남북고위당국자 회담 제안	⇒		⇒	
			'89.1.16.	북, 남북총리급 회담 동의				
			'90.9.4~'92.9.18.	8회의 남북고위급 회담				
제4기	'99.6.15.	서해 무력 도발	'99.6.17.	북, 북경차관급 회담 지속회신	'00.6.15.	정상회담, 남북공동선언	?	?
			'00.3.9	남, 대북 지원 베를린 선언				
		⇒	'00.4.8	정상회담 합의	⇒		⇒	

위와 같은 일련의 사건을 통해 우리는 북한의 대남 정책에서 일정한 패턴을 발견할 수 있는 바, 그것은 <그림 1>처럼 '무력도발 → 대화제의 → 대타협 및 대화, 대외개방 → 대화 파기 및 중지 → 무력도발'이라는 싸이클(cycle)이다. 필자는 북한 대남 정책의 특징을 대남 '공격·포옹(hit and clinch)정책의 반복 경향(tendency)'으로 규정하려 한다.9) 이 전제에 근거한다면 북한의 대남 도발 후에는 대화와 대타협에 대비해야

하고, 대타협 후에는 북한의 대남 도발에 대비해야 한다는 논리가 가능하다. 본 연구는 이러한 전제를 증명하는 데 목적이 있다.

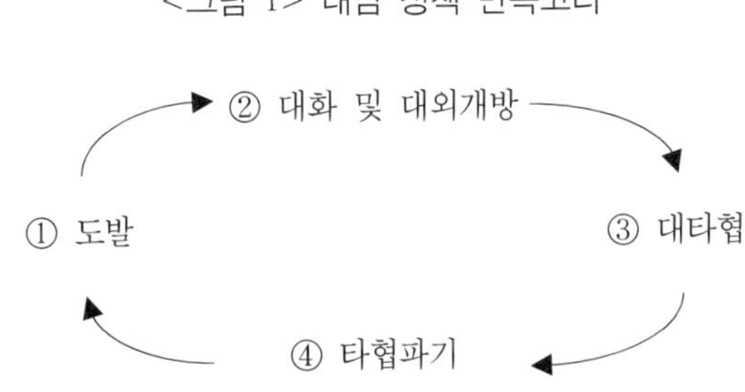

<그림 1> 대남 정책 반복고리

3. 북한 대남 정책의 ‘반복’ 사례

1) ‘청와대 기습사건’과 「7·4 남북공동성명」채택

(1) 무장군인 직접 침투

박정희를 ‘파쑈’로 비난하던 북한은 1968년 1월 21일 민족보위성(인민무력부) 정찰국 소속 124군부대 31명을 직접침투 시켜 청와대를 기습하려다 실패하였고, 동년 10월 30일부터 11월 3일까지 울진·삼척지역에 120여명의 무장군인을 침투시켜 남한사회를 혼란에 빠뜨렸다. 이어서 북한은 1969년 12월 11일 KAL기를 납치하였다. 또한 남한을 직접 겨냥한 것은 아니지만 1월 23일 미정보함 프에블로호를 나포하였으며, 1969년 1월에는 EC-121기를 격추시켰다. 북한은 왜 이처럼 군사모험주의적인 태도를 취하였을까? 그 배경을 추론해 보면 다음과 같다.

첫째, 북한내부 요인이다. 1961년 제4차 당대회를 통해 빨치산 중심의 정권장악에 성공한 김일성은 자신의 독점적 권력 배양에 온 힘을 집중하였다. 권력독점을 위해서는 전사회를 '군사국가화'하는 것이 가장 유용하다고 판단한 것 같다. 다만 명분은 남한에서 1961년 5월 16일 군사쿠데타에 의해 박정희군사 정권이 들어섬으로써 '남한의 북침' 가능성이 증대되었다는 것이었다. 북한은 1962년 '국방에서의 자위' 실현을 위해 '4대군사로선'을 채택하였다. 북한은 이 노선에 따라 국방분야에 대한 투자를 대폭 증강시켰다. 1966년에는 국방경제병진정책이 나왔다. 그러나 논쟁은 있었다. 김일성은 "반당반혁명분자들이 경제건설과 국방건설을 병진시킬데 대한 당의 로선을 관철하기 위한 투쟁을 방해하였습니다 … 또한 일부 나쁜놈들은 다른나라에서도 다 총을 생산하는데 경제건설과 국방건설을 병진시키는 로선이 무슨 새로운 로선인가고 하면서 당의 로선을 시비하였습니다"10)라고 말하여 상당한 반대가 있었음을 시인하였다. 이것은 후에 '군벌'을 숙청하는 원인이 되었다.

김일성은 1966년 당총비서가 된 후 개인권력의 절대화에 더욱 매진하였다. 1955년부터 등장하기 시작한 주체사상을 김일성 유일사상으로 만들고 모두 다 이를 무조건 따르도록 하였다. 이에 반대하는 사람들을 1967년 당 제5기 15차 전원회의를 통해 숙청하였다. 소위 '5·25교시'를 통해 '김일성 유일사상체계 확립'에 배치되는 모든 책을 불사르는 '북한판 분서갱유'를 저질렀다.11) 이 때 숙청된 사람들은 박금철, 이효순, 김도만 등 이른바 '갑산파'들이었다. 이들의 숙청을 지켜 본 김창봉, 허봉학 등은 김일성에게 더욱 큰 충성을 하려 하였다. '사회정치적생명'을 존속케 해 준 김일성에 대한 보은인 것이다. 군부가 생각해낸 것은 박정희를 암살함으로써 김일성을 기쁘게 해주자는 것이었다. 아마 이것은 김일성이 직접 지시는 하지 않았더라도 암시를 주었을 것으로 추정된다. 박정희만 죽이면 남한이 붕괴될 것으로 착각했을 가능성도 있다. 우리가 김일성만 죽으면 북한체제는 곧 붕괴하리라고 생각한 것이나 현재 김정일만 죽으면 북한체제는 즉시 붕괴되리라는 생각이 있는 것과 유사하다고 생각된다. 이러한 맥락에서 북한군은 군사모험주의를 자행한 것으로 보인다. 아울러 남한 내에 북한을 동경하는 세력이 많은 것을 선전하기 위한 것도 하나의 이유인 것으로 보인다.[12] 그러나 이들도 '군의 유일사상 체계'를 문란케 했다는 이유로 숙청되었다. 정책의 실패는 김일성의 노선인 주체사상을 훼손하는 것으로 되어 책임을 면치 못하는 관례가 생겼다.

둘째, 남한내부 요인이다. 1961년 박정희 소장은 쿠데타를 통해 약체정권인 장면정권을 무너뜨리고 권력을 장악하였다. 그는 '반공'을 국시로 삼았다. 박정희는 한때 공산주의자로 몰린 적이 있었기 때문에 이를 만회하기 위해 반공의 기치를 더욱 높였던 것이 아닌가 생각된다. 물론 남한의 정서가 반공주의 일색이었기 때문에 이를 거역하기도 어려웠을 것이다. 그는 이승만 대통령 못지않게 김일성 집단을 비난하였고, 언젠가는 복속되어야 할 대상으로 김일성을 지목하였다. 모든 군대의 구호도 "때려잡자 김일성!"일 만큼 김일성에 대한 증오심을 국민들에게 주입시켰다. 더구나 박정희는 '선건설 후통일'론을 주장하는 등 통일보다는 체제경쟁에 보다 많은 정열을 쏟아 부었다. 경제건설을 위해 박정희는 1965년 국민들의 반대에도 불구하고 일본과 국교를 정상화하였다. 그리고 1966년에는 근대화 자금 확보와 무력증강을 위해 비록 비전투부대이기는 하지만 비둘기부대의 월남파병을 결정하였다. 이에 대한 반대도 심하였으나 모두 강압적으로 제압하였다. 1967년 7월 8일에는 동백림거점 북한 대남공작단 사건이 발표되었다. 이러한 사건은 남한의 반공의식을 고취시킨 반면 북한에게는 커다란 좌절을 주는 것이었다. 김일성으로서는 박정희를 증오할 수밖에 없었을 것으로 생각된다. 이러한 시점에서 1967년 6월 7대국회의원 선거는 혼탁하게 이루어졌고, 신민당은 '6·8부정선거 백서'를 발표하였다. 북한은 남한의 '반박정희' 정서를 감안, 박정희제거를 결정한 것으로 보인다.

셋째, 국제환경적 요인이다. 1·21사태 직전까지의 월남전 상황은 공산월남이 미국을 곤경에 몰아넣으면서 치열한 공방전을 벌일 때였다. 미국은 월남전 승리를 위해 50만명에 가까운 병력을 투입하고 있었기 때문에 공산월남으로서도 힘겨운 싸움을 하고 있었다. 이러한 상황에서 사회주의 종주국으로 자처하는 중국과 소련은 이념분쟁에 여념이 없어서 베트남에 큰 관심을 보이지 않고 있었다. 이러한 태도가 싫어 북한은 1966년 8월 12일자 ≪로동신문≫ 논설 "자주성을 옹호하자"를 통해 중·소 양국을 비난하고 '외교에서의 자주'를 표방하였다. '사회주의 동포애'를 중시한 북한은 공산월남에 대한 원조와 함께 미국의 전력 분산을 위한 '제2전선' 형성을 기획한 것으로 생각된다. 이러한 북한의 전략은 대남도발뿐만 아니라 미국을 직접 겨냥한 프에블로호 나포, EC-121기 격추 등으로 나타났다. 반드시 북한의 반미행동 때문만은 아니지만 미국의 닉슨 대통령은 1969년 7월 25일 미국의 아시아 퇴각을 알리는 '괌독트린'을 발표하였다.

(2) 「7·4남북공동성명」채택 과정

북한의 박정희 제거계획은 실패로 끝났다. 앞에서도 언급했듯이 김일성은 대남 군사작전 실패책임을 물어 민족보위상 김창봉, 군총참모장 최광, 대남공작 총책 허봉학 등을 숙청하였다. 김일성은 청와대기습 실패를 자신의 권력강화 기회로 활용한 것이다. 빨치산 활동을 함께 했던 갑산파까지 숙청한 김일성은 1970년 11월 2일부터 13일까지 제5차 당대회를 개최하였다. 김일성 주체사상을 지도이념으로 삼은 북한은 6개년 경제계획을 발표하였다.

6개년계획 완성을 위해서는 서방의 지원이 필요했을 것이고 이를 위해서는 한반도에서의 평화분위기 조성이 선행되어야 한다고 김일성은 판단한 것 같다. 김일성은 1971년 8월 6일 남한의 민주공화당 등 모든 정당·대중단체·인사와 접촉할 용의가 있다고 표명하였다. 이에 대해 대한적십자사는 8월 12일 남북이산가족찾기를 위한 남북적십자회담을 제의하였고, 북한이 이를 수락, 남북대화가 시작되었다. 그 결과 해방 이후 최초로 남북한 당국자가 합의한 '7·4 남북공동성명'이 발표되었다. 그 배경을 분석해 보면 다음과 같다.

첫째, 국제환경의 변화이다. 미국은 월남전의 질곡으로부터 탈출하기 위해 동양으로부터 퇴진하기 시작하였다. 닉슨 대통령은 1969년 7월 25일 괌독트린을 발표하였다.[13] 요지는 미국은 아시아 동맹국이 핵위협을 받으면 방어를 책임지지만 기타의 위협에 대해서는 동맹국 자신들이 자주국방을 해야 한다는 것이었다. 즉 아시아문제는 아시아인들끼리 자주적으로 처리하라는 것이었다. 이것은 1970년 2월 18일 '평화를 위한 새로운 전략'이라는 대의회보고서로 구체화되었다. 소위 '닉슨 독트린'이라고 불리는 이 보고서에서는 동서간 '평화공존'과 미국의 월남철수 및 주한미군 감축이 공식화되었다. 한편 한반도와 함께 분단의 상징이었던 독일에서는 1970년 3월 19일 동독 에르푸르트에서 동서독 수상회담이 개최됨으로써 동서화합의 장이 마련되기 시작하였다. 미·중간 데탕트는 세계질서를 재편하는 방향으로 흘러갔다. 1971년 4월 10일 미국탁구 선수들이 북경에 도착하였다. 소위 '핑퐁외교'가 시작된 것이다. 1971년 7월 키신저 미국 안보담당보좌관이 북경을 비밀리에 방문, 닉슨대통령의 중국방문 합의를 전격적으로 발표하였다. 닉슨대통령은 1972년 2월 중국을 방문하여 2월 27일 '미·중 공동성명'을 발표하고 평화원칙에 합의하였다. 이 성명에서 미국은 한반도에서의 긴장완화와 남북한의 교류 증진을 지지하였다. 베트남에서는 공산월남군이 승승장구하고 있었다.

둘째, 남한내 요인이다. 박정희는 1970년 8월 15일 광복절경축사를 통해 북한을 '선의의 체제경쟁대상'으로 인정하였다. 김일성은 1971년

8월 6일 남한의 민주공화당 등과 접촉할 용의가 있음을 표명하였고, 남한은 우리 민족의 염원인 이산가족 문제 해결을 위해 1971년 8월 12일 대한적십자사 총재 명의로 남북간의 이산가족찾기운동을 협의하기 위한 남북적십자회담을 제안하였다. 이에 대해 8월 14일 북한 적십자회는 대한적십자사에 편지를 보내 이산가족, 친척, 친구의 자유왕래의 토의 등도 포함되는 판문점회담을 역제안하였다. 박정희 정권이 '1·21사태'에도 불구하고 대화를 요청한 이유는 민족적 과제로서의 통일문제 해결이라는 것도 있지만 정치적 정통성 부족을 민족문제 해결로 보상해보려는 의도도 있는 것으로 보아야 할 것이다.

셋째, 북한내부 요인이다. 1970년 5차당대회에서는 맑스레닌주의의 창조적 적용으로 만들어진 추체사상이 통치이데올기로 자리매김하였다. 김일성은 1967년부터 시작한 유일사상체계 확립에 박차를 가하였고, 그의 절대화를 위해서는 민족문제 해결이 선결과제였다. 경제문제 해결도 주요과제였음은 물론이다. 1971년 4월 12일 최고인민회의 제4기 5차회의시 허담은 '8개항의 평화통일방안'[14]을 발표하였다. 여기에서 '과도적 연방제'와 이산가족의 안부 및 면회가 제의되었다.

북한은 6개년경제발전 계획을 달성하기 위해 1972년부터 본격적으로 OECD 국가들로부터 외채를 도입하기 시작하였다.[15] 북한은 남한과의 대화를 통해 국제사회에 대해 평화이미지를 부각시킬 필요가 있었을 것이다. 김일성은 "국제적인 지지성원이 있는 이상 우리의 승리는 확정적인 것입니다"[16]라고 말하여 국제적 지원의 필요성을 인정하였다. 김일성은 1971년 8월 6일 "남한 공화당을 포함한 모든 대중정당·단체인사와 접촉할 용의가 있음"을 표명하였고 8월 12일 남한의 대화제의가 있었다.

1971년 9월 20일부터 남북적십자 제1차 예비회담이 판문점에서 개최된 것을 필두로 10월 6일 제3차 예비회담까지 개최되었다. 남북적십자 회담은 1973년 7월 11일까지 7차에 걸쳐 개최되었다.

남북 적십자회담과는 별도로 이후락 중앙정보부장과 김영주 노동당 조직지도부장의 신임장을 지참한 남북실무자간의 비밀접촉이 시작되었다. 남한적십자사의 정홍진과 북한적십자사의 김덕현은 제9차 남북적십자 예비회담 다음날인 1971년 11월 20일부터 11회에 걸쳐 서울과 평양을 번갈아 가면서 실무접촉을 갖고 이후락·김영주의 남북교환 방문에 대한 사전조율을 마쳤다.

이러한 준비하에 이후락 부장은 3명의 수행원과 함께 1972년 5월 2일 판문점을 경유, 극비리에 평양을 방문하였다. 남북관계사상 최초로 '밀사외교'가 시작되었다. '밀사외교'는 2000년 남북정상회담 시에도 사용되었다. 이후락은 5월 5일까지 3박4일 동안 평양에 체류하면서 김일성과 2회, 김영주와 2회 회담을 가졌다. 이 자리에서 김일성은 '조국통일3대원칙'과 이를 실천하기 위한 기구로서 '공동위원회' 구상도 밝혔다.17) '7·4 남북공동성명' 이전에 이미 북한의 구상은 끝나있었던 것이다.

김일성은 청와대 기습사건에 대해 유감을 표명하고 한국전쟁에 대해서도 "과거의 일"이라는 식으로 넘어간 것으로 알려져 있다.18) 북한의 '고백외교'는 이때부터 시작되었다고 보는 것도 타당하다.

김일성은 김영주대신 박성철을 5월 29일부터 6월 1일까지 3박4일간 서울에 파견하였다. 박성철은 이후락과 2회, 박대통령과 1회 회동하였다. 그 결과 남북한은 이후락 부장과 김영주 부장을 공동의장으로 하고 각각 3~5명의 쌍방대표로 남북조절위원회를 구성운영키로 합의하였다. 그리고 위원회 내에 분야별 분과위원회를 설치하여 남북간에 다양한 교류와 협력을 추진하기로 합의하였다.

이러한 내용은 1972년 7월 4일 '7·4 남북공동성명'으로 구체화되었다. 그 주요 내용은 다음과 같다. 조국통일3대원칙(자주, 평화통일, 민족대단결), 비방·중상 중지 및 무장도발 중지, 다방면적인 교류 실천, 남북적십자회담 성사에 협조, 서울평양간 직통전화 설치, 남북조절위원회 구성·운영, 합의사항의 성실한 이행 등 7개항이다.

갑작스럽게 발표된 내용은 남한사회를 뒤흔들었고, 김종필 총리는 7월 5일 국회답변을 통해 7·4 공동성명은 초보적인 합의이고, 반공법 및 국가보안법은 폐기하지 않으며, 북한은 불가침조약을 체결할 대상이 될 수 없다는 입장을 밝히는 등 '7·4 남북공동성명'에 대해 부정적인 발언을 하였다. 이에 대해 김일성은 매우 불쾌한 반응 보였다.[19] 결국 7·4남북공동성명은 출발부터 그 결말이 보이는 것이었다.

(3) 남북조절위원회 중지

남북조절위원회는 결국 중단되고 말았다. 그 과정을 잠시 살펴본다. 박정희는 1972년 10월 17일 장기집권계획인 '10월 유신'을 발표하였다. 전국에 비상계엄이 선포되고 국회가 해산되었다. 박정희가 10월 유신을 발표함으로써 남북관계의 정치적 이용문제가 최초로 불거졌다. 박정희는 '10월 유신'을 '구국의 결단'으로 미화시켰지만 개인독재의 장기화 정책임이 분명하였다. 박정희는 7·4 남북공동성명에도 불구하고 7월 5일 반공교육을 계속 할 것을 지시하였고, 김대중을 비롯한 민주인사에 대한 탄압을 지속하였다.

북한도 1972년 12월 25일 주석제를 포함한 사회주의헌법을 공포하였다. 북한이 강력한 권력구조를 바탕으로한 사회주의헌법을 공포한 계기가 남한의 10월유신에 대한 대응인가의 여부는 정확히 알 수 없다. 다만 김일성이 사회주의헌법 채택에 앞서 행한 연설 '우리나라 사회주의제도를 더욱 강화하자'에서 밝힌대로 "정권의 기능과 역할을 높여 사회주의제도를 반대하는 내외적대분자들과의 투쟁을 강화"[20]하기 위한 것이 헌법 개정의 궁극적인 목적이 아닌가 생각한다. 따라서 김일성은 남한의 정치정세와 무관하게 자신의 정권강화를 위해 헌법개정을 단행했을 것으로 보인다. 이러한 관행은 현재까지 지속되고 있는 것으로 생각된다.

남북간에는 지금까지도 미스터리로 남아있는 사건이 발생하였다. 박정희는 1973년 6월 23일 UN동시가입 허용 등을 포함한 7개항의 ‘평화통일외교정책에 관한 특별성명’을 발표하고, 북한은 고려연방제 통일방안 등을 골자로 한 ‘조국통일 5대강령’을 발표하였다. 어떻게 이러한 중요한 사항이 동시에 발표되었는지는 아직까지 의문이다.

이러한 가운데 1973년 8월 8일 일본 동경에서 김대중 납치사건이 발생하였다. 김대중은 1971년 4월 27일 대통령선거에서 박정희의 유력한 라이벌이었다. 북한은 1973년 8월 28일 박정희의 ‘6·23선언’이 두 개조선 노선의 공개적 선포라는 이유로 남북조절위원회 운영을 일방적으로 중단하였다. 그러나 실제는 김대중납치사건이 원인이었다.

이후 남북조절위원회 부위원장회의가 1973년 12월 5일부터 1975년 3월 14일까지 10회에 걸쳐 판문점에서 개최되었으나 1974년 8월 15일 박정희 암살기도사건이 발생하는 등 부정적 요인이 많아 중지되고 말았다. 1975년 4월 30일 남베트남 정부가 공산측에 항복함으로써 월남전이 공식적으로 종식되었다. 1976년 8월 18일에는 판문점에서 ‘미루나무 사건’이 발생하여 미북간에는 일촉즉발 상황까지 갔다. 그러나 김일성이 8월 21일 유엔군사령관에게 유감메시지를 보냄으로써 일단락되었다.

2) ‘아웅산 테러’ 사건과 최초의 ‘이산가족상봉’

(1) 남한 요인테러

북한은 1983년 10월 9일 버어마를 방문중이던 전두환을 비롯한 한국정부의 요인들을 테러하기 위해 아웅산묘소에 폭탄을 장치, 폭발시켰으나 전두환 제거에는 실패하고 정부관료 4명을 포함해 17명을 사망케하고 14명을 부상시켰다. 북한은 자신의 소행임을 부인했으나 1983년 11월 4일 버어마 정부는 북한의 소행임을 확인하였다.

북한이 남한요인 테러를 자행한 이유는 다음과 같이 분석될 수 있을 것이다.

첫째, 북한내 요인이다. 1980년 제6차 당대회를 통해 정식후계자가 된 김정일은 대외부문을 제외한 모든 분야의 업무를 관장하기 시작하였다. 물론 대남정책도 예외는 아니었다. 김정일은 1980년에 새롭게 수립된 고려연방제 통일전략과 대남 혁명전략을 달성하기 위해 보다 유리한 여건과 새로운 국면타개를 목표로 한 것이었다.21) 또한 공식적으로 후계자가 된 상황에서 통일에 대한 열정이 누구보다 강하다는 것을 당내에 과시할 필요가 있을 상황이었다.

둘째, 남한내 요인이다. 1979년 '12·12쿠데타'를 통해 정권을 장악한 전두환은 1980년 5월 '광주민주화 운동'을 무력으로 진압함으로써 광범위한 국민적 저항을 받았다. 전두환은 국민적 저항을 억누르기 위해 폭력을 동원하였고, 이것은 더욱 큰 저항을 불러일으켰다. 북한은 박정희 저격사건시의 인식을 전두환에게도 그대로 적용한 것 같다. 즉 전두환은 인기가 없는 정치인이므로 테러를 통해 제거해도 '반북정서'가 일어나지 않을 것이고, 남한사회는 급격한 혼란상태로 빠질 것이라는 판단이 있었을 수 있다. 아울러 남한 내에는 광범위한 '친북세력'이 생성되어 있어서 전두환이 제거되면 '친북정권'이 등장하리라는 기대가 있었던 것으로 보인다.22)

(2) 최초의 이산가족 상봉 및 예술단 공연

북한의 전두환 암살계획은 수포로 돌아가고 남한내에 '반북분위기'만 고조시켰다. 전두환 정권은 북한의 호전성을 더욱 부각시켜 정권안보에 이용하려 하였다. 북한은 요인암살로 인한 남한내 반북분위기의반전필요성을 느낀 것으로 분석된다. 북한은 1984년 1월 11일 '남한당국'을 포함한 3자회담을 제안하고 '서울당국'에 보내는 서한을 채택하였다. 남한은 같은 날 남북한간 직접대화를 강조하고 남북고위급책임자회의를 제안하였다. 이미 한미 양국은 1979년 7월 1일 3자회담을 제안했으나 북한은 7월 10일 이를 거부했었다. 1984년 3월 7일 북한의 강성산은 남북직접대화를 거부했으나 3월 30일 LA올림픽에서의 남북단일팀 구성을 남한에 제안하였고, 4월 2일 남한은 이를 받아들였다. 4월 9일에는 단일팀 결성을 협의하는 남북올림픽대표의 제1차 회담이 판문점에서 개최되었다.

그러나 남북체육회담은 순조롭지 못했다. 8월 21일 전두환은 북한에 기술과 물자를 무상제공할 용의가 있다고 표명했으나 8월 25일자 '로동신문'은 이를 거부하였다. 이러한 가운데 남한에서는 큰 수해가 발생하였고, 북한 적십자사는 9월 8일 남한의 수해에 대해 구호물자를 제공하겠다는 제안을 하였다. 전두환 정권은 체제에 대한 자신감의 발로이기도 하였지만 정치적 정당성 확보를 위한 계기마련을 위해 9월 14일 이를 수락하였다.

전두환 정부의 수해물자 수락은 북한으로서는 의외의 일이었을 지도 모른다. 당시 아웅산 사건으로 인해 남한 내 반북 분위기가 최고조에 달해 있었기 때문이다. 어떻든 9월 18일 판문점에서는 6년 9개월만에 적십자회담이 개최되었고, 9월 30일 인천항과 북평항에 수재물자를 실은 북한화물선이 도착하여 10월 4일 하역이 완료되었다.

여기에서 하나의 의문점은 대남 수해물자 제공제의 날짜와 북한 최고인민회의 상설회의가 합영법을 발표한 날짜가 일치한다는 것이다. 과연 이것은 무슨 상관관계가 있는 것일까? 주지하다시피 합영법은 서방 자본을 끌어들이기 위한 '획기적인' 방안이었다. 합영법은 5장 26조로 구성되었고, 제1장에서는 기본사항 및 합영대상과 범위, 제2장에는 합영회사의 조직 및 출자비율, 제3장에는 이사회 및 경영활동, 제4장에는 결산 및 분배, 제5장에는 해산 및 분쟁해결 등이 각각 규정되어 있다.

그렇다면 북한이 수재물자를 지원하면서 남한에 뭔가 기대한 것이 있었을까? 물론 수재물자 제의를 건의했던 대남담당 비서 김중린이 남한이 수재물자를 받지 않을 것이라고 판단한 것에 대해 책임을 지고 '철직'당했다는 주장도 있기 때문에 섣부른 판단은 금물이다.[23] 그러나 북한으로서는 수재물자 지원을 통해 동포애를 보여줌으로써 남한의 반북 분위기를 달래 보려했을 가능성이 높다.

북한의 대남 수재물자 지원이라는 역사적인 사건 이후에 남한은 1984년 10월 6일 이산가족 문제를 다룰 남북적십자회담 재개를 호소하였다. 북한은 10월 29일 긍정적인 회신을 보냈다. 제8차 남북적십자회담 본회담 예비접촉이 11월 20일 판문점에서 개최되었으나 1985년 1월 22일부터 서울에서 개최예정이었던 8차 본회담은 팀스피리트 훈련 문제로 연기된 후 5월 27일부터 5월 30일까지 서울에서 개최되었다.

8차 본회담에서는 9월 20일부터 23일까지 3박 4일간 고향방문단 50명, 예술공연단 50명, 취재기자 30명 및 진행위원 20명 등 총 151명이 서울과 평양을 방문하는 데 합의하였다. 이로써 역사상 최초로 남북 당국간 합의에 의해 이산가족 상봉이 이루어 졌고, 서울과 평양에서 예술공연이 있었다. 이것은 2000년 남북 정상회담 이후 개최된 이산가족 상봉과 각종 상호방문의 표준이 되었다.

(3) 적십자 회담의 중지

민족의 숙원사업인 이산가족 상봉은 애석하게도 1회에 그치고 말았다. 역사적인 1986년 2월 26일 평양에서 개최키로 한 제11차 남북적십자회담은 86년 1월 20일 북한이 팀스피리트 훈련을 구실로 중단한 이후 개최되지 못하다가 2000년 남북정상회담 이후인 6월 27일부터 30일까지 개최되었다.

김일성이 이산가족 상봉을 수용한 이유는 이산가족 상봉을 통해 북한체제의 우월성을 알리기 위해서였다. 김일성은 남한이 자유왕래 실현을 거부하는 이유가 "북남사이에 자유래왕이 실현되여 남반부인민들이 공화국북반부에 들어와서 사회주의제도의 우월성을 직접보고 느끼게 되면 그들이 조국통일을 위한 투쟁에 더욱 용감히 떨쳐나서리라는 것을 잘 알고 있기 때문입니다"[24]라고 말하여 이산가족 상봉 목적이 사회주의에 대한 자신감에서 나온 것임을 내보였다. 그리고 김일성은 이산가족 문제가 원만히 풀리기 위해서는 정치적 불신이 해소되는 '정치적 합작'이 선행되어야 한다고 주장했다.[25]

그렇다면 적십자회담을 중지시킨 이유는 무엇일까?

첫째, 우선 미국이 1986년 '한미 팀스피리트' 훈련을 실시하는 데에 대한 반발이다. 그러나 북한은 남북의 회담입장과 자세의 차이가 남북대화의 장애라고 간주했다. 김일성은 "우리의 립장은 어떻게 해서든지 우리나라를 하나의 조선으로 통일하려는 립장이라면 남조선측의 립장은 미국의 <두개 조선> 정책에 따라 민족의 분렬을 영구화하려는 립장입니다"[26]라고 말하였다. 결국 북한이 이산가족 상봉 문제를 매개로 남한이 미국의 입장으로부터 분리되기를 바랐으나 이러한 기미가 없자 회담을 결렬시킨 것으로 보인다.

둘째, 아웅산 사건과 관련한 빚을 다 갚았다고 생각했기 때문인 것으로 보인다. 북한은 남한을 만나주는 것 자체를 선물로 생각하는 경향이 있다.이후 이산가족 문제는 북한이 남한을 제어하거나 남한의 지원을 극대화시키는 카드로 활용되고 있다.

3) 'KAL기 폭파사건'과 남북기본합의서 채택

(1) KAL기 폭파사건

1987년 12월 16일의 제13대 대통령 선거를 앞두고 선거에 결정적 영향을 미칠 수 있는 사건이 발생하였다. 1987년 11월 29일 미얀마 안다만해 상공에서 한국의 중동근로자들을 태운 KAL858기가 공중폭발하여 115명의 무고한 인명이 사망하였다. 더구나 이것이 북한의 노동당 대외정보조사부 소속 김현희 소행으로 밝혀지면서[27] 남한주민들의 분노는 매우 컸고, 자연스럽게 주민들의 의식도 보수화됨으로써 대통령선거에서 집권당 후보인 노태우가 당선되었다. 물론 이것은 '조작'이 아니냐는 주장도 있었고, 북한은 자신들의 소행이 아니라고 반박하였다. 이 사건은 북한이 남한선거에 영향을 미치는 '북풍'의 원조가 되었다. 북한은 왜 이런 행동을 하였을까?

첫째, 1987년 12월 16일에 있을 예정인 대통령 선거에 영향을 미치기 위한 것이라는 해석이다. 그러나 여기에는 의구심이 있다. 북한이 테러를 하면 남한이 보수화되어 자신들이 싫어하는 노태우 후보가 유리할 텐데 이것을 잘 아는 북한이 왜 이런 일을 저질렀을까 하는 의구심이다. 이러한 것을 예상하지 못했다면 북한의 대남 정세 파악에 문제가 있든지 아니면 고의로 남한에 보수정권이 등장하게 함으로써 자신의 정권유지에 유리하도록 하려는 의도였다는 해석이다. 만일 후자가 사실이라면 북한은 남한과의 갈등구조를 이용하여 정권을 유지하려는 것이 대남 전략이라는 설명이 가능하다.

둘째, 서울올림픽을 방해하기 위해서였다는 주장도 설득력이 있다.[28] 북한은 남한과 피나는 체제경쟁을 하고 있었기 때문에 북한으로서는 남한의 위상을 세계 속에 알리는 계기가 되는 서울올림픽을 방해하려는 것은 자연스런 행동일 것이라는 점이다. 비록 이러한 의도는 성공하지 못했지만 북한의 속성을 잘 알 수 있는 계기가 되었다. 북한은 1988년 9월 3일 서울올림픽 불참을 선언하였다. 북한이 2002년 아시안게임에 참가한 것과 비교하면 격세지감을 느끼게 한다.

(2) 남북고위급회담 전개 및 남북기본합의서 채택

KAL기 사건에도 불구하고 김일성은 1988년 1월 1일 '남한집권자'와의 대화를 희망하였다. 3월 8일에는 북한이 남북연석회의 예비회의 개최를 제안하였다. 이에 대해 장기간 침묵을 지키던 남한은 1988년 6월 3일 북한측에 남북고위당국자회담을 제안하였다. 이에 대해 북한은 6월 6일 남북연석회담 준비를 위해서라면 당국자회담도 고려한다고 화답하였다. 이러한 가운데 노태우 대통령은 7월 7일 소위 '7·7선언'을 발표하였다. 특징적인 내용은 북한을 경쟁·대결·적대 대상이 아니라 신뢰·화해·협력의 대상으로 보았다는 점, 북한과 미국·일본과의 관계개선을 돕겠다고 밝힌 점 등이다. 이의 연장선상에서 12월 28일 강영훈 총리가 남북고위당국자(총리급) 회담을 제안하였고 1989년 1월 16일 북한은 남북총리급회담을 수락하면서 "2월 8일에 차관급예비회담을 갖자"고 제안하였다.

이에 따라 2월 8일부터 1990년 7월 26일까지 8차례의 예비회담과 2차례의 실무대표접촉이 판문점 평화의 집과 통일각에서 개최되었다. 우여곡절 끝에 의제는 '남북간의 정치·군사적 대결상태 해소와 다각적인 교류·협력 실시문제'로 정해졌다. 이에 따라 역사상 최초로 남북한 총리가 남북문제를 논의하는 회담이 시작되었다. 1990년 9월 4일 남북고위급회담 1차회담으로부터 1992년 9월 18일 제8차 회담까지 개최된 남북고위급회담은 역사적인 '남북사이의 화해와 불가침 및 교류·협력에 관한 합의서'를 채택하였다. 이 '합의서'는 가장 완벽한 남북간 합의로서 이것만 잘 실천되면 '사실상(de facto)'의 통일상태가 될 것이라는 평가를 받고 있다. 합의서는 제1장 남북화해, 제2장 남북불가침, 제3장 남북교류·협력, 제4장 수정 및 발효 등 4장 25조로 구성되어 있다. 합의서는 남북관계를 '나라와 나라사이의 관계가 아닌 통일을 지향하는 과정에서 잠정으로 형성되는 특수관계'라고 규정, '2개국가'를 부정하였다.

북한이 역사상 가장 합리적이라는 '기본합의서'를 채택한 이유는 무엇일까?

첫째, 국제환경 변화이다. 1985년에 소련 공산당 서기장으로 등장한 고르바쵸프는 사회주의 체제강화를 위한 체제개혁에 착수하였다. 페레스트로이카와 그라스노스트로 대변되는 고르바쵸프의 개혁정책은 동구 사회주의 국가들의 탈소 및 탈공산주의를 촉진시켰다. 1989년 9월 28일 소련은 동유럽에 대한 군사개입을 정당화시켜온 브레즈네프독트린을 폐기하였다. 동유럽의 탈소화는 급격히 진행되었고, 동유럽은 급속히 붕괴되었다. 1990년 10월 1일 동서독은 통일되었다. 동유럽붕괴의 물결은 북한에게까지 심대한 영향을 끼칠 수밖에 없었다. 비록 소련이나 동구 사회주의국가들과는 다르지만 북한도 세계사적 변화에 대해 어떤 형태로든 대처해야 했을 것이고, 그 피난처가 남한과의 대화에 응하는 것이었을 것이다. 북한의 변화는 1990년 9월 24일 자민당의 거물정치인 가네마루 신의 방북과 이후 북일수교회담으로도 감지되었다.

둘째, KAL기 사건이후 남한내에서 부상하기 시작한 반북분위기를 잠재울 필요가 있었을 것이다. 서울 올림픽을 성공적으로 치룬 남한의 자신감은 사회주의권 붕괴와 맞물려 북한을 압도하였다. 여기에다 1989년 3월 25일 남한의 진보적 인사인 문익환 목사가 밀입북, 김일성과 면담하고 4월 2일 문익환·허담간 '9개항 공동성명서'29)를 발표하였다. 이 내용은 매우 파격적이었다. 북한의 통일주장을 거의 그대로 수용한 듯한 표현들은 남한사회를 경악시켰다. 그러나 '4·2 남북공동성명서'

제6항에는 '점진적 연방제 통일제안'이 명기됨으로써 1991년 김일성에 의해 제기된 '느슨한 연방제의 시원이 되었고, 이것은 2000년 '6·15 공동선언'의 모태가 된 것으로 보인다.30)

셋째, 북한내부 요인이다. 북한은 1984년 '합영법'을 통해 외자유치를 시도하였으나 조총련기업을 제외하고는 이렇다할 성과를 거두지 못하였다. 더구나 1987년부터 시작한 '제3차 7개년계획'을 완성하기 위해서는 많은 외자가 필요한 상황이었다. 김일성은 외자유치를 위해 1987년 5월 20일, 1989년 11월 5~7일 등 2회에 걸쳐 중국을 방문하고, 1988년 7월에는 몽고와 소련을 방문하였으나 소기의 성과를 거두지 못하였다. 사회주의권 붕괴 분위기와 맞물려 '진영외교'가 퇴색하는 상황이 도래한 것이다. 1989년 7월 1일부터 8일까지 개최된 제13차 세계청년학생축전에도 많은 외화가 투입되었기 때문에 북한의 경제적 압박은 극에 달하였다. 북한은 1991년 12월 '나진·선봉 특구'를 계획하고 있었기 때문에 남한과의 협력은 더욱 절실했을 것이다.

(3) 남북기본합의서의 미이행

남북고위급회담은 8차 회의를 끝으로 더 이상 진전되지 못하였다. 1992년 12월 19일 북한은 '1993 팀스피리트 훈련' 중지, 이인모 노인 북송, 주한미군 철수, 국가보안법 폐지 등을 주장하면서 제9차 남북고위급회담을 거부하는 성명을 발표하였다. 이후 역사적인 남북기본합의서는 이행되지 못하고 있다. 북한이 남북기본합의서를 이행하지 않고 있는 이유는 여러 가지가 있을 것이다.

첫째, KAL기 폭파사건으로 남한에 진 빚을 청산했다고 북한은 판단했기 때문일 것이다. 전통적으로 북한은 남한과의 대화 자체를 큰 선물로 생각하는 경향이 있다. 아울러 1993년에 출범하는 신정권과의 관계도 고려했던 것이 아닌가 생각된다. 즉, 북한은 신정권과 거래할 카드로

'우연히' 월선했을 수도 있다. 그러나 북한이 6월 7일부터 지속적으로 NLL을 침범했다는 것은 정치군사적 의도가 분명히 있었던 것으로 보아야 할 것이다. NLL은 정전협정상의 경계가 아닌 미군의 편의에 의해 구획된 것이었기 때문에 북한은 1970년대 초반부터 지속적으로 문제를 삼아왔고, 북한은 매년 수십차례에 걸쳐 NLL을 침범해 왔다. 그러나 1999년 6월 7일부터 시작된 NLL 침범은 상당히 조직적인 행동이었다. '6·15 교전'을 통해 북한해군은 대패했으나 북한은 9월 2일 인민군총참모부 명의로 NLL무효화를 선언하고 2000년 2월 23일에는 '서해통항질서' 및 새로운 경계를 발표하였다. 미국과의 직접대화를 통한 문제해결 전술이 그대로 표현된 사건이었다.

둘째, 김정일 권위 제고용이다. 김정일은 1998년 9월 5일 최고인민회의 제10기 1차회의를 통해 국방위원장에 재취임하였다. 재취임 후 그는 '선군정치'를 강조하였다. '선군정치'란 용어는 정확히 10월 21일 '중앙방송'을 통해 나왔으나 이전부터 '선군혁명령도'나 '선군후로'라는 용어는 나왔다. 어떻든 이 용어에서 볼 수 있듯이 북한은 군부를 앞세워 모든 문제를 풀려는 의지를 분명히 하였다. 최고사령관인 김정일로서는 그의 용맹성을 과시할 필요가 있었을 것이고 그 대상은 물론 미국이겠으나 현실적으로 미국과 동일시되는 남한에 대한 도발로 대신할 수밖에 없는 상황이었다.

셋째, 남한의 대북 포용정책의 시험이었다. 김대중 정부 출범 이후인 1998년 4월 북경에서 대북 비료지원과 이산가족 문제 협의를 위해 개최된 남북 차관급회담이 결렬되었다. 이후 당국간 회담은 답보상태를 면하지 못한 반면 6월 및 10월에 정주영 현대명예회장이 각각 소500 및 501마리씩 총 1001마리를 대동, 북한을 방문하는 행사가 있었고, 이를 계기로 현대와 북한은 금강산관광 계약을 체결하였다. 금강산 관광은 분단 이후 최초로 11월 18일 시작되었다. 현대는 6년 동안 9억 4천 2백만 달러를 금강산관광 대금으로 지급할 것을 북한에 약속하였다. 이로 인해 남한내에는 김대중 정부의 대북 정책을 지지하는 층이 늘었고, 통일에 대한 기대도 높아졌다.33) 그러나 앞에서도 언급했듯이 대북 포용정책을 ‘화평연변’으로 해석하고 있었던 북한으로서는 남한의 지원 확보에 앞서 김대중 정부가 진정으로 대북 지원을 지속할 의사가 있는지의 여부를 확인할 필요가 있었을 것이다. 이러한 북한의 태도는 남한의 군사정부에 대한 도발 이유와는 약간 다른 것이었다. 즉, ‘1·21사태’나 ‘아웅산테러사건,’ ‘KAL기폭파사건’ 등은 남한군사정권에 대한 응징의 성격이 강했다면 ‘6·15 서해도발’ 사건은 김대중 정부의 ‘민족공조’에 대한 의지의 시험이었다고 생각된다. 물론 그렇다고 북한의 대남인식이 근본적으로 변화된 것은 아니었다.

(2) 남북 정상회담과 ‘6·15 공동선언’

1999년 ‘6·15 서해교전’에도 불구하고 김대중 정부의 대북 포용정책은 지속되었다. 북한은 6월 21일부터 예정된 북경 차관급회담의 참석의사를 6월 17일 밝혔다. 대화지속 의지를 분명히 한 것이었다. 그러나 차관급회담은 결렬되었다. 남한의 ‘6·15사태’에 대한 집요한 사과요구 때문이었다. 이러한 가운데 북한의 백남순 외무상은 9월 북미대화가 지속되는 한 향후 3년간 미사일시험발사를 유예하고 EU와의 관계 개선에 매진하겠다고 세계에 공언하였다. 이에 근거하여 북한은 2000년 1월 4일 이탈리아와 수교하였다. 북한의 개방적 태도를 목도한 김대중 대통령은 2000년 1월 20일 새천년민주당 창당대회에서 남북정상회담 제의 의사를 피력하였다. 이후 북한은 남한의 진의파악에 나섰고, 남한의 진의가 확인되자 이를 공식화시켜줄 것을 요구한 것으로 알려졌다. 이에 대해 김대중 대통령은 3월 9일 베를린에서 대북 SOC 지원을 골자로 한 ‘베를린 선언’을 발표하였다. 이를 계기로 3월 17일부터 중국 상하이에서 박지원과 송호경이 '밀사외교'를 시작하였고, 4월 8일 남북 정상회담을 6월 12일부터 3일간 평양에서 개최하기로 합의하였다.

6월 12일보다 하루 늦은 13일부터 15일까지 평양에서 역사적인 남북 정상회담이 개최되었다. 이를 통해 김정일은 세계정치 무대에 등장하였고, 김대중 대통령은 노벨평화상을 받는 소득을 올렸다. 남북정상회담은 '6·15 공동성명'을 발표하는 것으로 역사적인 회동을 마무리지었다. 그 내용은 통일문제의 자주적 해결, 연합제안과 낮은 단계의 연방제안의 공통성 인정, 친척방문단 교환 및 비전향장기수 문제 해결, 경제협력을 통한 민족경제의 균형발전, 당국간 회담 개최, '적절한 시기'의 김정일 답방 등이다.

북한이 남북 정상회담을 개최한 이유는 다음과 같을 것으로 생각된다.

첫째, 김정일 위상 강화 목적이다. 그동안 서방세계에 비이성적 존재로 각인되었던 김정일은 정상회담을 통해 '화려한 변신'을 시도하려 한 것으로 보인다. 정상회담 이후 김정일은 휴전선에서의 대남비방 방송 중지, 6·25 행사 중지 등을 시행하고 표류어선을 즉시 석방함으로써 '호전적' 이미지를 제거하려 노력하였다.

둘째, 정상회담의 성공을 발판으로 김정일은 '민족의 위대한 지도자'화 즉, 우상화 작업에 매진할 수 있는 정당성을 확보하려 한 것으로 보인다. 이를 발판으로 김정일은 통일 주도권을 장악하려 했을 것이다.

셋째, 미국과 일본과의 관계 개선을 위한 교두보를 확보하기 위한 것으로 보인다. 1998년에 천명한 강성대국 건설을 위해서는 미국, 일본, EU 등 선진 자본주의국가들의 지원이 필수적이었으나 이들 국가들은 남한과의 관계개선을 권유하고 있었던 상황이기 때문에 자본주의국가들과의 관계개선을 위한 교두보 확보를 위해 북한은 정상회담을 추진한 것으로 보인다. 물론 북한은 실질적 측면에서도 남한의 대북 SOC 지원이 필요한 상황이었기 때문에 정상회담에 임한 것은 사실이다.

4. 결 론

2000년 남북 정상회담은 1950년 한국전쟁이후 남북관계사에 커다란 획을 긋는 또 하나의 '사변'이었다. 해방과 한국전쟁을 겪으면서 우리의 문제를 우리가 직접 해결할 수 없다는 자괴감을 가지고 살아 왔던 우리 민족은 이제 '한반도문제를 한반도화'할 수 있다는 자긍심을 갖게 되었다.

그러나 이러한 자긍심은 2002년 1월 29일 미국이 북한을 '악의 축'으로 규정한 후 남북관계가 경색됨으로써 현저히 약화되었다. 미국이라는 장벽을 넘지 않고는 민족통일을 이루기는 어렵다는 비관론이 다시 자리를 잡았다. 이 즈음 비관론에 기름을 붓는 사건이 발생하였다. 6월 29일 발생한 '서해교전'이 그것이었다.

통일에 장애를 일으키는 요인은 미국뿐만 아니라 북한도 예외가 아니라는 논리가 설득력있게 회자되었다. 북한은 우리의 대북 지원에도 불구하고 근본적으로 변하지 않았다는 비판이 일어났다. 이러한 가운데 왜 북한은 주기적으로 대남도발을 자행하는가라는 의문이 일어나기 시작했다.

북한의 대남 행태를 2중적이라는 분석은 많아 왔다. 그러나 그것을 좀더 과학적으로 설명해내는 논리는 부족한 것으로 생각된다. 따라서 본 연구는 제2장 가설부문에서도 전제했듯이 북한의 대남 정책에 어떤 패턴이 존재하지 않는가라는 의문에서 대남정책 '반복경향'을 제기하였다. 그 결과 큰 틀에서 보았을 때 이 전제가 타당하다는 결론에 도달했다.

첫째, 북한은 적화통일 정책을 고수한 가운데 무력도발을 시도한다. 북한은 남한 최고통치권자에 대해 1968년 1월 21일, 1974년 8월 15일, 1983년 10월 9일 등 3회에 걸쳐 위해를 가하려 하였다. 비록 남한 대통령이 독재자라 할지라도 북한의 테러에 의해 제거되는 것은 바람직스럽지 않은 일이었다. 테러행위는 독재자의 반공논리를 정당화시켜 주었고, 민주인사의 탄압과 군사국가화를 촉진시키는 역할을 했기 때문이다. 나아가 대북 불신은 더욱 심화되어 활발한 남북대화에도 불구하고 진심으로 북한을 신뢰하지 못하는 원인이 되고 있다. 더욱 큰 문제는 무고한 시민이 탑승한 KAL기를 폭파함으로써 미국을 비롯한 전세계로부터 '테러국가'라는 오명을 쓰고 현재까지 경제제재를 받고 있는 점이다. 북한은 미국에게 '테러국가 고깔'을 벗겨달라고 요구하고 있지만 테러를 포기한다는 명백한 증거가 없는 한 어려울 것으로 보인다.

둘째, 북한은 도발행위를 자행한 이후 남한과의 대화를 요구하고 남한의 호응이 있으면 대화에 임하고 대타협까지도 이끌어 낸다. '7·4 남북공동성명', '최초의 이산가족 상봉', '남북기본합의서,' '6·15 공동선언' 등이 대표적인 사례이다. 이를 통해 북한은 전세계에 대화를 통해 문제를 해결한다는 인상을 심어주고 남한에게는 북한에 대한 적개심을 완화시키고자 하는 신호로 작용한다. 아울러 북한은 대체로 남북대화와 함께 대외개방을 시도하였다. 왜 북한이 남북대화와 비슷한 시점에 대외개방을 시도하는 가는 의문이다. 북한이 대외개방을 통해 경제를 회생시키려는 의지가 있다면 대남 도발을 하지 않아야 유리할 것으로 생각된다. 그러나 북한은 이러한 행동을 보이지 않았다. 그렇다면 그 개방은 서방세계에게 대남 도발의 호전성 및 대남 도발로 인해 악화된 여론을 무마시키려는 의도에서 발로된 것이 아닌가 생각된다.

셋째, 북한은 대타협을 중지하거나 파기한다. 북한은 대타협을 온갖 이유를 붙여 중지한다. 그 이유는 대체로 남한내 군사훈련이 빌미가 된다. 대타협을 통해 남북한이 대화하자면서도 남한이 '북침연습'을 한다는 이유이다. 그러나 그것은 명분에 불과할 뿐 남한을 '식민지'로 인식한 데서 비롯되는 것이다. 즉 자주권이 없는 남한에 대해서는 약속을 파기해도 별 상관이 없다는 인식의 발로이다. 홍미로운 것은 북한의 개방정책도 별무성과로 남는다는 점이다. 물론 서방세계의 적극적인 투자가 없는 것이 주 요인이겠지만 북한도 개방정책 성공을 위해 적극적인 행동을 보이지 않는다. 남북정상회담 이후에는 이러한 양상에 차이가 있는 것은 사실이지만 그렇다고 근본적인 변화가 있는 것도 아니다. 북한이 사회주의체제를 고수하겠다는 의지만은 분명히 하고 있기 때문이다. 결국 북한의 대남정책은 대남 '공격·포옹(hit and clinch)정책의 반복'으로 규정하는 것도 무리는 아닐 것이다.

위와 같은 특징을 고려해 볼 때 우리는 북한의 대남 도발 이후에는 대화 및 대타협에 대비해야 할 것이고, 대타협 이후에는 북한의 대남 도발에 대비하는 지혜를 가져야 할 것이다. 그러나 향후에도 북한이 '공격·포옹(hit and clinch)정책의 반복 경향'에 맞는 행동을 할지는 미지수이다. 그 이유는 북한이 구태의연한 냉전적 정책을 지속하기에는 그들의 경제사정이 너무 열악하고, 향후에는 남한의 어떤 정권이 등장하더라도 북한과의 대화를 지속할 가능성이 높은 바, 남한을 '식민지파쑈'로만 몰아부치기에는 무리가 있을 것이기 때문이다. 현재 우리의 임무는 북한의 '반복적' 대남 정책을 '발전적' 대남 정책으로 변경시킬 수 있는 효율적인 방안을 고안해 내는 것이다.

※ 이 글은 『북한의 대남정책 특징』(서울: 통일연구원, 2002)에 수록되었다.

주註

1) 필자는 개인적으로 북한은 '수령주의'만을 유일한 세계관으로 인정한 '비정상 국가'로 분류함. 그러나 이를 '정상국가'로 전변시키기 위해서는 대북 포용정 책이 유용하다는 생각을 가지고 있음.

2) 대표적인 연구는 신평길,『김정일과 대남전략』(서울: 북한연구소, 1997) 참조.

3) 대표적인 연구로는 허문영, "북한의 평화전략," 김학성 외,『한반도평화전략』 (서울: 통일연구원, 2000), 60~72쪽 참조.

4) 대표적인 연구는 양영식,『통일정책론』(서울: 박영사, 1997), 512~513쪽 참조.

5) 최근의 연구로는 최완규, "대북 화해협력 정책의 성찰적 접근,"『남북한 관계 의 회고와 전망』(2002년 한국정치학회 하계학술대회, 2002.7.25~27) ; 정규 섭, "햇볕정책을 넘어서: 논쟁과 대안을 모색,"『현대북한연구』제4권 2호 (2001); 손호철, "대북 포용정책과 남남갈등,"『남북한 관계의 회고와 전망』 (2002년 한국정치학회 하계학술대회 2002.7.25~27) 등을 참고.

6) 요인분석을 통해 북한의 대남 정책을 연구한 저서는 정규섭,『김정일체제의 대남정책 전망』(서울: 민족통일연구원, 1994.12) 참조.

7) 자세한 피해 내용은 김학준,『한국전쟁』(서울: 박영사, 1993), 345~349쪽 참조.

8) 가장 대표적인 사례가 김 구 선생과의 합작제의였음. 김일성, "김구와 한 담화 1948년 5월3일,"『김일성저작집 4』(평양: 조선로동당출판사, 1979), 300쪽.

9) 북한의 대남정책이 발전적 전진을 하고 있다는 입장은 정성장,『북한의 변화와 지속에 대한 평가와 대응: 경제개혁과 통일·대남 정책을 중심으로』(세종연구 소, 2002.12) 참조.

10) 김일성, "현정세와 인민군대앞에 나서는 몇가지 정치군사과업에 대하여,"『김 일성저작집 24』(평양: 조선로동당출판사, 1983), 255쪽.

11) 성혜랑,『등나무집』(서울: 지식나라, 2001), 312~313쪽.

12) 북한은 '1·21사태'를 '남조선무장유격대'의 소행으로 돌리고 있음. 김일성, "조 성된 정세에 대처하여 전쟁준비를 잘할데 대하여(당중앙위원회 부부장 이상 군인들과 도당책임비서들 앞에서한 연설 1968년 3월 21일),"『김일성저작집 22』(평양: 조선로동당출판사, 1983), 79쪽.

13) 자세한 내용은 http://www.time.com/time/special/moy/1971.html 참조.

14) 국토통일원,『최고인민회의 자료집 Ⅲ』(1988), 358~360쪽.

15) 최주환,『북한경제론』(서울: 대왕사, 1992), 192쪽.

16) 김일성, "조선로동당 제5차대회 폐회사(1970년 11월 13일)"『김일성저작집 25』, 앞의 책, 382쪽.

17) 김일성, "조국통일의 3대원칙에 대하여(북과 남사이의 고위급장성회담에 참가

한 남조선대표측대표들과 한 담화 1972년 5월 3일, 11월 3일),"『김일성저작집
27』(평양: 조선로동당출판사, 1984), 165쪽, 180쪽.

18) 정홍진의 증언, http://indosea.com/parkjh/실록박정희/실록박정희/02.html

19) 김일성, "스웨리예사회민주청년동맹대표단과 한 담화(1972년 10월 19일),"『김
일성저작집 27』, 앞의 책, 460쪽.

20) 김일성, "우리나라 사회주의제도를 더욱 강화하자(조선민주주의인민공화국 최
고인민회의 제5기 제1차회의에서 한 연설 1972년 12월 25일),"『김일성저작집
27』, 위의 책, 605쪽.

21) 신평길,『김정일과 대남전략』, 앞의 책, 263쪽.

22) 신평길,『김정일과 대남전략』, 위의 책, 263쪽.

23) 서울신문사,『북한인물집』(서울: 서울신문사, 2001).

24) 김일성, "교육사업에서 사회주의교육학의 원리를 철저히 구현할데 대하여(전국
교원대회에서 한 연설 1971년 12월 27일),"『김일성저작집 26』(평양: 조선로
동당출판사, 1984), 576쪽.

25) 김일성, "조국통일의 3대원칙에 대하여,"『김일성저작집 27』, 앞의 책, 189쪽.

26) 김일성, "일본사회당 기관지 ≪샤가이신뽀≫ 편집장이 제기한 질문에 대한 대
답,"『김일성저작집 39』(평양: 조선로동당출판사, 1993), 184쪽.

27) 자세한 내용은 김현희,『이제 여자가 되고 싶어요 1, 2』(서울: 고려원, 1991)
참조.

28) 신평길,『김정일과 대남공작』, 앞의 책, 265쪽.

29) 자세한 내용은 문익환목사 홈페이지 www.moom.or.kr/moon/tongi12.html 참조.

30) 이완범 박사는 이를 부인하고 있음. 이완범, "북한통일방안 변천에 관한 연구,"
통일부,『통일정책』(2001 신진연구자논문집 Ⅰ), 182쪽.

31) 김일성, "단마르크와 조선사이의 협조관계촉진위원회대표단과 한 담화 1973년
9월 3일,"『김일성저작집 28』, 앞의 책, 474쪽.

32) 김일성, "일본교도통신사대표단과 한 담화 1975년 8월 31일,"『김일성저작집
30』, 앞의 책, 442~443쪽.

33) ≪한겨레신문≫ 2000년 5월 9일.

〈참고문헌〉

1. 북한문헌

김일성, "김구와 한 담화 1948년 5월3일,"『김일성저작집 4』(평양: 조선로동당출판사, 1979).

김일성, "조선로동당 제5차대회에서 한 중앙위원회사업총화보고 1970년 11월 2일,"『김일성저작집 25』(평양: 조선로동당출판사, 1983).

김일성, "오늘의 정치정세와 우리들의 새로운 임무(북조선공산당 및 조선신민당 중앙위원회 확대련석회의에서 한 보고 1946년 7월 29일),"『김일성저작집 2』(평양: 조선로동당출판사, 1979).

김일성, "핀란드인민민주련맹위원장과 한 담화(1982년 4월 9일),"『김일성 저작집 37』(평양: 조선로동당출판사, 1992).

김일성, "뽀르뚜갈공산당대표단과 한 담화(1985년 1월 7~8일),"『김일성저작집 39』(평양: 조선로동당출판사, 1993).

김일성, "온 민족이 단결하여 조국통일을 앞당기자(범민족대회에 참가한 대표들앞에서 한 연설 1990년 8월 18일),"『김일성저작집 42』(평양: 조선로동당출판사, 1995).

김일성, "조선민족은 누구나 조국통일에 모든 것을 복종시켜야 한다(재미교포녀류기자와 한 담화 1994년 4월 21일),"『김일성저작집 44』(평양: 조선로동당출판사, 1996).

김일성, "조선민주주의인민공화국 정부의 당면과제에 대하여(최고인민회의 제3기 1차회의에서 한 연설 1962년 10월 23일),"『김일성저작집 16』(평양: 조선로동당출판사, 1982).

김일성, "올해 사업총화와 다음해 사업방향에 대하여(조선로동당 중앙위원회 정치위원회에서 한 연설 1973년 12월 31일),"『김일성저작집 28』(평양: 조선로동당출판사, 1984).

김일성, "미제침략자들을 격멸하고 조국의 완전해방을 이룩하자(조선인민군최고사령관 명령 제82호 1950년 8월 15일),"『김일성저작집 6』(평양: 조선로동당출판사, 1980).

김일성, "총련사업에서 이룩한 성과를 더욱 공고발전시키자(총련의장에게 보낸 서한 1962년 1월 30일),"『김일성저작집 16』(평양: 조선로동당출판사, 1982).

김일성, "당, 정권기관, 인민군대를 더욱 강화하며 사회주의대건설을 더 잘하여 혁명적대사변을 승리적으로 맞이하자(조선로동당중앙위원회 제5기 15차전원

회의에서 한 결론 1975년 2월 17일),”『김일성저작집 30』(평양: 조선로동
당출판사, 1985).

김일성, “일제를 반대하는 무장투쟁을 조직전개할데 대하여(연길현 명월구에서 진
행된 당 및 공청간부회의에서 한 연설 1931년 12월 16일),”『김일성 저작
집 1』(평양: 조선로동당출판사, 1979).

김일성, “해방된 조국에서의 당, 국가 및 무력건설에 대하여(군사정치간부들앞에서
한 연설 1945년 8월 20일),”『김일성저작집 1』(평양: 조선로동당출판사,
1979).

김일성, “조국해방전쟁의 승리를 위한 각 정당들과의 과업(조선로동당, 북조선민주
당, 북조선천도교청우당 도위원회위원장 련석회의에서 한 연설 1950년 6
월 27일),”『김일성저작집 6』(평양: 조선로동당출판사, 1980).

김일성, “통일전선사업을 개선강화할데 대하여(조선로동당 중앙위원회 제7차전원
회의에서 한 결론 1953년 12월 18일),”『김일성저작집 8』(평양: 조선로동
당출판사, 1980).

김일성, “사회주의진영의 통일과 국제공산주의운동의 새로운 단계(조선로동당중앙
위원회 확대전원회의에서 한 보고 1957년 12월 5일),”『김일성저작집 11』
(평양: 조선로동당출판사, 1981).

김일성, “현정세와 우리당의 과업(조선로동당대표자회에서 한 보고 1966년 10월
5일),”『김일성저작집 20』(평양: 조선로동당출판사, 1982).

김일성, “조선로동당건설의 력사적 경험(김일성고급당학교창립 50돐에 즈음하여
집필한 강의록 1986년 5월 31일),”『김일성저작집 40』(평양: 조선로동당
출판사, 1994).

김일성, “현정세와 인민군대앞에 나서는 몇가지 정치군사과업에 대하여,”『김일성
저작집 24』(평양: 조선로동당출판사, 1983).

김일성, “조성된 정세에 대처하여 전쟁준비를 잘할데 대하여(당중앙위원회 부부장
이상군인들과 도당책임비서들 앞에서한 연설 1968년 3월 21일),”『김일성
저작집 22』(평양: 조선로동당출판사, 1983).

김일성, “조선로동당 제5차대회 폐회사(1970년 11월 13일),”『김일성저작집 25』
(평양: 조선로동당출판사, 1983).

김일성, “조국통일의 3대원칙에 대하여(북과 남사이의 고위급장성회담에 참가한
남조선대표측대표들과 한 담화 1972년 5월 3일, 11월 3일),”『김일성저작
집 27』(평양: 조선로동당출판사, 1984).

김일성, “스웨리예사회민주청년동맹대표단과 한 담화(1972년 10월 19일),”『김일
성저작집 27』(평양: 조선로동당출판사, 1984).

김일성, “우리나라 사회주의제도를 더욱 강화하자(조선민주주의인민공화국 최고인
민회의 제5기 제1차회의에서 한 연설 1972년 12월 25일),”『김일성저작집

27』 (평양: 조선로동당출판사, 1984).
김일성, "교육사업에서 사회주의교육학의 원리를 철저히 구현할데 대하여 (전국교원대회에서 한 연설 1971년 12월 27일),"『김일성저작집 26』 (평양: 조선로동당출판사, 1984).
김일성, "조국통일의 3대원칙에 대하여,"『김일성저작집 27』 (평양: 조선로동당출판사, 1984).
김일성, "일본사회당 기관지 ≪샤가이신뽀≫ 편집장이 제기한 질문에 대한 대답,"『김일성저작집 39』 (평양: 조선로동당출판사, 1993).
김일성, "단마르크와 조선사이의 협조관계촉진위원회대표단과 한 담화 1973년 9월 3일,"『김일성저작집 28』 (평양: 조선로동당출판사, 1984).
김일성, "일본교도통신사대표단과 한 담화 1975년 8월 31일,"『김일성저작집 30』 (평양: 조선로동당출판사, 1985).
김정일, "사상사업을 앞세우는 것은 사회주의위업수행의 필수적요구이다 1995년 6월 19일,"『김정일선집 14』 (평양: 조선로동당출판사, 2000).
김정일, "위대한 수령 김일성 동지의 조국통일유훈을 철저히 관철하자(1997년 8월 4일),"『김정일선집 14』 (평양: 조선로동당출판사, 2000).
김정일, "혁명과 건설에서 수체성과 민족성을 고수할데 대하여 1997년 6월 19일,"『김정일선집 14』 (평양: 조선로동당출판사, 2000).
≪로동신문≫ 1974년 3월 26일.
≪로동신문≫ 2002년 8월 6일.
≪로동신문≫ 2003년 1월 1일.

2. 남한문헌

국토통일원,『최고인민회의 자료집 Ⅲ』(1988).
김학준,『한국전쟁』(서울: 박영사, 1993).
김현희,『이제 여자가 되고 싶어요 1, 2』(서울: 고려원, 1991).
서울신문사,『북한인물집』(2001).
성혜랑,『등나무집』(서울: 지식나라, 2001).
손호철, "대북 포용정책과 남남갈등,"『남북한 관계의 회고와 전망』(2002년 한국정치학회 하계학술대회 2002.7.25～27).
신평길,『김정일과 대남전략』(서울: 북한연구소, 1997).
양영식,『통일정책론』(서울: 박영사, 1997).
이동형, "한국의 대북 정책과 남북관계,"『북한체제의 변화진단과 대남·대외 정책』(통일연구원·한국세계지역학회 주최 학술회의, 2002년 11월 29일).
이완범, "북한통일방안 변천에 관한 연구," 통일부,『통일정책』(2001 신진연구자

논문집Ⅰ).

정규섭,『김정일체제의 대남정책 전망』(서울: 민족통일연구원, 1994.12).

정규섭, “햇볕정책을 넘어서: 논쟁과 대안을 모색,”『현대북한연구』제4권 2호 (2001).

정성장,『북한의 변화와 지속에 대한 평가와 대응: 경제개혁과 통일·대남정책을 중심으로』(성남: 세종연구소, 2002.12).

최성, “남북정상회담 이후 김정일정권의 대남·대외정책,” 평화문제연구소,『통일문제연구』(2002년 상반기호, 제14권 1호).

최완규, “대북 화해협력 정책의 성찰적 접근,”『남북한 관계의 회고와 전망』(2002년 한국정치학회 하계학술대회, 2002.7.25∼27).

최주환,『북한경제론』(서울: 대왕사, 1992).

허문영, “북한의 평화전략,” 김학성 외,『한반도평화전략』(서울: 통일연구원, 2000).

『월간 조선』(2003년 1월호).

『월간 조선』(2002년 3월호) ‘북한군학습자료’.

≪한겨레신문≫ 2000년 5월 9일.

조선노동당 규약 前文(1980년).

‘김일성헌법’(1998년 9월 5일).

http://monthly.chosun.com/html

http://nkchosun.com/news/news.html?ACT ‘자본주의타파’ 학습제강

http://www.time.com/time/special/moy/1971.htmlhttp://indosea.com/parkjh/실록박정희/실록박정희02.html

http://www.moom.or.kr/moon/tongi12.html

북한의 연방제 통일방안:
North Korea's Federation Formula

윤 황

1. 서 론

1) 연구목적

이 글의 연구목적은 북한의 연방제 통일방안에 대한 내용과 쟁점을 평가·분석하는 데에 있다.

그 동안 남·북한은 한반도 분단의 구조 속에서 각각 자신의 통일에 대한 의미와 필요성의 규정 하에 통일방안을 제시해 왔다. 해방이후 지금까지 남과 북은 시대별로 1940～1950년대에 북진통일 대對 무력적화통일(혁명기지론, 민주기지론, 혁명적 민주기지론), 1960년대에 '선경제건설 후통일론' 대 평화공세론(남북연방제 통일론)와 무력공세론(3대혁명역량강화론), 1970년대에 기능주의적 접근(선평화 후통일) 대 연방주

의로의 접근(고려연방제 통일), 1980년대에 기능주의에서 신기능주의(5
공화국의 민족화합민주통일방안, 6공화국 노태우 정부의 한민족공동체
통일방안) 대 고려민주연방공화국 창립방안, 1990년대에 김영삼 문민정
부의 '3단계 3기조' 통일정책에 의한 민족공동체통일방안 대 '1민족·1
국가·2제도·2정부'에 기초한 연방제안과 조국통일을 위한 전민족대
단결 10대강령, 2000년대에 김대중 국민의 정부의 햇볕정책(대북포용정
책)과 그 정책을 계승한 노무현 참여정부의 평화번영정책에 의한 민족
공동체통일방안·연합제안 대 조국통일 3대헌장과 민족대단결 5대방침
에 의한 낮은 단계의 연방제안(연방연합제안) 등으로 각각 다른 통일방
안을 제기해 오고 있다.[1] 즉 제1공화국에서는 반공·북진정책과 유엔
감시하의 남북자유총선거방안, 제2공화국에서는 유엔 감시하의 남북자
유총선거방안, 제3공화국에서는 반공정책과 선경제건설 후통일방안, 제
4공화국에서는 반공정책과 선평화 후통일방안, 제5공화국에서는 반공
정책과 민족화합민주통일방안, 제6공화국의 노태우 정부에서는 북방정
책과 한민족공동체통일방안, 김영삼 문민정부에서는 '3단계 3기조' 통
일정책과 민족공동체통일방안, 김대중 국민의 정부에서는 햇볕정책(대
북포용정책)과 민족공동체통일방안·연합제안, 노무현 참여정부에서는
평화번영정책(대북포용정책)과 민족공동체통일방안·연합제안 등이 추
진·제안되어 왔다. 이에 반하여, 북한은 1940~1950년대의 무력적화
통일정책과 민주기지론, 민족해방론, 유엔 부정과 주한미군 철수 하의
자주적 남북자유총선거방안, 1960년대의 3대혁명역량 강화정책과 남북
연방제안, 1970년대의 조국통일 5대방침과 고려연방제안, 1980년대의
고려민주련방공화국 10대 시정방침과 고려민주연방공화국 창립방안,
1990년대의 조국통일을 위한 전민족대단결 10대강령과 '1민족·1국
가·2제도·2정부'에 기초한 연방제안이 추진·제안되었으며, 1994년
7월 김일성金日成 주석(이하 직책 생략)의 사망과 그의 부자권력세습체

제인 김정일 정권에서도 연방제안이 계속 강조되고 있다. 이처럼 남·북한의 통일방안은 지난 반세기 동안 남과 북이 각각 다른 체제와 이념 아래 서로 다른 목적과 다른 형태의 통일을 지향하는 선에서 제안되는 수준에 그치고 말았다. 그 결과 남과 북의 통일방안은 상대방에 의하여 수용된 적이 없거니와 모두 상호간에 거부되어 왔다.

그러나 한반도의 분단사상 최초로 2000년 6월 13∼15일 동안 평양에서 남한의 김대중金大中 대통령과 북한의 김정일金正日 국방위원회 위원장(이하 직책 생략)이 남북정상회담을 갖고 이 회담에서 5개항의 '6·15 남북공동선언'2)이 채택됨으로써 우리사회는 한반도의 통일문제에 관심을 집중하기 시작했다.

6·15남북공동선언의 제1항에서는 "남과 북은 나라의 통일문제를 그 주인인 우리 민족끼리 힘을 합쳐 자주적으로 해결해 나가기로 하였다"고 규정함과 동시에 제2항에서는 "남과 북은 나라의 통일을 위한 남측의 '연합제안'과 북측의 '낮은 단계의 연방제안'이 서로 공통성이 있다고 인정하고 앞으로 이 방향에서 통일을 지향시켜 나기로 하였다"고 규정되었다. 제1항의 '통일문제의 우리민족끼리 자주적 해결원칙'과 제2항의 '남측의 연합제안과 북측의 낮은 단계의 연방제안에 대한 상호 통일방안의 공통성 방향에서 통일의 지향'이라는 규정은 남과 북의 두 정상이 분단 이후 최초로 남·북한 간의 통일원칙과 통일방안에 대해 공식적인 논의와 합의를 담고 있는 것이다. 즉 이의 두 개항을 통해 남과 북의 두 정상이 한반도의 통일방안에서 차이점보다 공통점을 찾아보자는 공통된 인식과 논리의 전환 가능성을 보여 주었으며, 남·북한간 통일방안의 접근방식에 대한 가능성을 합의했다는 함의를 담고 있다.

특히 남측의 '연합제안'과 북측의 '낮은 단계의 연방제안'에 대한 통일방안의 공통성 방향에서 통일을 지향하기로 한 것은 한반도의 분단사, 남·북한의 관계사에서 획기적인 통일의 역사적 사변이라고 평가할 수 있다. 이는 앞으로 개최될 남북정상회담이나 특별회담 등을 통해서 상호간 통일방안의 논의 가능성을 열어 놓았다는 점에서 그 역사적 의미가 크다고 볼 수 있다. 왜냐하면 1945년 분단 이후 2000년 남북정상회담 이전까지 남과 북은 당국차원에서 공식적으로 상호 통일방안을 회담 테이블에 올려놓고 논의하거나 합의하고 발표한 적이 전혀 없었기 때문이다.

그럼에도 불구하고, 제2항의 이행과 관련하여 남북정상회담 이후 아직까지 남과 북이 마주 앉아 협의를 하거나 공식적인 논의 제기도 하지 않고 있는 실정이다. 이는 기본적으로 남북정상회담 이후부터 현재까지 남과 북의 통일방안이 담긴 제2항의 해석에 대한 논쟁이 계속 이어지고 있다는 것과 관련되고 있다. '남측의 연합제안'과 북측의 '낮은 단계의 연방제안', 그리고 그 공통성 등에 대해 남과 북의 논리, 해석, 개념, 목표지향성 등이 서로 다르고, 심지어 남한의 학계 내에서도 그것들에 대한 해석이 각각 다르기 때문에 6·15 남북공동선언의 제2항은 그 선언의 발표 이후 오늘에 이르기까지 많은 논쟁을 계속 야기하고 있다.[3] 우리의 학계에서도 '6·15 남북공동선언'의 제1항과 제2항 규정을 놓고 남과 북의 해석상 문제, 개념상 문제, 논리상 문제, 목표지향성의 문제 등[4]에서 논쟁이 계속되고 있다. 이러한 논쟁 가운데, 6·15 남북공동선언 이후 그 동안 우리 학계에서는 북한의 통일방안과 관련하여 '낮은 단계의 연방제안'에 관한 연구가 주류를 이루었다.

그런데 문제는 북한이 남북공동선언의 합의·발표 이후에도 2006년 현재까지 여전히 '연방제 통일방안'을 고수·주장하고 있다[5]는 점에 존재한다. 이 주장은 한반도 통일의 합리적이고 유일한 방도가 연방제 통일방안이며, 그 연방제 방식의 민족통일국가인 고려민주연방공화국을 창설하자는 것이라고 집약된다. 한마디로 고려민주연방공화국 창립방안의 연방제 통일방안은 현재 북한의 대남·통일정책의 근간을 이루고 있다. 그 연방제안이 기본적으로 북조선혁명과 남조선공산화(사회주의화)통일, 즉 연방제 통일의 달성 추구라는 궁극적 · 실제적 목표가 변했느냐 변하지 않았느냐라는 논쟁과 연계되어 남한사회에서는 예나 지금이나 변함없이 보혁갈등 · 남남갈등 · 이념갈등을 일으키는 근인 중에 하나로 작용하고 있다.6)

북한은 1945년 해방 직후부터 1948년 정권수립을 거쳐 2000년대 현재까지 다양한 통일방안을 남한에 제안해 왔다.

해방 이후 정권수립의 이전까지 북한은 1945년 8월 20일 민주주의인민공화국 수립의 제안,7) 1946년 3월 23일 민주주의조선임시정부의 20개조 정강 제안,8) 1947년 6월 14일 민주주의조선임시정부의 구성 원칙과 시책 제안,9) 동년 10월 3일 남북협상의 제안,10) 1948년 3월 9일 통일적 민주주의정부 수립의 요구 제안,11) 동년 3월 15일 소범위의 지도자연석회의 제안,12) 동년 6월 29일 전 조선정부 수립의 제안13) 등을 남한에 제시하였다.

정권수립 이후 1950년대까지 북한은 기본적으로 북한지역의 혁명역량 강화에 토대하여 전 한반도의 적화통일과 공산혁명을 완수하고자 한 '혁명적 민주기지론'14)에 따라 1949년 6월 28일과 1950년 6월 19일 남북한 총선거의 제안, 1950년 6월 25일 남침에 의한 한국전쟁의 도발, 1954년 4월 26일~6월 15일 제네바의 정치회의와 1956년 4월 23일 조선로동당 제3차대회에서 남북한 총선거를 통한 통일정부의 수립방안 제시, 1957년 9월 20일 최고인민회의 제2기 1차회의에서 남북한 총선거실시에 따른 구체적인 통일방식의 제안 등15)을 남한에 제기하였다. 특히 이 시기에 북한이 한국전쟁 이후 남북한 총선거의 통일방안을 지속적으로 제시했던 것이 큰 특징이다.

그러나 1960년대에 들어와서부터 현재까지 북한은 1960년 8월 14일 남북한(북남조선)의 연방제,16) 1973년 6월 23일 고려연방공화국의 단일국호에 의한 남북(북남)연방제,[17] 1980년 10월 10일 고려민주연방공화국 창립방안,[18] 1991년 1월 1일 '1민족·1국가·2제도·2정부에 기초한 연방제'(느슨한 형태의 연방제),[19] 2000년 6월 15일 '낮은 단계의 연방제'(연방연합제) 등을 통일방안으로 제시해오고 있다. 따라서 북한은 1960년대 이후 2000년대 현재까지 일관되게 연방제의 통일방안을 주장해오고 있는 셈이다.

그렇다면 북한의 연방제 통일방안이 어떤 내용을 담고 있는가, 그 방안이 남과 북의 통일방안으로써 어떤 쟁점을 갖고 있는가, 이를 우리가 어떻게 평가할 수 있는가, 이 방안에 대해 우리는 어떻게 이해할 수 있는가 등은 우리에게 당면한 주요관심사가 아닐 수 없는 것이라고 본다. 이런 주제들을 전반적으로 평가·분석해보는 것은 곧 남·북한의 통일방안 비교문제를 포함하여 장차 한반도의 새로운 통일방안을 모색·추진하는 데에 중요한 학문적·정책적 의의가 있다고 보여진다. 이런 문제인식 하에 이 글은 북한의 연방제 통일방안에 관한 분석이 오늘날 우리에게 아주 중요하고 필요한 작업이라고 보고, 이 연구를 시도하고자 했다.

2) 연구방법

오늘날 북한에서는 남과 북이 이질적으로 분열되었기 때문에 연방제가 필요한 것이며, 남과 북의 동포가 단일민족이기 때문에 연방제가 가능하다는 전제 하에 하나의 민족, 하나의 국가, 두 개 제도, 두 개 정부에 기초한 연방제 방식의 민족통일국가 창립, 즉 고려민주연방공화국 창립방안이라는 연방제 통일방안을 주장하고 있다. 이의 연방이 국가와 국가들간의 연방제, 즉 국가연합의 결합방식을 취한다면 그것은 실제적으로 남과 북의 두 지역을 개개의 국가로 인정하는 것으로 되며 결국은

'두 개의 한국'(두 개의 조선)을 합법화하는 것으로 된다[20]고 보고 있다.

그러나 연방(federation)은 개별적 주권을 중앙권력기구에 넘겨주지만 정부의 제한된 권력을 보유하고 있는 정치단위들간의 규약에 의해 형성된 것이란 의미를 갖고 있으며, 연방주의(federalism)는 중앙권력기구와 그 구성단위들간의 조직 또는 정부 권력의 분배를 의미하고 있다.[21] 한편, 연합(confederation)과 연방(federation)의 개념은 광의적으로 연방의 범주 안에 연합의 형태를 포함시켜 보기도 하지만, 협의적·일반적으로 구분하고 있다. 연합은 통일된 권위중심체가 존재하지 않는 느슨한 결합이라는 의미에서, 제도적으로 주권을 가진 복수의 지역적 단위들이 동등한 입장에서 하나의 중앙정부를 형성하는 것이 아니라 협의체나 혹은 회의체만을 형성하고 있는 것을 말한다. 그 반면에 연방은 통일된 권위중심체를 갖는다는 점에서 단일국가에 가까운 결합형태를 의미한다. 연방은 지리적, 사회적 다양성을 바탕으로 국가권위를 중앙정부와 지방정부가 배분해서 공동으로 행사하되, 대외적으로는 중앙정부가 주권을 행사하도록 되어있기 때문이다.[22]

이런 개념 규정 하에, 본 연구의 접근방법은 북한연구방법론 중 문헌자료 분석법을 활용하고자 한다. 이 분석법은 북한문헌의 선전·선동적인 공간성公刊性을 인정[23]하고, 그 자료를 섭렵하여 해석하는 접근법[24]을 의미한다. 이 접근법을 활용하고자 한 이유는 기본적으로 북한의 문헌자료들[25]을 통해 북한의 연방제 통일방안을 충분히 재해석·분석·평가할 수 있다고 보았기 때문이다. 북한의 공식적인 문헌자료들이라고 할지라도, 그 자료들이 시기상 내용의 미묘한 차이점을 발견하여 재해석할 수 있다는 의미에서다. 이런 의미에서 본 연구의 문헌자료분석법은 사회조사연구방법론에서의 문헌연구법(documentary method, document studies)[26]을 말한다. 여기에서 문헌연구법은 이른바 도서관내 연구(library research) 또는 문헌검토(review of literature)를 포함하여 자료수집과 자료분석의 한 방법을 통칭하고 있다. 이 연구방법을 선택한 이유는 학계에서 그 동안 논의되어온 연합제안과 연방제안과 관련된 통일방안의 연구시도27) 내에서 북한의 연방제 통일방안과 관련된 쟁점들을 북한의 자료들을 통해 충분히 재해석할 수 있다고 보았기 때문이다. 다만 본 연구는 내용 전개상 1960~2000년대 현재까지로 시기상의 범위로 제한하고자 한다. 왜냐하면 북한의 연방제 통일방안이 1960~2000년대 현재까지 줄곧 제안·강조·주장되고 있기 때문이다.

이의 접근방법에 따라서 본 연구의 전개내용은 북한의 연방제 통일방안이 시대별로 등장하는 과정에서 제시된 개념과 내용을 우선 고찰하고, 그 개념과 내용을 토대로 하여 논쟁점이 될 수 있는 사안들을 분석하고 난 후 전반적으로 북한의 연방제 통일방안을 평가하고, 결론적으로 우리의 입장에서 북한의 연방제 통일방안을 어떻게 인식하고 대책을 강구할 것인가를 생각해보는 순서로 진행되고 있다.

2. 연방제 통일방안의 변천과정에 따른 개념과 내용

북한에게 남북연방제에 관한 구상을 최초로 제공한 사람은 1960년 남한의 4·19혁명 직후 한반도 정세를 논의하기 위해 비공식으로 방북한 소련의 쿠즈네소프 외무성 부상이었다. 그의 제안에 대해 김일성金日成은 1960년 5월 20일 조선로동당 정치위원회에서 "연방제로 남조선을 끌어안아 소화시킬 수 있다"고 밝히며 연방제 연구의 필요성을 제안하였다. 그 이후 약 3개월간의 연구·토론을 거쳐 북한의 연방제 통일방안은 1960년 8월 14일 「8·15해방 15돐 경축대회」의 김일성 연설을 통해 처음으로 공식 등장되었다.28) 이로부터 2000년대 현재에 이르기까지 북한의 대표적 통일방안으로서 연방제는 1960∼2000년대의 연대별로 그 명칭과 개념 및 내용을 약간 달리 하면서 변천과정을 밟아오고 있다.

각 시대별로 등장한 북한의 연방제 통일방안은 1960∼1970년대의 과도적·중간적 단계의 연방제안, 1980년대의 완전한 통일단계(높은 단계)의 연방제안, 1990∼2000년대 현재의 잠정적·점차적 단계의 연방제 통일방안이라는 변천과정상 특징을 기준으로 하여 3가지 구분에 따라 각각 그 개념과 내용을 담고 있다고 볼 수 있다. 본 장에서는 1960∼1970년대, 1980년대, 1990∼2000년대 현재로 구분된 시대별 북한의 연방제안 개념과 내용을 고찰하고 그 특징을 평가하고자 한다.

1) 1960∼1970년대: 과도적·중간적 단계의 연방제안

북한의 통일방안에서 연방제가 처음으로 제시된 것은 김일성이 1960년 8월 14일 「8·15해방 15돐 경축대회」에서 다음과 같은 연설을 통해 보고한 내용으로부터 비롯되었다.

> "… 어떠한 외국의 간섭도 없이 민주주의적기초우에서 자유로운 남북총선거를 실시하는 것이 평화적 조국통일의 가장 합리적이고 현실적인 길이라는 것은 론박할 여지가 없습니다. 우리는 남조선의 모든 정당, 사회단체들과 각계각층 인민들에게 이러한 선거의 실시를 위하여 나설 것을 호소합니다. 만일 그래도 남조선당국이 남조선이 다 공산주의화될가 두려워서 아직은 자유로운 남북총선거를 받아들일 수 없다고 하면 먼저 민족적으로 긴급하게 나서는 문제부터 해결하기 위하여 과도적인 대책이라도 세워야 할 것입니다. 우리는 이러한 대책으로서 남북조선의 련방제를 실시할 것을 제의합니다. 우리가 말하는 련방제는 당분간 남북조선의 현재 정치제도를 그대로 두고 조선민주주

의인민공화국 정부와 ≪대한민국≫ 정부의 독자적인 활동을 보존하면
서 동시에 두 정부의 대표들로 구성되는 최고민족위원회를 조직하여
주로 남북조선의 경제문화발전을 통일적으로 조절하는 방법으로 실시
하자는 것입니다. 이러한 련방제의 실시는 남북의 접촉과 협상을 보장
함으로써 호상 리해와 협조를 가능하게 할것이며 호상간의 불신임도
없애게 될 것입니다. 그렇게 되였을 때에 자유로운 남북총선거를 실시
한다면 조국의 완전한 평화적 통일을 실현할 수 있으리라고 우리는 인
정합니다. 특히 이러한 련방제의 실시는 비록 각계각층을 망라하는 통
일적인 련합정부가 못되여서 국가적 지도는 못하더라도 이 련방의 최
고민족위원회에서 전민족에 리로운 경제문화적 문제들을 협의하며 남
북조선의 경제문화교류와 호상협조를 보장함으로써 남조선의 경제적
파국을 수습할 수 있게 할 것입니다. …"29)

이른바 '남북조선의 연방제안'(남북연방제안)의 명칭으로 제시된 이
의 내용을 요약해보면 다음과 같다. 첫째는 당분간 남과 북의 현 정치제
도를 그대로 두고, <조선민주주주의인민공화국> 정부와 <대한민국>
정부의 독자적 활동을 보장하자는 것이요, 둘째는 두 정부의 대표들로
구성되는 최고민족위원회(최고민족회의)를 조직하고, 주로 남북한의 경
제・문화발전을 통일적으로 조절하자는 것이다. 이는 연방의 한 유형인
국가연합(confederal state)의 일시적 형태로서 2제도, 2정부(two systems,
two governments)에 기초한 '과도적 단계'로서의 연방제 방식을 의미하
고 있다. 즉 남과 북의 두 정부와 체제(제도)가 곧 바로 결합되는 방식의
연방제가 아니라 연방통일국가의 목표로 가기 위한 과정으로서 두 정
부, 두 체제를 그대로 유지하는 과도적 통일방식이라고 할 수 있다.

이처럼 완전한 통일에 앞서 필요하다면 현재와 같은 남・북의 상이
한 사회제도를 그대로 두자는 과도적 조치로서의 남북연방제안은 1971
년 4월 12일에 개최된 북한의 최고인민회의 제4기 5차회의를 통해 당시
허담許談 외상의 "현 국제정세와 조국의 자주적 통일을 촉진시킬 데 대
하여"라는 보고 내용 중 다음과 같은 '8개항의 평화통일 내용'으로 종합

해 되었다. 그 주요내용은 ① 남한에서 미군이 철수할 것, ② 미군이 물러난 다음 남·북한의 군대를 각각 10만 또는 그 이하로 감축할 것, ③ 한·미 상호방위조약과 조·일협정을 비롯하여 남한이 외국과 체결한 조약들과 협정들을 폐기하며 무효로 선언할 것, ④ 자주적이며 민주주의적 기초 위에서 자유로운 남·북 총선거를 실시하여 통일적인 중앙정부를 수립할 것, ⑤ 자유로운 남·북 총선거를 실시하기 위하여 남·북한 전지역에서 각 정당, 사회단체 및 개별적 인사들이 정치활동을 벌일 수 있는 완전한 자유를 보장하고 정치범과 애국자들을 석방할 것, ⑥ 완전한 통일에 앞서 필요하다면 현재와 같은 남·북의 상이한 사회제도를 그대로 두고 과도적 조치로서 남·북 연방제를 실시할 것, ⑦ 남·북간에 통상과 경제적 협조, 과학·문화·예술·체육 등 여러 분야에 걸친 상호교류와 인사왕래를 실시할 것, ⑧ 이상의 문제를 협의하기 위하여 각 정당, 사회단체들과 전체 인민적 성격을 가진 사람들로서 남·북한 정치협상회의를 진행할 것 등30)으로 요약된다. 이의 내용에서 주한미군의 철수와 한미상호방위조약 및 한일조약의 폐기 등을 통일의 전제 조건으로 내세우고 있는 것은 1960년 과도적 단계로서의 연방제가 북한의 3대혁명역량, 즉 북조선·남조선·국제적 혁명역량의 노선에 입각한 조국통일과 조선혁명의 전국적 승리를 위한 통일방도 하에31) 남한의 자주적인 진보적 정권의 수립, 남북총선거의 방법이나 또는 남북연방제의 방식과 같은 일련의 '중간적 단계'를 거쳐 점차적인 방법으로 통일을 실현하자32)는 것이다. 그런데 1960년대에 북한이 처음으로 제안한 과도적 남북연방제는 남과 북의 대치상태가 유지됨으로써 남과 북의 당국차원에서 공식적인 논의조차 제대로 되지 못한 통일방안이었다. 이는 1960년대에 들어와 북한이 민주기지론을 견지하면서 남조선혁명의 전술적 실천수단으로 제기한 것이 바로 북한의 연방제 통일방안이라고 볼 수 있었기 때문이다.

그러나 1970년대에 들어서자 국제적인 데탕트 기류에 힘입어 남과 북간에 긴장관계가 어느 정도 해빙될 가능성이 높아졌다. 그 결과 남·북한이 처한 대내외적 환경의 변화에 따라 1971년에 남북적십자회담이 개최되었고, 이어서 1972년 7·4 남북공동성명도 합의·발표되었다. 북한의 입장에서 보면, 7·4 남북공동성명은 분단 이후 북한이 전개해온 통일정책의 결실이었다. 왜냐하면 특히 7·4 남북공동성명에서 합의된 자주·평화·민족대단결이라는 조국통일 3대원칙은 북한에서 지속적으로 주장해온 연방제통일의 기본방침과 부합되는 원칙이었기 때문이다.[33)]

그 후 북한의 1960년대 남북연방제안은 1973년에 들어와서 '고려연방공화국의 단일국호에 의한 남북연방제안'(고려연방제안)으로 이어졌다. 이 방안은 우리의 6·23선언이 발표되던 당일인 1973년 6월 23일에 체코슬로바키아 공산당 구스타프 후사크 총서기를 환영하는 평양시군중대회에서의 김일성 연설로부터 제기되었다. 이 연설에서 김일성은 이른바 '조국통일 5대강령'을 제시하면서, 고려연방공화국의 단일국호에 의한 남북연방제안의 실시[34)]를 주장하였다. '조국통일 5대강령'의 주요 내용은 ① 남북한간의 군사적 대치상태를 해소하고 긴장상태를 완화함, ② 정치·군사·외교·경제·문화 등 여러 분야에서 다방면적인 합작과 교류를 실시함, ③ 통일문제를 위한 대민족회의를 소집함, ④ 남북에 현존하는 두 제도를 당분간 그대로 두고 남북연방제를 실시하며, 연방국호는 '고려연방공화국'이라 함, ⑤ 남·북한의 동시유엔가입에 반대하며 유엔가입은 연방제 실시 후 '고려연방국'의 국호로 하는 것 등이다.[35)] 이 강령은 7·4 남북공동성명에서 제창된 조국통일 3대원칙에 근거해 북한의 고려연방제안의 기본 골격을 형성하고 있다. 즉 1970년대 북한의 연방제안은 남과 북의 현존하는 2정부·2제도 하에 대민족회의의 소집, 고려연방공화국의 국호 사용, 고려연방공화국 국호의 단일국가 유엔가입 등을 주요 내용으로 담고 있다. 이는 1971년 허담의 '8개항의 평화통일 내용'이 재정리된 것인데, 1960년대 과도적 남북연방제안을 '고려연방공화국'의 연방 국호로 한 남북연방제, 이른바 '고려연방제' 통일방안의 명칭으로 바꾸어 다시 제시된 것이다.

1970년대 북한의 고려연방제는 1960년대 남북연방제와 마찬가지로 단일민족의 결합체로서의 '과도적'인 성격을 띠고 있다.[36] 즉 이 방안은 남과 북의 현 정치제도를 당분간 그대로 두는 것을 전제로 한 과도적 조치로서의 임시적인 연합의 성격을 지니고 있다. 이 성격은 항구적이며 공고한 연합체인 것이 아니라 통일의 과도적 단계인 임시적인 연합[37]이라는 점을 말한다. 그리고 고려연방공화국의 단일국호에 의한 유엔가입도 남과 북이 대외적으로 '하나의 조선, 하나의 민족, 하나의 국가'로 들어감을 의미[38]하고 있기 때문에, 이 방안은 완전한 통일국가를 전제로 한 중간단계의 성격을 함의하고 있다. 그럼에도 불구하고 1970년대 연방제는 1960년대 연방제안과 달리 몇 가지 주목할 만한 사실이 있다. 우선, 1970년대 이전에 북한이 꾸준히 제안해온 남북한 총선거를 통한 통일방안 대신에 남북연방제가 통일을 실현하기 위한 가장 합리적 방도라고 주장했다는 점이다. 이는 기존의 남·북한 총선거와 완전한 통일 이전의 과도적 조치로서 남·북한 연방제 실시 중 전자인 남·북한 총선거안을 북한의 통일방안에서 사실상 제외시킨 것이다. 두 번째로, 1970년대 이전의 연방제 통일방안에서 사용되었던 '과도적' 표현이 사라지고, '현존하는 남·북한의 두 제도는 당분간 그대로 두고'라고 언급한 사실이다. 여기에서 '당분간 그대로 두고'라는 표현은 통일방안의 실현과정에서 사실상 '중간 단계'를 설정하고 있는 의미이다. 물론 양자 사이에 표현상 차이는 있지만, 남·북한의 완전한 통일로 가는 과도기 단계로서 연방제를 실시한다는 의미에서 그 내용상 차이는 없다고 본다. 결국 1970년대 고려연방제안은 중간단계를 거쳐 조국의 완전한 통

일에로 도달해 가자는 통일방안이라고 볼 수 있다.[39]

문제는 1960년대 연방제안에서는 '최고민족위원회'가 경제·문화부문만 통일적으로 다루고 군사·외교분야에 있어서는 남북한 정부가 독자적 활동을 하도록 보장하고 있는데 반해, 1970년대 '고려연방제안'에서는 '대민족회의'가 모든 부문을 다루는 것으로 되어 있다는 데에 있다. 이 문제는 1974년 1월 30일 개최된 남북 조절위원회 제3차 부위원장회의에서 북한측 류장식 부위원장이 '대민족회의'의 구성문제와 관련하여 남과 북의 쌍방 대표단의 인원수를 최소한 각각 350명 내지 1,500명 규모로 하고, 남한측 대표단 속에는 반공정당, 반공단체, 반공인사들이 참가할 수 없으며, '통일혁명당' 대표가 반드시 포함되어야 한다고 주장하였다는 점에서 그 예를 구체적으로 찾을 수 있다. 이의 예로서, 북한의 1970년대 고려연방제안은 1960년대 연방제안에 비해 보다 더 체계화되었으나, 이 방안이 대외적으로는 통일지향적이라는 대외적 인식을 부각시킴과 동시에 대내적으로는 '인민민주주의혁명'을 구현하기 위한 기본노선을 견지하고 있다는 것[40]을 말해주고 있다.

2) 1980년대 : 완전한 통일단계(높은 단계)의 연방제안

북한은 1980년 10월 10일 조선로동당 제6차대회에서 김일성의 "조국의 자주적 평화통일을 이룩하자"라는 중앙위원회 사업총화 보고를 통해 '고려민주련방공화국 창립방안'(고려민주연방제안)을 제시하였다. 이의 보고 내용은 ① 조국통일의 기본원칙, ② 연방제 통일의 선결조건, ③ 고려민주연방공화국의 구성원칙과 조직 내용, ④ 10대 시정방침 등[41]으로 크게 구분할 수 있다.

첫째, 조국통일의 기본원칙에서는 조국통일의 기본강령으로서 자주,

평화통일, 민족대단결의 3대원칙이 제시되고 있다.

둘째, 연방제 통일을 위한 선결조건에서는 남한의 군사파쇼통치의 청산, 사회의 민주화 실현, 「반공법」과 「국가보안법」을 비롯한 파쑈적인 악법들의 폐지와 모든 폭압통치기구들의 철폐, 모든 정당·사회단체들의 합법화와 정당·사회단체·개별적 인사들의 자유로운 정치활동 보장, 체포투옥된 민주인사들·애국적 인민들의 석방과 그들에게 가해진 모든 형벌의 무효, 남한의 「유신체제」 청산과 그 기초 위에서 인민대중의 의사와 이익을 옹호하며 대변하는 민주주의적인 정권의 교체, 한반도에서 긴장상태의 완화와 전쟁위험의 제거, 정전협정의 평화협정으로 대체, 미국의 「두개 조선」 조작책동 저지와 조선의 내정에 대한 미국의 간섭 종식 등과 같은 내용이 담겨져 있다.

셋째, 고려민주연방공화국의 구성 원칙과 조직 내용과 관련된 주요 내용은 다음과 같다.

"… 우리는 나라의 통일이 반드시 자주, 평화통일, 민족대단결의 3대원칙에 기초하여 실현되여야 한다고 주장합니다. … 우리는 7·4 남북공동성명에서 북과 남이 공동으로 천명한 숭고한 리념과 원칙에 기초하여 그리고 나라의 북과 남에 서로 다른 사상과 제도가 있는 우리나라의 구체적 현실로부터 출발하여 가장 빠르고 확신성 있는 조국통일방도를 찾아야 하며 적극적인 노력으로써 그것을 실현하여야 합니다. … 우리 당은 조국을 자주적으로, 평화적으로, 민족대단결의 원칙에서 통일하는 가장 현실적이며 합리적인 방도는 북과 남에 있는 사상과 제도를 그대로 두고 북과 남이 련합하여 하나의 련방국가를 형성하는 것이라고 인정합니다. 해방 후 오늘까지 북과 남에는 오랜 기간 서로 다른 제도가 존재하여왔으며 거기에서는 서로 다른 사상이 지배하고 있습니다. 이러한 조건에서 민족적 단합을 이룩하고 조국통일을 실현하려면 어느 한쪽의 사상과 제도를 절대화하지 말아야 합니다. 만일

북과 남이 제각기 자기의 사상과 제도를 절대화하거나 그것을 상대방
에 강요하려 한다면 불가피적으로 대결과 충돌을 가져오게 되며 그렇
게 되면 도리어 분렬을 심화시키는 결과를 낳게 될 것입니다. 전민족
이 한결같이 조국통일을 지상의 과제로 인정하고 있는 이상 사상과 제
도의 차이가 통일을 불가능하게 하는 조건으로는 될 수 없습니다. 한
나라 안에서 서로 다른 사상을 가진 사람들이 같이 살 수 있으며 하나
의 통일국가 안에 서로 다른 사회제도가 함께 존재할 수 있습니다. 우
리는 우리의 사상과 제도를 결코 남조선에 강요하지 않을 것이며 오직
민족의 단합과 조국통일을 위하여 모든 것을 복종시킬 것입니다. 우리
당은 북과 남이 서로 상대방에 존재하는 사상과 제도를 그대로 인정하
고 용납하는 기초우에서 북과 남이 동등하게 참가하는 민족통일정부
를 내오고 그 밑에서 북과 남이 같은 권한과 의무를 지니고 각각 지역
자치제를 실시하는 련방공화국을 창립하여 조국을 통일할 것을 주장
합니다. 련방형식의 통일국가에서는 북과 남의 같은 수의 대표들과 적
당한 수의 해외동포대표들로 최고민족련방회의를 구성하고 거기에서
련방상설위원회를 조직하여 북과 남의 지역정부들을 지도하며 련방국
가의 전반적인 사업을 관할하도록 하는 것이 합리적일 것입니다. 최고
민족련방회의와 그 상임기구인 련방상설위원회는 련방국가의 통일정
부로서 전민족의 단결, 합작, 통일의 념원에 맞게 공정한 원칙에서 정
치문제와 조국방위문제, 대외관계문제를 비롯하여 나라와 민족의 전
반적 리익과 관계되는 공동의 문제들을 토의결정하며 나라와 민족의
통일적발전을 위한 사업을 추진하고 모든 분야에서 북과 남사이의 단
결과 합작을 실현하여야 할것입니다. 련방국가의 통일정부는 북과 남
에 있는 사회제도와 행정조직들, 각당, 각파, 각계각층의 의사를 존중
히 여기며 어느 한쪽이 다른 쪽에 자기 의사를 강요하지 못하도록 하
여야 할 것입니다. 북과 님의 지역정부들은 련방정부의 지도밑에 전민
족의 근본리익과 요구에 맞는 범위에서 독자적인 정책을 실시하며 모
든 분야에서 북과 남사이의 차이를 줄이고 나라와 민족의 통일적 발전
을 이룩하기 위하여 노력하여야 할 것입니다. 련방국가의 국호는 이미
세계적으로 널리 알려진 우리나라 통일국가의 이름을 살리고 민주주
의를 지향하는 북과 남의 공통한 정치리념을 반영하여 고려민주련방
공화국으로 하는 것이 좋을 것입니다. 고려민주련방공화국은 어떠한
정치군사적동맹이나 뿔럭에도 가담하지 않는 중립국가로 되여야 합니
다. 서로 다른 사상과 제도를 가지고 있는 북과 남의 두 지역을 하나의

련방국가로 통일하는 조건에서 고려민주련방공화국이 중립국가로 되는 것은 필연적인 것이며 또 현실적으로 가장 합리적인 것입니다. 고려민주련방공화국은 우리나라의 전령토와 전민족을 포괄하는 통일국가로서 전체 조선인민의 근본리익과 요구에 맞는 정책을 실시하여야 할 것입니다. …"

넷째, 10대 시정방침에서는 다음과 같은 내용이 제시되고 있다.

"… 첫째, 고려민주련방공화국은 국가활동의 모든 분야에서 자주성을 확고히 견지하며 자주적인 정책을 실시하여야 합니다. 자주성은 독립국가의 기본표정이며 나라와 민족의 생명입니다. 국가활동에서 확고한 자주성을 가지고 자주권을 행사하여야 민족의 존엄과 영예를 지킬수 있으며 인민들의 념원에 맞게 나라의 부강발전을 이룩할 수 있습니다. 고려민주련방공화국은 그 어떤 나라의 위성국으로도 되지 않으며 그 어떤 외세에도 의존하지 않는 완전한 자주독립국가로, 뿔럭불가담국가로 되여야 할것입니다. 고려민주련방공화국은 온갖 형태의 외세의 간섭과 외세의존을 반대하고 대내외활동에서 완전한 자주권을 행사하며 국가정치에서 나서는 모든 문제를 조선민족의 근본리익과 우리나라의 실정에 맞게 자주적으로 풀어나가야 할 것입니다. 둘째, 고려민주련방공화국은 나라의 전지역과 사회의 모든 분야에 걸쳐 민주주의를 실시하며 민족의 대단결을 도모하여야 합니다. 민주주의는 각이한 사상과 정견을 가진 사람들이 다같이 공감하고 받아들일 수 있는 공통한 정치리념이며 각계각층의 광범한 인민들이 국가와 사회의 주인으로서 마땅히 누려야 할 신성한 권리입니다. 고려민주련방공화국은 독재정치와 정보정치를 반대하고 인민들의 자유와 권리를 철저히 옹호, 보장하는 민주주의적인 사회정치제도를 전면적으로 발전시켜나가야 합니다. 련방국가는 정당, 사회단체의 조직과 활동의 자유, 신앙의 자유, 언론, 출판, 집회, 시위의 자유를 보장하여야 하며 북과 남에 살고 있는 인민들이 나라의 모든 지역을 자유로이 오고가며 임의의 지역에서 정치, 경제, 문화활동을 자유롭게 할 수 있는 권리를 보장하여야 합니다. 련방정부는 북과 남의 어느 한쪽에도 치우치지 않고 나라안의 두 지역과 두 제도, 여러 당파와 계급, 계층의 리익을 다같이 보장하는 공정한 정책을 실시하여야 합니다. 련방정부가 실시하는 모든 정책은 민족대단결의 원칙으로부터 출발하여야 하며 민족의 단결과 합작을 강화하여 나라의 통일적인 발전과 번영을 이룩하기 위한 것으로 되여야 합니다. 련방정부는 통일국가의 발전을 위하여 노력하는 북과 남의 어떠한 단체나 개별적 인사에 대하여서도 과거를 묻지 않고 단결하여나가며 어떤 형태의 정치적 보복이나 박해도 허용하지 말아야 할 것입니다. 셋째, 고려민주련방공화국은 북과 남사이의 경제적 합작과 교류를 실시하며 민족경제의 자립적 발전을 보장하여야 합니다. 우리나라의 북과 남에는 앞으로 계속 개발리용할수 있는 풍부한 자연부원이 있으며 지난 기간 마련하여놓은 경제토대가 있습니다. 나라가 통일된 조건에서 북과 남이 서로 협조하고 합작하여 자연부원을 공동으로 개발하고 이미 마련하여놓은 경제토대를 효과적으로 리용한다면 우리 나라의 민족경제는 매우 빨리 발전할 수 있을 것이며 우리 인민들은 모두다 남부럽지 않게 잘 살 수 있을 것입니다. 북과 남사이의 경제적 합작과 교류는 북과 남의 서로 다른 경제제도와 기업체들의 다양한 경제활동을 인정하는 기초우에서 실현되여야 합니다. 련방정부는 북과 남에 있는 국가소유와 협동단체소유, 사적소유와 개인소유를 다같이 인정하고 보호하여야 하며 자본가들의 소유와 기업활동에 대해서도 독점과 매판행위를 추구하지 않고 민족경제의 발전에 이바지하는 한에서는 그것을 제한하거나 침해하지 말아야 할 것입니다. 련방국가는 여러 계급과 계층의 리익에 맞게 모든 생산단위와 기업체들의 경제활동을 잘 조절하면서 북과 남이 지하자원과 바다자원을 비롯한 자연부원을 공동으로 개발하고 리용하며 호상 협력과 유무상통의 원칙에서 분업과 통상을 널리 발전시켜나가도록 하여야 합니다. 북과 남의 당국 또는 기업체들 사이에 공동회사, 공동시장 같은 것을 합리적으로 조직하여 운영하는 것도 좋을 것입니다. 련방국가는 북과 남사이의 광범한 합작과 교류를 통하여 북과 남의 경제를 서로 련결되고 유기적으로 결합된 자립적인 민족경제로 발전시켜나가야 할것입니다. 넷째, 고려민주련방공화국은 과학, 문화, 교육분야에서 북과 남사이의 교류와 협조를 실현하며 나라의 과학기술과 민족문화예술, 민족교육을 통일적으로 발전시켜야 합니다. 우리 인민은 유구하고 찬란한 민족문화의 전통을 가지고 있습니다. 슬기롭고 재능있는 우리 민족은 오랜 옛날부터 과학기술과 문화예술을 훌륭히 발전시켜왔습니다. 해방후 우리나라의 북과 남에서는 유능한 과학자, 기술자들과 재능있는 문화예술인들이 많이 자라났습니다. 북과 남사이에 교류와 협조를 실현하여 북과 남의 과학자, 기술자들과 문화예술인들이 힘과 지혜를 합친다면 우리나라의 과학기술과 민족문화예술을 더욱 찬란히 개화발전시킬수 있을 것입니다. 련방국가는 북과 남의 과학자, 기술자들이 과학연구사업을 공동으로 진행하며 과학기술분야의 성과와 경험을 널리 교환하도록 하여 우리나라의 과학기술을 빨리 발전시켜야 합니다. 련방국가는 북과 남의 예술인들과 체육인들 사이의 교류와 합작을 적극 장려하며 북과 남의 과학자들이 공동으로 민족문화유산을 발굴하고 보호관리하며 고유한 우리말과 글을 연구발전시키도록 하여야 합니다. 그리하여 우리의 민족문화예술을 더욱 찬란히 꽃피우고 단일민족으로서의 우리 민족의 고유성을 계속 살려나가도록 하여야 할것입니다. 교육은 민족의 장래운명을 좌우하는 매우 중요한 사업입니다. 련방정부는 인민적인 교육제도를 발전시키고 교육사업을 국가적으로, 사회적으로 적극 지원하도록 함으로써 우수한 민족기술인재를 많이 양성하며 전체 인민의 문화지식수준을 끊임없이 높여나가야 할것입니다. 다섯째, 고려민주련방공화국은 북과 남 사이에 끊어졌던 교통과 체신을 련결하며 전국적범위에서 교통, 체신 수단의 자유로운 리용을 보장하여야 합니다. 교통과 체신은 나라의 동맥이며 신경입니다. 국토가 량단되고 교통과 체신이 끊어짐으로써 우리 민족은 가족, 친척들을 가까이 두고도 서로 만나지 못하고 소식조차 나누지 못하는 커다란 불행을 겪게 되였습니다. 북과 남사이에 끊어졌던 교통과 체신을 다시 련결하여야 민족의 이러한 불행을 끝장낼수 있으며 북과 남사이의 정치, 경제, 문화적 교류와 합작을 원만히 실현할수 있습니다. 련방국가는 북과 남을 련결하는 철길과 자동차길을 복구하고 뱃길과 비행기길을 개설하여 땅과 바다, 하늘을 통한 북과 남사이의 자유로운 래왕이 이루어지도록 하여야 합니다. 또한 북과 남의 전지역에 걸쳐 전신, 전화가 통하고 우편물이 자유로이 오고가도록 하여야 합니다. 련방정부는 북과 남이 교통수단과 체신시설을 공동으로 리용할뿐아니라 그 관리운영도 점차 공동으로 하여 앞으로는 온 나라의 교통과 체신을 일원화하도록 하여야 할것입니다. 여섯째, 고려민주련방공화국은 로동자, 농민을 비롯한 근로대중과 전체 인민들의 생활안정을 도모하며 그들의 복리를 계통적으로 증진시켜야 합니다. 근로대중은 국가와 사회의 주인이며 모든 물질적부의 창조자입니다. 근로자들에게 안정된 생활을 보장하여주며 그들의 복리를 끊임없이 높이는 것은 인민을 위하여 복무하는 민주주의 국가의 활동에서 가장 중요한 원칙으로 되여야 하며 또한 그렇게 하는 것은 통일정부가 마땅히 리행하여야 할 민족적의무이기도 합니다. 련방국가는 모든 활동에서 로동자, 농민을 비롯한 근로자들과 각계각층 인민들의 생활안정과 복리증진을 위한 사업에 우선권을 부여하여야 합니다. 모든 근로자들에게 먹고 입고 쓰고살수 있는 기본적인 생활조건을 보장하여주며 가난한 사람들의 생활을 중산층의 생활수준으로 끌어올려 전체 인민이 다 잘 살도록 하여야 할것입니다. 련방국가는 로동능력있는 모든 사람들에게 직업을 알선해주고 로동조건과 휴식조건을 마련해주며 근로자들의 안정된 생활을 보장할수 있는 임금제도와 가격정책, 공정한 세금제도를 실시하여야 합니다. 중소기업을 비롯한 여러 가지 형태의 기업체들에서 정상적으로 생산활동을 진행하고 근로자들의 생활을 보장하도록 대책을 세우며 특히 령세농어민들과 소상인, 수공업자들의 경리를 국가적으로 적극 지원하여야 할것입니다. 련방국가는 근로자들의 교육과 건강증진에 깊은 관심을 돌리고 국가적인 보장대책을 세워 모든 근로자들과 그 가족들이 누구나 다 교육을 받을수 있고 병을 치료받을수 있도록 하여야 합니다. 일곱째, 고려민주련방공화국은 북과 남사이의 군사적 대치상태를 해소하고 민족련합군을 조직하며 외래침략으로부터 민족을 보위하여야 합니다. 북과 남이 방대한 무력을 가지고 군사적으로 대치하여있는 것은 호상간에 오해와 불신을 조성하고 불화를 가져오며 평화를 위협하는 근원으로 됩니다. 련방국가는 북과 남사이의 군사적대치상태를 끝장내고 동족상쟁을 영원히 종식시키기 위하여 쌍방의 군대를 각각 10만~15만명으로 줄여야 합니다. 이와 함께 북과 남을 갈라놓고있는 군사분계선을 없애고 그 일대의 모든 군사시설을 제거하며 북과 남에 있는 민간군사조직들을 해산하고 민간군사훈련을 금지하여야 합니다. 련방국가는 조선인민군과 남조선 <국군>을 통합하여 단일한 민족련합군을 조직하여야 합니다. 민족련합군은 북과 남의 어느쪽에도 속하지 않는 통일국가의 민족군대로서 련방정부의 통일적인 지휘밑에 조국보위임무를 수행하여야 합니다. 민족련합군을 유지하며 조국을 보위하는데 필요한 모든 부담은 북과 남이 공동으로 져야 할것입니다. 여덟째, 고려민주련방공화국은 해외에 있는 모든 조선동포들의 민족적 권리와 리익을 옹호하고 보호하여야 합니다. 오늘 수많은 우리 조선동포들이 해외에서 살고 있습니다. 고려민주련방공화국은 해외에 있는 조선동포들의 조국으로서 마땅히 그들의 민족적 권리와 리익을 옹호하고 보호할 책임과 의무를 지녀야 합니다. 고려민주련방공화국은 해외에 있는 모든 조선동포들이 국제적으로 공인된 합법적 권리와 자유를 누리도록 하기 위하여 적극 노력하며 민주주의적민족권리를 위한 그들의 투쟁을 견결히 지지성원하여야 합니다. 련방정부는 모든 해외동포들이 조국으로 자유로이 래왕하며 조국에 돌아와 임의의 지역에서 자유롭게 살며 활동할수 있는 권리를 보장하여야 합니다. 아홉째, 고려민주련방공화국은 북과 남이 통일이전에 다른 나라들과 맺은 대외관계를 올바로 처리하며 두 지역정부의 대외활동을 통일적으로 조절하여야 합니다. 나라의 통일이 실현되기전에 북과 남이 다른 나라들과 맺은 대외관계를 옳바로 처리하여야 통일국가안에서 전민족적리익과 두 지역의 리익이 다같이 적절히 보장될수 있으며 련방국가가 세계 여러나라들과 공정한 립장에서 친선관계를 발전시켜나갈수 있습니다. 또한 통일이 된 다음에도 북과 남이 일정한 범위에서 각각 다른 나라들과 독자적인 대외관계를 가지게 되는 조건에서 련방정부가 두 지역정부의 대외활동을 통일적으로 잘 조절하는 것이 필요합니다. 고려민주련방공화국은 북과 남이 통일이전에 다른 나라들과 일방적으로 맺은 군사조약을 비롯하여 민족적단합에 배치되는 모든 조약과 협정들을 폐기하여야 합니다. 북과 남이 다른나라들과 맺은 대외관계가운데서 경제관계를 비롯하여 민족공동의 리익에 어긋나지 않는 대외관계는 계속 유지하여야 할것입니다. 련방국가는 북과 남이 사회제도에 관계없이 다른 나라들과 경제적으로 합작하는 것을 허용하여야 합니다. 련방국가는 나라가 통일되기전에 남조선에 투자한 다른 나라의 자본을 다치지 말며 그 리권을 계속 보장하여야 할것입니다. 고려민주련방공화국은 북과 남의 지역정부들이 다른 나라들과 쌍무적 관계를 가지는 것을 허용하여야 합니다. 련방국가는 북과 남의 대외관계를 잘 조절하여 두 지역정부가 대외활동에서 공동보조를 취하도록 하여야 할것입니다. 열째, 고려민주련방 공화국은 전민족을 대표하는 통일국가로서 세계 모든 나라들과 우호관계를 발전시키며 평화애호적인 대외정책을 실시하여야 합니다. 고려민주련방공화국은 대외관계에서 전체 조선민족을 유일적으로 대표하여야 합니다. 련방국가는 유엔을 비롯한 국제기구들에 전조선민족을 대표하여 참가하며 전민족을 대표하여야 할 모든 국제적인 행사들에 유일대표단을 보내야 할것입니다. 고려민주련방공화국은 중립로선을 확고히 견지하고 뽈럭불가담정책을 실시하며 자주성과 내정불간섭, 평등과 호혜, 평화공존의 원칙에서 세계 모든 나라들과 우호관계를 발전시켜나가야 합니다. 특히 고려민주련방공화국은 린접한 나라들과의 선린관계를 적극 발전시켜나가야 할 것입니다. 고려민주련방 공화국은 평화를 사랑하는 나라로 되여야 하며 평화애호적인 대외정책을 실시하여야 합니다. 통일된 조선은 주변 나라들과 세계 어느 나라에도 침략위협으로 되지 않을것이며 국제적인 그 어떤 침략행위에도 가담하거나 협력하지 않을것입니다. 련방국가는 우리나라 령토에 다른 나라 군대의 주둔과 다른 나라 군사기지의 설치를 허용하지 말며 핵무기의 생산과 반입, 그 사용을 금지함으로써 조선반도를 영원한 평화지대로, 비핵지대로 만들어야 할 것입니다.⋯⋯"

이와 같은 내용은 다음과 같이 요약될 수 있다. 첫째로, 이 방안은 자주·평화·민족대단결의 통일원칙에 입각하여 남과 북의 '2 사상, 2 제도' 기초 위에서 남과 북의 연합에 의한 '1 연방국가'(고려민주연방공화국)를 건설하자는 것이다. 둘째로, 남과 북이 2 사상과 2 제도의 토대 위에서 '민족통일정부'(연방정부)의 수립과 그 밑에 '2 지역자치제'(2 지역정부)의 실시를 하자는 것이다. 셋째로, 연방국가의 기구로서는 '최고민족연방회의'(최고의결기구)와 그 상임기구인 '연방상설위원회'를 구성하고, 이 기구들이 남과 북의 지역정부들을 지도하며 연방국가의 전반적인 사업을 관할하자는 것이다. 넷째로, 연방국가의 국호는 '고려민주연방공화국'(Confederal Democratic Republic of Koryo)[42]으로, 연방국가의 대외적 형태는 '중립국가'[43]로 하자는 것이다.

이의 내용을 종합화해 보면, 1980년대 고려민주연방공화국 창립방안(고려민주연방제안)은 완성된 통일정부의 형태인 연방국가를 창립하는 통일방안으로서 1960~1970년대 연방제안의 내용을 보다 더 체계화·종합화된 것이라고 볼 수 있다. 고려민주연방제는 1960~1970년대 연방제안과 비교해 볼 때 어느 정도 내용상 공통점도 발견할 수 있으나, 약간의 차이점도 갖고 있는 변화를 보여주고 있기 때문이다. 예컨대 우선, 통일국가의 형태와 관련하여 1960~1970년대 연방제안은 완전한 통일국가로의 과도기적·중간단계적 형태의 연방을 상정하고 있는 반면, 고려민주연방제안은 통일의 완결된 형태로서의 연방통일국가에 관한 통일과정을 설정하고 있다는 점이다. 다음으로, 통일정부의 운영과 관련하여 남·북한 정부간 상호 대립되는 입장을 조정하는 기구가 1960년대 연방제안의 '최고민족위원회', 1970년대 연방제안의 '대민족회의', 1980년대 연방제의 '최고민족연방회의'로 변모하였다는 점이다.44) 이런 변화는 1960년대, 1970년대, 1980년대를 거치면서 북한의 연방제가 점차 구체화·체계화되어졌음을 의미하고 있다. 그 결과 오늘날까지 북한은 1980년대 고려민주연방제의 통일방안이 한반도의 통일을 위한 가장 현실적이며 합리적인 방도이고, 남과 북에 있는 사상과 제도를 그대로 두고 남과 북이 연합하여 하나의 '고려민주연방공화국'라는 연방국가를 형성하자고 주장하며, 동시에 남과 북에 두 개의 지역자치정부를 수립하고 그 위에 통일연방정부로서 '최고민족연방회의'를 구성하자고 제의해오고 있는 것이다. 즉 이 연방제안은 '1민족, 1연방국가(고려민주연방공화국, 통일국가, 중립국가), 1통일연방정부－2지역자치정부, 2제도' 형태의 '완전한 통일단계의 연방제안'을 말한다. 따라서 이 방안은 1민족, 1연방국가(고려민주연방공화국)의 1통일연방정부라는 완전한 연방제를 '목표'로 하고 있기 때문에, '높은 단계의 연방제안'이라고 할 수 있다. 특히 이 방안은 1970년대와 달리 과도적·중간적·과정적 차원의 연방제안으로부터 '민주'의 고려연방공화국으로서 완전한 '통일연방국가'의 제안으로 자리매김되었다. 이 때 '고려민주연방공화국'과 1970년대 연방제안에서 제시된 '고려연방공화국'과의 차이를 보면, 목적·존속기간·권력 측면에서 북한은 다음의 <표 1>과 같이 기본적으로 구별시키고 있다.

　이와 같은 차이점에도 불구하고 '고려민주연방공화국 창립방안'은 1960년과 1970년대의 연방제안과 달리 '1연방정부'(민족통일정부)의 중립국가라는 완성된 통일형태의 목표를 상정하고 있지만, 기본적으로 과거의 연방제안들과 마찬가지로 '1민족, 1국가, 2정부, 2제도' 형태의 연방제안이라는 큰 틀 속에서 벗어나지 않고 있다. 왜냐하면 고려민주연방공화국 창립방안은 한마디로 1민족, 1국가, 2제도, 2정부의 국가구조형태를 가지고 있는 통일방안[45]이기 때문이다.

<표 1> 북한의 '고려연방공화국'과 '고려민주연방공화국' 차이

공화국 기준	고려연방공화국	고려민주연방공화국
목적	· 고려연방공화국은 남북총선거를 통하여 통일적인 중앙정부를 수립하기 위한 과도적 대책임	· 고려민주연방공화국은 창립 그 자체가 통일의 실현임
존속 기간	· 통일적인 중앙정부를 수립할 때까지만 존속함	· 하나의 통일국가로서 계속 존속함
권력 기능	· '최고민족위원회'(최고민족회의)를 통하여 남북사이의 관계발전을 통일적으로 조절하는 기능을 수행할 뿐 국가권력문제는 제기되지 않고 있음	· 남과 북이 동수의 대표들과 적당한 수의 해외동포대표들로 '최고민족연방회의'를 구성함 · '최고민족연방회의'의 상임기구인 '연방상설위원회'를 조직하여 정치문제, 조국방위문제, 대외관계문제를 비롯해 민족의 전반적 이익과 관계되는 공동의 문제를 토의결정하며 나라와 민족의 통일적 발전과 모든 분야에서 남북간의 단결과 합작을 실현하는 등 연방정부가 국가권력의 기능을 수행함

출처: 윤황, "북한의 「낮은 단계의 연방제안」 분석을 통한 남한의 연합제안과의 비교접근," 평화문제연구소, 『통일문제연구』 2004년 5월호, 240쪽.

다만 이 방안은 1960~1970년대와 달리 구체적으로 연방정부의 구성기구와 기능 등을 제시하고 있다는 점이 특징이다. 그밖에 고려민주연방제의 특징은 1970년대 '고려연방공화국'에 '민주'의 용어를 첨가하여 선전효과를 극대화하고 있다는 점이고, 1960년대의 '과도적' 대책 또는 1970년대의 '당분간 그대로 두고' 라는 용어를 쓰지 않음으로써 외형상 완성된 형태의 연방국가라고 규정하고 있는 점이며, 한국에 대해 무장해제에 가까운 연방제 통일의 선결조건을 제시하고 있다는 점이며, 10대 시정방침을 연방제 통일의 이후에도 실시할 방침임을 분명히 하면서 이를 통일방안과 함께 제시하여 연방제 방안이 구체적이고 통일의 미래상을 제시하고 있는 것처럼 선전하고 있다는 점이고, '연방'이라는 용어를 국문과 외국어(Confederal)로 표기할 때 차이가 나는 점도 고려민주연방제의 이중성을 표출하고 있다는 점이라고 할 수 있다.46)

여기에서 고려민주연방제의 문제점으로는 이른바 '자주적 평화통일을 위한 선결조건'으로서 '남조선혁명론'의 발상이라는 점, '남북이 서로 상대방에 존재하는 사상과 제도를 그대로 인정하고 용납하는 기초 위에서' 연방제를 하자고 했는데 두 제도에 의한 연방제는 현실적으로 불가능하다는 점, 우리말로는 '연방'(Federation)이라고 하면서 영어로는 'Confederation'(국가연합)이라고 표현하는 등 결합형태의 모호성이 존재한다는 점, 국호·국가형태·대외정책의 노선 등을 일방적으로 강요하고 있다는 점, 통일 이전에 남·북한 간에 실시해야 할 사항들을 연방제가 실현되었을 때의 10대 시정방침으로 제시함으로써 남·북한간의 교류와 협력의 실시를 기피하고 있다는 점, 연방헌법 등 연방의 형성에 따르는 구체적 절차에 대한 설명이 전혀 없다는 점 등47)을 지적할 수 있다. 따라서 북한의 고려민주연방제 통일방안은 '선先 선결조건의 관철, 후後 합작공산화의 실현'을 의도한다고 볼 수 있으며, 이는 북한이 여전히 '남조선혁명전략'을 고수하고 있음을 보여주고 있다고 볼 수 있다. 이런 문제점 때문에 1980년대 북한의 연방제안은 1980년대 말에 이르기까지 남북관계의 개선과 관련해서 대남·통일정책상 특별한 성과를 내기 어려웠다. 더구나 1980년대 말부터 1990년대 초까지 휘몰아친 세계사회주의권 국가들의 붕괴 도미노 현상은 북한으로 하여금 체제

생존의 절박한 위기와 공포감으로 작용하였고, 그 반면에 1980년대 말부터 남한사회가 정치적 민주화로의 진전과 동시에 당시 노태우 정부의 러시아와 중국을 비롯한 사회주의국가권의 외교관계 개선을 추구하는 이른바 북방정책의 추진에 따라 북한은 1990년대에 들어와 자신의 통일방안과 통일정책에서 새로운 전환점을 모색하지 않을 수 없는 상황에 처하게 되었다.

3) 1990～2000년대 초 현재: '느슨한 형태의 점차적 · 잠정적 통일단계'(낮은단계)의 연방제안

북한의 전금철全今哲 조국평화통일위원회 부위원장은 1989년 2월 12일 뉴욕에서 '세계일보' 안동일 기자와 만나 1국가 · 1민족 · 2자치정부의 연방제 통일방안을 설명하면서 김대중의 3단계 통일방안, 즉 「제1단계(1민족 · 2국가 · 2체제 · 2독립정부 · 1연합의 남북연합: 남북공화국연합) → 제2단계(1민족 · 1국가 · 1체제 · 1연방정부 · 2지역자치정부의 연방제) → 제3단계(1민족 · 1국가 · 1체제 · 1중앙정부의 완전통일단계: 완전통일단계로서의 중앙집권제 또는 여러 개의 지역자치정부들을 포함하는 미국이나 독일식의 연방제 채택 단계)」48) 중 2단계에 해당되는 연방제안을 '느슨한 연방'이라고 부르며 길게 논평하였다. 그는 김대중의 느슨한 연방안이 남 · 북한 쌍방에 군사 · 외교권을 그대로 존속시키려는 통일방안이지만, 이것이 자칫하면 두 개의 조선을 그대로 인정하는 제안이 될 수도 있다고 평가하였다.49)

그러나 남한의 전국민족민주운동연합 고문인 문익환 목사가 북한의 조국평화통일위원회 초청으로 1989년 3월 25일 평양을 방문해 김일성과 면담하였고, 동년 4월 2일 평양에서 문 목사와 북한의 허담許錟 조국평화통일위원회 위원장은 공동명의로 "공존의 원칙에서 연방제방식으로 통일과 그 구체적인 실현방도로서 단꺼번에 할 수도 있고 점차적으로 할 수도 있다는 점, 그리고 남북교류와 점진적 연방제 통일제안이 두개 한국을 지향하는 것이 아니라는 점”을 포함한 ‘자주적 평화통일과 관련한 원칙적 문제 9개항’(‘4·2 남북공동성명서’)을 합의·발표했다.[50] 그 9개항의 주요 내용은 다음과 같다.

"… ① 쌍방은 상치되는 이해와 주장을 넘어 7.4남북공동성명에서 확인된 자주, 평화통일, 민족대단결의 3대원칙에 기초하여 통일문제를 해결하여야 한다는 것을 재확인한다. ② 쌍방은 어떠한 경우에도 분열의 지속을 목적으로 하는 두개 한국 정책을 반대하고 끊임없이 하나의 민족 그리고 통일된 나라를 지향해야 한다는 것을 확인한다. ③ 쌍방은 정치군사회담을 추진시켜 남북사이의 정치군사적 대결상태를 해소하는 동시에 이산가족문제와 다방면에 걸친 교류와 접촉을 실현하도록 적극 노력한다. ④ 쌍방은 누가 누구를 먹거나 누가 누구에게 먹히우지 않고 일방이 타방을 압도하거나 타방에게 압도당하지 않는 공존의 원칙에서 연방제방식으로 통일하는 것이 우리 민족이 선택해야 할 필연적이고 합리적인 통일방도가 되며 그 구체적인 실현방도로서는 단꺼번에 할 수도 있고 점차적으로 할 수도 있다는 점에 견해의 일치를 보았다. ⑤ 쌍방은 팀 스피리트 합동군사연습은 남북대화와 평화 및 통일의 성취와는 양립될 수 없다는 것을 확인한다. 조국평화통일위원회측은 팀 스피리트 합동군사연습기간에는 대화가 장애를 받지 않을 수 없다는 점을 강조하였으며 문익환목사는 올해 팀 스피리트 합동군사연습기간 북에서 취한 유연한 대화자세를 평가하였다. ⑥ 문익환목사는 교차승인, 교차접촉에 대한 북의 거부적 입장과 통일의지를 확인하고 조국평화통일위원회측은 문익환목사가 주장하는 남북교류와 점진적 연방제 통일제안이 두개 한국을 지향하는 것이 아님을 확인하고 이를 긍정적으로 평가하였다. ⑦ 쌍방은 우리 민족이 굳게 단결해야 할 필요성과 그 절박성을 통감하면서 돈 있는 사람은 돈을 내고 힘있는 사람은 힘을 내며 지식 있는 사람은 지식)을 내어 나라의 통일위업실현에 적극 이바지할 데 대한 공동의 염원을 표시하였다. ⑧ 조국평화통일위원회측은 전민련의 범민족대회소집제안을 지지하고 문익환목사는 제13차 세계청년학생 평양축전에 참가하려는 남한청년학생들을 지지하며 쌍방은 그 실현을 위하여 계속 인내성 있게 노력한다. ⑨ 쌍방은 이상 여러 가지 문제에 대한 합의가 금후 남북사이의 다각적인 공식대화에서 협의의 기초가 될 수 있고 가교의 역할을 할 수 있다고 인정하고 그 실천대책을 남북당국과 제 정당, 단체들에 건의한다. …"

이처럼 1989년부터 제기된 느슨하고 점차적·잠정적 통일단계의 연방제안은 1991년 1월 1일 김일성의 「신년사」를 통해 잠정적으로 지역자치정부에 더 많은 권한을 부여하는 '느슨한 형태의 연방제안'(지역정부 강화론), 즉 「하나의 민족, 하나의 국가, 두개 제도, 두개 정부에 기초한 연방제 방식」의 통일방안으로 공식 천명되었다. 그의 신년사에서 강조된 '1민족, 1국가, 2제도, 2정부에 기초한 느슨한 형태의 연방제안'은51) 다음과 같은 내용을 담고 있다.

"… 현시기 조국통일을 앞당기는데서 나서는 중요한 문제는 조국통일방도를 확정하는 것입니다.… 북과 남에 서로 다른 두 제도가 존재하고 있는 우리나라의 실정에서 조국통일은 누가 누구를 먹거나 누구에게 먹히우지 않는 원칙에서 하나의 민족, 하나의 국가, 두개 제도, 두개 정부에 기초한 련방제 방식으로 실현되어야 합니다. 하나의 민족, 하나의 국가, 두개 제도, 두개 정부에 기초한 련방제 방식의 통일방안은 북과 남에 존재하는 서로 다른 제도와 정부를 그대로 두고 그 우에 하나의 통일적인 민족국가를 세우는 방법으로 통일을 실현하자는 것입니다. 우리의 련방제 통일방안은 하나의 민족국가 안에 서로 다른 두 제도와 두 정부가 함께 있을 수 있다는 데로부터 출발하고 있습니다. 지금 일부 사람들은 <이질화>되어있는 북과 남을 통일하기 위하여서는 <동질성>을 회복하여야 한다고 하고 있으나 북과 남은 하나의 민족으로서 예나 지금이나 민족적공통성에서는 변함이 없으며 민족적으로는 여전히 동질적인 것입니다. 북과 남사이에 서로 다른 것이 있다면 지난 40여년 동안 존재하여온 두 제도와 관련된 이질성인데 그것은 수천년에 걸쳐 형성되고 공고화된 민족적 동질성에 비한다면 크게 문제로 될것이 없습니다. 두 제도의 차이는 결코 우리 민족이 서로 갈라져 살아야 할 조건으로 될 수 없으며 북과 남이 통일하는데서 극

복하지 못할 장애로 될 수 없습니다. 력사적으로 면면히 이어온 민족
적공통성을 기초로 한다면 두 제도는 얼마든지 하나의 민족, 하나의
통일국가 안에서 공존할 수 있습니다. 이러한 가능성을 보지 않고
<동질성>회복이라는 구실 밑에 제도가 단일화되기전에는 두개국가
로 갈라져있을 수밖에 없다고 하면서 하나의 국가, 하나의 제도에 의
한 <제도통일론>을 주장하는 것은 나라의 분렬을 끝없이 지속시키자
는 것이며 결국 통일을 하지 않자는 것입니다. 북과 남의 서로 다른 제
도를 하나의 제도로 만드는 문제는 앞으로 천천히 순탄하게 풀어나가
도록 후대들에게 맡겨도 되지만 사상과 제도의 차이를 초월하여 하나
의 민족으로서 하나의 통일국가를 세우는 일은 이제 더는 미루지 말아
야 합니다. 북과 남에 서로 다른 두개 제도, 두개 정부가 엄연히 존재
하고 있고 어느 일방도 자기의 것을 양보하려 하지 않는 조건에서 하
나의 제도에 의한 통일은 비현실적인 것이며 언제 실현되겠는지 예측
할 수도 없는 것입니다. 더우기 제도를 단일화하려는 것은 그 실현방
도가 어떠하든지 상대방을 먹는 것을 전제로 하는 것만큼 어느 측에서
도 접수될 수 없는 것이며 접수될 수 없는 것을 강요하려 한다면 불피
코 불신과 대결을 격화시키고 나아가서는 충돌과 돌이킬 수 없는 민족
적 재난까지 빚어내게 될 것입니다. 최근 다른 나라의 흡수통합방식에
현혹된 남조선당국자들은 <북방정책>을 내걸고 청탁외교를 벌리면
서 남의 힘을 빌어 우리나라에서도 그런 방식을 실현해보려는 어리석
은 꿈을 꾸고 있습니다. 남조선당국자들이 동족과의 회담에는 성실성
을 보이지 않으면서 자기의 것을 상대방에 강요하기 위하여 다른 나라
들의 간섭과 개입을 간청하는 것은 그들의 사대근성과 분렬주의적 립
장의 표현이며 이미 파산된 <승공통일>책동의 재현입니다. 우리나라
에서 <승공통일>이란 어느 때 가도 실현될 수 없는 망상입니다. 전쟁
의 방법이건 평화적방법이건 상대방을 먹는 방법으로 우리나라의 통
일을 실현할 수 없다는 것은 이미 력사에 의하여 실증되였습니다. 남
조선당국자들은 우리 당과 공화국정부의 자주적 립장은 확고부동하며
주체사상을 구현하여 건설한 우리의 사회주의는 필승불패라는 것을
똑똑히 알아야 할 것입니다. 하나의 민족, 하나의 국가, 두개 제도, 두
개 정부에 기초한 련방제 방식으로 통일하는 것은 우리나라의 현 실정
에 맞는 조국통일방도의 대원칙입니다. 나라의 분렬을 끝장내고 북과
남이 같은 민족으로서 서로 화해하고 단합하여 조국통일을 평화적으
로 가장 빠르게 실현할수 있는 길은 오직 이 대원칙을 구현하는데 있

습니다. 우리는 하나의 민족, 하나의 국가, 두개 제도, 두개 정부에 기초한 련방제 통일방도로서 이미 고려민주련방공화국창립방안을 내놓았습니다. 이 방안은 공화국북반부인민들은 물론, 남조선과 해외의 광범한 동포로부터 적극적인 지지와 찬동을 받고 있습니다. 우리는 고려민주련방공화국창립방안이 민족적합의의 기초로 될수 있는 공명정대한 민족공동의 통일방안으로 된다고 믿고 있습니다. 그러나 우리는 고려민주련방창립방안에 대한 민족적 합의를 보다 쉽게 이루기 위하여 잠정적으로는 련방중앙정부의 지역자치정부에 더 많은 권한을 부여하며 장차로는 중앙정부의 기능을 더욱더 높여가는 방향에서 련방제통일을 점차적으로 완성하는 문제도 협의할 용의가 있습니다. 우리는 유엔에 들어가는 문제도 련방제통일이 실현된 다음 단일한 국호를 가지고 가입하는 것이 가장 좋다고 인정하지만 하나의 의석으로 가입하는 조건에서라면 그전에라도 북과 남이 유엔에 들어가는 것을 반대하지 않을 것입니다. 고려민주련방공화국을 창립하는 방법으로 조국을 통일하면 북과 남은 서로 자기의 리익을 침해당함이 없이 조국통일에 대한 민족적 숙망을 실현하게 될 것이며 통일민족의 슬기롭고 자랑스러운 모습을 세계에 보여주게 될 것입니다. 남조선당국이 진정으로 나라의 통일에 관심이 있다면 실현될 수 없는 <승공통일>을 꿈꾸거나 <적화통일>의 유령으로 인민들을 우롱할 것이 아니라 <승공>과 <적화>도 북침과 <남침>도 다 용납하지 않는 우리의 련방제 통일방안을 받아들여야 할것입니다. …"

　이러한 '느슨한 형태의 점차적·잠정적 연방제안'의 내용은 다음과 같이 요약할 수 있다. 첫째는 누가 누구를 먹거나 누구에게 먹히우지 않는 원칙 즉, 상호흡수배제원칙에 입각하여 2제도, 2정부의 '1통일민족국가'를 세우는 방법으로 통일을 실현하자는 것이다. 둘째는 1국가, 1제도에 의한 <제도통일론>을 후대들에게 맡겨두고, 1민족으로서 1통일국가를 세우는 일을 이제 더는 미루지 말자는 것이다. 셋째는 1민족, 1국가, 2제도, 2정부에 기초한 연방제 방식으로 통일하자는 것은 현 실정에 맞는 조국통일방도의 대원칙이라는 것이다. 넷째는 1민족, 1국가, 2제도, 2정부에 기초한 연방제안의 통일방도가 '고려민주연방공화국 창립방안'이고, 이 방안이 민족적 합의의 기초로 될 수 있는 공명정대한 민족공동의 통일방안으로 된다고 믿고 있다는 것이다. 단, 고려민주연방공화국 창립방안에 대한 민족적 합의를 보다 쉽게 이루기 위하여 '잠정적'으로는 '연방공화국의 지역자치정부'에 더 많은 권한을 부여하고, 장차로는 '중앙정부'의 기능을 더욱 더 높여나가는 방향에서 연방제 통일을 '점차적'으로 완성하는 문제도 협의할 용의가 있다는 것이다. 다섯째는 유엔가입문제도 연방제 통일이 실현된 다음 단일한 국호를 가지고 가입하는 것이 가장 좋다고 인정하지만, '하나의 의석'으로 가입하는 조건에서라면 그전에라도 남과 북이 유엔에 동시 가입하는 것을 반대하지 않는다는 것이다.

한 마디로 1990년대 연방제안은 남과 북의 2정부가 외교권·군사통치권·내정권 등을 보유하여 독자적으로 행사하는 실제상 국가연합형태의 연방제 통일방안으로서, '높은 단계'인 1연방국가(고려민주연방공화국, 통일국가, 중립국가)의 1통일연방정부라는 완전한 연방통일의 목표를 완성하는 과정으로서의 '느슨한 연방제', 즉 '낮은 단계의 연방제안'이라고 할 수 있다. 1991년의 연방제안은 1980년의 고려민주연방공화국 창립방안에서 강조되었던 1연방국가의 '1통일연방정부'보다 '2지역자치정부'에 더 많은 권한을 부여하는 '잠정적 방안'이고, 앞으로 중앙정부(1통일연방정부)의 기능 강화 방향에서 연방제 통일을 완성해 가는 '점차적 방안'이다. 특히 '2지역자치정부'에 더 많은 권한을 부여하는 것은 외교권, 군사통치권, 내정권 등을 중앙정부보다 지역자치정부에 더 많은 권한을 주자는 것이고, 이는 결국 연방국가의 통일로 가기 위한 2제도(two systems), 2정부(two governments)에 보다 더 비중을 둔 과정으로서의 '잠정적·점차적 단계의 연방제안'을 말하는 것이다.

따라서 1990년대 연방제안은 내용상 1980년대 연방제안의 큰 구도 하에서 통일국가의 형태, 자주·평화·민족대단결의 조국통일 3대원칙, 연방제 실현의 선결조건, 주체사상적 '우리식 사회주의'의 통일이념, '정치협상회의 개최 → 통일방안의 협의 결정 → 고려민주연방공화국의 선포' 등의 통일과정 제시 등이라는 내용상 특징을 기본적으로 담고 있다. 이의 특징에서 볼 때, 특히 북한이 1980년대 완전한 통일단계(높은단계)의 연방제안에서 1990년대 느슨한 형태의 점차적·잠정적 연방제안을 통해 잠정적이지만 지역자치정부의 권한 강화에로 과도기적·중간단계적 설정이라는 변화를 모색한 것은 일단 과정으로서의 통일을 수용한 것이라고 해석할 수 있다. 1980년대 연방제안이 고려민주연방공화국 수립의 목표 차원에 중점을 둔 것이라면, 1990년대 연방제안은 잠정적·점차적 지역자치정부의 수립에 더 강조점을 둔 것이라고 볼 수 있기 때문이다. 이는 1990년대 연방제안이 형식상 1연방통일국가를 유지하되 사실상 남과 북의 2지역자치정부를 인정하자는 것을 함의하고 있음을 말한다. 그 결과 1990년대 느슨한 형태의 점차적·잠정적 연방제안은 1980년대 고려민주연방공화국 창립의 연방제안 실현을 위한 수단적(잠정적)·과정적(단계적) 의미의 통일방안에 불과하다고 볼 수 있다.

이처럼 북한이 1990년대에 느슨한 형태의 점차적·잠정적 연방제안으로 변화를 모색할 수밖에 없었던 것은 1980년대 말부터 도래한 세계 사회주의국가권의 붕괴 도미노 현상, 특히 1990년 동독의 서독에로 흡수통일이 보여준 결과에서 비롯된 것이라고 볼 수 있다. 1980년대 말~1990년대 초 국제정세의 상황에서는 북한의 1980년대 제도통일적 연방제안이동서독의 흡수통일에서 보듯이 국력이 약한 북한이 국력이 강대한 남한에 흡수될 수밖에 없을 것이라는 기본인식 하에, 1990년대의 잠정적·점차적 연방제안을 통해 체제생존전략을 충족시키는 한편 정세변화를 관망해보려는 수세적·방어적 태도에로 방향전환의 필요성 때문이라고 볼 수 있다.[52]

그러나 북한의 1990년대 연방제안은 2000년 「6·15 남북공동선언」

에서 맨 처음 '낮은 단계의 연방제안'이란 용어로 재등장했다. 이 용어
는 5개항의 남북공동선언 중에 제2항의 "남과 북은 나라의 통일을 위한
'남측의 연합제안과 북측의 낮은 단계의 연방제안'이 서로 공통성이 있
다고 인정하고 앞으로 이 방향에서 통일을 지향시켜 나가기로 하였다"
고 규정하는 데에서 처음으로 공식 제기되었다. 6·15남북공동선언에서
의 낮은단계 연방제론이 공식 제기된 후 북한에서는 '낮은단계의 연방
제'를 '연방연합제'53)라고 부르기도 한다. '낮은단계의 연방제'의 용어
에 대한 개념과 내용이 북한에 의해 공식적으로 처음 제시된 것은 2000
년 10월 6일 개최된 북한의 「고려민주연방공화국 창립방안을 제시한
20돐기념 평양시보고회」에서 조국평화통일위원회 서기국 안경호安京浩
국장이 아래와 같은 내용의 기념보고를 한데서 비롯되었다.

> "… 고려민주련방공화국 창립방안은 남조선과 해외의 광범한 동포
> 들과 세계 진보적 인민들의 적극적인 지지와 찬동을 받았습니다. 그러
> 나 우리나라의 통일을 달가와하지 않은 외세의 조종밑에 남조선 당국
> 자들이 이 합리적 통일방안을 받아들이지 않는 실정에서 위대한 수령
> 님께서는 1991년 신년사에서 련방공화국 창립방안에 대한 민족적 합
> 의를 보다 쉽게 이루기 위하여 '잠정적'으로는 련방공화국의 지역자치
> 정부에 더 많은 권한을 부여하며 한편으로는 중앙정부의 기능을 더욱
> 더 높여 나가는 방향에서 련방제 통일을 '점차적'으로 완성할 데 대한
> 방안도 천명하시였습니다. 위대한 수령님께서 천명하신 이 방안은 결
> 국 '낮은 형태의 연방제안'입니다. … 우리의 낮은 단계의 련방제안은
> '하나의 민족, 하나의 국가, 두개 제도, 두개 정부'의 원칙에 기초하되
> 북과 남에 존재하는 두개 정부가 정치, 군사, 외교권을 비롯한 현재의
> 기능과 권한을 그대로 가지게 하고 그 위에 민족통일기구를 내오는 방
> 법으로 북남관계를 민족공동의 리익에 맞게 통일적으로 조정해 나가
> 는 것을 기본 내용으로 하고 있습니다. …"54)

이와 같은 안경호의 보고에 이어 북한이 언론매체들을 통해 낮은 단
계의 연방제안의 명칭을 직접 사용하면서 개념 규정과 내용을 구체적으

로 제시한 것은 다음과 같다.

첫째, 안경호의 보고 이후 북한은 10월 9일자 ≪로동신문≫을 통해 구체적으로 낮은 단계의 연방제안에 대한 기본 내용을 다음과 같이 제시하였다.

> "… 북과 남은 공동선언에서 나라의 통일을 위한 북측의 낮은 단계의 련방제안과 남측의 연합제안이 서로 공통성이 있다고 인정하고 앞으로 이 방향에서 통일을 지향시켜 나가기로 하였다. 이것은 나라와 민족이 갈라진 이래 북과 남이 처음으로 공동의 통일방도와 목표를 확정하고 통일을 위해 함께 노력할 수 있는 토대를 마련한 것으로 된다. 우리의 낮은 단계의 련방제안은 하나의 민족, 하나의 국가, 두개 제도, 두개 정부의 대원칙에 기초하되 북과 남에 존재하는 두 정부가 정치, 군사, 외교권을 비롯한 현재의 기능과 권한을 그대로 가지게 하고 그 우에 '민족통일기구'를 내오는 방법으로 민족공동의 리익에 맞게 북남관계를 통일적으로 조정해 나가는 것을 기본내용으로 하고 있다. …"55)

둘째, 북한은 2000년 12월 15일자 ≪로동신문≫을 통해 다음과 같이 낮은 단계의 연방제안의 기본내용을 규정하였다.

> "… 우리가 주장하는 련방제 통일방안은 하나의 민족, 하나의 국가, 두 개 제도, 두 개 정부의 대원칙에 기초하여 북과 남에 있는 두 제도, 두 정부를 그대로 두고 '련방통일기구'를 내오는 방법으로 민족적 통일을 실현하자는 것이다. 더욱이 이번 력사적인 평양상봉시에 제시된 낮은 단계의 련방제는 북과 남에 존재하는 두 개 정부가 정치, 군사, 외교권을 비롯한 현재의 기능과 권한을 거의 그대로 가지게 하고 그 우에 '민족통일기구'를 내오는 방식으로 북남관계를 민족공동의 리익에 맞게 통일적으로 조정해 나가는 것을 기본 내용으로 하고 있다. 련방제에서는 누가 누구에게 제도를 양보하는 일도 강요 당하는 일도 있을 수 없다. …"56)

따라서 북한의 낮은 단계의 연방제안은 하나의 민족, 하나의 국가, 두 개 제도, 두 개 정부의 대원칙에 기초하여 남과 북에 있는 두 제도, 두 정부를 그대로 두고 '연방통일기구'를 내오는 방법으로 민족적 통일을 실현하자는 것을 말한다. 이 방안은 남과 북에 존재하는 두 개 정부가 정치·군사·외교권을 비롯한 현재의 기능과 권한을 거의 그대로 가지게 하고, 그 위에 '민족통일기구'를 내오는 방식으로 남북관계를 민족공동의 이익에 맞게 통일적으로 조정해 나가는 것을 기본내용으로 하고 있다.57)

이상과 같은 북한의 낮은 단계의 연방제안 개념과 내용은 <표 2>와 같이 정리·요약될 수 있다.

<표 2> 낮은 단계의 연방제안 주요내용

구 분	내 용
통일방안	1민족, 1국가, 2제도, 2정부에 기초한 연방제 방식
통일원칙	자주, 평화통일, 민족대단결
통일의 지향노선	흡수배제원칙과 공존·공영·공리추구원칙의 노선, 북측의 '낮은 단계의 연방제안'과 남측의 '연합제안'과의 상호공통성에 따른 방향에서의 통일지향
통일조정기구	민족통일기구
정부의 권능	정치, 군사, 외교권을 비롯한 현재의 기능과 권한을 그대로 유지
통일국가의 최종형태	1민족 1연방통일국가
통일국가의 성격	비동맹(블럭불가담적) 중립국가
통일국가의 국호	고려민주연방공화국
선결조건	주한미군의 철수, 국가보안법의 철폐 등

출처: 윤황, "북한의 「낮은 단계의 연방제안」분석을 통한 남한의 연합제안과의 비교접근," 앞의 글, 245쪽.

한 마디로 북한의 낮은 단계의 연방제안은 고려민주연방공화국 창립방안의 연방제 통일국가단계, 즉 높은 단계의 연방제로 나아가기 위한 잠정적·중간적 과정을 상정한 것이다. 다시 말해 낮은 단계의 연방제안이란 남과 북이 현 제도와 정부를 그대로 유지하면서, 즉 남한의 자본주의제도와 북한의 사회주의제도에 의한 두 정부 안에서 '고려민주연방공화국' 국호의 1연방통일중립국가로 나가자는 것이다. 이는 곧 1991년 김일성의 신년사에서 제시한 '1민족, 1국가, 2제도, 2정부' 형태라는 잠정적·점차적 단계의 연방제안의 개념 규정과 기본 내용을 그대로 담고 있다. 따라서 1991년의 잠정적·점차적 단계의 연방제안이 다시 1980년 고려민주연방공화국 창립방안의 완전한 통일단계(높은 단계)의 연방제안에 토대하고 있기 때문에, 낮은 단계의 연방제안은 1980년의 연방제안 큰 틀 안에서 나온 것임을 재차 확인해주고 있다. 1990년대의 1민족, 1국가, 2제도, 2정부 형태라는 잠정적·점차적 단계의 연방제안의 개념에 입각한 낮은 단계의 연방제안의 개념은 연방제안의 '목표'로서 1민족·1국가의 '높은 단계'를 설정해두고, 그 목표에 도달해 가는 '과정'으로서 2제도·2정부의 '낮은 단계'부터 진입하자는 것이다. 이것은 남(대한민국)과 북(조선민주주의인민공화국)이 사실상의 2국가로서 현 상태인 2제도·2정부의 형태를 각각 그대로 유지하되, 잠정적으로 2정부(지역정부)에 보다 많은 권한(정치, 군사, 외교권 등)을 부여하는 단계를 거쳐 점차적으로 1민족·1국가의 완전한 형태인 고려민주연방공화국의 '1연방통일중립국가'라는 '높은 단계의 연방제'에 이른다는 것이다.

그러나 문제는 2000년대 낮은 단계의 연방제안이 다음과 같은 한계점을 갖고 있다는 데에 도사리고 있다.

첫째, 낮은 단계의 연방제안은 1980년대 고려민주연방공화국 창설방안의 체계화된 구도 하에 나온 것이기 때문에, 1990년대의 연방제안과 마찬가지로 고려민주연방공화국 창설방안의 큰 구도에 갇혀 있다는 한계를 안고 있다. 2000년 6·15남북공동선언의 합의문에서 등장한 낮은 단계의 연방제안이 등장한 직후부터 지금까지 북한의 언론매체들은 계속1민족, 1국가, 2제도, 2정부에 기초한 연방제방식으로 나라의 통일을 구현하는 절대적 방도를 1980년의 고려민주연방공화국 창립방안에서 찾고 있다58)는 데에 있기 때문이다.

둘째, 낮은 단계의 연방제안은 '북한식(우리식) 흡수통일방안'의 전략적 관점을 내포하고 있는 한계를 갖고 있다. 이는 북한이 1민족, 1국가, 2제도, 2정부에 기초한 연방제방식을 '우리 식의 독특한 통일방도'라고 주장한 것59)과 연관되어 있는데, 즉 통일된 연방국가 안에서 홍콩(남한)의 중국(북한)에로의 귀속을 시사60)하고 있는 북한식(우리식) 흡수통일인 평화적 방도의 새로운 통일전략적 차원이라고 볼 수 있기 때문이다.

셋째, 낮은 단계의 연방제안은 정치적·물리적 장애물의 제거라는 전제조건을 갖고 있는 한계를 안고 있다. 예컨대 이 전제조건은 2000년 남북정상회담 이후 특히 북한의 신년사를 통해 지속적으로 국가보안법의 철폐, 주한미군의 철수, 민족공조의 강화, 반미자주화투쟁의 강화, 민족 대 미국의 대결구도 실천, 선군정치의 지지 등61)으로 표출되고 있다.

이러한 한계점들은 결과적으로 1990∼2000년대 '느슨한 형태의 점차적·잠정적 통일단계'(낮은 단계)의 연방제안이 남한의 자유민주주의·자본주의제도와 북한의 공산주의·사회주의제도에 의한 두 정부안에서 '고려민주연방공화국' 국호의 1연방 통일·중립국가로 나가자는 것에 머물고 있다는 점을 함의하고 있다. 즉 1990∼2000년대 낮은 단계의 연방제안은 1980년대 높은 단계의 고려민주연방제로 가기 위한 것으로서 고려민주연방공화국 창립방안에 포괄되어 있는 것이다.

3. 연방제 통일방안의 쟁점과 평가

앞에서 분석한 바와 같이 북한은 연방제 통일방안을 1960년대 처음 제기한 이후 2000년대 현재까지 일관되게 주장하고 있다. 그러나 <표 3>을 통해 보듯이 북한의 연방제 통일방안은 시대별로 약간의 변화된 내용과 특징을 취하고 있을 뿐이고 명칭의 다양한 변경에 따라 그 내용상 논쟁과 쟁점을 끝없이 산출해오고 있다.

따라서 본 장에서는 2장의 내용 분석을 토대로 하여 북한의 연방제 통일방안이 안고 있는 쟁점을 찾아 평가해보고자 한다.

<표 3> 북한의 연방제 통일방안 주요 내용과 특징 비교

연방제안	제안 시기	주요 내용	특 징
남북조선의 연방제 (남북연방제)	1960. 8.14	▫ 당분간 남과 북의 현 정치제도를 그대로 두고, <조선민주주의인민공화국>정부와 <대한민국> 정부의 독자적 활동을 보장하자는 것 ▫ 두 정부의 대표들로 구성되는 최고민족위원회(최고민족회의)를 조직하고, 주로 남북한의 경제·문화발전을 통일적으로 조절하자는 것	과도적· 중간적 단계의 연방제안
고려연방공화국의 단일국호에 의한 남북연방제 (고려연방제)	1973. 6.23	▫ 남과 북의 현존하는 2정부·2제도 하에 대민족회의의 소집 ▫ 고려연방공화국의 국호 사용 ▫ 고려연방공화국 국호의 단일국가 유엔가입	과도적· 중간적 단계의 연방제안
고려민주연방공화국 창립방안 (고려민주연방제)	1980. 10.10	▫ 자주·평화·민족대단결의 통일원칙에 입각하여 남과 북의 '2 사상, 2 제도' 기초 위에서 남과 북의 연합에 의한 '1 연방국가'(고려민주연방공화국)의 건설을 하자는 것 ▫ 남과 북이 2 사상과 2 제도의 토대 위에서 '민족통일정부'(연방정부)의 수립과 그 밑에 '2 지역자치제'(2 지역정부)의 실시를 하자는 것 ▫ 연방국가의 기구로서는 '최고민족연방회의'(최	완전한 통일단계(높은단계)의 연방제안

		고의결기구)와 그 상임기구인 '연방상설위원회'를 구성하고, 이 기구들이 남과 북의 지역정부들을 지도하며 연방국가의 전반적인 사업을 관할하자는 것 ▫ 연방국가의 국호는 '고려민주연방공화국'(Confederal Democratic Republic of Koryo)으로, 연방국가의 대외적 형태는 '중립국가'로 하자는 것	
1민족, 1정부, 2제도, 2정부에 기초한 지역자치정부의 권한 강화 연방제(느슨한 형태의 연방제안)	1991. 1.1	▫ 누가 누구를 먹거나 누구에게 먹히우지 않는 원칙에서 하나의 민족, 하나의 국가, 두개 제도, 두개 정부에 기초한 연방제 방식으로 실현되어야 한다는 것 ▫ 남과 북에 존재하는 서로 다른 제도와 정부를 그대로 두고 그 위에 하나의 통일적인 민족국가를 세우는 방법으로 통일을 실현하자는 것 ▫ 고려민주연방공화국 창립방안에 대한 민족적 합의를 보다 쉽게 이루기 위하여 '잠정적'으로는 '연방공화국의 지역자치정부'에 더 많은 권한을 부여하고, 장차로는 '중앙정부'의 기능을 더욱 더 높여나가는 방향에서 연방제 통일을 '점차적'으로 완성하는 문제도 협의할 용의가 있다는 것	잠정적 · 점차적 통일단계(낮은단계)의 연방제안
1민족, 1정부, 2제도, 2정부에 기초한 민족통일기구 구성의 연방제(낮은단계의 연방제안)	2000. 6.15	▫ 하나의 민족, 하나의 국가, 두 개 제도, 두 개 정부의 대원칙에 기초하여 남과 북에 있는 두 제도, 두 정부를 그대로 두고 '연방통일기구'를 내오는 방법으로 민족적 통일을 실현하자는 것 ▫ 남과 북에 존재하는 두 개 정부가 정치·군사·외교권을 비롯한 현재의 기능과 권한을 거의 그대로 가지게 하고, 그 위에 '민족통일기구'를 내오는 방식으로 남북관계를 민족공동의 이익에 맞게 통일적으로 조정해 나가는 것	잠정적 · 점차적 통일단계(낮은단계)의 연방제안

출처: 윤황, 『북한의 연방제 통일방안에 관한 분석과 대책』(경찰대치안정책연구소, 2005 연구보고서, 2005.12), 36~37쪽.

1) 쟁 점

북한의 연방제 통일방안은 <표 4>와 같이 낮은 단계의 연방제이나 높은 단계(고려민주연방공화국) 연방제안이나 모두 본질적으로 남과 북이 서로 다른 제도를 갖고 독자성을 유지하지만 하나의 통일국가를 만들자는 것, 즉 남과 북의 제도를 그대로 두고 연방통일·중립국가를 세우자는 것이 그 본질이다.

<표 4> 북한의 낮은 단계와 높은 단계의 연방제안 비교

구 분	북한의 연방제안	
	낮은 단계의 연방제안	높은 단계의 연방제안
통일방안	▫ 고려민주연방공화국창립방안의 연방제	▫ 고려민주연방공화국 창립방안의 연방제
통일원칙	▫ 자주·평화·민족대단결	▫ 자주·평화·민족대단결
통일철학	주체사상	주체사상
성 격	▫ 잠정적·점차적 단계(1민족, 1국가, 2제도, 2지역자치정부)	▫ 완성단계(1민족, 1연방국가, 1통일연방정부 −2지역자치정부, 2제도)
기능(조정역할)	▫ 상호간의 흡수배제, 상호간의공존·공영·공리 추구, 상호간의 인정과 존중, 민족공동의 이익 조정, 긴장상태의 완화와 전쟁위험의 제거(특히 주한미군 철수, 평화협정체결)	▫ 자주성 견지 및 자주정책 실시, 민주주의의 실현, 경제적 합작과 교류, 과학·문화·교육의 교류협력, 교통·통신의 자유로운 이용, 근로대중의 생활안정 도모, 민족연합군의 조직과 감군, 해외동포의 권익 옹호, 대외활동의 통일적 조절, 평화애호적 대외정책의 수행
기 구	▫ 연방(민족)통일기구	▫ 최고민족연방회의, ▫ 연방상설위원회
통일국가 형태	▫ 1민족, 1연방국가, 2정부, 2제도	▫ 1민족, 1연방국가(고려민주연방공화국, 통일중립국가), ▫ 1연방중앙정부−2지역자치정부, 2제도
선결조건	▫ 국가보안법의 철폐, 주한미군의 철수, 민족공조의 강화, 반미자주화투쟁의 강화 등	▫ 유엔군사령부의 해체, 주한미군의 철수, 북미평화협정의 체결, 남한사회의 민주화, 남북군대의 축소, 정전협정의 평화협정 전환, 미국의 남한지원 종식, 미국의 내정간섭 종식 등

출처: 윤황, "북한의 「낮은 단계의 연방제안」 분석을 통한 남한의 연합제안과의 비교접근," 앞의 글, 245~254쪽.

<표 4>의 내용을 중심으로 북한의 연방제 통일방안이 남과 북한의 통일방안, 한반도의 통일방안으로써 수용될 수 없는 논쟁점, 또는 한계

성을 통일방안의 명칭, 통일원칙, 연방제의 기능과 기구, 통일국가의 형태, 연방제 통일의 선결조건 차원에서 찾아보면 다음과 같다.

첫째, 통일방안의 명칭이란 차원에서는 북한의 연방제안이 연합(confederation)과 연방(federation)의 용어 사용상 기본적인 혼란을 야기할 수 있다는 논쟁점을 갖고 있다. 즉 북한은 연방을 남과 북의 지역정부에 의한 지역자치제적인 연합, 즉 정치학적·국제법적 개념의 상호보충하는 개념으로 사용하고 있기 때문에[62] 두 용어의 이중적 사용에서 혼동을 야기할 수 있다는 점이다. 이 점에서 북한이 대내차원과 대남차원에서 연방제 통일방식을 주장하는 한편, 국제사회 차원에서는 연합제 통일방식을 주장하고 있는 것은 대내적 국민통합과 대남적 통일선전공세, 그리고 북한의 연방제 통일방안 정당성 등에 대한 국제사회적 여론의 형성과 관련된 것으로 보인다. 물론 6·15남북공동선언 이후 북한이 연방제의 'confederation' 영문표기를 'federation'으로 바꾸고 '낮은 단계의 연방제'도 'federation of lower-stage' 또는 'low-level federation'으로 사용[63]하기도 하지만, 그 용어사용의 이중적 형태는 여전히 논쟁점으로 남아 있다.

둘째, 통일원칙의 측면에서는 북한의 연방제안이 자주·평화·민족대단결의 조국통일 3대원칙을 채택하고 있는데, 이의 원칙은 대남통일전략과 연계된 개념이라는 논쟁점을 안고 있다. 즉 북한은 조국통일의 3대원칙에서 '자주'를 외세의존과 외세의 간섭이 없는 자주적 조국통일로, '평화'를 무력행사가 아니라 평화적 방법의 조국통일로, '민족대단결'을 사상과 이념 및 제도의 차이를 초월한 남·북·해외 민족의 대단결 조국통일로 개념 규정하고 있는 관점[64]에서 조국통일이 통일적 중앙정부의 수립으로써 이루어지며, 궁극적으로는 단일한 사회제도의 수립을 목적[65]으로 하고 있기 때문이다.

셋째, 성격의 차원에서는 북한의 연방제안이 잠정적·단계적 단계를 거쳐 완성적 단계, 즉 통일에로의 과도적 방법이 아니라 완성된 연방제 통일방안이야말로 유일한 통일실현의 방도라고 보는 점에서 논쟁점을 가지고 있다. 다시 말해 북한은 연방제야말로 자주적인 연방제 통일국가의 창립을 총적 목표[66]로 제시하고 있는 진정한 통일방안이지만, 남한의 '남북연합제'안에 대해 '두 개 조선'을 그대로 연합한 구조라고 보며, 이 연합구조는 한마디로 주권적 분립을 전제로 한 국가연합의 기능구조이고, 반북적·반공적·배타적·대결적·반통일적·반민족적·죄악적인 통일론[67]이라고 비판하고 있기 때문이다.

넷째, 기능의 측면에서는 북한의 연방제 통일방안이 남과 북의 교류협력이라는 접근방법에서 이중성을 갖고 있다는 논쟁점이다. 즉 북한의 연방제안은 통일로 가는 과정에서 실현되어야 할 남북한의 교류·협력을 남조선 혁명역량의 강화라는 모순점을 안고 있다는 점이다. 이는 남북한간에 연방제가 실시되면 특히, 남과 북의 빈번한 접촉을 통하여 남조선인민들에게 북반부의 혁명적 영향을 급격히 증대시킴으로써 남조선혁명 역량을 결정적으로 강화하는 데서 매우 유리한 국면을 열어 놓을 수 있다[68]고 보는 것에서 연유하고 있다. 이는 북한에서 사회주의건설과 함께 우리 민족의 운명과 관련되는 전국적 범위에서의 민족적 자주권의 확립으로서 통일문제가 본질상 외래제국주의 침략자들에게 빼앗긴 영토와 인민을 도로 찾고 전국적 범위에서 민족적 자주권을 확립하는 문제[69]라고 보고 있기 때문이다.

다섯째, 기구의 차원에서는 북한의 낮은 단계의 연방제안이 '연방(민족)통일기구'를 내세우고 있고, 높은 단계의 연방제안이 '최고민족회의'와 '연방상설회의'를 두고 있다는 점에서 논쟁점을 가지고 있다. 명칭은 다르지만 이 모든 연방기구들은 법적 지위와 권력구조 측면에서 대내적 차원으로 민족의 공동관심사 문제를 처리하고, 대외적으로 단일국호를 가지고 진출하는 것,[70] 연방중앙정부가 최고주권기구와 정책시행기구의 양분구조를 취하면서도 남과 북의 지역적 평등과 지역적 민주주의가 관철되는 남북지역대표제와 전 민족의 대표성을 관철시키는 해외동포 참정제를 예견하고 있는 것71)이 특징이다. 따라서 이 기구들이 남과 북, 해외동포의 연대연합, 즉 민족적·정치적 연합에 의한 연방제 통일의 방도에 머물고 있다는 것은 북한의 연방제가 체제와 이념을 달리하고 있는 남과 북의 체제 통합을 위해 진정한 대의적·대표적 기구를 취하고 있지 않다는 점을 말해주고 있기 때문이다.

여섯째, 통일국가의 형태에서는 북한의 연방제안이 1연방공화국·2제도, 법리적으로 보면 1민족·1국가·2지역자치제로서 고려민주연방공화국의 통일·중립국가를 추구하고 있다는 점에서 논쟁의 여지가 존재한다. 이는 남과 북의 통일국가 내에서 상이한 두 개의 제도 및 체제가 공존하는 것이고, 또한 어떠한 정치적·군사적 동맹이나 블록에도 가입하지 않는 중립국이 되자72)는 것이다. 그러나 이론과 실제상 이념과 체제가 전혀 다른 두 개 또는 그 이상의 국가들이 연방국가를 형성하고 있는 사례가 없다는 점에서 북한의 연방제에 의한 통일국가의 수립 형태는 그 실효성이 전혀 없다고 볼 수 있기 때문이다. 물론 중국과 홍콩이 현재 서로 다른 제도를 유지하는 통합을 이룬 일국양제의 통일방식을 갖고 있지만, 이는 어디까지나 홍콩의 중국 흡수에 불과한 것이다. 따라서 북한의 연방제안은 중국의 일국양제와 비교해서 보면 사상과 제도가 다른 두 개의 국가주체가 잠정적인 흡수통일을 이룬 것이라는 점 외에는 전혀 공통점을 발견하기가 어렵다.

일곱째, 선결조건이란 측면에서는 북한의 연방제안이 정치적·물리적 장애물의 제거라는 전제조건을 가지고 있다는 데에 논쟁점이 도사리고 있다. 이 전제조건은 유엔군사령부의 해체, 주한미군의 철수, 북미평화협정의 체결, 남한사회의 민주화, 남북군대의 축소, 정전협정의 평화협정으로 전환, 미국의 남한 및 내정간섭 종식, 국가보안법의 철폐, 민족공조의 강화, 반미자주화투쟁의 강화, 민족 대 미국의 대결구도 공동투쟁, 선군정치의 지지 등[73]으로 표출되고 있다. 이는 북한의 연방제가 반복적인 대남통일공세의 차원에서 주장되고 있다는 한계점이라고 볼 수 있다. 즉 북한의 연방제 통일방안에서의 선결조건은 남과 북의 통일방안이 근본적으로 접근하기 어려운 장벽이자 갈등 유발의 근원으로 작용하고 있는 셈이다.

2) 평 가

이와 같은 논쟁점들은 북한의 연방제 통일방안이 추구하고 있는 통일의 기본전제, 통일의 모형, 통일정책의 과제 등과 관련해서 볼 때 다음과 같은 논쟁점으로 집약해 볼 수 있다.

첫째로, 북한의 연방제 통일방안에서 추구하고 있는 기본전제들과 관련된 논쟁점은 통일의 목표, 원칙, 철학, 성격, 선결조건 등과 관련된 것이다. 예컨대 한반도의 적화통일을 위한 목표나 조건으로 추구되는 것이냐 아니냐, 혹은 통일 그 자체가 최종 목표인가 수단인가, 통일의 주체가 북한인민 혹은 남북한 전체 구성원 혹은 해외동포를 포함한 한반도 전민족인가 아닌가, 남북한 간 통합인가 아니면 갈등인가, 민족 내부간 특수관계에서의 갈등 또는 통합인가 아니면 남북한 정부간의 갈등 혹은 접근인가, 주변강대국들과의 협력을 추구하는 통일인가 아니면 남북한 또는 민족 간에 주체적으로 추구하는 통일인가 등이라는 논쟁점을 유발하고 있다.

둘째로, 북한의 연방제 통일방안이 추구하고 있는 통일의 모형과 관련된 논쟁점은 통일의 국가형태, 기구, 기능 등과 관련된 것이다. 예를 들어 연방제모형인가, 아니면 무력해방모형인가, 아니면 정치통합모형인가, 아니면 사회·문화통합모형인가, 또는 적대적 공존모형인가, 아니면 중립적 공존모형인가, 아니면 동맹적 공존모형인가 등이라는 논쟁점을 낳고 있다.

셋째로, 전반적으로 북한의 연방제 통일방안이 통일의 과제를 실제 통일정책 실행상 얼마나 풀어갈 수 있는 있느냐라는 것과 관련된 것이다. 예컨대 남북교류협력, 군사적 긴장완화, 탈냉전적 사고, 실사구시적 접근, 평화공존적 관계, 힘의 균형, 한반도주변국과의 관계 등과 관련하여 북한의 연방제 통일방안이 어느 정도 대남·통일정책의 효율성을 실행할 수 있느냐라는 논쟁점을 만들어내고 있다.

이러한 논쟁점이 기본적으로 생산되고 있음에도 불구하고, 북한이 일관되게 연방제 통일방안을 주장하고 있는 이유는 무엇인가? 이에 대한 해답은 다양한 측면에서 얻을 수 있다고 본다. 즉 북한의 연방제 통일방안이 한반도의 궁극적으로 적화통일을 추구하고 있느냐 아니면 현실적·합리적으로 남북·민족통일의 방안이냐, 대외적·대남적 수사용이냐 아니면 내부적 인민들의 단결을 위한 통제용이냐, 또한 실제로 실행 가능한 것이냐 아니면 이론과 명분에 집착한 말 그대로 이론형에 불과한 것이냐에서 그 해답을 찾을 수 있다고 본다. 하지만 분명한 사실은 북한의 연방제 통일방안이 1960년대, 1970년대, 1980년대, 1990년대, 2000년대의 시대적 흐름과 맞물려 체제생존과 관련해서 명칭의 변화이든 아니든 북한체제의 역량차원에서 어느 정도 변화의 가능성을 열고 왔다는 점이다. 이 점에서 1970년대 7·4남북공동성명의 합의, 1990년대 남북기본합의서의 채택, 2000년대 초반 6·15남북공동선언의 채택 등과 관련해서 북한의 연방제 통일방안도 한국의 통일방안에 대해 강경성(대결성)보다 유연성(온건성)의 가능성을 보여주었다고 평가된다.

그럼에도 불구하고, 우리는 아직도 북한의 연방제안이 기본적으로 하나의 민족, 하나의 국가, 두 개 제도, 두 개 정부에 기초한 연방제 방식의 민족통일국가, 즉 고려민주연방공화국의 창립을 추구하고 있다[74]는 점에서 북한의 본질적 통일방안의 변화에 의문을 가질 수밖에 없다. 왜 나하면 북한의 연방제안은 남과 북이 통일방안의 합의점을 도출할 수 있는 기본적 한계를 여전히 너무 크게 갖고 있다는 논쟁점을 유발하고 있기 때문이다. 따라서 북한의 연방제 통일방안이 안고 있는 기본적 한계를 중심으로 그 쟁점을 다음과 같이 크게 5가지기 측면에서 평가해 보고자 한다.

첫째, 북한의 연방제안은 1980년대 고려민주연방공화국 창설방안으로 완결된 것이기 때문에, 그 이상의 통일방안으로 발전하기 어려운 한계를 갖고 있다. 이미 앞에서 북한의 연방제안 변화과정을 통해 분석했듯이, 북한의 연방제안은 1960~2000년대의 연방제안이 모두 1980년대의 연방제안에서 최고형태로 못박고 있는1민족·1국가·1연방정부 형태라는 고려민주연방공화국의 '목표'(높은 단계)로 집중되고 있는 통일방식이라고 할 수 있다. 따라서 북한의 연방제안이 바로 1960년 남북연방제안의 2제도 2정부 형태라는 과도적 단계로서의 연방제로부터 그 시원始原을 찾을 수 있기 때문에, 1960년의 남북연방제가 처음 제기된 이후 1980년의 고려민주연방공화국 창립방안으로 체계화된 상태에서 약간의 명칭과 용어를 달리하며 포장된 1990~2000년대의 연방제안도 기본적으로 같을 수밖에 없는 것이다. 이 문제는 북한이 남북정상회담 이후에도 고려민주연방공화국 창설방안의 연방제안을 본질적으로 전혀 변화시키지 않고 있는 상태에서 낮은 단계의 연방제안을 주장할 수밖에 없는 것이다. 따라서 2000년대 낮은 단계의 연방제안은 남한의 연합제안을 수용한 것이 아니라 높은 단계인 통일단계로 가는 잠정적·점차적인 조치로서 2단계 연방제안이라고 볼 수 있으며, 더구나 1990년대 연방제안에서 언급된 '제도통일 후대위임론'까지 고려한다면 북한의 연방제안은 3단계의 통일론이라고 해석할 수도 있을 것이다.75)

둘째, 북한의 연방제안은 대남 통일전선의 전략적 관점을 내포하고 있는 한계를 갖고 있다. 왜냐하면 북한의 연방제안이 김일성에 의해 제시된 조국통일의 두 가지 전도, 즉 '평화적 전도'와 '비평화적 전도'[76] 중에서 평화적으로 통일되는 방도를 강조하고 있는 것과 관련된 것으로 볼 수 있기 때문이다. 북한의 연방제안과 관련된 평화적 방식이라고 하는 것은 북한의 평화적 통일전도의 가능성을 남한의 미제 축출과 인민적 자주정권 수립에서 찾고 있다는 점, 예컨대 북한의 연방제안에서 계속 제기된 평화통일의 선결조건들이 남한의 반국가적·반체제적 문제와 직결되고 있다는 점이다. 그래서 높은 단계이든 낮은 단계이든 북한의 연방제안은 남조선혁명의 평화적 통일전략관점에서 선결조건을 추구하고 있다는 한계에서 자유롭지 못하다고 평가할 수 있다. 또 다른 예를 들자면, 현재 북한에서 주장하고 있는 조국통일 3대원칙, 전민족대단결 10대강령, 고려민주연방공화국 창립방안의 '조국통일 3대헌장'이란 것에서 찾을 수 있다. 이 헌장은 1997년 8월 4일 김정일의 이른바 '8·4노작'이라고 불리는 "위대한 수령 김일성동지의 조국통일유훈을 철저히 관철하자"의 글에서 제시되었다. 이 3대헌장[77]은 김일성의 유훈대로 민족분열의 비극을 하루 빨리 끝장내고 조국의 자주적 평화통일을 이룩하기 위한 투쟁에서 나서는 모든 문제들에 가장 올바른 해답을 준 조국통일위업을 완성하기 위한 과업과 방도들[78]이기 때문에, 그 헌장의 목표는 곧 조선혁명의 전국적 승리를 위한 통일의 대강령이라고 할 수 있다. 문제는 아직도 북한이 계속 조국통일 3대헌장에 기초한 연방제 방식의 통일방안을 고수하고 있다는 점[79]에 존재하고 있다. 따라서 북한의 낮은 단계의 연방제안도 결국에는 조국통일 3대헌장의 고려민주연방공화국 창립방안에 토대한 통일방도로서 제기된 것에 불과하며, 동시에 조선혁명의 전국적 승리를 위한 대남 통일전선의 전략적 관점을 함의하고 있다고 평가할 수 있다.

셋째, 북한의 연방제안은 김일성의 6·25한국전쟁 도발과 같은 1950

년대 무력통일의 시도 이후 변화된 연방제 통일방식이 그의 후계자 김
정일에게 그대로 계승되어 현재에 이르고 있다는 점이다. 김일성의 절
대권력과 장기집권 하에서 대를 이어 집권한 부자권력세습자인 김정일
은 <표 5>에서 보듯이 기본적으로 김일성의 통일론과 연방제 통일방
안이라는 구도에서 자유롭게 벗어날 수 없다는 한계를 안고 있다고 볼
수 있다. 현재 김정일체제 하에서도 북한의 통일방안은 조국통일의 3대
원칙, 조국통일을 위한 전민족 10대단결, 1민족·1국가·2제도·2정부
에 기초한 연방제안, 조국통일 3대헌장, 김일성 주석의 조국통일유훈관
철 과업 제시 등80)을 추구하고 있기 때문이다.

<표 5> 김정일의 주요 통일방안 (1964~2000)

시 기	통일 방안
1964. 12.10	▫ 조국통일을 위한 3가지 혁명역량강화 제안: 남과 북의 혁명역량 강화, 국제 혁명역량과의 단결 강화
1972. 7.14	▫ 조국통일 3대원칙관철대책과 폭넓은 남북협상 제시: 조국통일 3대원칙관철 대책(자주의 기치밑에 미군철수 및 일본군국주의재침 저지파탄, 군사적 긴장 완화와 전쟁근원제거를 위한 실제조치 강구, 사상과 이념 및 제도의 차이를 초월하여 민족대단결 실현), 폭넓은 남북협상(적십자단체들의 회담 진척, 정 치협상의 확대발전)
1985. 5.2	▫ 통일대화의 성과적 실현 제안: 진행 중인 남북대화를 고위급정치회담으로 발전, 조(북)미회담의 진행
1986. 1.3	▫ 자주적 조국통일 제안: 민족의 단합에 의한 조국통일, 민족자신에 의한 조국 통일
1988. 10.12	▫ 조국통일을 위한 남북청년들의 과업 제시: 북의 청년들은 남조선청년학생들 의 반미자주화, 조국통일투쟁의 지지성원하고 남과 북의 청년들은 반미, 조 국통일투쟁에서 민족의 앞장에 서며 민족자주정신에 기초하여 조국통일의 돌파구를 열기 위한 공동투쟁의 적극 전개함
1989. 12.28	▫ 통일을 염원하는 해내외 조선민족의 단결 제안: 통일을 염원하는 사람이라 면 남, 해외에 있건 과거생활에 관계없이 누구와도 단합하고, 민족의 영예를 떨쳐야 한다는 민족적 사명감을 깊이 자작하고 조국통일에 헌신함
1991. 8.26	▫ 남, 북, 해외 조선청년들의 단결 제안: 상호 접촉 및 왕래, 공동으로 축전행사 와 투쟁 전개

1992. 1.1	▫ 조선민족의 단합에 의한 조국통일의 제안: 애국심과 민족자주정신에 기초하여 단합, '힘있는 사람은 힘으로, 지식있는 사람은 지식으로, 돈있는 사람은 돈으로' 조국통일에 특색있게 기여
2.4	▫ 민족대단결의 제안: 고려민족제일주의정신의 발양, 조국통일의 기치밑에 전민족이 단결, '힘있는 사람은 힘으로, 지식있는 사람은 지식으로, 돈있는 사람은 돈으로' 통일에 기여
1993. 1.5	▫ 조국통일위업수행에서 남과 북, 해외조선청년들의 선봉적 역할 제안: 내외 반통일세력의 분열과 전쟁책동을 저지파탄시키는 투쟁에서 선봉적 역할 수행, 민족대단결 실현투쟁에서 선봉적 역할 수행
1995. 5.24	▫ 조국통일원칙과 통일방도의 제시: 자주－평화－민족대단결의 3대원칙, '하나의 민족, 하나의 국가, 두 개 제도, 두 개 정부'에 기초한 연방제 방식의 통일방안, 조국통일을 위한 전민족대단결 10대강령
1996. 8.24	▫ 조국의 자주적 평화통일을 위한 북조선청년들의 과업 제시: 남과 해외 조선청년들과의 단결, 남과 해외청년들의 통일투쟁 지지성원
1997. 6.19	▫ 민족대단결과 조국통일의 기초 제시: 민족성, 민족애－민족자주정신
8.4	▫ 위대한 수령 김일성동지의 조국통일유훈관철 과업 제시: 조국통일 3대헌장의 정립(조국통일3대원칙, 조국통일을 위한 전민족대단결10대강령, 고려민주연방공화국창립방안), 조국통일3대헌장의 관철과업(민족자주의 원칙에서 통일, 민족대단결의 실현, 평화적 방법으로 통일, 연방제방식의 통일), 남북관계의 개선과업(남조선당국자들이 민족자주의 입장에서 동족과 힘을 합쳐 외세를 반대 배격, 남북사이의 정치적 대결상태의 해소와 긴장상태의 완화, 남조선 사회정치생활의 민주화)
1998. 4.18	▫ 민족대단결5대방침의 제시: ① 민족자주의 원칙에 기초한 단결, ② 애국애족과 조국통일의 기치밑에 단결, ③ 남과 북사이의 관계 개선, ④ 외세의 지배와 간섭을 반대하고 외세와 결탁한 민족반역자들 및 반통일세력을 반대하여 투쟁, ⑤ 온 민족의 서로 왕래－접촉하고 대화를 발전시켜 연대연합의 강화
2000. 6.15	▫ 남측의 '연합제안'과 북측의 '낮은단계의 연방제안' 공통점 합의

자료: 『김정일선집 1』, 49쪽 ; 『김정일선집 2』, 409～415쪽 ; 『김정일선집 8』, 219·338쪽 ; 『김정일선집 9』, 307쪽 ; 『김정일선집 12』, 18, 265쪽 ; 『김정일선집 13』, 14～15·310～311쪽 ; 『김정일선집 14』, 39·225·316·343～359·343～359쪽.

특히 과거 김일성에 의한 조국통일 3대원칙, 전민족대단결 10대강령, 고려민주연방공화국 창립방안이 모두 담겨진 김정일의 '조국통일 3대헌장'이 현재에도 강조되고 있다는 것은 과거 김일성의 통일론이 대를 이어 현재 김정일 시대에도 변함 없이 주장되고 있다는 한계를 말해주고 있다. 이는 김정일의 연방제안도 기본적으로 김일성의 연방제 통일방안에 기초한 원칙과 이론에서 결코 벗어날 수 없다는 것을 의미한다.

넷째, 북한의 연방제안은 남한에서 수용하기 어려운 논리적 허구성, 전술적 기만성, 비현실성을 담고 있다는 한계를 갖고 있다는 점이다. 논리적 허구성에서는 남한의 체제를 부정하는 선결조건을 제시해 놓고서 이 조건이 성취돼야 비로소 연방제를 실시할 수 있다는 점, 그리고 서로 다른 남과 북의 사상과 제도상 차이를 그대로 두고 이를 용인하는 토대 위에서 연방제가 실시되어야 한다는 점을 들 수 있다. 전술적 기만성에서는 통일된 연방국가의 구성 이후에도 교류협력하고 민족대단결을 도모하겠다는 연방제가 통일의 과정에서 실현되어야 할 남북한의 교류협력을 통한 민족공동체 형성을 거부하는 논리를 담고 있다는 점, 연방제에 필수적인 통일된 연방헌법을 부정하고 있다는 점을 들 수 있다. 그리고 비현실성에서는 사상 및 이념과 제도가 서로 완전히 다른 체제 간에 연방을 형성한 역사적 선례를 찾아볼 수 없다는 점, 북한에서 연방제를 문화·풍습·언어가 다른 이민족간에 실시하는 국가구조 형태의 하나라고 규정하고 있다는 점에서 남북한 간에 연방제를 실시하자고 주장하고 있다는 점을 들 수 있다. 이런 점들 때문에, 북한이 1960년대 이후 지금까지 계속 연방제를 주장해 온 이유는 연방제 개념이 내포하고 있는 평화공존성을 부각하여 대내외적 여론을 현혹시키고 남한사회의 감상적 통일논의를 불러 일으켜 남한의 국가안보태세를 약화시킴으로써 궁극적으로 남조선혁명의 통일 실현에 나서고 있다[81]는 점에서 찾을 수 있다. 특히 대남 관계에서 연방제의 공세적인 태도를 유지하여 북한은 향후 각종 남북한 간 협상에서 유리한 위치를 선점하고 남한사회 내부의 논란을 유도하려는 의도도 있다[82]고 볼 수 있다. 따라서 현재 남한은 북한의 연방제안을 쉽게 수용할 수 없는 충분한 근거를 갖고 있는 셈이다.

다섯째, 북한의 연방제안은 기본적으로 남한의 통일방안과 조화하기가 어렵다는 한계를 갖고 있다는 점이다.

<표 6> 남한의 민족공동체 통일방안과
북한의 고려민주연방제 통일방안의 비교

구 분	민족공동체통일방안(남한)	고려민주연방제 통일방안(북한)
통일원칙	자주, 평화, 민주	자주, 평화, 민족대단결
선결조건	대남적화통일포기, 상호신뢰회복, 자유·인권보장, UN동시가입, 교차승인, 국제핵안전협정준수	국가보안법폐지, 평화협정, 불가침 선언, 주한미군철수, 군축, 민족통일전선형성, 남북개방과 왕래[83]
과도체제	남북연합 (1민족, 2국가, 2체제, 2정부)	없음 (낮은단계연방제) (1민족, 1국가, 2제도, 2지역정부)
과도기구	남북정상회의, 남북각료회의, 남북공동사무국, 남북평의회	고려연방제창립준비위원회 (민족통일전선)
통일국가 실현절차	남북평의회→통일헌법기초→민주적방법·절차→총선실시→통일정부·통일국회수립	연석회의(민족통일협상회의) 방식으로 연방제 실현방법협의 결정(남북한당국·정당·사회단체 참여)
통일국가 기구	통일정부와 양원제로 이뤄진 국회	최고민족연방회의 연방상설위원회
통일국가 정책기조	민주공화체제, 민족구성원모두의 복지증진, 민족의 항구적인 안전보장, 세계평화 기여, 각국과 선린 우호관계 유지	10대 시정방침
통일국가 미래상	자유·인권이 보장되는 단일국가 시장경제체제로 번영·발전하는 국가, 정의로운 복지국가	연방정부지도 밑에 남과 북의 지역정부가 독자적 정책을 실시하는 연방국가
통일주체	남북한정부	남북한 제정당·사회단체 대표[84]
접근방법	기능주의접근(경제교류우선) 민족통합강조	신기능주의(정치·군사문제우선) 국가통합강조

출처: 송영훈,『남북한 연방제 통일방안연구: '연합제'와 '낮은 단계 연방제'의 등장과 변화』서울대아시아태평양교육발전연구단(2002.2), 26쪽.

예컨대 <표 6>에서 보듯이 현재 남과 북이 각각 기본적인 통일방안으로 정식화시켜 두고 있는 민족공동체 통일방안과 고려민주연방제 통일방안은 통일원칙, 선결조건, 과도체제 및 과도기구, 통일국가 실현절차, 통일국가기구, 통일국가 정책기조, 통일국가 미래상, 통일주체, 접근방법 등에서 조화될 수 있는 접점을 찾기 어려운 실정이다. 예컨대 통일원칙에서는 민주와 민족대단결, 선결조건에서는 상대방 체제의 내정간섭적 요소가 강하며, 과도체제 및 과도기구에서는 2국가－1국가와 상호 다은 기구 형성, 통일국가 실현절차에서는 통일헌법과 총선 실시 여부 등, 통일국가기구에서는 양원제 국회와 연방회의 구성, 통일국가 정책기조에서는 민주공화체제와 10대시정방침 실현, 통일국가 미래상에서는 단일국가와 연방국가, 통일주체에서는 정부와 제정당·사회단체 대표, 접근방법에서는 기능주의적 민족통합과 신기능주의의 국가통합 등에서 북한의 연방제안은 남한의 통일방안과 다른 내용을 담고 있다.

이와 같은 북한의 연방제 통일방안과 관련된 기본적 한계의 5가지 쟁점 평가 중에서 을 기본적으로 남과 북한의 통일방안이 서로 조화하기 어려운 쟁점을 중심으로 그 논의와 평가를 좀 더 확대해 보자.

<표 7> 남북한 통일정책에 따른 통일방안의 변화 추이

시기 (연대)	남 한			북 한	
	공화국	정권	통 일 정 책	정권	통 일 정 책
1940		이 승 만	유엔 결의에 의한 북한만의 자유총선거 실시정책	김 일 성 1 인	'민주기지론'에 토대한 유엔 부정의 남북한 총선거론
1950	1		유엔 결의와 감시하에 의한 인구비례의 남북한 자유총선거 실시정책		위장평화의 무력통일론('외국군 철수 후 남북한 자유총선거 실시론')
1960	2	민 주 당	유엔감시 하에 의한 인구비례의 남북한 자유총선거 실시정책		남한 정부가 남북 자유총선거를 받아들일 수 없는 경우의 남북한 연방제론
	3	박 정 희	유엔 감시하에 의한 남북한 자유총선거 실시정책(선경제건설 후통일의 정책)		'남한내 미군철수' 후의 남북한 자유총선거 실시 및 남북한 연방제론
1970	4	박	공정한 선거관리와 감시 하에		'남한내의 미군철수·정치범 무조건

		정희 유신 정권	의한 토착인구비례에 의한 남북한 자유총선거 실시정책(선평화 후통일의 정책)	체 제	석방' 아래 남북 자유총선거론(5대강령의 고려연방공화국의 연방제론)
1980	5	전 두 환	민족화합 민주통일방안(남북 쌍방의대표들로 민족통일협의회의 구성→ 통일헌법 초안의 마련→ 남북한 민주적 방식에 의한 자유국민투표의 실시 → 통일국회와 통일정부의 구성으로 통일국가 완성)		3대선결조건('남한내의 군사파쇼통치 청산과 사회의 민주화-반공법·과 국가보안법 폐지·폭압통치기구 철폐·공산당 활동 보장- 실현, 한반도의 긴장상태 완화와 전쟁위험 제거-주한 미군 철수 및 정전협정의 평화협정 전환-, 미국의 두 개 조선 조작책동 및 내정간섭의 제시')과 10대 시정방침에 의한 고려민주연방공화국 통일방안
1990	6	노 태 우	한민족공동체 통일방안(남북간에자주·평화·민주의 3원칙 하에 교류와 협력을 통해 상호신뢰의 회복→과도적 통일체인 남북연합의 형성→ 통일헌법에 따라 총선거를 실시하여 통일국회와 통일정부의 구성으로 완전한 통일국가인 통일민주공화국 수립)		조국통일 5개방침에 의한 '정전협정의 평화협정 전환·유엔군사령부 해체·대미 평화협정 체결·주한핵무기와 미군 철수' 등의 고려민주연방공화국 통일방안
		김 영 삼	한민족공동체건설을 위한 3단계 통일방안 또는 민족공동체통일방안(3단계 : 남북의 화해·협력 단계→남북연합 단계→1민족·1국가·1체제·1정부의 통일국가 단계)		민족대단결 10대강령에 의한 4개 선결조건('외세의존정책 포기·미군철수 의지표명·외국군대와의 합동군사훈련 영구중지·미국의 핵우산 탈피')하의 고려민주연방공화국 통일방안
		김 대 중	對北三不原則(무력도발의 不許容,흡수통일의 不受容, 평화협력의 不可避)에 의한 햇볕정책(= 대북포용정책)	김 정 일	민족대단결5대방침의 통일원칙에 따른 김일성의 고려민주연방공화국 통일방안을 그대로 되풀이 하고 있음
			대북포용정책에 기초한 '남북연합제안'		조국통일3대헌장에 기초한 '낮은단계의 연방제안'
2000		노 무 현	한반도 평화증진과 동북아경제중심국가건설의 '평화번영정책'		조국통일3대헌장에 기초한 '낮은단계의 연방제안'

출처: 윤황, "한반도분단의 해결을 위한 남·북한 외교의 접근방안 모색" (2003), 343∼344쪽.

남북한의 통일방안은 기본적으로 <표 7>과 같이 전개되어 왔다고 볼 수 있다. <표 7>를 통해 보듯이 그 동안 남북한의 통일정책은 각각 다음과 같이 약 10년 주기별로 통일방안의 명칭을 달리하면서 변화되어 왔다.

북한의 경우는 김일성-김정일 부자의 장기집권과 절대권력에 의해 「민주기지노선(40년대) → 위장평화의 무력투쟁노선(50년대) → 과도기적 남북연방제(60년대) → 5대강령하의 고려연방공화국제(70년대) → 3대선결조건과 10대시정방침에 의한 고려민주연방공화국 통일방안(80년대) → 조국통일 5개방침과 민족대단결10대강령에 의한 고려민주연방공화국 통일방안(90년대)」으로 통일정책을 변화시켜오고 있다. 북한의 통일정책 변화는 본질적으로 '선남조선혁명 후공산화통일 노선'의 대남혁명전략에서 나온 것이다. 그래서 북한은 사실상 알맹이 없는 통일방안을 겉으로 내세우면서 실제로 선전적 차원에서 연방제안을 주장하고 있다. 이 보다 더 큰 문제는 아직도 북한의 통일정책이 대남통일혁명노선에 따른 연방제의 틀 속에서 실질적인 내용의 변화없이 장기집권과 절대권력의 부자권력세습에 의해 계승되고 있다는 점에 있다.

한국의 경우는 「유엔 감시하의 남북한 자유총선거실시론(李承晩 정권) → 유엔 감시하의 남북한 자유총선거실시론(民主黨 정권) → 유엔 감시하의 남북한 자유총선거실시론(=선경제건설 후통일정책 : 3공화국 朴正熙 정권) → 공정한 선거관리와 감시하의 토착인구비례에 의한 남북한 자유총선거실시론(=선평화 후통일 정책 : 제4공화국 朴正熙 정권)→민족화합민주통일방안(全斗煥 정권) → 한민족공동체통일방안(盧泰愚 정권) → 한민족공동체를 위한 3단계통일방안(=민족공동체통일방안 : 金永三 정권)→대북3불원칙에 의한 햇볕정책(= 대북포용정책: 金大中정권) →한반도 평화증진과 동북아경제중심국가 건설의 '평화번영정책'(盧武鉉정권)」으로 통일정책을 실행해오고 있다. 그러나 남한의 통일정책 변화는 명칭상 정권과 더불어 생기고 정권과 함께 사라져버리는 통일방안에서 나타난 것으로 볼 수 있다.[85)]

이러한 전개과정을 통해 현재 남북한의 대표적인 통일방안은 남한의 '한민족공동체 건설을 위한 3단계 통일방안'(민족공동체 통일방안)과 북한의 '고려민주연방공화국 창립방안'(고려민주연방제통일방안)으로 각각 달리 종합·체계화됨으로써 다른 내용과 방법으로 한반도 통일을 지향하고 있다. 그러나 남과 북은 2000년 6월 남북정상회담을 통해 '6·15 남북공동선언'의 제2항에서 남한의 '연합제안'과 북한의 '낮은단계의 연방제안'이 상호 공통성이 있다고 인정하고 이 방향에서 통일을 지향하기로 합의하였다. 따라서 2000년대 현재 남과 북은 분단사상 최초로 두 정상에 의한 당국차원에서 합의된 남한의 '연합제안'과 북한의 '낮은 단계의 연방제안'에 대한 차이성을 좁히고 그 공통성을 확대·강화하여 민족의 숙원인 통일을 달성해야 할 과제를 안고 있는 셈이다.

일반적으로 남한의 학계에서 '남북연합제안'에 관한 학술적 논의 전개는 1980년대 말부터 시작된 것[86]으로 보고 있다. 특히 정부의 통일방안에서 남북연합제안은 1989년 9월 11일 노태우 대통령의 제147회 정기국회 연설을 통해 '한민족공동체 통일방안'이 천명됨[87]으로써 구체화되었다. 그에 따라 제6공화국 노태우 정부의 한민족공동체 통일방안에서 통일의 3단계인 '화해협력단계 → 남북연합단계 → 통일국가수립단계' 중 완전한 통일국가로 가는 중간과정의 과도적 통일체제로서의 '남북연합'이 공식적으로 제시되었다. 이 때 남북연합이란 그 자체가 통일국가의 최종형태가 아니라 어디까지나 상호협력과 공존공영의 관계유지와 동시에 민족의 동질화 및 통합, 나아가 통일기반을 조성해 나가는 과도적인 통일체제를 말한다. 이 단계에서 남과 북은 민족공동체라는 하나의 지붕 아래 남과 북이 연합을 구성하여 안으로는 남북 간의 현안문제와 민족의 장래문제를 협의·조정·해결해 나가고, 밖으로는 소모적인 경쟁을 지양하고 민족의 공동이익을 증진시켜나감으로써 남북관계도 국제법상의 국가관계가 아닌 민족내부의 특수관계라는 성격을 지니게 된다. 따라서 이 때 남북연합은 기존의 국제법상 국가연합(Confederation)이나 연방(Federation)의 고전적 개념이 아니라 통일을 지향한 과도적이고 특수한 제3의 결합형태,88) 즉 'Commonwealth'라고 할 수 있다. 왜냐하면 Commonwealth란 각 주권국가가 공동의 이익이나 이상추구를 위하여 상징적 통일체로서 정치·경제 등 공통의 관심을 갖는 분야에서 국제법의 규율을 받지 않고, 국내법 또는 국내법에 준하는 특수한 법적 유대를 갖춘 특별한 결합체89)로서의 의미를 가지고 있기 때문이다. 한마디로 남한이 제기하고 있는 남북연합은 1민족, 2체제의 연합제(Commonwealth) 형태라고 할 수 있다. 남북연합의 기구로는 최고의사결정기구인 남북정상회의, 남북 양측의 정부대표로 구성되는 남북각료회의, 양측 국회의원으로 구성되는 남북평의회, 남북각료회의와 남북평의회의 업무를 지원하는 공동사무처 등이 제시되고 있다.90)

이와 같은 남북연합제안은 제6공화국의 2기 김영삼 문민정부의 '3단계·3기조 통일방안'에서 3단계통일방안인 '화해·협력단계→남북연합단계(1민족, 2국가, 2정부, 2체제)→통일국가단계(3단계: 1민족, 1국가)' 중 2단계, 그리고 김대중 국민의 정부와 현재 노무현 참여정부에 이르기까지도 기본적으로 3단계 통일방안의 틀 속에서 남북연합단계라는 완전한 통일국가 수립의 전 단계로 계승되고 있다.91) 따라서 제6공화국(노태우-노무현 정부)의 '남북연합제안'은 '1민족, 2국가, 2체제, 2정부, 1연합'을 말한다고 볼 수 있다. 다만 김대중 대통령은 집권하기 이전인 1995년 9월 12일 '3단계 통일론'을 제안한 있다. 그 3단계통일론의 '제1단계: 남북연합(1민족, 2국가, 2체제, 2독립정부, 1연합의 남북공화국연합) → 제2단계: 연방제(1민족, 1국가, 1체제, 1연방정부, 2지역자치정부) → 제3단계: 완전통일단계(1민족, 1국가, 1체제, 1중앙정부)' 중에서 이례적으로 노태우 정부와 김영삼 정부의 3단계통일론과 달리 남북연합을 1단계로 제시하면서 또한 제2단계에 연방제를 추가하고 있다.92)

<표 8> 남한의 연합제안과 북한의 연방제안 비교

구 분	남한의 연합제안	북한의 연방제안	
		낮은 단계의 연방제안	높은 단계의 연방제안
통일방안의 명칭	3단계통일방안	고려민주연방공화국 창립방안	고려민주연방공화국 창립방안
통일원칙	자주·평화·민주	자주·평화·민족대단결	자주·평화·민족대단결
통일철학	자유민주주의	주체사상	주체사상
성 격	과도단계(1민족, 1연합, 2국가, 2체제, 2정부)	잠정적·점차적 단계(1민족, 1국가, 2제도, 2지역자치정부)	완성단계(1민족, 1연방국가, 1통일연방정부-2지역자치정부, 2제도)
기능(조정역할)	남북의 공존공영, 상호인정과 존중, 상호 협력과 교류, 민족(경제)공동의 이익추구, 전쟁재발의 방지	상호간의 흡수배제, 상호간의공존·공영·공리 추구, 상호간의 인정과 존중, 민족공동의 이익 조정, 긴장상태의 완화와 전쟁위험의 제거(특히 주한미군철수, 평화협정체결)	자주성 견지 및 자주정책 실시, 민주주의의 실현, 경제적 합작과 교류, 과학·문화·교육의 교류협력, 교통·통신의 자유로운 이용, 근로대중의 생활안정 도모, 민족연합군의 조직과 감군, 해외동포의 권익 옹호, 대외활동의 통일적 조절, 평화애호적 대외정책의 수행
기구	▫ 최고의사결정기구: 남북(연합)정상회의, ▫ 대의기구: 남북(연합)평의회(회의), 남북연합(공동)사무국, ▫ 집행기구: 남북(연합)각료회의, 남북연합위원회	연방(민족)통일기구	▫ 최고민족연방회의 ▫ 연방상설위원회
통일국가형태	1민족, 1국가, 1체제, 1(중앙)정부	1민족, 1연방국가, 2정부, 2제도	1민족, 1연방국가(고려민주연방공화국, 통일중립국가), 1연방중앙정부-2지역자치정부, 2제도

출처: 윤황, "북한의 「낮은 단계의 연방제안」 분석을 통한 남한의 연합제안과의 비교접근," 앞의 글, 249쪽.

그러나 제15대 대선에서 당선된 김대중 대통령은 자신의 '3단계 통일방안'보다 제6공화국 1기와 2기의 민족공동체 통일방안(3단계통일방안)을 수용하여 제1단계인 화해협력에 집중하는 대북포용정책을 실행하였고, 이런 정책은 제16대 대선에서 승리한 노무현 대통령의 참여정부에서도 평화번영정책으로 그대로 계승·발전되고 있다.

그러나 <표 8>에 근거해 보면, 남한의 연합제안과 북한의 연방제안에 관한 내용 중에는 통일방안의 명칭, 통일원칙, 성격, 기능, 통일국가의 형태라는 측면에서 공통점과 차이점이 각각 나타나고 있음을 알 수 있다. 그 공통점과 차이점은 앞에서도 부분적으로 분석되었지만 간략하게 요약해 보면, 각각 다음과 같이 정리될 수 있다.

먼저 공통점을 찾아보면 첫째로, 통일방안의 명칭이란 차원에서 볼 때, 남한의 연합제와 북한의 연방제는 모두 넓은 의미의 '연방'을 의미한다는 공통성을 가지고 있다. 물론 연방의 좁은 의미로는 연합국가만을 의미한다.93) 더구나 일반적으로 남한에서는 영어의 'confederation'을 국가연합으로, 'federation'을 연방국가로 번역하고 있지만, 북한에서는 'confederation'를 '연방국가'로 번역94)하고 있기 때문에 영어의 'confederation' 의미라는 공통성도 찾을 수 있다. 이와 관련하여 남측의 연합제안과 북한의 낮은 단계 연방제안은 내정·외교·군사권이 없는 중앙정부가 사실상 상설협의체로서 이름만 다를 뿐 남북연합과 같은 의미를 갖고 있다.

둘째로, 통일원칙으로 볼 때, 남측의 연합제안과 북측의 연방제안(낮은 단계·높은 단계)에서는 1974년 남북공동성명을 통해 남과 북이 합의했던 조국통일 3대원칙(자주·평화·민족대단결) 중 자주와 평화의 원칙이라는 점에 공통점이 존재하고 있다. 그래서 '6·15남북공동선언'의 제1항에서 '자주'의 원칙, 제2항에서 '평화(통일)'의 원칙을 전제로 한 남측의 연합제안과 북측의 낮은 단계의 연방제안에 공통점이 있다고 인정하는 통일논의에 대한 합의를 이룰 수가 있었다고 본다.

셋째로, 성격이란 측면에서 볼 때, 남한의 연합제안과 북한의 낮은 단계의 연방제의 과도적·잠정적 단계로서 '1민족, 2제도(체제), 2정부'라는 공통된 특성을 가지고 있다. 그리고 남한의 연합제안과 북한의 높은 단계의 연방제안(고려민주연방공화국 창설방안)은 '1민족, 2지역자치정부, 2제도'라는 점에서 공통성을 가지고 있다. 이는 남과 북이 당장 현실적으로 쉽게 통일을 달성하기가 어렵기 때문에, 완전한 통일국가수립의 과도적·단계적·중간적 단계를 설정하고 있다는 것을 말한다.

넷째로, 기능의 차원에서 볼 때, 남한의 연합제안과 북한의 낮은 단계의 연방제안은 공존공영, 상호흡수배제, 상호 인정과 존중, 민족공동의 이익추구, 전쟁재발의 방지 등에서 기능상 공통성을 가지고 있다. 또한 남한의 연합제안과 북한의 높은 단계의 연방제안(고려민주연방공화국 창설방안)도 남북간 상호교류협력 및 민족경제활성화(경제·과학·문화·교육·교통·통신 등)를 추구하고 있다는 점에서 기능상 공통성을 갖고 있다. 이는 남과 북이 먼저 평화공존과 교류협력, 민족동질성 회복 단계를 기반으로 하여 장차 제도적 통일의 기반을 구축하려는 의지가 일치하고 있다는 점을 말한다. 이 점에서 '6·15남북공동선언'의 ③항과 ④항이 합의될 수 있는 근거가 되었고, 6·15공동선언 이후 남과 북은 남북장관급회담, 국방장관회담, 외무장관회담, 경협실무접촉 및 경협추진위원회, 전력협력 및 임진강공동수방실무협의, 남북적십자회담 등에 나올 수 있었다고 본다. 이와 관련하여 남북한간 회담과 접촉을 통해 협의체를 구성해 접근하려는 방식도 유사성을 가지고 있다고 볼 수 있다.

다섯째로, 통일국가의 형태라는 측면에서 볼 때, 남측의 연합제안과 북측의 낮은 단계·높은 단계의 연방제안에서는 통일국가의 형태 중 외형적으로 '1민족, 1국가'의 형태를 취하고 있다는 점에서 공통성을 지니고 있다. 그리고 남한의 연합제안(특히 김영삼 문민정부의 연합제안)과 북한의 낮은단계의 연방제안에서 2체제 2정부의 형태를 유지하고, 내정·외교·군사권 등을 남북이 각각 보유·행사한다는 구상이 서로 유사성을 가지고 있다.

이러한 공통점에도 불구하고, 그 차이점도 존재하고 있는데 첫째로, 통일방안의 명칭이란 차원에서 볼 때, 남과 북은 통일방안에서 연합(confederation)과 연방(federation)의 용어 사용상 기본적인 차이점을 가지고 있다.

둘째로, 통일원칙의 측면에서 볼 때, 남한의 연합제안과 북한의 낮은단계·높은 단계의 연방제안에서는 통일원칙 중 남한이 '민주'원칙을, 북한이 '민족대단결'원칙을 포함하여 강조하고 있다는 점이 서로 다른 면을 보여주고 있다. 즉 남측의 통일방안에서 제시된 3대통일원칙은 '자주·평화·민주'인데 비해, 북한의 통일방안에서 3대통일원칙은 '자주·평화·민족대단결'을 채택하고 있다.

셋째로, 성격의 차원에서 볼 때, 남한의 연합제안과 북한의 낮은·높은 단계의 연방제안은 '1연합, 2국가'와 '1연방1국가'를 설정하고 있다는 점에서 그 성격상 차이점이 존재한다.

넷째로, 기능의 측면에서 볼 때, 남한의 연합제안과 북한의 낮은·높은 단계의 연방제는 '주한미군철수, 정전협정에서 북·미간의 평화협정 대체, 민족연합군의 조직과 감군' 등이라는 북측의 주장과 서로 다르게 나타나고 있다는 점에서 그 차이점을 찾을 수 있다.

다섯째로, 기구의 차원에서 볼 때, 남한의 연합제안과 북한의 낮은·높은 단계의 연방제안은 기구의 구성상 그 차이가 존재하고 있다. 남측의 연합제안에서는 '남북(연합)정상회의, 남북(연합)평의회' 등을 내세우고 있으나, 북측의 낮은 단계의 연방제안에서는 '연방(민족)통일기구'를 내세우고 있고, 북측의 높은 단계의 연방제안에서는 '최고민족회의'와 '연방상설회의'를 두고 있다는 점에서 서로 각각 다르게 나타나고 있다.

이 점에서 북한의 낮은 단계의 연방제안이 연방정부의 존재를 인정한다는 점에서 남한의 연합제안과 어느 정도 차이점을 보이고 있다.

여섯째로, 통일국가의 형태란 측면에서 볼 때, 남측의 연합제안과 북측의 낮은 단계·높은 단계의 연방제안은 통일국가의 형태 중 '1국가형태'의 내용에서는 북측의 '1연방국가', 남측의 '1국가'와 서로 다른 형태를 설정하고 있다. 즉 '1국가형태'라는 외형상 모습이 같다고 볼 수 있지만, 그 본질적 내용에서는 북측이 '1연방국가'를 내세우고 있기 때문에 남측과 약간 다르다. 그리고 남한의 연합제안에서는 '1체제, 1(중앙)정부'이지만, 북한의 연방제안에서는 '1연방중앙정부 – 2지역자치정부, 2제도(체제)'를 추구하고 있다는 점에서 서로 차이점이 존재한다.

이와 같은 공통점과 차이점으로 볼 때, 결과적으로 북한의 연방제가 '선先 연방정부 수립, 후後 지역간 교류협력'을 주장한데 반해 남한의 민족공동체통일방안은 '선先 교류협력, 후後 통일'을 추진하고 있으며, 남한의 연합제안과 북한의 낮은 단계의 연방제안이 공통점과 차이점이 상존하고 있지만, 무엇보다도 2000년대에 들어와 북한이 연방제에 '낮은 단계'라는 통일단계를 설정하고 남북한의 교류협력을 중시하는 점진적인 통일과정을 상정하고 남북한간 교류협력에 적극적으로 임하고 있다는 것은 오늘날 북한의 낮은 단계의 연방제안이 실질적으로 남한의 연합제 구상에 접근해온 것[95]이라고 볼 수도 있다. 따라서 남과 북의 통일방안이 공통점을 우선 취하고 차이점을 서서히 극복하는 방향으로 구체적인 내용을 담아갈 때 장차 우리의 통일접근도 현실로 가능해지리라 본다.

4. 결 론

지금까지 본 연구에서 분석된 결과를 토대로 하여 북한의 대남전략

전개과정과 관련하여 종합적으로 평가해 보면, 기본적으로 북한의 연방제 통일방안은 대한민국을 공산화(사회주의화)하기 위한 목표의 대남전략이라는 기본구도 하에서 완전히 벗어나지 못하고 있다고 총평될 수 있다. 왜냐하면 북한이 1956년 4월 29일에 열린 제3차 조선로동당대회에서 개정된 당규약의 제1장을 통해 "조선로동당은 당면 목적은 전국적 범위에서 반제, 반봉건적 민주개혁의 과업을 완수하는데 있으며, 최종목적은 공산주의 사회를 건설하는 데 있다"고 규정한 이후 아직도 「조선로동당 규약」(1980.10.13 제13차 당대회 개정)의 전문을 통해 "조선로동당의 당면목적은 공화국 북반부에서 사회주의의 완전한 승리를 이룩하여 전국적 범위에서 민족해방과 인민민주주의 혁명과업을 완수하는데 있으며 최종목적은 온 사회의 주체사상화와 공산주의사회를 건설하는 데 있다"고 규정하고 있기 때문이요, 현행 「조선민주주의인민공화국 사회주의헌법」(1998.9.5 수정보충)의 제11조에서 "조선로동당의 영도 밑에 국가의 모든 활동을 진행한다"고 규정하고 있음으로써 당 규약 전문에서 규정된 최종목적을 수행하고 있기 때문이다.

그러나 1960~2000년대 현재까지 정세의 변화에 따라 다양한 연방제 통일방안의 제안을 통해 북한은 대남전략의 기본구도에 토대한 대남 통일전술을 다음과 같이 변화시켜 왔다고 볼 수 있다.

첫째로, 1960년대 연방제안은 '폭력적 대남혁명전술'의 차원에서 전개되었다. 이는 북한이 4대군사노선의 채택(62.12), 3대혁명역량 강화노선의 채택(64.2) 등 대남폭력혁명노선에 따라 청와대 기습사건(68.1), 울진·삼척 무장공비 침투사건(68.10), 국립묘지 현충문 폭파사건(70.6) 등과 같은 1960년대 무력도발을 감행하는 연장선상에서 연방제안이 주장되었다는 것에 근거를 두고 있다.

둘째로, 1970년대 연방제안은 '평화위장적 대남통일전술'의 차원에서 전개되었다. 이는 북한이 1971년 남북적십자회담의 개최에 이어

1972년 7·4남북공동성명의 채택 등에 나오면서도 다른 한편으로 1971년 남침땅굴의 굴설과 1974년 8월 15일 박정희 대통령 저격사건 등을 일으켰고, 특히 1973년 남한의 6·23특별선언에 대응하여 같은 날에 고려연방제안을 역으로 제안했으며, 또한 1974년 8월 28일 남한의 김대중 납치사건을 명분으로 내세워 모든 남북대화를 중단했다는 것에 근거하고 있다.

셋째로, 1980년대 연방제안은 '공세적 대남통일전술'의 차원에서 전개되었다. 이는 북한이 1980년 1월 12일 남북대화의 재개로 남한측 요인들에게 12통 서한의 전달과 남·북·해외 정치가 '백인회담'의 제창(82.2.10), 남·북한·미국의 3자회담 공식 제안(84.1.10), 남북국회회담의 제안(85.4.9)과 예비회담의 개최(85), 남한에 수해물자의 지원(84), 남북체육회담의 개최(84~87), 남북적십자회담의 개최(1985), 남북예술단의 상호방문과 남북이산가족의 교환방문(85), 정치·군사·체육·학생회담의 제의(88~89) 등을 통해 남한에 각종 제의와 제안을 내놓고 남북관계의 각종 접촉과 교류에 나섬과 동시에, 다른 한편으로 버마 아웅산묘소 폭파사건(83.10)과 KAL-858기 폭파사건(87.11) 등을 자행함으로써 남북관계의 장을 화전和戰의 공세적 장으로 만들었다는 것에 근거하고 있다.

넷째로, 1990년대 연방제안은 '수세적 대남접근실리확보전술'의 차원에서 전개되었다. 1980년대 말~1990년대 초의 세계 사회주의국가권의 잇따른 붕괴, 북핵문제의 발생(93~94), 김일성의 사망(94.7), 자연재해의 발생과 대량아사자의 발생(95~96), 탈북자의 급증이라는 대내외적 체제생존의 위기를 돌파하기 위해서는 북한이 새로운 대남 통일전략의 마련에 집중하지 않을 수 없었다. 그 결과 북한은 남북고위급예비회담의 개최(89.2~90.7)와 남북고위급본회담의 개최(90.9~92.2), 남북기본합의서의 채택(92), 남북정상회담의 개최 합의(94) 등에 적극 나오면서 금강산관광의 실시(98.11) 등 남북교류협력을 통한 경제 실익의 추구에 주력하는 등 1990년대 북한체제의 위기상황을 남북관계의 장을 이용한 새로운 실리적 접근으로 모색하는 변화를 시도하기 시작했다. 이는 북한이 1990년대 이전의 '선 남조선혁명·후 조국통일'이라는 대남전략적 구도에서 1990년대 이후부터의 '선 조국통일·후 남조선혁명'이라는 대남전략의 구도에로 변화96)를 뜻한다.

다섯째로, 2000년대 연방제안은 기본적으로 '선 조국통일·후 남조선혁명'이라는 변화된 대남전략의 구도에 따라 '남북화해·평화공존적 대남접근실리확보전술'의 차원에서 전개되고 있다. 이는 북한이 2000년 6월 남북정상회담의 개최에 나왔고, 이 회담을 통해 6·15남북공동선언이 합의·채택되었고, 그 이후 남북관계의 정치·경제·사회·문화 등 다방면에서 교류와 협력이 2000년대 이전과 달리 거의 중단 없이 정례적으로 급증해지고 있다는 것에 근거하고 있다. 그 동안 남북한의 연도별 인적교류와 남북교역 현황97)을 예로 들면, 연도별 남한주민의 방북인원은 1991∼1999년 동안에는 총 11,147명이었던데 비해 2000∼2004년 동안만 해도 총 70,149명으로 약 7배의 증가수치를 보여주었고, 북한주민의 남한방문인원은 1991∼1999년 동안에는 모두 346명에 불과했으며 특히, 그 인원이 1994∼1998년에는 0명이었던데 비해 2000∼2004년 동안에는 중단 없이 지속돼 총 3,293명에 이르는 증가치를 보여 주었다. 또한 남북교역에서도 1990∼1999년의 10년간에는 모두 2,081백만 달러에 불과했으나 2000∼2004년의 5년 동안에는 총 2,291백만 달러에 이르렀다. 2004년도 남북한간 교역수지는 명목상으로는 남한이 1억8,096만 달러 흑자이나 비거래성 반출입을 제외한 실질교역 수지는 1억 6,801만 달러 적자였다. 특히 남북교역이 시작된 1989년부터 2004년 12월까지 누적된 명목수지는 남한이 2억3,500만 달러 적자이나 비거래성 교역을 제외한 누적 실질수지는 이보다 훨씬 적자폭이 큰 18

억 4,467만 달러였다.[98] 이는 2002년부터 북한의 제2위 교역국으로 부상한 한국과의 남북교역을 통해 북한이 경제적 실리를 크게 얻고 있으며, 이로 인해 북한이 남북간 교역 확대를 통해 실리 추구에 적극적이란 것을 말해주고 있다. 이처럼 2000년부터 급증한 남북한간의 인적·물적 교류 확대는 남북한 주민들간의 민족동질성 회복뿐만 아니라 남북한 경제공동체 건설의 기반확대에 따른 북한의 실질적 경제이익 확보에도 큰 도움이 된다는 것을 말해주고 있다. 다시 말해 2000년부터 북한이 남한과의 교류협력, 특히 경제교류·협력을 적극 확대하고 있는 것은 북한의 경제적 실리 추구에 따른 것이기도 하지만 그 결과가 곧 민족동질성의 회복이란 차원에서 남북한 화해·평화의 공존관계에도 크게 기여할 수 있는 가능성을 열어가고 있다는 것을 말한다. 따라서 2000년대 연방세안은 북한이 과거와 다른 실질적 남북관계의 개선 확대를 통해 경제적 실리를 동시에 추구하고자 하는 실사구시적 대남 접근의 실리확보 차원에서 적극 활용하고 있다고 볼 수 있다. 이는 북한이 김대중 '국민의 정부'의 대북 포용정책과 노무현 '참여정부'의 평화번영정책에 적극 호응하여 남·북한간 실질적 협력과 함께 경제실리 획득 및 국제적 고립 탈피를 도모하는 가운데, 남한의 '연합제안'과 북한의 '낮은 단계의 연방제안'의 공통성을 인정하고 있는 차원에서 대남 접근의 속도를 조절하고 있다는 데에 그 의미를 찾을 수도 있을 것이다.

이러한 북한의 연방제 통일방안이 대내외적 정세의 변화에 따른 시대별 변천과정을 거치면서 대남통일전술상 일부 수정되고 있지만, 그 연방제 기본목표는 여전히 비교적 일관성과 지속성을 유지되어 오고 있다. 따라서 본 연구에서 분석된 북한의 연방제 통일방안에 대한 쟁점과 평가에 근거해 볼 때, 앞으로 우리정부는 이에 대한 쟁점과 평가를 구체적으로 검토하여 대북·통일정책의 실행상 효과를 극대화하기 위한 과제와 대책을 마련해 나가야 할 것이다. 왜냐하면 남한의 연합제안과 북한의 낮은 단계의 연방제안 간에 공통성이 있다고 인정하고 있음에도 불구하고, 아직도 남과 북의 통일방안 사이에는 여전히 많은 차이점이 존재하고 있기 때문이다. 다시 말해 우리정부의 대북·통일정책은 북한의 연방제 통일방안에 관한 쟁점과 평가에서 나타난 한계와 문제점들을 분석하여 남북한의 통일방안에 관한 접점을 찾아 이를 확대해 나가는 대책을 강구해야 할 것이다. 우리의 민족공동체 통일방안에서 제시된 '통일국가의 미래상', 즉 민족구성원 모두가 주인이 되며 민족구성원 개개인의 자유와 복지와 인간존엄성이 보장되는 선진민주국가를 미래상으로 제시하고 있기 때문에, 즉 그 동안 우리 정부는 통일국가의 미래상으로 7천만 민족구성원 모두가 주인이 되며, 개개인의 자유·복지·인간존엄성이 보장되는 민족공동체를 토대로 건설되는 '1민족·1국가·1체제·1정부'형태의 통일민주국가를 지향해 오고 있기 때문에, 이의 실현을 위해 우리정부의 대북·통일정책은 마땅히 집중해 나가야 할 것이다.

그런데 문제는 남·북한이 평화공존과 화해·협력의 필요성에 대해서 공감하고 있음에도 불구하고 남·북한이 통일문제를 바라보는 데에는 다음과 같이 몇 가지 차이점이 존재한다는 데에 도사리고 있다.

첫째로, 남한은 경제·사회·문화분야의 교류·협력에 의해서 남북한의 이질감을 해소하고 동질감을 확대함으로써 궁극적으로 통일환경을 조성하고, 점진적으로 군사적 긴장을 완화시키고 평화를 정착시키고자 한다. 그 반면, 북한은 경제회복을 위해서 남북한과의 경협을 희망하고 있지만, 북한체제의 생존을 위해서 가능한 남북협력의 범위와 속도를 조절하고자 하며, 또한 남한과는 비군사적 문제를 협의하고 미국과 군사·안보문제를 해결하고자 한다.

둘째로, 남한은 한반도 및 동북아의 안정과 평화를 위해 주한미군이 필요하다는 입장을 지니고 있다. 북한도 단기적으로 주한미군이 동북아지역의 안정을 위해서 필요하다는 점을 인정하고 있는 것으로 보이지만, 미국의 대북압박정책에 대응하기 위해서 주한미군 철수를 요구하는 전술적 입장을 유지하고 있다.

셋째로, 한반도 평화정착에 대해서 남한은 남북한이 주도하되, 주변국의 협조 하에 국제적 보장방안을 강구해야 한다는 입장을 지니고 있다. 그 반면에, 북한은 북·미협상에 의해서 평화협정을 체결하고 평화체제로 전환해야 한다는 입장을 견지하고 있다.[99]

넷째로, 남한은 북한이 점진적 변화를 통해 스스로 본질적인 대남적화통일전략을 평화·협력·공존전략으로 수정하기를 희망하고 있지만, 북한은 남한이 한미동맹의 틀 속에서 북한을 흡수통일하려는 의혹을 완전히 버리지 않고 있다.

이와 같은 문제점을 감안할 때, 우리정부의 대북·통일정책에서 고려해야 할 당면과제는 다음과 같이 찾아볼 수 있다.

첫째, 북한의 연방제안이 기본적으로 완전한 공산화(사회주의화)통일을 공식적으로 포기하고 있지 않는 가운데, 1999년의 연평해전과 2002년의 서해교전을 유발한 것처럼 2000년대에도 해마다 반복되고 있는 북한의 서해 NLL침범문제, 그리고 북한의 핵무기를 비롯한 대량살상무기 개발의 국제문제화 대두 등 한반도의 안보상 위기·위협이 탈냉전 이후에도 여전히 존재하고 있는 상황이다. 이런 상황을 타개하기 위해 우리정부의 대북·통일정책은 안보전략 차원과 남북관계 개선 차원에서 장기적으로 일관되게 추진되어야 할 것이다. 안보전략 차원에서 우리정부는 흔들림 없는 국가안보의 목표 달성을 위해 대북·통일정책을 일관되게 견지해야 할 것이다. 6·25한국전쟁과 같이 과거 북한의 남침위협에 우리가 철저히 예방하고, 또한 현재 한반도 주변국의 이해관계가 첨예하게 걸려있는 불확실한 한반도 안보상황 하에서 우리가 대내외의 모든 위기와 갈등을 최소화시키고, 향후 일어날 수 있는 모든 우리의 안보 사태에 적절히 대처하기 위해 종합적이고 체계적인 국가안보의 목표 달성 차원에서 장기적으로 대북·통일정책을 추진해나가야할 것이기 때문이다. 남북관계 개선 차원에서 우리정부는 남북대화와 남북한 인적·물적 교류를 더욱 확대해 가는 노력을 통해 북한의 대남 전략변화를 더욱 촉진하는 데 많은 영향을 미쳐야 할 것이다. 왜냐하면 2002년 7·1경제관리개선조치의 실시와 신의주행정특구·개성공업특구·금강산관광특구 등 일련의 특구지정 이후 최근 북한에서 진행되고 있는 경제·사회·문화 분야를 중심으로 한 많은 변화의 진행은 체제생존을 위한 북한 스스로의 지구 노력과 함께 우리의 일관된 대북포용정책의 복합적 작용에 기인한 것으로 평가할 수 있기 때문이다. 궁극적으로 북한의 대남적대전략이 근본적인 대남화해협력의 변화로 완결될 수 있도록 우리의 대북·통일정책은 일관되게 추진되어야 할 것이다.

둘째, 북한이 1960~2000년대 현재까지 연방제 통일방안을 일관되게 고수하고 있는 것은 그 동안 우리사회에서 이른바 남남갈등(이념갈등)의 한 요인으로 계속 작용하고 있다. 이를 해결하기 위해 우리정부는 북한의 연방제 통일방안과 관련된 국민들의 인식이 가장 객관적이고 합리적인 인식을 바탕으로 국론분열보다는 국론이 통합되는 것이 바람직한 국가이익의 방향이라는 점에서, 대내적으로 대북·통일정책도 국론을 통합하고 통일을 촉진할 수 있는 차원에서 각 분야의 통일기반을 더욱 확충해 나가야 할 것이다. 특히 북한과 통일에 대한 인식과 접근에 대한 우리 국민들의 국론분열이 심해지면 심해질수록 대북·통일정책의 실행에도 효과가 증대되기 어렵기 때문에, 북한과 통일문제에 대한 국민적 합의를 이루는 일이 필수적이다. 여기에서 가장 중요한 과제는 우리정부가 남과 북의 통일방안 사이의 접점을 확대해 나가는 문제에 관심을 집중시키되 반드시 국민적 합의의 토대 위에서 다양한 의견을 수렴하는 노력과 병행하여 대북·통일정책을 지속적으로 추진해 나가는 데에 있다.

셋째, 북한의 연방제안이 상이한 사상 및 이념과 제도의 체제 간에 연방을 형성한 역사적 선례를 찾아볼 수 없거니와 연방제 주장을 통해 평화공존성을 부각하여 국제사회의 여론을 현혹시키고 있기 때문에, 우리정부는 대외적으로 통일에 유리한 환경과 여건을 조성해 나가는 대북·통일정책을 통해 우리의 민족공동체 통일방안의 현실성을 국제사회에 선전·설득해야 할 것이다. 이는 기본적으로 한반도의 통일문제가 우리 민족 내부의 문제이지만 동시에 한반도 및 동북아 등 국제환경적 요소에 의해 민감하게 영향을 받는 국제문제의 성격을 함의하고 있기 때문이다. 그러나 한반도의 통일환경이 시대의 상황에 따라 계속 변하기 마련이기 때문에, 우리정부는 대북·통일정책과 민족공동체통일방안의 정당성을 국제사회에 전파·설득하는 노력을 통해 한반도 통일환경의 변화를 끊임없이 유도해 나가야 할 것이다.

넷째, 북한의 연방제 통일방안이 기본적으로 남한에서 수용하기 어려운 논리적 허구성, 전술적 기만성, 비현실성을 담고 있기 때문에, 북한이 연방제 통일방안을 포기하지 않는 한 우리의 통일 성취도 그만큼 더딜 수밖에 없는 것이다. 이 때문에 우리정부는 한민족 전체의 통일염원을 실현하고 민족구성원 개개인의 미래를 결정하는 통일달성을 위해, 즉 21세기 진정한 통일국가시대를 준비하기 위해 대북·통일정책을 이해하려는 국민적 자세의 통일교육을 강화해야 할 것이다. 이는 무엇보다도 장기적 관점에서 평화번영정책이 북한의 대남통일정책에 대해 보다 신중하게 대처하고 철저하게 준비해 나가야 한다는 것을 말한다. 해방 이후 반세기가 지나도록 남과 북이 서로 다른 이념과 체제를 갖고 분단의 길을 걸어왔기 때문에, 남북한 주민들은 쉽게 가치관의 차이를 좁히지 못하고 민족동질성을 회복하는 데에도 시간이 꽤 걸릴 수밖에 없는 실정이다. 동시에 남과 북의 체제도 여전히 정치·군사적 대치상황에서 완전히 벗어나지 못하고 있는 냉전의 기류가 존재하고 있는 상황이다.

이런 실황을 타개하는 것은 바로 우리 정부가 통일교육현장에서 대북·통일정책과 관련된 통일교육을 국민의식수준의 변화에 따라 얼마나 효과적으로 실시하느냐에 달려 있다고 볼 수 있다.

이와 같은 당면과제들을 적극적·효과적으로 해결하기 위해 우리정부가 대북·통일정책에서 고려되어야 할 기본요건과 기본요소 등을 찾아보면 다음과 같다. 즉, 첫째로 남북한의 상호간에는 체제공존과 안전보장을 도모해야 할 것이고, 둘째로 남북한이 상호 공동이익을 증진해 나가야 할 것이고, 셋째로 남북한 상호간에는 인식의 변화와 민족동질성의 회복을 위해 더욱 교류협력을 강화해 나가야 할 것이고, 넷째로 남북한이 상호간에 협력을 확대해 나가기 위해서는 국제사회의 지지와 협력을 이끌어내는 외교적 노력을 다함과 동시에 상호간의 적대관계를 완화시켜 나가야 할 것이다.

이러한 요건과 요소들은 남과 북이 장기적으로 평화공존하는 가운데 화해협력을 통해 민족동질성을 회복하고, 상호 이해와 신뢰성을 높임으로써 궁극적으로 통일단계로 나아가기 위한 것이다. 이를 위해서 우리정부는 남북한 상호간에 상대방의 실상을 이해하려는 노력과 함께 민족동질성의 회복과 민족전체 차원에서의 정의·복지사회 구현, 남북당국간 대화와 협상의 정례화, 평화·통일문제의 논의 등을 더욱 질적·양적으로 확대해야 할 것이다. 이런 방향에서 우리정부의 대북·통일정책은 일단, 남북관계의 긍정적 진전을 위해 최소한 남북한의 당국간 정치적 신뢰의 조성, 군사적 긴장완화 조치의 실행, 미국과 일본의 대북관계 개선 등을 적극 추진·지원해야 하리라 본다. 한 마디로 한반도 통일로 나아가기 위한 우리정부의 대북·통일정책상 대책은 북한의 연방제 통일방안과 관련된 명분론에 입각한 논쟁보다도 실질적인 통일기반 조성을 위한 남과 북의 통일방안 사이의 접점을 확대할 수 있는 대북·통일정책의 지속적 추진에 달려 있다고 하겠다. 다만, 이 정책의 추진은 국민적 합의의 토대 위에서 다양한 의견을 수렴하는 노력과 병행하여 이루어지는 것이 우선되어야 할 것이다.

하지만, 우리의 대북·통일정책 추진상 문제는 북한이 연방제 통일방안을 지속적으로 주장하면서 남한정부의 통일과정 배제(즉 남한 사회단체 중심의 통일과정 참여)와 남한의 사회통합력 저해라는 이중적 대남통일전략전술을 변함없이 구사해오고 있다는 점에 도사리고 있다. 예컨대 2000년 남북정상회담의 개최와 6·15남북공동선언의 채택 이후에도 북한은 남북한의 교류협력관계에 적극 나서고 있는 한편, 한미동맹관계의 와해를 위해 남·북한간 민족공조관계를 내세우는 등 남한사회의 분열과 대립을 조장함으로써 대남접근의 이중성을 벗어나지 못하고 있다. 이는 본질적으로 김정일의 통일론에 기초한 전략과 전술이 자신의 사상관, 조국관, 민족관, 군사관, 대남관 등 사회주의혁명적 세계관에 토대하고 있다는 것에서 비롯되고 있다. 그의 사상관에서는 주체사상(김일성주의), 조국관에서는 우리식 사회주의조국(주체조국, 김일성국가)이념, 민족관에서는 우리민족(조선민족, 김일성민족)제일주의, 군사관에서는 선군사상, 대남관에서는 미국제국주의의 남한 강점과 지배 인식론이 일관되게 기본을 이루고 있다. 이러한 관점에서 형성된 김정일의 통일론은 그 변화·발전과 상관없이, 다시 말해 북한의 대남전략·통일정책과 관련된 변화론이냐 불변론이냐의 논쟁과 상관없이 과거는 물론이고 현재와 미래에도 우리에게 한반도의 공산화(사회주의화)통일전략 하에 대남통일전선술 및 평화공세전술의 형성과 남북관계의 접근노선이라는 이중성을 함의하고 있다고 봐야 할 것이다.[100]

그러나 북한이 줄기차게 연방제 통일방안을 주장해온 배경과 이유가 어떻든지 간에 지금 분명한 사실은 북한의 연방제 통일방안이 시대의 변화에 따라 궁극적—현재적 목표와 대외적—실제적 목표에서[101] 볼 때 상당한 차이점을 갖고 변화해오고 있다는 점이다. 즉 1990년대 이후

부터 북한은 전략적 차원에서 궁극적·대외적 목표인 한반도의 공산화
(사회주의화)통일노선을 강조하는 측면보다 전술적 차원에서 현재적·
실제적 목표인 남북관계개선의 접근노선을 적극적으로 강조하는 것으
로 변전되고 있다는 점이다. 이 점에서 북한의 연방제 통일논리도 변했
다고는 단정할 수 없지만, 수정을 거쳐 변화하고 있다는 것만은 단언할
수 있다. 이는 향후 북한의 대남·통일정책과 관련된 연방제 통일방안
의 지속과 수정 또는 변화에 따른 우리 정부가 대북·통일정책 실행상
끊임없는 준비와 대책을 요구하고 있는 문제이다. 우리 국민도 이젠
1950~1980년대 대남 전략·전술의 시각과 이론으로만 2000년대 북한
을 보거나, 북한의 대남통일전략·전술을 분석하는 것은 유의해야 할
것을 요구하고 있다.

분단 반세기가 지난 지금 우리는 해방 이전의 단순한 영토통일의 원
상복귀적 개념으로서보다도 남과 북에 엄연히 다른 두 체제가 분단되어
존재한다는 것을 현실로 받아들이고 있는 실정이다. 따라서 이제 우리
가 통일을 위해 해야 할 일은 군사분계선을 경계로 한 남과 북에 서로
다른 분단체제가 존재한다는 사실을 인정하면서도 21세기 우리 민족의
생존과 번영을 위한 청사진을 남과 북이 함께 만들어 가는 작업에서부
터 시작하는 것이라고 할 수 있다. 한반도의 통일은 남과 북이 갖고 있
는 서로 다른 정체성간의 차이를 뛰어넘어서 하나의 새로운 정체성을
형성하는 이행과정이라고 할 수 있기 때문이다.102) 또한 21세기 탈냉전
의 세계사적 흐름에 따라 궁극적으로 북한의 전반적인 체제변화도 예외
가 될 수 없을 것이라고 볼 수 있기 때문에, 우리는 현실적으로 한반도
의 통일을 정책적으로 차분하게 준비해야 할 필요가 있다고 본다. 이런
관점에서, 21세기에 통일한국을 준비하기 위해 정부의 정책관련자들과
학자들 및 전문가들은 다양한 계획과 입장과 시각에 따라 국가의 대
북·통일정책 수립을 위한 연구보고서 및 연구결과물을 내놓고 한반도

의 통일을 전망하고 그 대책을 제시해오고 있다. 그 연속선상에서 본 연구는 북한의 통일환경적 대내외적 변화에 따른 연방제 통일방안의 전개방향을 예측·전망하는 데에 기여하고자 하였다.

오늘날 우리는 북한의 군사적 위협이라는 전통적 위협에 더하여 동북아 안보환경의 변화, 새로운 치안위협의 대두, 세계화·정보화의 심화 등 다양한 도전에 직면해 있다. 특히 다양한 안보위협의 대두와 관련하여 우리는 이제 더 이상 국제테러의 증가, 대량살상무기의 확산, 초국가적 범죄의 다양화 등 새로운 안보 및 치안의 위협으로부터 자유롭지 못한 실정이다. 동시에 우리는 경제, 에너지, 환경 등 비군사적 안보 도전에도 철저히 대비해야 할 상황에 처해 있다. 따라서 우리는 이러한 도전과 상황을 극복하고 국내 및 한반도 평화와 번영을 유지·관리하기 위해 대내적 안보기반을 확충하는 노력과 함께 새로운 국제안보질서의 형성에 능동적으로 대응하는 것이 필요한 시점에 서있다.[103] 특히 우리 정부는 국가안보 및 치안의 유지 차원에서 대북·통일정책을 추진함에 있어서 북한의 연방제 통일방안을 중요한 정책적 고려사항으로 간주해야 할 것이다. 북한의 연방제 통일방안이 기본적으로 북한의 대남·통일정책에서 근간을 이루고 있기 때문에, 이것은 우리의 안보 및 치안문제와 밀접하게 연관되어 있는 중요한 변수이다. 국가안보는 북한을 비롯한 한반도 주변국과의 경쟁관계, 치안은 북한을 비롯한 남한사회 내부간의 갈등관계 등으로부터 발생할 수 있는 안보딜레마에 직면할 경우가 일어날 수 있기 때문이다. 이런 관점에서 본 연구는 안보 및 치안의 딜레마를 극복하기 위해 북한의 연방제 통일방안에 터잡은 대남·통일정책이 한국의 안보·치안에 미칠 파급효과를 진단·전망하는 데에 기여하고자 하였다.

남한의 역대 정부가 발전시켜온 우리의 통일방안은 한 마디로 '민족공동체 통일방안'이다. 이 방안은 1989년 노태우 정부의 한민족공동체

통일방안 제시 이후 1994년 김영삼 정부의 민족공동체 통일방안으로 수정·보완되어 김대중 정부와 노무현 정부에 이르기까지 계승·발전되고 되고 있다. 이 방안은 하나의 민족공동체를 건설하는 것을 목표로 점진적·단계적으로 통일을 이루어 나가야 한다는 기조 위에서 통일과정을 화해협력단계, 남북연합단계, 1민족1국가의 통일국가 완성단계로 설정하고 있다. 6·15 남북공동선언에 담긴 제2항의 '남측의 연합제'는 바로 민족공동체 통일방안에서의 '남북연합'(The Korean Commonwealth)과 동일한 것이다. 이 때 남북연합은 통일로 가는 중간과정으로 남과 북이 상호 협력과 공존공영의 관계를 도모하면서 통일기반을 조성해 나가는 과도적 통일체제로서 제시되고 있다.104) 이에 근거해 보면, 현재 우리의 통일방안이 연방국가를 공식적으로 상정하고 있지 않지만, 남·북한이 통치기구로서 하나의 국가로 통합되는 국가통합의 의미에서 연합과 연방의 공통성을 찾아볼 수도 있다. 민족공동체 통일방안의 기본정신에 입각하여 볼 때 통일의 내용은 민족통합과 국가통합, 즉 체제통합으로 구분할 수 있기 때문이다. 다시 말해 우리의 민족공동체 통일방안에서 남북연합단계인 중간단계를 상정하고 궁극적으로 1민족·1국가·1체제·1정부의 국가통합을 이루어 민족구성원의 모두가 주인이 되며, 민족구성원 개개인의 자유와 복지, 인간존엄성이 보장되는 선진민주국가를 통일국가의 미래상으로 제시하고 있다는 것은 궁극적으로 한반도의 통일이 남·북한간에 이념과 제도의 동질화 또는 합의가 이루어져 하나의 국가, 하나의 정부, 하나의 체제를 갖는 단일민족국가로 재통합하는 것이기 때문이다.

물론 북한이 대남 전략·전술차원에서 대남 혁명전략과 대남 교류협력접근전술의 이중성을 갖고 연방제의 통일방안을 줄기차게 주장하고 있지만, 1990년대 이후 2000년대에 들어와 북한이 남과 북의 공존·공영·공리를 도모하고 접촉·왕래·대화를 강조·확대해오고 있다는 점을 우리는 정책상 고려해야 할 것이다. 북한의 연방제 통일방안이 변천해 오는 과정에서 대남 전략·전술의 전개과정도 폭력혁명 추진기(1961.6~1970.12), 화和·전戰 양면 전술기(1971.1~1993.2), 통미봉남通美封南 전술기(1993.3~1998.2), 수세적 대남 실리 확보기(1998.3~2000.5), 남북화해·평화공존 모색기(2000.6~현재) 등[105]으로 상당히 변화되고 있음을 주목할 필요가 있기 때문이다. 이 점에서 본 연구는 북한의 대남 전략·전술 변화를 올바로 이해할 수 있다는 차원에서 기대효과를 얻을 수 있으리라 본다.

결론적으로, 현 시점에서 우리는 한 쪽의 눈만이 아니라 두 눈으로 변화하는 새로운 북한의 연방제 통일방안을 끊임없이 추적·연구·분석하여 북한의 변화하는 대남통일전략전술을 올바로 분석해야 할 것이다. 세계는 급속하게 변화하고 있다. 동북아 정세도 급변하고 있다. 북한이 변화를 모색하고 있다. 남북관계도 긍정적으로 변화하고 있다. 이러한 변화의 기류에 제대로 적응하는 것이 대한민국의 존립과 21세기 민족통일의 숙원 달성을 위해 필수적인 생존전략·전술인 것이다. 그 생존전략·전술 차원에서 우리정부의 대북·통일정책도 추진되어야 하는 것이며, 이런 정책 실행에 따른 변화에 대해 정부, 국민 모두가 변화를 두려워하지 않고 그 변화를 당당하게 수용하고 향유할 때만이 대한민국의 미래, 통일한국의 장래도 밝아질 것이다. 이것만이 자유민주주의 이념과 체제를 거부하는 북한의 연방제 통일방안에 토대한 대남통일정책에 맞서 가장 효과적으로 대응하는 우리의 당면 사명이리라.

※ 이 글은 "북한의 낮은단계의 연방제안 분석을 통한 남한의 연합제안과의 비교접근," 평화문제연구소, 『통일문제연구』 16권 1호(2004)에 수록되었다.

주註

1) 이용필 외 3명,『남북한 통합론』(서울: 인간사랑, 1992), 48~74쪽 ; 윤황, "한 반도분단의 해결을 위한 남·북한 외교의 접근방안 모색," 서병철 편저,『분단 극복을 위한 초석』(서울: 도서출판 매봉, 2003), 344~345쪽.

2) ≪연합뉴스≫ 2000년 6월 15일자 ; ≪조선통신≫ 2000년 6월 15일자 ; 통일 부,『평화와 협력의 실천』(서울: 통일부 통일정책실, 2003), 32쪽 ; 김태영, 『애국애족의 통일방안』(평양: 평양출판사, 2001), 248~249쪽.

3) 김근식, "연방제와 연합제안의 공통성 인정: 통일접근 방식과 평화공존에 합 의," 아태평화재단,『아태평화포럼』39호 (2000) ; 양길현, "신남북시대의 평화 공영과 연합제-낮은 단계의 연방제," 세종연구소,『국가전략』제7권 4호 (2001) ; 이완범, "북한 '낮은 단계의 연방제' 통일방안의 형성과정에 관한 연 구," 경남대 북한대학원,『현대북한연구』제4권 1호 (2001) ; 남궁영, "남북정 상회담과 통일방안의 새로운 접근: 연합제와 낮은 단계의 연방제," 한국정치학 회,『한국정치학회보』제36집 1호 (2002 봄) ; Kim, Hakjoon, "North Korea's 'Federation at the Low Stage' and South Korea's 'confederation': Their Origins, Evolutions, Appoxmations, and Characteristics," *Korea and World Affairs*, Vol.27, No.1 (Spring 2003) ; 윤황, "북한의「낮은단계의 연방제안」분석을 통한 남한 의 연합제안과의 비교 접근," 평화문제연구소,『통일문제연구』통권 41호 (2004년 상반기호, 2004) ; 강성윤, "6·15남북공동선언 제2항의 합의," 북한연 구학회,『북한연구학회보』제8권 제2호 (2004년 겨울) ; 박호성, "북한 통일정 책 연구의 쟁점: '연방제' 통일방안을 중심으로," 북한연구학회,『북한연구학회 보』제8권 제2호 (2004년 겨울) ; 윤황, "북한의 연방제 통일방안에 대한 쟁점 과 평가," 세계평화통일학회,『평화학연구』제6호 (2005.12) 등.

4) 강성윤, 위의 글, 46~50쪽 ; 박호성, 위의 글, 21~28쪽 ; 윤황, "북한의「낮은 단계의 연방제안」분석을 통한 남한의 연합제안과의 비교 접근" (2004), 252~ 257쪽 ; 정성장, "통일정책의 전개와 변화," 박호성·홍원표 외,『북한사회의 이해』(경기도 고양: 인간사랑, 2002), 384~391쪽.

5) ≪로동신문≫ 2000년 6월 19일자, 9월 14일자, 11월 30일자 ; 2001년 1월 13 일자, 4월 6일자, 8월 16일자, 12월 9일자 ; 2002년 1월 7일자, 5월 21일자, 6월 15일자, 7월 4일자, 10월 25일자 ; 2003년 4월 4일자, 5월 27일자 ; 2005년 1월 25일자, 10월 3일자 등.

6) 최근의 보도를 예로 들자면, ≪경향신문≫ 2005년 11월 23일자 ; 9월 20일자 ; ≪동아일보≫ 2005년 8월 16일자, 9월 15일자 ; ≪문화일보≫ 2005년 8월 29 일자, 11월 2일자 ; ≪세계일보≫ 2005년 10월 19일자, 10월 26일자 ; ≪조선 일보≫ 2005년 9월 14일자, 10월 6일자, 10월 13일자, 10월 22일자 ; ≪중앙일

보≫ 2005년 8월 14일자, 10월 18일자 ; ≪한겨레신문≫ 2005년 10월 26일자 등을 들 수 있음.

7) 『김일성저작집 1』 260~261쪽.

8) 『김일성저작집 2』 125~127쪽.

9) 『김일성저작집 3』 308~319쪽.

10) 『김일성전집 6』 379쪽.

11) 『김일성저작집 4』 183쪽.

12) 『김일성전집 7』 310~311쪽.

13) 『김일성저작집 4』 356쪽.

14) 『김일성저작선집 4』 286쪽.

15) 박호성, 앞의 글, 3~4쪽.

16) 『김일성저작집 14』, 243~244쪽.

17) 『김일성저작집 28』, 387~391쪽.

18) 『김일성저작집 35』, 347~355쪽.

19) 『김일성저작집 43』, 13~14쪽.

20) 장석, 『김정일장군 조국통일론 연구』 (평양: 평양출판사, 2002), 348~352쪽.

21) Merriam Webster, *Merriam Webster's Collegiate Dictionary*, 10th ed (Springfield, MA: Merriam Webster Inc., 1993), p. 426.

22) 강광식, "한민족 공동체 통일방안의 통일접근방법론적 위상," 평화문제연구소, 『통일문제연구』 제1권 4호 (1989.12), 268~269쪽.

23) 류길재, "김일성·김정일의 문헌을 어떻게 읽을 것인가," 경남대 북한대학원, 『북한연구방법론』 (서울: 한울 아카데미, 2003), 46~70쪽 ; 김영주, "북한 언론매체, 어떻게 이해할 것인가," 경남대 북한대학원, 『북한연구방법론』 (서울: 한울 아카데미, 2003), 71~115쪽.

24) 이주철, "북한연구를 위한 문헌자료의 활용," 경남대 북한대학원, 『북한연구방법론』 (서울: 한울 아카데미, 2003), 116~146쪽.

25) 본 연구에서 주로 활용하고 있는 북한의 문헌자료는 김일성·김정일의 저작물을 비롯해 단행본, 신문, 잡지, 각종 기록물, 연감, 팸플렛 등임.

26) 이만갑·한완상·김경동, 『사회조사방법론』 (서울: 한국학습교재사, 1982), 194~210쪽 ; 김광웅 외, 『사회과학방법론』 (서울: 박영사, 1983), 223~234쪽 ; 김경동·이온죽, 『사회조사연구방법』 (서울: 박영사, 1986), 307~308·319~334쪽.

27) 강종일, "한반도 평화와 안정을 위한 남북영세중립연합제 연구," 한국국제정치학회, 『2000년도 연례학술회의 발표자료집』 (2000년 12월 14~16일) ; 정성장, "통일정책의 전개와 변화," 앞의 글; 남궁영, "남북정상회담과 통일방안의 새

로운 접근—연합제와 낮은 단계의 연방제,” 앞의 글; 신정현·김영윤·김현·
정성장,『국가연합 사례와 남북한 통일과정: 남북연합 형성에 관한 새로운 모
색』(서울: 한울아카데미, 2004) 등

28) 통일부 통일교육원,『통일문제 이해』(2006), 69쪽.

29)『김일성저작집 14』, 214∼254쪽 ;『김일성저작선집 4』, 214∼215쪽.

30) ≪로동신문≫ 1971년 4월 13일자 ; 심지연,『남북한 통일방안의 전개와 수렴』
(서울: 돌베개, 2001), 292∼293쪽 ; 통일부 통일교육원,『통일문제 이해』
(2004), 78쪽.

31) 조국통일사,『남조선혁명과 조국통일에 관한 위대한 수령 김일성동지의 사상
(1)』(동경: 구월서방, 1972), 156∼173쪽.

32)『남조선혁명과 조국통일에 대한 우리 당의 방침』(평양: 조국통일사, 1969),
250∼251쪽.

33) 박호성, 앞의 글, 7쪽.

34)『김일성저작집 27』, 390∼392쪽.

35) ≪로동신문≫ 1973년 6월 24일자 ;『조선중앙년감』(평양: 조선통신사, 1974),
52∼58쪽 ;『김일성저작선집 6』, 448∼451쪽.

36)『위대한 수령 김일성동지께서 제시하신 조국의 자주적평화통일방침』(평양:
조국통일사, 1974), 83∼86쪽.

37) 허종호,『주체사상에 기초한 남조선혁명과 조국통일리론』(평양: 사회과학출판
사, 1975), 248∼249쪽.

38)『전국적 범위에서 민족적자주권을 확립하기 위한 대강령』(평양: 조국통일사,
1976), 56∼57쪽.

39) 박호성, 앞의 글, 8∼9쪽 ;『김일성저작선집 3』, 407쪽 ; 허종호, 앞의 책, 249쪽.

40) 통일부,『2000 북한개요』(2000), 596∼597쪽.

41) 김일성, “조국의 자주적 평화통일을 이룩하자,”『조선로동당 제6차대회에서 한
중앙위원회 사업총화 보고』(평양: 조선로동당출판사, 1987), 338∼356쪽 ;『김
일성저작집 35』, 338∼356쪽.

42) ‘고려민주연방공화국’의 국호에서 ‘고려’는 조선민족을 상징하는 공인된 이름
으로 이미 세상에 널리 알려져 있는 첫 통일국가의 이름을 말하고, ‘민주’는
민주주의를 지향하는 남과 북의 인민들의 공통된 정치이념을 반영한 것이고,
‘연방공화국’은 통일국가로서의 연방국가의 근본 특징을 반영한 것임 ; 공명
성·손영종,『조선의 력대국호』(평양: 사회과학출판사, 2003), 179∼188쪽.

43) 북한에서는 고려민주연방공화국이 중립국가여야 하는 것은 구성상 특성과 체
질적 특성으로부터 제기되는 필수적이고 현실적인 요구이자, 이런 조건으로부
터 고려민주연방공화국이 반드시 중립적 성격을 띤 대외정책을 실시하는 중립

국가로 보고 있음. 김태영, 앞의 책, 144~145쪽.

44) 박호성, 앞의 글, 10~11쪽.

45) 리순덕, 『전민족대단결 10대강령은 주체의 민족관을 구현한 조국통일위업의 대강』(평양: 사회과학출판사, 1994), 103~113쪽.

46) 통일부, 『2000 북한개요』(2000), 598~599쪽.

47) 통일부 통일교육원, 『통일문제 이해』(2006), 71쪽.

48) 아태평화재단, 『김대중의 3단계 통일론－남북연합을 중심으로－』(서울: 아태평화출판사, 1995), 22~53쪽.

49) 안동일, 『갈라진 45년 가서 본 반쪽: 안동일기자의 1989년 북한르뽀』(서울: 돌베개, 1990), 31쪽 ; 박호성, 앞의 글, 12쪽.

50) 장석, 『김정일장군 조국통일론 연구』, 앞의 책, 387~388쪽 ; http://www.moon.or.kr(검색일자: 2005년 11월 10일) ; http://soomsori.net(검색일자: 2005년 11월 10일).

51) ≪로동신문≫ 1991년 1월 1일자, 2면 ;『김일성저작집 43』, 1~17쪽.

52) 통일부, 『2000 북한개요』(2000), 600쪽.

53) 장석, 『김정일장군 조국통일론 연구』, 381~385쪽.

54) ≪조선중앙방송≫, ≪평양방송≫, 2000년 10월 6일자.

55) ≪로동신문≫ 2000년 10월 9일자, 5면.

56) "자주통일의 21세기로 나아가는 민족의 발걸음은 막을 수 없다－력사적인 북남공동선언발표이후 6개월간을 총화함－," ≪로동신문≫ 2000년 12월 15일자, 5면.

57) "자주통일의 21세기로 나아가는 민족의 발걸음은 막을 수 없다－력사적인 북남공동선언발표이후 6개월 간을 총화함－,"『로동신문』, 2000년 12월 15일자, 5면.

58) ≪로동신문≫ 2000년 6월 17일자, 6월 25일자, 10월 9일자, 10월 29일자, 12월 9일자, 2001년 1월 11일자, 2002년 1월 7일자, 6월 15일자, 2003년 5월 27일자 ; ≪통일신보≫ 2001년 12월 18일자 등

59) ≪로동신문≫ 2000년 12월 26일자, 2001년 3월 7일자.

60) ≪로동신문≫ 2000년 10월 9일자.

61) ≪로동신문≫ 2001년 1월 1일자, 2002년 1월 1일자, 2003년 1월 1일자, 2004년 1월 1일자, 2005년 1월 1일자.

62) 리순덕, 『전민족대단결 10대강령은 주체의 민족관을 구현한 조국통일위업의 대강』(평양: 사회과학출판사, 1994), 104~107쪽.

63) 정성장, "통일정책의 전개와 변화," 앞의 글, 393쪽.

64) 『김일성저작집 27』, 165~193쪽.

65) 『전국적 범위에서 민족적 자주권을 확립하기 위한 대강령』(평양: 조국통일사,

1976), 18쪽.

66) 위의 책, 98~99쪽.

67) 리순덕, 앞의 책, 116~117쪽.

68) 『남조선혁명과 조국통일에 관한 위대한 수령 김일성동지의 사상(1)』(평양: 조국통일사, 1972), 142~145쪽.

69) 오성렬, 『주체의 조국관』(평양: 조선로동당출판사, 1993), 150~151쪽.

70) 『전국적 범위에서 민족적 자주권을 확립하기 위한 대강령』, 앞의 책, 56~57쪽.

71) 리순덕, 앞의 책, 106~107쪽.

72) 최우균, "조선에 통일·중립의 연방국가를," 아시아태평양 평화정책연구소 편, 이승렬 옮김, 『조선통일론─통일문제 국제심포지엄』(서울: 도서출판 세계, 1989), 70~71쪽.

73) 『김정일선집 2』, 409~415쪽 ; 『김일성저작집 28』, 485쪽 ; 『김일성저작집 29』, 291쪽 ; 『김일성저작집 29』, 405쪽 ; 『김일성저작집 29』, 506~509쪽 ; 『김일성저작집 30』, 432~433쪽 ; 『김일성저작집 30』, 442~447쪽 ; 『김일성저작집 30권』, 474~476쪽 ; 『김일성저작집 30』, 511~512쪽 ; 『김일성저작집 30』, 547~552쪽 ; 『김일성저작집 30』, 575쪽 ; 『김일성저작집 30』, 599~600쪽 ; 『김일성저작집 31』, 426쪽 ; 『김일성저작집 33』, 419~424쪽 ; 《로동신문》 2001년 1월 1일자, 2002년 1월 1일자, 2003년 1월 1일자, 2004년 1월 1일자.

74) 장석, 『김정일장군 조국통일론 연구』, 앞의 책, 348~379쪽.

75) 이완범, 앞의 글, 277쪽 ; 강성윤, 앞의 글, 46쪽.

76) 비평화적 전도란 큰 전쟁으로 인하여 제국주의세력이 급격히 약화되는 조건 하에서 나라의 통일이 실현되는 것을 말함. 『김일성저작선집 1』, 573쪽.

77) 김정일, "위대한 수령 김일성동지의 조국통일유훈을 철저히 관철하자," KOREAN CENTRAL NEWS AGENCY(http://www.kcna.co.jp)에서 발췌함.

78) 《로동신문》, 《민주조선》 1998년 8월 4일자.

79) 그 예로서 《로동신문》 2000년 6월 19일자, 9월 14일자, 11월 30일자 ; 《로동신문》 2001년 1월 13일자, 4월 6일자, 8월 16일자 ; 《통일신보》 2001년 4월 28일자, 12월 8일자 ; 《로동신문》 2002년 1월 7일자, 6월 15일자, 10월 25일자 ; 《로동신문》 2003년 4월 4일자, 5월 27일자 ; 《로동신문》 2005년 1월 25일자, 10월 3일자 등.

80) 『김정일전집 14』, 343~359·419~426쪽.

81) 통일부 통일교육원, 『통일문답』(1999), 57~59쪽.

82) 통일부, 『통일방안에 대한 이해』(2002.5), 8쪽.

83) 6·15 공동선언에서는 선결조건을 제시하지 않았으며, 2001년 8월 15일 범민련 강령 규약 개정시 '연방제, 주한미군철수, 국가보안법 철폐 등' 모두 삭제.

84) 6·15 공동선언 이후 비로소 남한 정부를 통일논의의 당사자로 인정.

85) 윤황, "한반도분단의 해경을 위한 남·북한 외교의 접근방안 모색," 서병철 편저, 『분단 극복을 위한 초석─한국과 독일의 분단과 통일─』(서울: 도서출판 매봉, 2003), 356~359쪽.

86) 이에 관한 논의는 우철구, "새 정부의 통일정책과 '남북연합'형성에 관한 문제," 구영록·임용순 공편, 『한국의 통일정책』(서울: 나남, 1993), 100~102쪽을 참고 바람. 그리고 남북연합의 이론과 선례 연구도 김덕중, "남북연합의 구성방안," 같은 책, 233~237쪽을 참고 바람.

87) 통일원, 『노태우대통령 통일대화분야 연설집』(서울: 성림문화, 1991), 44~47쪽.

88) 양영식, 『통일정책론』(서울: 박영사, 1997), 279~280쪽.

89) 통일원, 『통일백서』(서울: 통일원, 1992), 85쪽.

90) 위의 책, 80~82쪽.

91) 윤황, "한반도분단의 해결을 위한 남·북한 외교의 접근방안 모색," 앞의 글, 357~358쪽.

92) 아태평화재단, 『김대중의 3단계 통일론─남북연합을 중심으로─』, 앞의 책, 22~53쪽.

93) 김명기, 『남북한 통일정책』(서울: 국제문제연구소, 1995), 122~124쪽.

94) 정용길, 『분단국통일론』(서울: 고려원, 1988), 336쪽.

95) 통일부, 『통일방안에 대한 이해』(2002.5), 9쪽.

96) 신평길, 『김정일과 대남공작』(서울: 북한연구소, 1996), 275~276쪽.

97) 통일부, http://unikorea.go.kr (검색일자: 2005년 7월 10일자).

98) 통일부, 『통일백서』(서울: 통일부 통일정책실, 2005), 89쪽.

99) 통일부 통일교육원, 『통일문답』(2003), 66~67쪽.

100) 김수민·윤황, "김정일의 통일론 분석: 한반도 통일의 전략과 전술," 한국동북아학회, 『한국동북아논총』 제11권 제2호 (2006), 218~219쪽.

101) 정성장, "통일정책의 전개와 변화," 앞의 글, 392~396쪽.

102) 통일부 통일교육원, 『통일문답』(2003), 5쪽.

103) 국가안전보장회의(NSC), 『평화번영과 국가안보』(2004), 15~17쪽.

104) 통일부 통일교육원, 『통일문답』(2003), 66쪽 ; 통일부, 『통일백서2005』(2005), 15~16쪽.

105) 국가정보원이 2005년 3월에 작성한 '북한의 대남 전략 및 전개 과정'의 원문 자료에 따르면, 북한의 대남 기본전략은 그 동안 다음과 같이 8단계의 변화를 보이고 있음. ① 제1단계 '남침준비기'(45.8~50.5): 해방정국의 정치적 공백 상태를 이용하여 전쟁을 통한 적화통일 준비를 강화하는 한편 무력통일 기도를 은폐하기 위한 위장평화 공세를 적극 전개, ② 제2단계 '남침기'(50.6~

53.7): 무력적화 통일전략을 실제적으로 구사하여 우리민족에게 지울수 없는 동족상잔의 참화를 초래, ③ 제3단계 '전후복구기'(53.8~61.5): '6·25남침'에 따른 피해복구에 주력하면서(56.11), 병력 10만 감축을 제의하고(60.8) 남북 연방제를 최초로 제의하는 등 위장 평화공세를 전개, ④ 제4단계 '폭력혁명 추진기'(61.6~70.12): 한국에 강력한 반공 정권이 출범함에 따라 4대 군사노선(62.12) 및 3대 혁명역량 강화노선(64.2) 등 폭력혁명 노선을 채택하고 청와대 기습사건(68.1), 통혁당 간첩사건(68.6), 울진·삼척 무장공비 침투사건(68.10), 국립묘지 현충문 폭파사건(70.6) 등의 무력도발을 감행, ⑤ 제5단계 '화·전 양면전술기'(71.1~93.2): 7·4 공동성명 채택(72.7), 고려민주연방공화국 창립방안 제의(80.10), 정치·군사·체육·학생회담 제의(88~89), 남북 고위급회담(90~92) 등 평화 공세의 이면에서 남침땅굴 굴설(71~), 박정희대통령 저격(74.8), 버마 아웅산묘소 폭파(83.10), KAL-858기 폭파(87.11), 남한 조선노동당 사건(92.9) 등 테러 및 지하당 공작을 자행, ⑥ 제6단계 '통미봉남 전술기'(93.3~98.2): NPT 탈퇴(93.3)와 '미·북 기본합의서' 채택(94.10)을 계기로 대미 평화협정 체결을 주장하면서 비무장지대(DMZ) 불인정 선언(96.4)을 발표하는 한편 김일성 사망과 관련 우리 정부의 '조문불허'를 내세워 일체의 남북대화를 단절, ⑦ 제7단계 수세적 대남 실리 확보기(98.3~00.5): 우리 정부의 대북 포용정책을 적극 활용하여 금강산 관광(99.11) 등 교류협력을 통한 경제 실익 추구에 주력, ⑧ 제8단계 '남북화해·평화공존 모색기'(00.6~현재): 국민의 정부의 대북 포용정책 및 참여정부의 평화번영정책에 적극 호응하여 남북간 실질적 협력과 함께 경제실리 획득 및 국제적 고립 탈피를 도모하는 가운데서도 미국의 대북 강경정책을 감안, 속도를 조절 등. http://www.ohmynews.com(검색일자: 2005년 11월 11일).

<참고문헌>

1. 북한문헌

공명성·손영종, 『조선의 력대국호』 (평양: 사회과학출판사, 2003).
김일성, 『외국기자들이 제기한 질문에 대한 대답 2권』 (평양: 조선로동당출판사, 1975).
김일성, "민족의 분렬을 방지하고 조국을 통일하자," 『김일성저작집 27』 (평양: 조선로동당출판사, 1984).
김일성, "조국의 자주적 평화통일을 이룩하자," 『조선로동당 제6차대회에서 한 중앙위원회 사업총화 보고』 (평양: 조선로동당출판사, 1987).
김일성, "조선인민의 민족적 명절 8·15해방 15돐 경축대회에서 한 보고," 『김일성저작선집 4권』 (평양: 조선로동당출판사, 1968).
『김일성저작선집 4』 (평양: 조선로동당출판사, 1968).
『김일성저작집 1~44』 (평양: 조선로동당출판사, 1967~1996).
김정일, "위대한 수령 김일성동지의 조국통일유훈을 철저히 관철하자," KOREAN CENTRAL NEWS AGENCY.
『김정일선집 1~14』 (평양: 조선로동당출판사, 1992~1998).
김태영, 『애국애족의 통일방안』 (평양: 평양출판사, 2001).
남조선혁명과 조국통일에 대한 우리 당의 방침』 (평양: 조국통일사, 1969).
오성렬, 『주체의 조국관』 (평양: 조선로동당출판사, 1993).
장 석, 『김정일장군 조국통일론 연구』 (평양: 평양출판사, 2002).
『전국적범위에서 민족적자주권을 확립하기 위한 대강령』 (평양: 조국통일사, 1976).
조국통일사, 『위대한 수령 김일성동지께서 밝히신 전민족적통일전선형성에 관한 사상』 (평양: 조국통일사, 1981).
『조선중앙년감』 (평양: 조선통신사, 1974),
조성박, 『김정일민족관』 (평양: 평양출판사, 1999).
허종호, 『위대한 수령 김일성동지께서 제시하신 조국의 자주적평화통일방침』 (평양: 조국통일사, 1974).
허종호, 『주체사상에 기초한 남조선혁명과 조국통일리론』 (평양: 사회과학출판사, 1975).
≪로동신문≫
≪민주조선≫
≪조선통신≫

≪통일신보≫

2. 남한문헌

강광식, 『중립화정치론』 (서울: 인간사랑, 1989).

강광식, "한민족 공동체 통일방안의 통일접근방법론적 위상," 평화문제연구소, 『통일문제연구』 제1권 4호 (1989년 12월).

강성윤, "6·15남북공동선언 제2항의 합의," 북한연구학회, 『북한연구학회보』 제8권 제2호 (2004년 겨울).

강종일, 『동북아 평화와 안정을 위한 남북한 중립화 연합제 연구』 선문대동북아연구소, 『동북아저널』 제1집 (2003.8).

강종일, "한반도 평화와 안정을 위한 남북영세중립연합제 연구," 한국국제정치학회, 『2000년도 연례학술회의 발표자료집』 (2000년 12월 14~16일).

강종일·이재봉, 『한반도의 중립화 통일은 가능한가?』 (서울: 들녘, 2001).

국가안전보장회의(NSC), 『평화번영과 국가안보』, 2004.

김경동·이온죽, 『사회조사연구방법』 (서울: 박영사, 1986).

김광웅 외, 『사회과학방법론』 (서울: 박영사, 1983).

김근식, "연방제와 연합제안의 공통성 인정: 통일접근 방식과 평화공존에 합의," 아태평화재단, 『아태평화포럼』 제39호 (2000).

김덕중, "남북연합의 구성방안," 구영록·임용순 공편, 『한국의 통일정책』 (서울: 나남, 1993).

김명기, 『남북한 통일정책』 (서울: 국제문제연구소, 1995).

김수민·윤황, "김정일의 민족대단결론과 민족공조론에 대한 평가," 고려대학교평화연구소, 『평화연구』 제13권 2호 (2005년 가을).

김수민·윤황, "김정일의 통일론 분석: 한반도 통일의 전략과 전술," 한국동북아학회, 『한국동북아논총』 제11권 제2호 (2006).

김영주, "북한 언론매체, 어떻게 이해할 것인가," 경남대 북한대학원, 『북한연구방법론』 (서울: 한울 아카데미, 2003).

김종갑, "햇볕정책의 정치적 의미와 남남갈등의 극복방안," 통일연구원, 『통일정책연구』 제12권 2호 (2003).

남궁영, "남북정상회담과 통일방안의 새로운 접근－연합제와 낮은 단계의 연방제," 한국정치학회, 『한국정치학회보』 36권 1호 (2002).

류길재, "김일성·김정일의 문헌을 어떻게 읽을 것인가," 경남대 북한대학원, 『북한연구방법론』 (서울: 한울 아카데미, 2003).

리순덕, 『전민족대단결 10대강령은 주체의 민족관을 구현한 조국통일위업의 대강』 (평양: 사회과학출판사, 1994).

박호성, "북한 통일정책 연구의 쟁점," 북한연구학회, 『현대 북한연구와 남북관계』, 2004 추계학술회의 자료집 (2004.9.17).

백종천, "한반도 군사구조와 통일의 중간형태," 한국정신문화연구원, 『한반도 통일의 전망』 (경기 성남: 한국정신문화연구원, 1994).

백창현, "警察上 조사에 관한 법적 연구," 고려대학교 법무대학원 경찰법학과 석사학위논문 (2004.6).

변진흥, "한반도 통일의 중간형태론," 한국정신문화연구원, 『한반도 통일의 전망』 (경기성남: 한국정신문화연구원, 1994).

송영훈, 『남북한 연방제 통일방안연구: '연합제'와 '낮은 단계 연방제'의 등장과 변화』, 서울대 아시아태평양교육발전연구단 (2002.2).

신정현·김영윤·김현·정성장, 『국가연합 사례와 남북한 통일과정: 남북연합 형성에 관한 새로운 모색』 (서울: 한울아카데미, 2004).

신평길, 『김정일과 대남공작』 (서울: 북한연구소, 1996).

심지연, 『남북한 통일방안의 전개와 수렴』 (서울: 돌베개, 2001).

아태평화재단, 『김대중의 3단계 통일론 - 남북연합을 중심으로 - 』 (서울: 아태평화출판사, 1995).

안동일, 『갈라진 45년 가서 본 반쪽: 안동일기자의 1989년 북한르뽀』 (서울: 돌베개, 1990).

양길현, "신남북시대의 평화공영과 연합제 - 낮은 단계의 연방제," 세종연구소, 『국가전략』 제7권 4호 (2001).

양영식, 『통일정책론』 (서울: 박영사, 1970).

오일환, "통일이후 남북 정치통합을 위한 정치권력구조의 모색," 선문대동북아연구소, 『동북아저널』 제2권 제1호 (2004년 2월).

우철구, 『새 정부의 통일정책과 『남북연합』형성에 관한 문제』, 구영록·임용순 공편, 『한국의 통일정책』 (서울: 나남, 1993).

윤 황, "북한의 「낮은단계의 연방제안」 분석을 통한 남한의 연합제안과의 비교접근," 평화문제연구소, 『통일문제연구』 통권 41호 2004년 상반기호 (2004).

윤 황, "북한의 연방제 통일방안에 대한 쟁점과 평가," 세계평화통일학회, 『평화학연구』 제6호 (2005).

윤 황, "북한체제의 지탱력에 관한 분석," 건국대학교대학원정치학과 박사학위논문 (1998.8).

윤 황, "평화번영정책에서 고려해야 할 남북한 사회통합의 추진방안," 21세기정치학회, 『21세기정치학회보』 제13집 1호 (2003.6).

윤 황, "한반도분단의 해결을 위한 남·북한 외교의 접근방안 모색," 서병철 편저, 『분단극복을 위한 초석 - 한국과 독일의 분단과 통일 - 』 (서울: 도서출판 매봉, 2003).

이만갑 · 한완상 · 김경동, 『사회조사방법론』 (서울: 한국학습교재사, 1982).

이상우, "기능주의 통합이론과 남북관계," 국토통일원, 『분단국가 통합이론 연구』 (서울: 국토통일원, 1986).

이완범, "북한 '낮은 단계의 연방제' 통일방안의 형성과정에 관한 연구," 경남대 북한대학원, 『현대북한연구』 제4권 1호 (2001).

이용필 외 3명, 『남북한 통합론』 (서울: 인간사랑, 1992).

이재봉, "한반도의 통일과 동아시아의 평화: 한반도의 중립화 및 동아시아 공동시장을 통하여," 평화문제연구소, 『통일문제연구』 제13권 1호 (2001년 상반기).

이주철, "북한연구를 위한 문헌자료의 활용," 경남대 북한대학원, 『북한연구방법론』 (서울: 한울 아카데미, 2003).

이헌경, "남북한 사회문화 교류 · 협력의 전개과정과 장애요인 분석," 평화문제연구소, 『통일문제연구』 제13권 1호 (2001 상반기).

임혁백, "남북한 통일정책의 비교분석," 이용필 외, 『남북한통합론』 (서울: 인간사랑, 1992).

정경환, "신정부 대북정책의 원칙과 방향," 한국통일전략학회, 『통일전략』 제3권 제1호 (2003.7).

정문헌, 『탈냉전기 남북한과 미국』 (서울: 도서출판 매봉, 2004).

정성장, "북한의 통일 및 대남정책 목표의 변화 연구," 『고황정치학회보』 제2집 (1999).

정성장, "통일정책의 전개와 변화," 박호성 · 홍원표 외, 『북한사회의 이해』 (서울: 인간사랑, 2002).

정용길, 『분단국통일론』 (서울: 고려원, 1988).

정용길, "한반도 통일모델의 모색과 과제: 독일통일의 교훈과 관련하여," 평화문제연구소, 『통일문제연구』 제12권 2호 (2000년 하반기).

조국통일사, 『남조선혁명과 조국통일에 관한 위대한 수령 김일성동지의 사상(1)』 (동경: 구월서방, 1972).

최우균, "조선에 통일 · 중립의 연방국가를," 아시아태평양 평화정책연구소 편, 이승렬 옮김, 『조선통일론—통일문제 국제심포지엄』 (서울: 도서출판 세계, 1989).

통일부 통일교육원, 『통일문답』 (1999).

통일부 통일교육원, 『통일문답』 (2003).

통일부 통일교육원, 『통일문제 이해』 (2004).

통일부 통일교육원, 『통일문제 이해』 (2006).

통일부, 『2000 북한개요』 (2000).

통일부, 『통일방안에 대한 이해』 (2002.5).

통일부, 『통일백서2005』 (2005).

통일부, 『평화와 협력의 실천』 (2003).

통일원, 『남북한 통일·대화 제의비교 제2권』 (서울: 통일원 남북회담사무국, 1993).

통일원, 『노태우대통령 통일대화분야 연설집』 (서울: 성림문화, 1991).

통일원, 『통일백서』 (서울: 통일원, 1992).

허문영 외, 『통일정책 추진체계 실태연구』 (서울: 통일연구원, 2003).

≪경향신문≫

≪동아일보≫

≪문화일보≫

≪세계일보≫

≪조선일보≫

≪연합뉴스≫

≪중앙일보≫

≪한겨레신문≫

http://www.moon.or.kr

http://soomsori.net

http://www.kcna.co.jp

http://unikorea.go.kr

http://www.ohmynews.com

3. 외국문헌

Amitai Etzioni, *Political Unification: A Comparative Study of Leaders and Forces* (N. Y.: Holt. Reinhart and Winston, 1965).

David L Mitrany, *The Working Peace System* (Chicago: Quandrangle Book, 1996).

Ernst B. Haas, *Beyond The Nation State* (Stanford Calif.: Stanford University Press, 1958).

Ernst B. Haas, *The Uniting of Europe* (Stanford. Calif.: Stanford University Press, 1958).

Hakjoon Kim, "North Korea's "Federation at the Low Stage" and South Korea's "Confederation": Their Origins, Evolutions, Appoxmations, and Characteristics," *KOREA and WORLD AFFAIRS*, vol.27, No.1 (Spring 2003).

Johan Galtung, "A Structural Theory of Integration," *Journal of Peace Research* 5, No.4 (1968).

Jong-il Kang, "A Review and Evaluation of North Korea's Neutrality Policy," 세계통

일학회, 『동북아시대 한반도 중립화 방안』, 2005년도 국제평화포럼 자료집 (2005.11.4).

Karl W. Deutsch(et als.), *Political Community and the North Atlantic Area* (Princeton: Princeton University Press, 1957).

Leon N. Lindberg, *The Political Dynamics of European Economic Integration* (Stanford. Calif.: Stanford University Press, 1963).

Merriam Webster, *Merriam Webster's Collegiate Dictionary* (10th ed., Springfield, MA: Merriam Webster Inc., 1993).

Philip E. Jacop and James V. Toscano(eds.), *The Integration of Political Communities* (N. Y.: Lippincott Company, 1964).

분단통일국과 한반도 통일

정 지 웅

1. 들어가며

이 글은 2차 대전이후 통일을 이룩한 독일과 예멘, 베트남의 통일을 분석하고 이들 통일이 한반도 통일에 주는 시사점과 교훈을 찾는 것을 연구대상으로 상정하고자 한다.[1] 본 연구에서 가장 중요한 핵심어는 힘 (Power, 국력)이다. 바로 이 힘이라는 국제정치학의 중요개념을 분석의 축으로 하여 통일과 힘과의 상관성을 연구하고, 국내적, 국제적 힘의 관계에 따라 각국의 통일정책이 어떻게 변해왔는가를 살피고자 한다. 또한 이러한 통일정책의 결과 평화적 통일을 이룩한 국가들의 통일과정과 분단지속국의 통일정책을 통합이론의 관점에서 분석해 보고자 한다.

그런데 현실주의자들이 강조하는 힘과, 통합이론은 개념의 축이 다르다고 할 수 있다. 힘의 증강을 통한 국익을 우선으로 본 현실주의자들과, 점진적인 교류를 통한 평화체제를 모색한 통합이론가들은 출발점이 다르다고 할 수 있기 때문이다. 그러므로 엄밀한 의미에서의 힘의 접근은 전쟁으로 귀결된 베트남과 예멘의 2차 통일에 적용될 수 있고, 통합이론은 평화적 통일 유형이었던 독일과 예멘의 1차 통일에만 적용이 가능하다. 그러나 본 저술에서 다루는 힘은, 정치현실주의자들이 강조하는 힘의 개념과는 다르다. 즉 국가이익을 위해서는 국력의 신장이 필수불가결하고, 국제정치는 오로지 힘에 의해서만 결정된다고 하는 관점이 아니라 단지 한 국가가 보유하는 상태로서의 힘의 크기, 즉 국력을 뜻한다. 그러므로 전쟁으로 통일을 이룩한 베트남과 예멘의 2차 통일 같은 경우뿐만 아니라 평화적 통일유형이었던 독일과 예멘의 1차 통일 등도 힘을 분석 단위로 하여 설명할 수 있다. 다시 말하면 상태로서의 힘의 크기를 의미하는 힘의 개념을 사용하면 서로 대응되는 두 국가사이의 힘의 관계에 따라 통일과정의 양태들이 어떻게 변해왔는지를 분석할 수 있다. 그러나 통합이론은 평화적 통일유형에만 적용이 가능하고 무력적 통일유형에는 적용할 수 없다. 따라서 본 연구에서는 힘을 주 분석 단위로 보고, 통합이론은 평화적 통일유형에만 적용시켜 보았다. 끝으로 분단 통일국이 한반도에 주는 시사점과 교훈을 살펴 볼 것이다.

2. 독 일

독일의 분단은 「얄타 협정」에서 합의되었고, 「포츠담 선언」으로 확정되었으며 잠정적인 조치로서 전후 처리과정에서 빚어진 산물이었다. 그러나 이데올로기와 사회체제를 달리하는 서방과 소련은 독일에 대한 전후 처리과정에서 점차 그 처리방법에 대하여 견해차이를 보여 왔으며 종국에는 대립상태에 빠지게 되어 독일의 분단은 사실상 동결되고 고정화되었다.[2]

1947년 3월과 11월에 모스크바와 런던에서 「4개국 외상회담」이 열렸으나 의견대립으로 결렬되었고, 1948년 2월 23일 미·영·불 3개국은 점령지역의 정치적, 경제적 통합에 합의하여 3개국 통합을 이룩하였다. 한편, 소련은 서방측이 3개 점령지역을 통합하는 것을 인식하자, 3월 20일에 연합국 관리이사회에서 대표를 철수시킴으로써, 이후 연합국 관리이사회의 기능은 상실되고 말았다.3) 이같이 이사회 기능이 마비되자 서방측 3개국은 동년 6월 20일에 서독만의 단독 통화 개혁을 단행하게 되었다. 이에 소련은, 이같은 행위는 포츠담 협정에 위반되는 것이라고 비난하고 이에 대한 보복조치로 동독의 통화개혁을 단행하고 서독과 백림간의 모든 지상 교통, 운수를 차단하는 이른바 베를린 봉쇄를 실시하였다.

베를린 봉쇄 이후 동서독에는 분단정권의 수립이 촉진되어 서독은 1949년 9월 20일에 독일 연방공화국의 수립을 선포하였고, 동독도 같은 해 10월 7일 독일 민주공화국의 성립을 선포하였다. 그리고 서독은 나토(NATO)에 가입(1955)하고, 동독은 바르샤바 조약에 가입(1956)하여 양독이 다같이 재군비를 하게 되었다.

이리하여 당초 연합군의 점령관리를 위한 구분에 불과했던 분할은 두개의 정치체가 구성됨에 따라 동서독으로 완전히 분할되고 말았던 것이다.

그러나 동서독간의 대립은 마침내 41년만에 종결을 맺게 되어 1990년 2월 13일 오타와 회담에서 독일의 위상과 국제관계를 설정하는 '2+4=1의 원칙'의 합의를 보았다.4) 4차에 걸친 2+4회담에서 '독일문제의 최종해결에 관한 조약'이 조인되었다. 이 조약으로 통일독일의 영토는 동서 양독일과 全베를린으로 이루어졌고 마침내 독일분단의 전후처리가 종결되었으며, 독일은 완전주권을 회복하게 되었다. 그것은 외교와 내정에 있어서 전승국으로부터의 독일의 완전한 해방을 의미하는 것이었다.

이에 앞서 1990년 3월 8일 동독에서는 동독정부 수립후 처음인 자유선거인 동시에 통일의 방향을 결정짓는 중요한 선거를 실시하였다. 총선의 결과는 '사회주의는 다시는 안돼, 자유와 번영을!'(Nie wieder Sozialismus, Freiheit und Wohlstand)이라는 구호를 내건 기민연맹(CDU)이 40.9%의 지지를 얻어 제1당으로 부상하고, 사민당(SPD)[5]이 21.9%를 얻어 제2당이 되었다. 이로써 조기통일을 주장하고, 서독의 콜 정부와 통일방안이 일치하던 기민연맹이 통일협상을 주도하게 되어 독일통일은 앞당겨지게 되었다.

1990년 8월 31일, 동서독은 총 9백 페이지의 9장 45조와 10개의 각서로 이루어진 국가조약의 체결에 성공하여, 통일독일의 수도를 베를린으로 결정하고, 10월 3일의 통독 이후 실시될 양측의 정치, 법률, 제도 등 전반적인 사회체제를 단일화하는 합의사항을 도출해 내어 하나의 독일을 성취하는 준비작업을 사실상 마무리하였다. 이제 독일분단의 전후처리를 종결시키고 자결권에 준한 독일의 통일을 승인하는 절차만 남게 된 것이다.

1990년 10월 2일 밤 베를린 11시 55분, 황·적·금색의 독일국기가 오르고 통일을 알리는 자유종이 은은하게 울리자 바이츠제커 대통령은 감격적으로 "우리는 오늘 하나의 독일을 성취하였다"는 독일통일을 선포하였다. 통합의 종료상태는 통합의 분류화를 위한 유용한 기초를 제공하는 바 동서독의 통일은 동독의 서독에로의 흡수통합이었다.

1) 흡수통일 유형

독일의 통일과 베트남의 통일은 한 쪽이 다른 한 편에 의해 흡수, 통합되었다는 점에서 유사성이 있지만 통합방식은 전혀 궤를 달리하고 있다. 베트남 통일은 국민의 자유의사와는 관계없이 공산당의 폭력혁명전략전술에 의해 일방적으로 강행되었으나 독일통일은 공산당이나 권력기관의 강요와는 상관없이 독일국민의 자유의사에 의해 선택되었다는 특징을 안고 있다. 동독주민들이 서독으로의 흡수를 자원하였으며, 통합을 투표로 선택하고 나섰던 것이다.[6]

90년 3월 18일의 동독 최초의 자유선거에서 서독으로의 조기통합을 내건 보수파 '독일연합'은 4백개 의석 중 192석을 차지했고 공산당 후신인 민주사회당은 66석을 얻는 데 그쳤고 통일에 신중론을 편 사회민주당도 88석에 머물렀다. 이는 동독인의 다수가 서독 자유민주체제로의 흡수통합을 요구하고 있었음을 반영한다. 뿐만 아니라 그해 5월 18일의 '통화, 경제, 사회 통합의 창설에 관한 국가조약' 체결은 동독이 자신의 경제주권을 서독에 넘겨주고 그에 예속하기를 자청한 것이었다. 동독 인민회의도 찬성 294, 반대 62, 기권 7표로 압도적으로 서독으로의 편입, 통합을 지지하고 나섰던 것이다.

이와 같이 독일의 통일방식은 동독의 서독편입 형태였지만, 서독의 강압에 의한 것은 결코 아니었고 동독주민들의 자발적인 요구에 의한 흡수통일 형태였음을 실증한다. 동독인들의 서독 편입연유는 동독 공산당체제의 탄압과 빈곤 그리고 서독의 자유민주 발전과 경제성장에 기인했다. 동독의 서독으로의 흡수통일은 마치 부도난 부실기업이 우량기업에 흡수해 주기를 애원한 것과 같았다.

동독의 서독편입으로 독일은 통일 후에도 정치에 있어서는 자유민주체제요, 경제에서는 시장경제원리를 받든다. 외교에 있어서도 통일독일은 친서방노선을 그대로 답습하고 있으며 군사동맹체제 또한 서방의 북대서양 조약기구 회원자격을 계속 유지하고 있는 것이다.

독일통일은 동서독간의 힘의 격차뿐만 아니라 외부적인 힘의 균형을 이루어주었던 소련과 동구의 몰락에 기인한 흡수통일 유형이었다. 이 과정은 다음과 같이 설명할 수 있다.

<그림 1> 독일의 경우 : 힘의 균형 파괴가 초래한 흡수통일

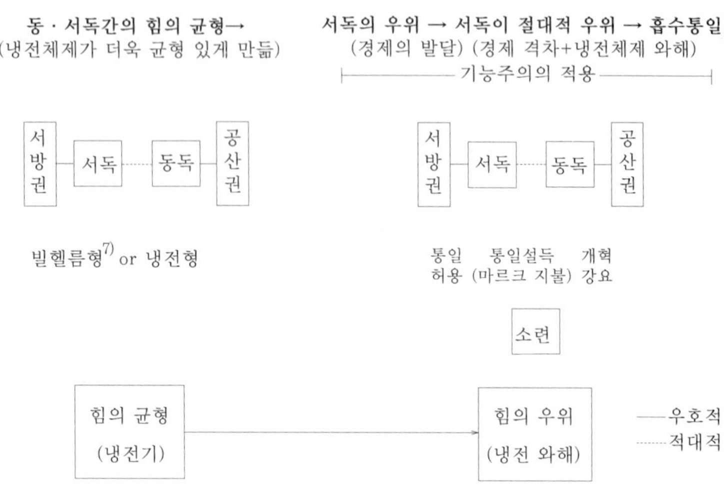

독일의 경우는 나토와 바르샤바 조약 기구들에 의해 동서 냉전의 힘의 균형을 이루고 있을 때는 교류는 계속 이루어졌으나 본격적인 통일논의는 이루어지지 않았다. 그러다가 소련과 동구권의 몰락으로 힘의 균형이 깨어짐으로 확연한 서독의 우위로 나타나게 되고 상대적인 동독의 열세는 마침내 흡수통일의 형태로 귀착되었던 것이다.

2) 통합 이론의 적용(기능주의에서 신기능주의로)

기능주의 이론은 사회구성이론 중에서 순수한 통합적 사회이론에 기초한 전략이다. 정책통합이 이루어지면 기관은 거기에 맞추어 통합될 수밖에 없다는 견해는 정치기구라는 것이 사회구성의 편의에 따라 형성되고 유지된다고 하는 극히 민주적인 사고라 할 수 있다. 기능주의자들도 현존하는 주권체제의 강력한 힘과 자기보존의지를 잘 안다. 따라서 이들은 구체적인 전략에서는 주권에 대한 공격을 최소한으로 삼가하고 있다. 기능주의 통합이론의 핵심은 비정치적 통합을 통해서 지역공동체를 형성함으로써 평화와 통합을 이룬다는 전략이다.

독일통일에 있어서 가장 중요한 역할을 한 브란트의 동방정책은 통일과정에서 기능적 방식을 상당부분 차용한 것으로 볼 수 있다. 즉 양독간 독일의 지위에 대한 엇갈리는 주장이 지속되는 한 교류의 증대를 위한 협상가능성을 생각할 수 없을 때 결국 통일문제를 언급함이 없이, 그리고 민족의 단일성을 유보한 채 양독간 공통되는 타협점을 모색한 것이 「브란트」의 안이라 하겠다. 66년 말 등장한 「키징거」-「브란트」 대연정은 당초부터 동독을 하나의 실체로 인정하는 적극적인 정책 이외에도 국경선의 인정과 관계된 「뮌헨」협정의 무효선언 그리고 할슈타인 원칙의 폐기 등 보다 과감한 입장을 취하였다. 후일 브란트의 동방정책에 의하여 계승되는 대동독협상이 시도된 것은 바로 이 시기로서 어떤 의미에서는 기능주의적 접근의 채택으로도 특징지워진다.

브란트의 정책은 독일통일에 대한 환상을 가질 것이 아니라 '유럽의 긴장완화와 안정보장에 기여'한다는 전제 밑에 4대 강국의 묵인으로 긴장완화정책에 적극 참여하며 현실적으로 가능한 문제부터 해결하는 현실외교정책을 병행하여 주변 강대국으로로부터 신뢰감을 얻어 독일통일에 대한 저항감을 막는 한편 독일민족의 단일성 유지로 장래의 통일을 구상하여 보는 것이다.

그러므로 서독은 우선 통합이론의 기능주의적 접근방법을 토대로 착실히 동서독간의 인적 물적 교류를 실시하여 상대방을 알고 서로 신뢰를 쌓아 분단으로 인한 민족의 이질화를 막으려고 하였다. 이와같이 브란트는 독일문제의 해결을 민족국가적 해결에서보다는 동맹체제 간의 균형의 전략 밑에서 긴장완화를 이룩하고 그 다음에 제도화될 수 있는 유럽의 평화질서 속에서 찾고자 하였다. 그러므로 서독은 꾸준히 동방정책을 추진하면서 대동구 유화정책을 강력히 펴 나갔다.[7]

그렇지만 이러한 브란트의 동방정책을 부정적으로 평가하는 사람들은 동방정책의 공존과 긴장완화정책은 사회주의국가들의 세력신장을 가능하게 하였고, 또 동방정책의 수단인 협력장치는 평화적인 침략으로서 사회질서를 와해시키려는 제국주의 노력의 새로운 방법이라고도 하며, 긴장완화 또는 평화통일을 위한다는 명목의 '공존의 장기화'는 오히려 '분단의 고착화' 라는 비판과, 경제적 이해관계가 있기 때문에 '경제적 제국주의 정책'이라고까지 비판을 하기도 하고 야당들은 다음과 같은 이유로 비난하였다. 즉 동방정책은 1. 이유 없이 독일의 동쪽영토를 단념하는 것이고, 이로써 후에 있을지도 모르는 평화협상에서 독일의 위치를 약화시킨다. 2. 국제적으로 동쪽의 지위를 향상시키고, 또 두 독일국가의 승인은 독일의 분단을 고정화시키는 것이다. 3. 헌법의 통일분야에 대한 침해이다. 4. 독일민족의 자결권의 포기이다. 5. 서베를린의 안전과 자유의 침해이다. 6. 서독의 서방과의 동맹관계가 해이해져서 서독의 안정을 해친다. 7. 동구제국, 특히 소련과의 조약적인 협정을 통하여 서독의 대외정치에 있어서 교섭, 행동능력을 제한 당한다.[8]

이러한 야당의 비판에 대해 브란트는 서독의 동방정책과 서방정책과의 관계에서 분명하게 서독정부의 입장을 밝혔다. 1. 대서양동맹은 유럽공동체와 함께 대외에 대한 우리들 정치의 기본이며, 그것은 계속 유지되고, 2. 미군의 주둔 없는 유럽의 안전은 현실적으로 어려우며, 3. 누가 서독을 서방의 동맹체제로부터 분리하고자 한다면 우리들의 대동방 긴장완화정책이나 강력한 평화정착정책은 실제로 몰락하게 된다.[9]

이와 같이 브란트는 동방정책을 서방정책의 논리적 보완으로서 이론화하였고 서방국가들과의 나타나는 갈등과 오해의 여지를 풀기 위해 많은 노력을 기울였던 것이다.

이러한 내용에서 살펴볼 때 서독의 동방정책은 미국을 비롯한 서방강대국들이 독일의 두 분단부분 사이의 관계를 하나의 '독일인들의 문제'로서 간주할 수 있게 하였다. 동방정책은 긴 안목에서 볼 때 유럽의 평화와 질서를 위한 긴장완화정책이었고 언젠가는 그 속에서 독일인들이 자결권을 행사, 통일을 이룩한다는 것이었다. 그러나 통일은 요원하였기 때문에 우선 가능한 범위 안에서의 인적 및 물적 접촉을 통한 접근방법이었으며 그리하여 제2차 대전후 분단된 국가들 가운데서 최초로 분단당사국들이 평화적으로 '기본조약'을 체결할 수 있게 한 원동력이 되었다.

동방정책으로 양독관계에서는 이산가족의 재회, 경제 기술협력과 군축 그리고 문화 예술의 교류로 민족의 이질화 해소와 동질성 회복에 기여하는 계기가 되었고, 국제적으로는 공존과 긴장완화정책으로 유럽의 평화와 안정에 이바지하였다고 평가된다. 평화와 신뢰를 기반으로 한 브란트의 동방정책은 국제적 긴장완화에 공헌하여 1971년 12월 11일, 그에게 노벨평화상이 수여되었다.10) 평화로운 공존만이 인류를 구할 수 있고, 평화는 조직될 수 있으며, 또 만들어 질 수 있다는 신념에서 출발한 그의 평화외교는 유럽에 평화를 조직하고 만드는 데, 그리고 독일의 통일에 결정적인 기여를 한 것이다.

이상과 같이 정치적 문제의 해결을 먼저 시도하지 않고 긴장완화와 국제적 여건의 조성, 경제적 교류의 끊임없는 전개로 사회 문화의 모든 방면에까지 동서독은 얽혔으며 이것은 마침내 '스필-오버' 현상을 가져와 동독내의 변화를 가져왔고 통일은 드디어 현실로 다가왔던 것이다. 그러므로 독일의 통일은 정책과 과정 모두가 기능주의적 접근방식으로 설명이 가능할 수 있을 것이다.

그런데 여기서 주의할 점이 있다. 통일을 내세우지 않고 단지 긴장완화를 위해 추진되었던 초기의 동방정책은 시간이 흐르고 동독의 체제모순이 드러나기 시작하면서부터 점차로 신기능주의적인 양태를 띠기 시작한다는 것이다.

신기능주의는 두 가지 점에서 기능주의와 다르다. 첫째는, 기능주의와는 달리 정치적으로 아주 중요한 분야를 고의로 택한다. 기능주의자들은 정치적 간섭을 회피할 수 있는 방법을 택하지만 신기능주의는 이 점에서 다르다. 둘째로, 신기능주의는 통합을 촉진하는 기구의 창설을 의식적으로 시도한다. 기능적 요구가 생겨난 후 이에 따라 기구가 생겨나게 한다는 기능주의와는 다르다. 신기능주의의 주장은 기구창설은 '부분통합의 확장논리'(the expansive logic of sector integration)에 따라 다른 분야에서의 통합을 유발할 것이라는 데 근거하고 있다. 이들의 주장은 권력과 복지는 따로 떼어내기 힘들고 비권력적 통합에만 국한하면 그 결과는 미미해져서 파급효과가 별로 없기 때문에 직접 정치적 게임을 벌여야 된다는 것이다.11) 이러한 전략들이 통독이 다가올 때는 본격적으로 서독에서 추진되고 있음을 볼 수 있다.

동방정책으로 동서독간의 교류가 깊어지자 점차 정치적 교류도 활기를 띠기 시작했다. 특히 에리히 호네커(Erich Honecker) 동독 서기장의 1987년 9월 7일부터 11일까지의 서독방문12)은 1949년 분단 이후 38년 만에 동독 국가원수로는 최초로서, 정치와 역사적인 측면에서 대단히 큰 의미가 있는 것이었다. 그의 방문은 동서독의 관계를 안정시키고 발전시키는 데 크나큰 기여를 했으며 동서독의 관계를 더욱 성숙한 상태로 올려놓았다.

이후 동독인의 대탈출과 평화혁명13)으로 결국 1989년 10월 18일에는 1971년 5월부터 동독을 통치했던 호네커가 축출되고 크렌츠가 동독의 새지도자가 되었다.

크렌츠 서기장은 개혁을 약속했으나 동독 국민들은 사회주의 통일당이 주도하는 개혁의 한계를 알고, 아래로부터의 민주화와 개혁을 더욱 거센 압력으로 촉구하여 11월 4일, 동베를린 시위에는 사상최대의 1백

여만명이 참가하여 크렌츠 서기장이 취임한 지 21일 만인 11월 7일, 스토프 내각이 퇴진하고 11월 8일에는 정치국을 개혁파 인사들로 전면 개편하면서 개혁파의 기수로 알려진 신임정치국원 모드로프(Hans Modrow)가 새 내각의 총리가 되어 개혁을 위한 본격적인 진용을 갖추는 등 상황이 급변하는 가운데 11월 9일 전후사의 최대사건인 베를린 장벽이 붕괴된다.14) 장벽이 헐린 다음 날인 10일 동독 공산당 중앙위원회는 자유선거 실시, 모든 여행규제의 철폐, 경제정책 전환, 집회 언론의 자유를 보장하는 법률 및 새로운 언론법을 발표하였다. 이 때 기회를 놓치지 않고 서독의 콜 수상은 12월 3일의 몰타 미소 정상회담을 앞두고 독일 통일의 명확한 의사를 표명하기 위해 서둘러 11월 28일 '조약 공동체', '국가연합', '재통일'의 3단계 통일방안 10개항을 제시하였다.15) 드디어 통일을 위한 정치적 게임을 천명하기 시작하여 기능주의적이었던 기존의 대동독 정책에서 국가차원의 통합을 전제로 하는 신기능주의적인 양태를 드러내고 있음을 알 수 있다.

이러한 콜의 통독 안에 대해 동독 공산당과 재야는 통일이 되면 히틀러 때와 같은 국수주의의 악몽이 되살아날 우려가 있고, 현단계에서의 통일은 동독이 서독으로 흡수통합될 가능성이 크며, 통일문제는 주변국들, 특히 소련의 입장이 고려되어야 한다는 이유로 반대 입장을 폈다. 이러한 가운데에서도 동독의 주요도시인 라이프찌히, 드레스덴 등에서는 통일을 요구하는 수십만 시민들의 시위가 잇달았다.

아래로부터의 혁명에 부응하여 양 독일의 수상은 12월 19일, 동독의 드레스덴市에서 정상회담을 가지고, 양득의 '조약 공동체' 협상에 합의하였다. 그리하여 12월 22일에는 독일분단의 상징으로 불리던 브란덴부르크문門이 닫힌 지 28년만에 다시 개방되는 환희를 독일인들은 맛보았고, 동독 여행시 동독 마르크의 강제규정과 비자의무 규정이 철폐되었다. 이러한 정치적 교류의 결과는 통합을 앞당기는 촉매가 되었다.

동독의 모르토프 총리는 소련을 방문한 지 이틀만인 1990년 2월 1일, 4단계 통일방안을 제시하였다.16) 이는 베를린을 수도로 하는 연방제 중립국 통일방안으로 군사문제를 제외하면 콜 수상의 통일방안과 큰 차이가 없다.

이 중립화 방안은 서독의 나토 탈퇴와 관련하여 유럽에서 독일을 고립시키며, 독일의 지위를 약화시킬 가능성이 있다는 이유로 서독측은 이를 거부하였다. 그렇지만 콜 총리는 1990년 2월 10일 모스크바를 방문하고 독일통일을 사실상 반대하여 오던 소련으로부터 통일찬성이라는 황금열쇠를 건네받고 그 대가로 소련의 식품, 곡물수입 대금의 신용공여로 우선 2억 2천만 마르크의 수표를 고르바초프에게 건네주었다. 또한 2월 13일 오타와에서 열린 북대서양 조약기구와 바르샤바 조약기구 외무장관 회담에 참석한 미국, 소련, 영국, 프랑스 및 동서독의 6개국 장관은 독일통일 문제를 협의할 기구설치에 합의하였는데 이는 전승국 4나라의 합의나 결정에 따랐던 과거와 달리 동서독도 같이 협의할 수 있게 되어 큰 의미가 있는 것으로, 독일통일에 유리한 국제적인 여건이 마련되었다.

이와 같이 통합이라는 정치적 의도가 깔린 서독의 대동독 정책으로 양독은 독일 통일문제를 협의할 기구설치에 합의하였는데 이는 신기능주의적인 모습을 보여 주는 좋은 예라고 하겠다.

동독이 화폐교환 비율을 1대1로 제의하자 서독정부는 일부의 반대를 무릅쓰고 5월 2일, 순수임금, 보수, 보조금, 임차료 및 연금 등은 1대1로 교환하기로, 개인저축은, 당초 1인당 4천마르크까지 1대1로 교환해 주기로 하였으나 나이에 따라 차등을 두어 14세 미만은 2천마르크까지, 15세이상 59세미만은 4천마르크까지, 60세 이상은 6천마르크까지 교환해 주기로 합의하였다. 이는 당연히 통합을 의식한 정책이었다. 드디어 1990년 5월 18일 동서독은 통화, 경제, 사회통합에 의한 국가조약을 체결하였는데 이는 동독경제가 서독경제로 완전히 흡수되는 것을 의미한다. 6월 21일 동서독 의회는 이 국가조약을 비준하고 1990년 7월 1일 0시를 통해 통화, 경제협정이 발효되어 동독의 마르크는 지구상에서 소멸되었다. 인류 역사상 처음으로 전쟁을 거치지 않고 한 국가의 통화가 소멸된 것이다.17)

통일을 위한 양국의 정치적 회담은 계속되었다. 1990년 2월 13일 오타와 회담에서 독일의 위상과 국제관계를 설정하는 '2+4=1의 원칙'이 합의되었는데 가장 중요한 것은 동서독(2)간의 합의이고, 그 다음이 미국, 영국, 프랑스, 소련(4)전승국의 승인으로 하나의 독일(1)이 된다는 것이다. 이러한 정치적 회담을 구체적으로 검토해 보면 다음과 같다.

(제1차 2+4회담): 1990년 5월 5일 본에서 열렸으며, 소련의 에두아르트 세바르드나제(Eduard Schewardnadse)외상은 통독의 군사적 문제를 통독의 전제조건으로 삼지 않고 통일 이후로 미룰 수 있다고 제시한데 대하여 콜 서독 총리는 통일전 이 문제가 해결되어야 하고, 통독이 지체 없이 추진되어야 한다고 촉구하였다. 어떠한 합의나 결론은 없었으나 통독은 이미 기정사실화되었다.

(제2차 2+4회담): 1990년 7월 17일 파리에서 열렸으며, 통독의 나토 잔류와 관련된 군사적 위상과 제2차 세계대전 이후 결정된 오데르—나이세 폴란드 국경선에 대한 합의가 이루어졌다.

(제3차 2+4회담): 1990년 9월 7일 동베를린에서 열렸으나 동독 주둔 소련군 철수비 부담문제 이견으로 합의를 도출하지 못한 채 끝나고 말았다.

(제4차 2+4회담): 1990년 9월 12일 모스크바에서 열렸으며, 동독에서의 소련군 철수 비용문제는 콜 수상과 고르바초프 대통령 사이의 전화에 의한 협의를 거친 후 1백 20억 마르크를 주기로 했고, 동독 영토 내의 핵무기 배치 금지와 나토의 군사훈련금지는 서측이 쉽게 받아들여 해결되었다. 그리하여 양독일과 전승 4개국은 1990년 9월 12일 12시

50분에 전문과 독일영토, 국방력, 소련군의 철수, 동맹의 권리, 4개국의 유보권의 해소를 내용으로 하는 역사적인 '독일문제의 최종 해결에 관한 조약'에 조인하였다.

살펴 본 바와 같이 기능적으로 얽혀갔던 양독은 이질감을 많이 회복하고 있었다. 브란트의 동방정책은 원래의 의도대로 양득의 긴장완화와 상호협력을 증진시켜 왔다. 동독이 수세적이고 회피적인 통일정책을 공표하고 통일보다는 체제의 발전과 유지에 힘을 기울이긴 했지만 서독의 파상적이고 우호적인 정책에 등을 돌릴 수는 없었다. 서독과의 교류가 크게 이득이 되었기 때문이었다. 이러한 상황에서 동독의 개혁부진에 기인한 체제의 흔들림은 통일의 조짐을 보이기 시작했고 서독은 이를 정치적 결단으로 활용하여 대내외적 조건을 성숙시켜 통일을 성취했다. 이를 사후적으로 검토해 볼 때 서독의 초기 통일정책은 기능주의적이었다고 말할 수 있고 점차로 신기능주의적 양태를 보였다고 설명할 수 있을 것이다.

3. 예 멘

역사적으로 '아덴'항은 예멘 비극의 시작이라고 볼 수 있다. 이는 포르투갈이 희망봉을 돌아서 인도양으로 가는 항로를 개척할 때까지 아덴은 홍해와 지중해를 이어주는 상당히 중요한 지역으로 각광을 받고 있었고, 이 과정에서 상업적인 배후지로서 무역항 혹은 상품의 보관창고로서의 역할이 지대했던 것이다. 그리하여 포르투갈이 아덴 항을 점령하려고 공격을 했으나 오스만 제국이 이를 물리치고 영향력을 가지게 된다. 1913년에 들어와서 오스만 제국의 영향력이 쇠퇴해가자 영국이, 특히 나폴레옹의 이집트 점령을 계기로 아덴 항의 중요성을 인정하고 침투하게 된다.18) 따라서 이 지역에서 가장 주축이 되는 외국세력은 오스만의 영향과 영국의 영향이라고 할 수 있다.19)

정치사 부문에 있어서 남북예멘이 역사적으로 분단하게 된 근원은 1873년의 오스만 터키와 대영제국과의 협정에 의해서이다. 그러다가 오토만 제국이 제1차 세계대전이 끝날 무렵에 패망하여 물러나면서 1918년에 북예멘이 독립했는데 이 북예멘은 막스 베버(Max Weber)의 분류에 의하면 가부장적 정치제도였고 관습과 전통에 의해 작동되는 하나의 왕조였다.20) 그러나 1962년에 군사구테타가 일어나서 이 왕정이 붕괴되고 그 때부터는 권위적인 군사독재체제가, 정권은 여러 번 바뀌곤 했지만 통일의 시기까지 계속되었다. 반면 남예멘은 영국의 보호령이었던 아덴에서 1967년에 독립이 되었다. 독립이 되었을 때는 중도적인 세력이 집권했다가 1969년에 정변이 일어나서 완전히 좌익 사회주의세력이 정권을 장악하면서 이때부터 점점 사회주의국가로서, 그리고 결국은 통일직전까지 체제상으로는 아라비아반도에서 가장 공산주의적이었던, 그래서 거의 소련의 위성국가처럼 되다시피 한 정체를 유지하게 되었던 것이다.21)

남북예멘은 독일과는 달리, 식민지의 일부가 먼저 해방이 되고 일부는 좀 늦게 해방이 되는 과정에서 분단이 됐기 때문에 분단되는 과정에서 그 양국가 간에 존재하는 민족간의 이질감이 별로 존재하지 않았다고 볼 수 있다. 즉, 아주 직접적인 냉전의 산물이 아니었기 때문에 고도화된 정치구조가 들어서지 못하고 상당히 느슨한 형태의 공화주의 정권과 그 다음에는 사회주의 정권이 들어섬으로서 오히려 이것 자체가 시민사회에 대한 강한 통제력을 발휘할 수 없게 되어 체제적으로는 분단이 되었음에도 불구하고 이슬람의 전통문화를 국가자체가 파괴하면서 이질화를 격화시키지 못한 요인이 되었던 것이다. 따라서 남북예멘 사이에는 공통된 민족감정이 넓고도 깊게 퍼져 있었고 통일은 수많은 장애에도 불구하고 두 정부의 공언된 목표였다. 그리하여 수많은 시행착

오를 겪고 마침내 1990년 5월 22일 북예멘의 '살레'(Ali Abdullah Saleh) 대통령과 남예멘의 '아타스'(Haider Abu Bakr al Attas)대통령은 남예멘의 수도 '아덴'에서 통일을 위한 최종문서에 서명한 후 통일된 '예멘 공화국'(The Republic of Yemen)의 수립을 선포하였다.

남북 '예멘'의 통일은 양국이 오래 전부터 추구해 오던 노력이 국제 환경의 변화와 더불어 결실을 맺게 된 것이라고 볼 수 있는데, 근본적으로 북예멘의 통일정책은 이슬람교리에 입각한 정치체제하의 통일인 데 반하여 남예멘의 통일정책은 마르크스주의에 입각한 적화통일을 추구했기 때문에 1970년대부터 양측이 여러 가지 합의를 도출했음에도 불구하고 1990년대에 이르기까지 완전한 통일을 이룰 수 없었다.

1) 1차 통일 – 형태상: 흡수통일,
　　　과정상: 비례대표, 합의제 유형

남북예멘이 통일된 방식은 후진국도, 베트남과는 달리 폭력이 아닌 평화적 방법에 의해 통합될 수 있음을 2차대전 후 처음으로 실증해 주었다. 특히 자본주의와 공산주의라는 두 상극적인 체제가 두 정부간의 타협을 통해 하나로 합쳐질 수 있다는 것도 보여 주었다.

더우기 예멘의 통일은 두 개의 정부가 서로 국력의 비례에 따라 통합정부의 권력을 배분하는 형태를 취했다는 특성이 있다. 즉 예멘통일은 양측 국력의 지분을 통일정부 권력구성에 반영시킨 비례대표유형이라 하겠다.22) 인구와 경제수준에서 우위를 점하고 있는 북예멘이 통일정부의 주도권을 장악하면서도 적지 않은 보직을 남측에 배분한 것이다. 자본주의 체제인 북예멘은 공산주의 체제였던 남예멘보다 면적이 3분의 2밖에 되지 않지만 인구에서는 4배나 많고 1인당 국민소득은 680달러 대 420달러로 앞서가고 있었다.

통치기구의 직책은 남북예멘 지도자들 사이에서 공정하게 배분되었다. 즉 대통령은 북예멘의 대통령이던 '살레'(Ali Abduilah Saleh)가, 수상은 남예멘의 대통령이었던 '아타스'(Haider Abu Bakr Attas)가, 부통령은 남예멘의 사회당서기장이었던 '알 비드'(Ali Salim al-Bid)로 각각 정하고 기타 3명의 대통령위원회의 위원에는 북예멘의 국회의장과 남예멘 사회당 부서기장, 그리고 북예멘의 수상에게 각각 돌아갔으며 부수상은 남북예멘에 각각 2명씩, 또한 각료는 북예멘에 19명, 남예멘에 15명이 배정되었다.

선거구는 소선거구제로서 인구 5%를 가감한 인구비례에 따라 평등배분했으며 통일의회의 구성비율은 북예멘 159명, 남예멘 111명, 비당파적 인사 31명, 합계 301명으로 구성되어 있고, 17개 분과위원회의 분과위원장은 북예멘에 10명, 남예멘에 7명으로 각각 돌아갔다.23)

가장 요직이라고 할 수 있는 군관계에서는 북예멘의 대통령이 최고군통수권자, 북예멘의 참모장이었던 사람이 통일예멘의 군참모장이 되었으나 국방장관직은 남예멘 국방장관이 맡게 되었다.

외교부문은, 외무장관은 북예멘에 배정되고 외무담당 국무장관과 외무성 차관은 남예멘에 배정되고, 주駐유엔대사는 남예멘의 주유엔 대사에 배정되었다.

예멘통일은 예멘의 지정학적인 정치환경인 행정을 남과북, 1:1 의 평등원칙에 의한 대등한 관계에서 이루어졌다고 볼 수 있다. 다시 말하면 기존의 남북예멘의 모든 기구를 그대로 둔 채 중앙기구만을 만들어 연방식으로 관장하는 형태를 취하였다.24)

이 같은 통일예멘의 권력구조배분은 두 정부지도자들이 양측의 전반적인 국력을 바탕으로 비례 배분한 것으로 보인다. 북예멘이 통일정부를 주도하되 남예멘도 무시못할 견제세력의 직위를 보장받았던 것이다. 그러나 정치와 경제체제에 있어서는 북예멘의 자유민주와 시장경제원리에 의해 통합되었는데, 정치는 복수정당제도로, 경제는 사유권인정과 자유시장경제에 바탕했다. 다만 외교노선에 있어서는 남북예멘이 함께 아랍국가로서 원칙적으로 추구하고 있었던 비동맹 중립노선을 고수하기로 하였다.25)

북예멘이 남예멘을 정치적으로 주도했다는 것은 이미 밝힌 바와 같이 통일예멘의 대통령이 북예멘에서 추대되고 5인의 대통령평의회 위원 중 3명이 북예멘인이고 29명의 각료 중 과반수인 20명이 북예멘인이라는 데서 확인되고 있고, 경제통합에 있어서도 남예멘이 북예멘을 따라 시장경제 체제로 재편되었고, 남예멘의 공산독재가 북예멘의 자유주의로 흡수되었다. 이는 통일에 있어서 실질적으로는 흡수통일 형태라고 말할 수 있겠으나 형식상에는 비례대표 유형이었고, 일방에 의한 흡수통합이 아니라 상호변화를 추구한다는 점에서 특징적이며, 쌍방의 양보와 협상을 통해 통일로 나아갔다는 것과 상대방의 일방적인 항복을 강요하지 않음으로써 상대방을 자연스럽게 통일을 위한 협상의 자리로 유도한 것이었다. 말하자면 실질 내용은 흡수형이나 형식상으로 합의형의 형태를 보여주고 있다고 할 수 있을 것이다.

2) 통합이론의 적용

예멘의 통일과정은 남북예멘의 국경분쟁으로, 전쟁분위기 속에서 아랍국가와 아랍연맹의 적극적인 조정으로 이루어진 것이고 아이러니 하게도 분쟁이 오히려 대화의 장을 마련케 하여 통일논의를 촉진시켰다는 점이다. 따라서 예멘의 통일추진 핵심은 통일직전 부분적으로 이루어진 경제, 문화, 사회 방면의 교류라기보다는 아랍연맹의 중재로 인한 정치적 회담이었다.

예멘의 통일을 추진시킨 결정적 요소는 정상회담을 비롯한 각종 협정, 공동위원회 협의회, 최고 평의회 회의, 특사의 파견, 통합최고위원회 등 각종 정치적 교류, 즉 정치회담을 통한 의도적인 다방면의 교류였다. 이러한 정치회담을 통해서 증가적 결정작성(incremental decision-making)을 하여 통일을 이룩할 수 있었던 것이다.

이는 결과적으로 신기능주의 이론으로 어느 정도 설명이 가능하다. 이를 뒷받침하는 사실을 보면 남북예멘간 경제통합의 중요성을 고려하여 2,200㎢ 면적에 달하는 '마으립'과 '샤바우' 간의 공동석유개발사업에 대한 합의를 보았다는 것이다.[26] 이처럼 국경지대에서 상업성이 있는 석유가 발견[27]되어 양국이 중립지대를 설치하기로 합의한 것은 대단히 중요한 통일환경이 된다. 예멘인들은 이미 1960~70년대를 통하여 국경이나 항구에의 왕래가 자유롭게 이루어진 편이어서, 남북 예멘간의 교역도 비공식적인 루트를 통하여 이미 진행이 되고 있었다. 경제협력 분야에서의 교류협력도 '쿠웨이트 정상회담' 이후 정부 차원에서 본격적으로 추진되었다고 볼 수 있다. 1980년 5월 6일 '아덴합의서' 채택 이후, 산업, 광물, 교통, 금융 및 관광 등의 분야에서 합작 및 공동투자원칙이 이루어졌고, 동년 6월 공보, 문화, 교통, 산업상(相)들 간의 연쇄 회담으로 '예멘관광주식회사의 공동 설립에 관한 협정'이 체결되었다. 1983년 8월 18일에는 교역 활성화를 위한 조세 및 관세면제원칙에 합의하여 '특별공동위원회'를 설치하였다. 1988년에는 '아랍경제사회개발기금'에서 6천3백만 달러의 지원을 얻어 전력 체계의 통합을 위한 '남북예멘간 전력체계통합'이 이루어졌다. 1989년 1월에는 남북 예멘이 동일하게 출자하여 1천만 달러의 자본금으로 '마립'과 '샤브와'의 유전을 공동 개발하기 위하여 '예멘 석유 광물개발주식회사'를 설립하는데 합의를 보았다.[28] 이러한 경제교류는 정치통합에 영향을 미쳤다고 보여진다.

신기능주의 이론은 이익집단, 정당, 정부, 국제조직과 같은 정치적 요인들의 중요성을 강조하는 점에서 기능주의와 다르다. 그러나 서구 선진 산업국가들 간의 관계에서는 경제적 이슈가 정치적 통합을 유도해 내는 파급효과가 제일 크다고 주장하며 기능적인 수단을 통하여 정치통합을 추구한다. 그런데 경제적으로 남북예멘 사이의 교류가 풍부했던 것은 아니었기 때문에 경제를 바탕으로 하면서 정치적 측면을 강조하는 신기능주의를 그대로 적용하는 것은 무리가 있는 것도 사실이다.

한편 도이치는 안전공동체의 유형을 '융합 안전공동체' (단일안전공동체, amalagamated security-community)와 '다원적 안전공동체'(복합안전공동체, pluralistic security-community)로 분류한다. 그런데 다원적 안전 공동체는 각 단위체들이 법적으로 독립된 정부들을 가진 채 합쳐져서 안전공동체를 이룬 상태를 말한다. 즉 독립국가 간에 서로 비폭력분쟁해결, 평화적 사회변화를 기대할 수 있는 상태에 이른 것을 말한다. 미국과 캐나다가 다원적 안전공동체를 이루고 있다고 도이치(Karl W. Deutsch)는 보고 있다.29) 그런데 남북예멘 사이에 정치적 입장이 경제적 입장보다 강하다는 측면에서 과정상에서는 도이치의 다원주의적인 요소도 보인다고 할 것이다. 하지만 하나의 국가로 통합되었다는 점에서 결과까지 다원주의로 접근하기에도 무리가 있다고 할 수 있다. 굳이 비중을 두자면 연방주의적인 요소가 다소 강했다고 할 수 있을 것이다.

정상회담을 비롯한 여러 회담들을 통해 실무 작업이 끝난 상태에서 D-데이 날, 위로부터의 갑작스런 명령으로 전격통일이 되었다고 예멘 관리들은 말하고 있다.30) 이는 연방주의적 요소를 보여주는 좋은 사례이다. 예멘의 경우에 있어서 정치적 교류는 통합을 상정하고 협상이 이루어진 것이라 볼 수 있기 때문에 처음부터 기구적·형식적인 통합방법에 대해서도 논의가 이루어졌다고 봐야 할 것이다. 다시 말하면 제도화된 통합목표를 상정하고 있었던 것이다. 따라서 이런 부분을 중시하면 연방주의적 측면으로 통일과정을 설명할 수 있다.

연방주의적 접근은 제도적 법률적 분석에 중점을 두어 현국가의 정치기구를 폐지하고 하나의 국제기구를 창설한다는 것이다. 그리하여 국제법인 기구 또는 연방제도를 구축하게 되면 그것에 의해 지역의 통합은 급속도로 촉진되며 가맹국 국민의 새 정부에 대한 충성심도 점차 강화될 것이라고 본다.

연방제는 중앙정부와 지방정부 사이의 권력관계가 일반적으로 대등성의 원칙위에 서 있다. 그렇다고 하여 지방정부가 주권을 지니지는 않는다. 연방국가를 만들 때 이 연방에 참여하는 지역단위들은 각자가 지녔던 주권을 완전히 포기한다. 그리고 그 주권들을 취합하여 새로운 연방정부, 즉 연방국가의 중앙정부가 탄생한다. 그러므로 이 연방정부가 대내외적으로 주권을 독점한다. 그러나 연방정부가 지방정부를 완전히 지배하지는 않는다. 일반적으로 상당한 권한을 지방정부가 행사하도록 허용되어 있다. 웨레(K.C. Wheare)는 중앙정부와 지방정부의 권한의 분배와 지위의 독립성을 중심으로 "정부제도가 일반당국과 지방당국이 각각 상호협조하고 그들로부터 독립되어 있는 일반당국과 정부당국간의 권한의 분배가 현저하게 나타나고 있는가? 만일 그렇다면 그 정부는 연방이다"고 정의하고 있다.[31] 연방제는 이처럼 연방에 가입하는 지역단위들의 권한을 설정해야 하기 때문에 반드시 성문헌법을 지녀야 한다. 그 성문헌법 속에 연방정부의 권한과 지방정부의 권한이 명백히 기록되며, 양자 사이의 해석에 차이가 있을 때 그 분쟁을 중재할 헌법재판소의 존재가 명기되어야 한다. 이처럼 연방제는 제도적으로 복잡하며 그 운영에 있어서도 상당한 기술을 요구한다.

그런데 예멘의 경우는 중앙정부와 지방정부와의 권한의 분배가 이루어지거나 지방정부의 독립성이 유지되지 않았다. 다시 말하면 과정상에 있어서는 합의통일유형이었지만 형태상에 있어서는 남예멘이 북예멘의 정치체제에 통합된 흡수통일이었다. 따라서 예멘의 경우에 있어서 연방주의로 단순히 설명해내기에는 한계가 있는 것으로 보인다. 외교권과 군사권뿐만 아니라 행정권까지 모두 통합되었고, 남예멘이라는 국가자체가 사라졌기 때문에 연방이라는 형태로 남아있는 요소가 전혀 없기 때문이다.

예멘의 경우에 있어서는 통합과정에 있어서는 정치적 통합을 위한 제도적 차원을 논의한 연방주의적 요소가 강하게 나타나고 있다. 하지만 한편으로는 또한 통합을 염두에 둔 유전개발과 같은 다방면의 교류도 통일의 중요한 촉진요소였기 때문에 아울러 신기능주의적인 요소가 혼재한다. 또한 정치적 입장이 경제적 입장보다 강하였기 때문에 과정 상으로는 다원주의로 설명이 가능할 것이다. 전체적으로 굳이 비중을 두자면 연방주의적인 요소가 다소 강했다고 할 수 있을 것이다.

3) 예멘의 2차 통일 :
무력적 자본주의 통일유형(통합이론 적용 불가)

통일공화국은 총 72억 5,600만 달러(북예멘이 28억 9만 달러, 남예멘이 43억 6,600만 달러)의 외채를 안고 있었지만 예멘의 장래는 낙관시 되었다. 그것은 남예멘의 풍부한 지하자원과 잘 훈련된 관료, 그리고 북예멘의 잉여 노동 및 기업가적 활동이 결합하게 될 때 예멘의 경제가 크게 부흥하게 될 것이라고 믿었고, 또한 아덴을 자유항으로 개발하고 연안어업도 진흥시킬 것을 아울러 고려하였다. 그러나 걸프전으로 예멘의 입지는 매우 어렵게 되었다. 예멘은 유일한 아랍권 이사국으로 친이라크 입장에 서서 쿠웨이트를 침공한 이라크를 응징하는 유엔결의에 기권[32]함으로써 국제적 고립과 경제적 제제를 받아 예멘 경제는 위기에 처하게 되었다.[33] 구체적으로 살펴보면 사우디가 예멘에 지원을 중단했고 미국이 기술원조단 철수와 경제원조를 대폭 삭감했으며 쿠웨이트도 99만 달러 상당의 지원을 중단했으며, 쿠웨이트, 사우디 아라비아 등지에서 추방[34]된 1백만 이상의 예멘 노동자의 국내유입으로 인한 해외송금의 결손 등으로 실업과 인플레가 극심했다.[35] 또한 통일헌법 자체도 그 초안이 1981년에 기초된 것으로 의회민주주의를 예정했고, 남예멘의 마르크스주의와 모순되는 북예멘의 자유주의적 이상과 이슬람교의 전통이 혼재해 있는데 이슬람법을 입법의 절대적 존재에서 상대적 존재로 끌어내려 이슬람 부족세력의 맹렬한 항의를 받았으며 경제적 질서와 사회적 질서간의 모순이 내재하고 있었다. 뿐만 아니라 급조된 통일정부의 기구들이 불협화음과 갈등의 진원이 되었다. 통일선포 직후 이와 같은 경제난과 정치질서의 문란 등이 계속되었지만 연방의 두 집권 정당간의 협력관계는 비교적 원만한 수준을 유지해 왔었다. 그러나 통일과도기 후반에 들어 총선의 법정시한이 다가오면서 국민회의당(북예멘)과 예멘사회당(남예멘)간의 연정체제에도 균열의 징후가 보이기 시작했으나 우여곡절 끝에 총선은 실시되었다. 총선 결과는 다음과 같다.

<표 1> 예멘 총선거 결과(93.4.27) 정당별 의석

정당 명		의석 수
국민회의당	GPC	121
예멘개혁당	YRC	62
예멘사회당	YSP	56
무소속		47
사회아랍바스당	SABP	7
알하크당	AHP	2
통일나세르당	NU	1
민주나세르당	ND	1
교정나세르당	NC	1
기타		3
의석정원		301

총선 후의 결과는 통일 이전 사우디와 함께 남예멘 사회주의 정권과의 통일을 반대했던 재야정치세력인 개혁당이 제 2당으로 부상, 기존의

2당 연정질서가 사회당의 저항에도 불구하고 3당체제로 확대함으로써 국민회의당과 사회당간의 균열을 가속화시켰다.36)

통일 당시 남예멘 수뇌부는 과도기를 이용하여 서방외자와 기술도입으로 석유자원 개발과 아덴 자유항 건설사업을 추진하는 동시에 남부의 조직력과 행정력을 잘만 구사한다면, 중앙정부와 부족사회간의 전통적 갈등구조를 내포하고 있는 북부예멘에서 사회당의 세력을 확대할 수 있을 것으로 판단한 듯하다.

그러나 이 예측은 앞에서 살펴 본 바대로 치안부재, 통일정부의 무기력, 연간 100%를 웃도는 인플레, 특히 걸프전 당시 예멘이 취한 친 이라크 노선에 대한 사우디의 보복조치(예멘인 근로자 추방과 경제원조 중단) 등으로 크게 빗나가 사회당은 입지를 염려하지 않을 수 없게 되었다. 게다가 이슬람 정신이 사회문화 통합의 기초가 됨에 따라 전통적 가치관에 익숙한 북예멘 주민들과 달리, 영국의 식민지 경험으로 개방화되고 사회주의 평등에 물들은 남예멘 주민들은 문화차이(음주관습, 1부1처제, 무기소지 등)를 극복하지 못하고 과격한 반정부시위로 불만을 터뜨렸다.

통일정부의 무기력 현상은 정부통합이 권력배분원칙에 따라 이루어졌기에 정책적 결단을 내리기 힘들고 행정조직이 이원화되어 있어서 업무와 관련된 징계가 곤란하여 위계질서가 이완되고 생활고가 겹쳐서 공무원의 사기는 저하된 것에 기인한다. 남북예멘은 화폐를 비롯, 차량등록번호, 국영항공사, 통관절차, 여권, 야전군, 군복도 통합되지 않고 있었다.37) 특히 핵심적인 군대마저 실질적으로 단일화되지 못하였고 토착부족 세력38)은 무장하고 있어 정치폭력을 효과적으로 규제하지 못해 혼란은 지속되었던 것이다.

특히 남예멘 출신 부통령 바이드는 그간의 살리흐 대통령의 권력독점추구, 예멘사회당 당원에 대한 암살, 정치테러의 묵인, 국정운영에 있어서 사회당의 소외에 강력히 반발하였다.39)

군사적인 면에서 공식적으로는 국방부서와 통합사령부를 하나로 만들었으나 실제로 단위부대는 그대로 두고 북예멘군의 일부를 남예멘 지역에, 남예멘 부대를 북예멘 지역에 이동·배치했을 뿐이다. 따라서 실질적인 군통합은 이루어지지 않았기 때문에 남예멘 수뇌부의 '아덴'으로의 복귀 단행은 가능했고 마침내 내전은 시작되었던 것이다.

예멘은 권력의 지주가 되는 군대를 통합하지 않았고, 민중의 참여 없는 권력 엘리트간의 편의와 권력야합에 의해서 통합을 추진했기 때문에 기반이 취약할 수밖에 없었다. 통일과정에서 민중의 참여가 가능했던 독일통일은 후유증에도 불구하고 성공했고, 이러한 과정이 생략되고 무시된 예멘은 재분단의 위기까지 맞이했던 것이다.[40]

1994년 4월 27일 시작된 내전은 2천여 명의 사망자[41]를 내고 북예멘군이 남예멘의 수도 아덴을 점령함으로 북예멘측의 승리로 끝나 무력흡수통일이 되었다. 처음부터 남예멘과 북예멘의 힘의 격차가 아주 두드러져서 남예멘이 패할 것을 예상했을 정도였다면 내전은 발발하지 않았을 수도 있다. 그러나 그렇지 못했기 때문에 결국 내전은 발발했고 결국은 힘의 우위에 있던 북예멘이 승리를 거두었던 것이다. 이상을 정리해 보면 <그림 2>와 같다.

<그림 2> 예멘의 경우: 비례대표 통일

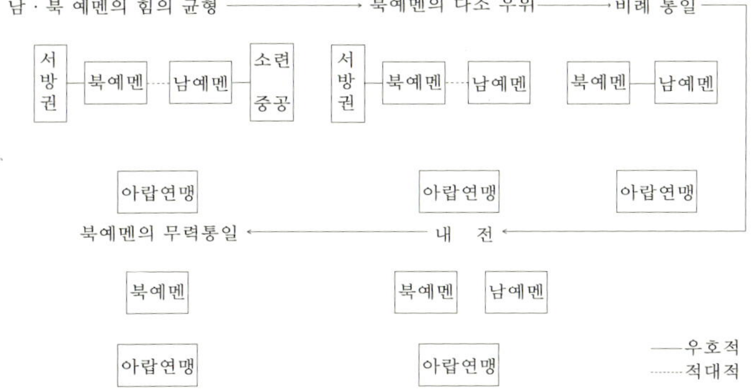

예멘의 경우를 보면 남북 예멘 사이의 어느 정도 힘의 균형이 이루어졌을 때는 전쟁과 협상이 지속되다가 남예멘에 대한 소련과 공산권의 지원이 중단되고 경제적 어려움이 지속되는 등 북예멘의 상대적인 우위가 커지자 필요에 의해 비례대표 통일이 이루어졌다. 그러나 힘의 격차가 아주 커지는 않았기 때문에 가능했던 비례대표 통일은 마침내 내전으로 치닫고 말았다. 그리하여 힘의 우위를 점했던 북예멘의 무력 통일로 끝남으로써 힘의 균형에 바탕을 둔 통일 논의가 내포하고 있는 위험성을 잘 보여 주고 있다.

4. 베트남: 공산주의 무력 흡수 통일 (통합이론의 적용 불가)

베트남은 역사적으로 중국으로부터 끊임없는 내침을 받아야 했다. 중국에서는 안남이라고 불렀는데 이는 남쪽 야만인을 평정했다는 데서 비롯된 호칭이었다. 청나라가 쇠퇴하자 서세동점의 물결을 타고 프랑스가 베트남을 식민지로 삼았다. 2차 세계대전 동안 프랑스가 독일에 의해 점령되자 일본은 1940년 프랑스령 베트남을 점령하고 베트남의 황제였던 황제 바오 다이를 괴뢰정부의 수장으로 삼았다. 이때 공산주의 게릴라 지도자 호치민은 독립연맹을 결성하여 항일독립운동에 나섰다.

1945년 일본이 물러나자 연합국에 속했던 프랑스가 재지배권을 주장하였고 여기에 맞서 호치민은 1945년 9월 하노이에서 베트남 민주공화국을 선포하였다. 동년 12월 하노이에서의 무력충돌을 계기로 프랑스—베트남 전쟁이 시작되어 8년 후 제네바에서 휴전협정이 서명되었다. 이 협정으로 베트남은 북위 17도선을 경계로 양분되고 말았다. 이는 베트남이 또 다른 국제적 현실정치의 희생물이 되었다는 점을 말해 주는 것이다.[42] 분단 이후 월남과 월맹의 동족상잔은 1956년부터 확산되어 갔다. 베트콩은 1960년 12월 20일 베트남 민족해방전선을 결성하여 월남 공산화에 적극 나서게 되었고 프랑스를 대신한 미국의 월남지원은 미─월맹 전쟁을 야기했다. 그로부터 8년 5개월 만인 1973년 1월 27일 파리에서 베트남 평화회복에 관한 협정이 조인되고 미국 개입은 일단락되었다.[43]

미국이 물러나자 힘의 균형을 형성했던 한 축이 급격히 무너짐으로 해서 1975년 4월 30일, 베트남에서의 민족해방전쟁은 북베트남 측의 완전한 승리로 대단원의 막을 내렸다. 그때까지의 베트남에서의 민족해방운동은 학자나 민족주의자들에 의한 반불 봉기, 일·불의 이중지배와 전후, 프랑스가 재식민지화하자 베트남 독립 동맹, 약칭 베트민에 의한 독립투쟁(인도차이나 전쟁), 그리고 마지막으로 베트남 전쟁(제2차 인도차이나 전쟁)으로 이어지는 매우 오랜 역사를 지니고 있었다.

베트남의 통일은 그 방식에 있어서 사회주의 이데올로기 중심의 통일이 가져다주는 결과에 대한 평가와, 분단이 장기화된 지역에서 나타나는 이질성의 심화가 통일 이후의 과제인 정치, 경제, 사회, 문화 등 여러 분야에서의 통합과정에 어떠한 어려움을 초래하는지에 관하여 확인할 수 있는 기회를 제공하고 있다.

이상의 내용으로부터 베트남의 통일과정을 힘의 관점에서 도표화하면 <그림 3>과 같다.

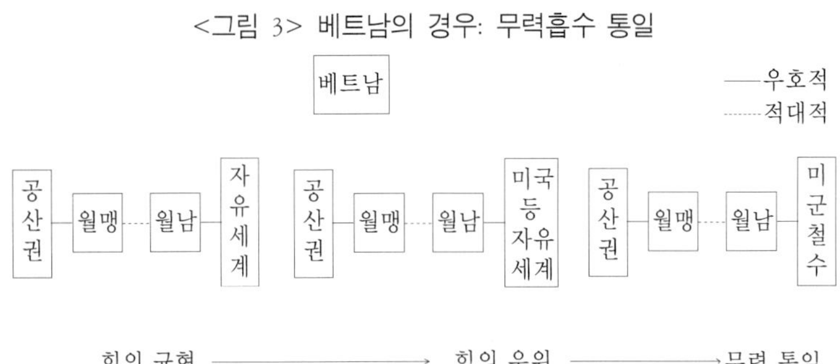

<그림 3> 베트남의 경우: 무력흡수 통일

베트남의 경우를 보면 공산권의 지원을 받고 국민의 사기가 높았던 월맹과 자유세계의 지원을 받아 물리력이 앞섰던 월남 사이에 힘의 균형이 지속되었을 때는 전쟁은 계속되는 소모전의 양상을 띠었다. 그러나 반전 운동으로 마침내 미국이 손을 떼자 급격한 힘의 균형 파괴로 마침내 월맹이 승리한 무력 흡수 통일로 귀결되었던 것이다.

1) 무력적 사회주의 통일유형: 통합이론 적용 불가

베트남은 1975년 4월 30일 통일되었다. 베트남의 통일은 민주주의 체제와 공산주의 체제로 분열, 대립된 하나의 민족이 공산정권의 사회주의 혁명의 전략전술에 의해 폭력으로 통합된 전형적인 특성을 나타냈다.[44]

전통적으로 중국의 영향력 하에 있던 베트남은 서세동점의 물결에 의해 18세기 후반 프랑스의 식민지령으로 전락되고 말았다.[45] 2차 세계대전 동안 프랑스가 독일에 의해 점령되자 일본은 1940년 프랑스령 베트남을 점령하고 베트남의 황제였던 바오 다이를 사이공 괴뢰 정부의 수장으로 앉혔다. 이때 공산주의 게릴라 지도자였던 호치민은 독립연맹을 결성하여 항일독립운동에 나섰다.

일본의 패망 후 프랑스가 다시 식민 지배권을 주장하게 되었고, 이에 맞서 호치민은 1945년 9월 하노이에서 베트남 민주 공화국을 선포하였다. 같은 해 12월 하노이에서의 무력충돌을 계기로 프랑스-베트남전쟁이 시작되어 1954년 7월 제네바에서 휴전협정이 서명될 때까지 8년 동안 지속되어야 했고 이 협정의 결과 베트남은 북위 17도선으로 양분되었다.

한편 호치민과의 전쟁에서 백기를 든 프랑스가 물러가고 친미적인 고 딘 디엠 정부가 월남에 들어서자 미국은 정치적으로 지지[46]하고 나

섰고 케네디는 군사지원까지 확대하였다.[47]

존슨 대통령은 1964년 8월 초 미국 제7함대 소속 구축함 매독스호가 2차례에 걸쳐 월맹어뢰정의 공격을 받자, 즉각 월맹의 군사요충지에 폭격을 단행함으로 선전포고 없는 미―월맹 전쟁이 시작되었던 것이다. 전쟁의 양상은 1965년 2월 미국의 북폭으로 급속히 확대되었으며, 남베트남 내전의 성격은 북베트남과 미국이 공식적으로 참여하는 국제전으로 바뀌게 되었다. 전쟁과정에서 미국은 한국, 필리핀, 호주, 뉴질랜드 등의 다국적군[48]을 참여시켰으며 1967년에 이르러는 캄보디아, 라오스 등으로 전장을 넓혀 갔는데, 이는 베트콩과 북베트남군의 전력을 분산시켜 화력과 병력에서 우위에 있는 미국과 다국적군의 장점을 살리려는 의도였다. 그러나 전세는 반전되지 않고 베트남 혁명세력의 저항은 여전히 강력하였으며, 국제적 여론은 미국에 불리해져 갔다.

1968년 베트남 혁명군의 테트(구정)대공세[49]로 베트남에서의 전쟁이 불리함을 의식하게 된 미국은 북폭을 부분적으로 중지하게 되었고 1970년에 들어서는 닉슨 독트린의 일환으로 월남에서 물러날 것을 결정하였으며 1972년 이후 베트남 혁명군의 대공세 이후 공산세력의 우위는 부동의 사실이 되었다. 그러나 미국은 자신들이 철수한 후에라도 남베트남 권력을 강화시키기 위하여 전사에 전례가 없는 대규모 공습을 가하였다. 미국은 12일간(1972년 12월 18일부터 29일까지) 주야로 1945년 히로시마에 사용된 원자폭탄의 5배에 해당하는 100,000톤의 폭탄(하노이에 40,000톤)을 투하하였다.[50] 이로서 미국은 협상 테이블에서 유리한 입장을 확보하고자 하였으나 저항군은 12일간의 격전에서 34대의 B-52와 5대의 F111-A를 포함한 30대의 전투기들을 추락시켰다. 1972년 4월부터 12월까지의 제 2차 파괴전 기간에는 54대의 B-52와 10대의 F111-A를 포함하여 거의 700대에 이르는 미전투기들을 격추시켰고 수많은 미전함을 침몰시켰다.[51]

결국 1973년의 파리 평화 협정으로 미국은 베트남에서 물러나고 전쟁은 베트남화 되었다. 힘의 균형이 깨어지게 되었던 것이다. 파리협정은 남베트남 정부가 전쟁에서 패망할 것을 예견하게 하는 결정이었다. 파리협정은 미국 정부, 베트남 정부, 베트남 인민공화국 정부, 베트남 임시혁명 정부의 4자가 되었는데 이는 남베트남 지역내에 두개의 정부가 존재한다는 사실에 대한 묵시적 합의였다. 미국은 패배를 자인한 것이다. 결국 전쟁은 1974년 12월부터 월맹군과 베트콩이 남베트남 정부군에 대하여 총공세52)을 펼쳐 1975년 1월에는 국지적 공세로 푸옥 룽(Phuoc Long)을 장악하고 2개월 후 제 2의 국지전으로 고지대인 반 메 투(Ban Me Thuot)성 전체를 장악하여 남베트남의 조직적인 저항에 최후의 일격을 가한 결과가 되었다. 소련제 전차를 앞세운 북베트남군은 사이공 중앙에 자리잡은 독립궁에 입성했는데 남베트남군은 군단급 수준에서의 의사결정 혼란으로 전투불능의 상태에 빠졌다. 마침내 1975년 4월 30일 북베트남군이 사이공을 함락시키고 남베트남의 두옹반 민 대통령으로부터 무조건 항복을 받아냄으로 무력으로 공산화 통일에 성공하여 기나긴 전쟁은 종결되었다.53)

월맹이 월남을 무력으로 통일할 수 있었던 데는 여러 요인이 작용하였다.

첫째, 월맹의 끈질긴 공산주의 혁명을 위한 전략전술이 효과적으로 먹혀들어 갔다는 사실을 부인할 수 없다.공산월맹은 장기간에 걸친 외국지배에 대한 베트남인들의 외세배척 감정을 활용하여 주월미군을 또 다른 식민세력으로 몰아붙여 반미감정을 극대화시켰고, 베트남의 고질적 빈곤과 부패의 책임을 유산계급과 자본주의 국가들의 착취로 돌렸다, 그리하여 무산계급은 물론 종교인, 언론인, 교사 등까지도 반정부, 반미 데모에 앞장섰고 베트콩 쪽으로 기울게 되었던 것이다.

둘째, 월남정부의 부패와 무능을 간과할 수 없다. 미국의 엄청난 지원에도 불구하고 패한 요인은 내부적으로 소생할 수 없을 정도로 부패가 만연되었기 때문이며 이러한 정부가 국민의 지지를 받을 수는 없는 것이며 패망은 당연한 귀결이었던 것이다.

셋째, 미국의 전쟁개입은 정당성을 상실한 것이었다. 미국은 프랑스마저 패배하고 손을 뗀 베트남 정글에 멋모르고 뛰어 들어 마치 프랑스 식민세력의 후계자와 같은 인상을 주었다. 한편 미국인들은 부패한 독재정부를 위해 미국 젊은이들이 죽어야 하고 엄청난 달러를 쏟아 붓는 데 대해 격렬한 반전 운동을 전개하였다.54) 이 때문에 미국은 서둘러 철수하지 않을 수 없었고 그 결과는 곧 월남적화로 이어졌던 것이다.55)

한편 사이공이 점령당하기 전 하노이에서는 남베트남을 합병하기 위한 계획으로 약 5년 내지 10년의 기간을 산정했었다. 공산당 지도자들은 남쪽 사람들이 자유의 맛을 알고, 기업이 자유롭게 활동하며, 남쪽에는 인민들을 대규모로 통제하는 제도가 마련되어 있지 않다는 점을 잘 알고 있었다. 그래서 하노이에서는 남쪽 사회를 점진적으로 북쪽에 통합시키려는 생각을 하고 있었던 것이다. 이것이 공산당의 정책이었으며 호치민도 그러한 정책을 인준하였다. 그런데 전승 직후 북쪽의 지도자들은 통합연기가 통일에 부정적인 작용을 할 것이라는 생각을 하였다. 국가의 통일을 서두르지 않으면 남부 주민들을 복속시키기가 어려울 것이고, 그 상황은 북쪽의 주민들을 통솔하는 데도 문제를 일으킬 것이라는 생각을 하였다. 그리하여 사회주의화가 늦어지면 그만큼 저항의 위험이 커질 가능성을 대비하여 북베트남 정부는 임시혁명정부와 정부차원의 공식적인 통일을 추진하여 정치협상회의를 추진하였다. 그러나 이 것은 단지 매스컴을 위한 쇼였다. 남쪽의 대표 팜홍은 점령 후 남부로 파견된 사람이었다. 그리하여 통일의 합법화 절차가 진행되었다. 여기서 경제 정치가 우월한 쪽에서는 장기간을 소요기간으로 잡을 수 있으나 그렇지 못하면 단기간에 통합을 마쳐야 한다는 사실을 보여 준다.

예멘이 식민지에서 벗어나는 과정에서 분단된 것과 달리 베트남은 공산주의 사상을 북베트남 정부와 임시혁명정부가 근간으로 하고 있었기 때문에 큰 소요 없이 통일될 수 있었다. 예멘의 통일이 여러 가지 방해를 놓는 세력을 의식하여 전격적으로 이루어진 것과 마찬가지로 북베트남 정부도 저항을 최소화하기 위해 통일작업을 서둘렀던 것이다. 물론 이 과정에서 남베트남 주민이 사회주의 정권으로부터 받은 사회적, 심리적 고통은 컸다.

결론적으로 베트남의 통일은 북베트남 정부가 정통성을 확보하고 있었던 반면, 남베트남 정부는 수세적 입장을 반전시킬 요인을 가지지 못한 데에서 나온 결과였다. 북베트남은 내부적 질서가 잡혀 있었으며 강력한 사회적·행정적 제도를 갖추고 있었으나 남베트남에서는 사회 정치적 공백상태가 존재했으며 거의 무정부상황이 벌어지고 있었다. 북베트남은 또한 분단에 의해 야기된 사회병리 현상이 남부에 비해 적었으며 소수민족에 대한 융합정책도 성공하였던 것이다. 여기에서 힘을 측정하는 기준 가운데서 정치제도와 국민의 사기 등이 대단히 중요한 요소임을 보여 준다. 이것의 차이가 바로 힘의 균형을 파괴시킬 수 있는 요인이었다.

5. 분단통일국이 한반도에 주는 교훈

1) 독일통일의 시사점과 교훈

독일방식은 경제력 및 정치, 이데올로기적 통합력에 있어 쌍방간 우열의 차이가 비교적 뚜렷하고 장기간에 걸친 교류협력의 진전으로 긴장이 완화된 조건에서 유혈적 대격변 없이 민족국가를 성취한 경우이다.

남북한의 경우, 70년대 중반을 고비로 남한에 훨씬 유리하게 경제력 격차가 심화되고 있다 하더라도 한국 전쟁 이후 첨예한 군사적 긴장이 지속되어 오고 있는 상황에서는 경제력 우위만으로는 독일식 흡수통합은 이룰 수 없다. 독일과는 달리 전쟁의 체험 때문에 아마도 독일의 경우보다는 훨씬 긴 기간의 교류와 협력을 통한 북한사회의 대외개방이 이뤄진 뒤에나 독일식 통합이 가능할 것이다.

요약하면 남한은 서독이 아니다. 따라서 통일을 서두르기에 앞서 남한 내의 착실한 민주화, 자유화, 사회화 그리고 외적, 내적 걸림돌이 되는 모든 제도적, 법적 장치를 제거하고 이를 추진할 수 있는 새로운 법적, 제도적 장치의 마련이 필요하다고 할 수 있다. 독일의 통일은 우리에게 다음과 같은 교훈을 준다.

첫째, 통일과정에서 동질성회복과 상호신뢰 기반구축을 위해 경제교류의 지속적인 추진이 무엇보다도 중요하다는 것이다. 북한경제의 개방과 이를 통한 경제성장은 통일을 위한 경제적, 사회적 비용을 감소시킬 것이므로 이를 위한 지원과 협력강화노력이 필요하다.

둘째, 남한의 민주주의와 복지국가가 꽃을 피워야 한다는 것이다. 한국정치발전의 역사적 출발점은 서구의 발전패턴과 매우 다르다. 서구의 자유민주주의는 다원적인 봉건제도를 그 전통적 정치구조로 하고 있었던 반면 한국은 역사적으로 중앙집권화된 관료제를 택하고 있었다.[56] 그러므로 앞으로는 진정한 의미의 지방자치제의 실천이 필요하며 독일 연방정부가 실시해 온 사회보장제도의 점진적 채택(연금, 건강, 실업, 사고보험제도의 확충, 노사단체, 교섭자율성, 파업권, 노사공동결정권, 해고방지법, 기업내 민주주의의 긍정적 검토 및 점진적 실천 실험)도 민주주의의 내실과 사회경제적 정의실현 차원에서 고려해야 할 과제이며 통일을 위해 반드시 이루어야 할 준비이다.

셋째, 체제전환에 따르는 문제를 단기간 내에 극복하기 위해서는 경제통합의 속도와 범위, 그리고 토지와 재산의 소유권 및 사유화방안, 기업의 민영화방법, 통화교환비율 등 중요한 정책과제에 대한 충분한 사전검토가 필요하다.57)

넷째, 통일과정과 주요문제들에 대해 국민에게 충분히 알려 국민적 합의를 도출해야 한다는 것이다. 이는 국민적 합의를 도외시하고 독단적으로 통일을 추진한 콜 정부가 겪는 정치적, 재정적 어려움으로부터 알 수 있다. 준비 없는 급속한 통일의 경우, GNP에 대한 재정부담의 비율은 남북한의 인구비율이 동서독의 차이보다 낮을 뿐만 아니라 1인당 GNP의 격차는 통일 당시의 동서독보다 클 것으로 예상되기 때문에 통독에 비해 상대적으로 높을 것이다. 따라서 조세에 대한 동의를 얻으려면 국민적 합의가 반드시 필요하다.58)

요컨대 통일을 서두르기에 앞서 남한 내에서 민주화, 자유화를 완숙하게 실현시키고, 통일에 장애가 되는 모든 외적, 내적 걸림돌을 제거하며, 통일을 추진할 수 있는 새로운 법적, 제도적 장치를 마련하는 것이 무엇보다도 중요한 것이다.

2) 예멘통일의 시사점과 교훈

평화적인 예멘의 1차 통일로부터의 시사점과 교훈을 먼저 살펴보자. 첫째, 예멘의 통일은 아무리 국제정세가 호전된다 하더라도 분단국가의 통일에는 우선 두 당사자간의 동질성회복이 무엇보다도 중요하다는 것을 보여준다.59) 예멘은 지난 72년부터 통합협상을 해왔는데, 쌍방의 최고책임자가 제3국 또는 남북을 왕래하며 정상회담을 개최하여 상호신뢰 구축 및 문제해결노력을 경주하지 않았다면 아무리 주변여건이 통일추진상황에 유리했다 하더라도 통일을 성취하지는 못했을 것이다. 이번 통일은 18년간에 걸친 예멘인들의 통일노력의 결실이었던 것이다. 남북예멘의 장기간의 통일협상과정은 남북한이 평화적 통일을 달성하기 위해서는 상대방의 실체를 인정하고 상대방 체제에 대한 분열전략을 추구해서는 안 된다는 것을 보여 준다. 남예멘이 내란을 겪고 있을 때 북예멘은 군사적 도발을 자제함으로써 남예멘 정부는 북예멘 정부에 대해 신뢰감을 갖게 되고 통일협상에 적극적으로 임하게 되었던 것이다.[60] 그러므로 한반도에 있어서도 자주적이고 민주적인 강력한 통일지향정부가 등장하는 것이 꼭 필요하며 정상회담을 추진하여 정치적 신뢰를 강화하는 것이 필요하다.

둘째, 예멘통일은 형식상 국가권력이 철저하게 안배된 국가 對 국가의 균등 통합이나 실제로는 인구와 경제력이 앞섰던 북예멘이 주도했다는 것이다. 남한 정부가 흡수형 통일모델을 공식적으로 제의할 수 없다는 점과 장기적으로 통일을 위한 상황조성을 위해서는 완벽한 공존과 일정한 합의가 제시되어야 한다는 점을 감안할 때 예멘통일과 유사한 방식의 통일모델이 한반도 통일에는 더욱 유용할 것 같다. 즉 남한이 통일을 주도하더라도 어느 일방의 힘에 의한 통일이 아니라 협상을 통하여 공통분모로 접근하는 통합이 바람직하다는 것이다.

셋째, 남북예멘이 조기통일을 실현할 수 있었다는 것은 남예멘의 개혁, 개방조치 이후 남북간에 정책노선의 차이가 근소했다는 것이다.[61] 그들이 거울로 삼고 있었던 소련이 과거 70년간의 공산주의의 실패를 인정하고 개혁과 개방을 서두르자 1989년 6월, 남예멘 정부당국자들은 20년간에 걸친 사회주의 통치를 기념하는 자리에서 정치적 및 경제적 정책수행상에 실수가 있었음을 인정하고 그에 대한 비판을 받아들일 준비가 되어 있음을 천명하였다.[62] 동구에서의 체제가 대체로 민중의 봉기와 압력에 의해 무너진 것에 비해 남예멘에서는 통치권자가 스스로 현실인정과, 결함을 고치려는 의지로 변화를 시도하고 이것이 통일의 결실을 이루는 초석이 되었다는 것은, 기본합의서까지 체결하기는 했지만 북한이 아직 '주체사상'으로 철저히 무장하고 전략무기를 통일협상과 식량해결의 카드로 삼으려는 의도로[63] 긴장이 계속되고 있는 한반도에 시사하는 바가 무척 크다고 할 수 있다. 남예멘의 개방·개혁이 예멘통일의 결정적 계기가 되었다는 점을 고려할 때 남한은 북한의 개혁·개방을 촉구할 수 있는 다각적 방안을 모색해야 한다. 북한도 비효율적인 사회주의 체제에 집착하기보다 민족 전체의 실질적 이익과 공영에 도움이 되는 방향으로 개혁하는 것이 필요하다.

넷째, 예멘인들은 UN과 같은 국제기구보다는 주변 아랍국가들과의 역학관계를 보다 적절히 활용하여 통일을 이룩했다는 것이다. 예멘문제도 중동의 다른 모든 국가와 마찬가지로 강대국의 대립관계가 지속되었다면 해결하기 힘들었을 터이지만 예멘은 아랍연맹을 통해서 주변국과의 외교와 통일문제 해결을 적극 시도했다. 남북예멘간 통일 논의가 진행될 수 있었던 것은 아랍동맹의 중재가 있었기 때문이다. 북예멘은 사우디아라비아에, 남예멘은 소련에 경제적으로 예속되어 있었지만, 북예멘은 소련과 정상적인 외교관계를 유지하고 있었고 남예멘도 주변 아랍국으로부터 경제적 원조를 받고 있었다. 그 결과 남북예멘은 한 나라에 일방적으로 의존하는 데서 오는 피해를 줄일 수 있었고 불신감도 해소할 수 있었다. 남북한도 주변 강대국과 정치 경제적 유대를 형성하여 남북한 통일이 이들 국가의 이익에 해가 되지 않는다는 신뢰감을 얻어야 한다. 따라서 남북한은 국제기구 활용뿐만 아니라 적극적이고도 교묘한 외교활동을 통해 자주적이고도 민족적인 통일정책을 모색해야 할 것이다.

다섯째, 경제적인 측면으로 국경지대유전의 공동개발은 상호협조의 노력을 실감케 했으며 이는 예멘통일의 첩경이었다는 것이다. 남북예멘의 협상과정은 남북한이 기능적 협력관계와 병행하여 통일원칙에 대한 정치적 타결을 모색할 필요가 있다는 것을 보여 준다. 남북예멘 주민들은 산악지대, 항만, 사막지대 등을 통해 교류할 수 있었고 사회·문화적 이질성이 심하지 않았다. 남북한은 심한 사회·문화적 이질성을 노출시키고 있다. 따라서 남북한은 남북예멘의 경우보다 경제·사회 분야의 기능적 협력관계를 통해 상호신뢰를 회복하는 데 많은 노력을 기울여야 한다. 이런 의미에서 정부나 기업체는 대북對北경협의 추진이 북한 경제를 도와주는 데 있다는 시각을 버리고, 공동체 운명의 형성과 통일에 대비한 남북한 경제의 산업구조를 조정하는 측면에서 이해해야 할 것이다.

또한 남북예멘 지도층이 통일반대 세력을 우려하여 급속하게 통일을 선포하여 혼란이 야기되었다는 사실로부터 남북한도 안정확보를 위해 국민적 합의를 도출해 낼 수 있는 방식을 채택하고 통일협상과정을 공개해야 한다는 교훈을 준다.

남북예멘의 통일 이후의 내전이라는 사태로부터의 가장 큰 교훈은 남북한의 통일정부의 통제권이 강화되어야 하는 것과 실질적 경제력에 기초한 통합정책을 실시해야 하며 남북한은 차이가 장기간 지속되지 않도록 사회·교육정책에 대한 준비를 철저히 해야 한다는 것이다. 그리고 통합은 국제환경 속에서 주변국의 영향을 받으며 성숙되어가므로 주변국들과 협조적인 관계를 유지할 수 있는 방안을 마련해야 할 것이다.

3) 베트남 통일의 시사점과 교훈

베트남 전쟁은 남베트남 내전으로부터 시작되어 미국과 북베트남의 참전으로 확대된 경우인데, 남베트남 내부의 사정과 미국과 사회주의 세력의 전쟁수행 능력이 모두 함께 영향을 미쳤다. 미군의 참전에도 불구하고 남베트남은 패망했다. 이는 물리력보다는 사회주의 세력의 전쟁수행능력과 남베트남 주민의 여론이 더욱 중요하게 작용했다는 것을 시사한다. 남베트남의 정치지도자들은 주민들에 의해 선출된 것이 아니라 군부쿠데타로 집권했고 군부지도자들은 프랑스 식민통치에 협조한 프랑스군 장교출신들이었기 때문에 주민들로부터 외면당하였다. 또한 반민주적 토지개혁은 주민간 부의 불평등 분배를 더욱 심화시켰다. 아울러 미국의 개입은 오랜 식민 통치를 경험한 주민들로 하여금 민족주의적 성향을 띠게 하여 공산주의자들에 적극 협조하게 만들었다.[64]

베트남 통일이 가지는 시사점과 교훈을 생각해 보면 먼저 남베트남 주민들의 민심이 정부로부터 완전히 분리됨으로써 공산세력이 승리를 거두었다는 점이다. 남베트남 정치체제의 모순으로부터 오는 비민주적, 반민족적 정치제도의 운영과 미국 등의 외세 개입이 주민의 정서를 고려하지 않고 독재체제의 유지에만 초점을 두었기 때문에 민심은 이반되었다. 남베트남의 소요 진압은 자체적으로 해결되지 않고 외세에 의존한 것이었고, 그 안보 역시 외세에 의존했기 때문에 체제가 튼튼할 수가 없었다. 남베트남이 표방한 자유민주주의는 독재와 부정부패 속에서 군사쿠데타를 끊임없이 유발시킬 만큼 허약했다. 따라서 베트남 전쟁을 공산주의 대對 자유민주주의로 규정짓는 것은 그 실상이 아니며, 민족주의 대 패권주의, 혹은 제국주의의 대결이라고 보는 견해가 보다 설득력이 있다.[65] 한국의 경우에도 오랜 기간동안 민주화에 대한 요구와 주한미군의 철수문제가 북한의 정치선전 대상이 되어 왔다. 민주화에 대해서는 문민정부 이후 논란이 많이 사라졌으나 정치분야뿐만 아니라 경제 및 사회분야에서도 민주화를 실천하는 노력이 계속되어야 한다. 확고한 민주주의의 정착과 부정부패의 말소는 국민 통합력을 담보하는 가장 기본적인 요소라는 것을 베트남의 사례는 잘 보여 주기 때문이다.

남베트남은 정치적 선전과 홍보를 사용하는 북베트남의 전략과 전술에 소홀하였다. 폭력을 통한 혁명으로 베트남 정부를 붕괴시키고 사회주의 체제를 건설하려는 목표 아래 결성된 해방전선과 '인민혁명당'은 실제로 남베트남 사회에서 목표와 부합되는 활동을 수행했으며 공산주의 세력이 남베트남을 공산화하는데 절대적 활동기반이 되었다. 베트남 통일의 원동력은 반식민과 반제를 주축으로 하는 반외세 민족운동에서 그 뿌리를 찾을 수 있는데 그 운동의 실천과정에서 가장 중요하고 실질적인 역할을 한 것이 인민해방전선이었으며, 전선의 활동을 후면부에서 지원한 것이 북베트남이다. 북베트남은 남부의 인민해방전선에 대해서는 정치 및 정신적으로 영향력을 행사했으며 군사적으로 미군과 직접적으로 싸웠고 해방전선의 전투를 적극적으로 지원했다.66) 전쟁 중에 그들이 미국에게 제시한 협상조건 중에는 미국과 남베트남을 분리시키려는 목적67)이 다분히 보이는데 이는 북한의 주장과 동일하다. 북한이 베트남을 모방하여 전략을 세울 경우에 대비하기 위해 남한내 민주적 정치절차와 제도의 발전을 모색하여 다양한 계층의 요구를 적절히 수용하고 계층간 갈등을 조절하는 것이 필요하다.

한편 통일 베트남 정부는 북베트남의 사회주의 혁명 경험을 토대로 통합상의 문제를 해결하려 하였으나 이미 북부 사회와 커다란 괴리를 갖는 남부 사회의 이질적 성격으로 말미암아 통합정책 추진과정에서 많은 문제점을 야기하였다. 통일의 당위성을 인정하면서도 장기적인 분단으로 인하여 이질화를 겪고 있는 한반도의 경우, 베트남의 경험이 주는 의미는 크다. 베트남의 경우처럼 남북한간에는 어느 일방이 선호하는 이념과 체제가 단기간에 타방에게 수용될 가능성은 희박할 것이다. 따라서 남북한간 통합을 위해서는 양지역의 동질성을 회복, 증대시키는 데 필요한 체계적인 정책의 개발과 집행이 필요하다.

한국의 경우 통일에 대비하여 통일 후의 미래상을 포함하고 북한 주민의 입장을 고려한 통치이념의 개발이 필요하다. 여기에서는 남북한 주민 모두에게 자유 및 평등을 보장하고 민족복리를 우선하는 민족주의가 큰 역할을 할 것이다.

통일 베트남의 상황을 고려할 때 정치조직의 구조 분화를 통한 대중의 정치참여 기회의 확대가 필요하다. 통일정부는 주민으로부터 자발적 체제지지를 기대하기보다는 강제적 복종을 원하였으며 남부 주민의 저항에 대비하였다. 남북한의 경우도 남북 지역 주민들의 정치참여 과정에서 제한적이거나 차별적인 조치가 있을 경우 통합에 대한 지지는 기대할 수 없다. 대비책으로는 통합과정에서는 민간수준의 역할 범위를 넓혀 남북 주민 모두가 통합의 주체가 될 수 있도록 해야 하며 이를 위해 한국 사회에서는 우선적으로 다원적 사회구조의 육성과 발전이 필요할 것이다.68)

베트남의 교훈은 아무리 자유민주주의의 이상을 내세운다고 해도 군사독재와 부정부패, 정부의 비효율성 등으로 국민의 호응을 얻지 못하면 군사력에서 앞선다고 하더라도 결코 승리하지 못한다는 것을 잘 보여 주고 있다. 체제를 지키는 데는 외세보다 자주적 노력이, 군사력보다는 국민의 통합력이 더욱 중요함을 알 수 있다.

※ 이 글은 "분단통일국과 한반도통일: 힘과 통합이론의 관점에서,"
(서울대학교 박사학위논문, 1997)에 수록되었다.

주註

1) 분단국의 통일 유형에는 평화적 흡수 통일을 이룩한 독일의 경우, 무력으로 공산화 통일을 이룩한 베트남의 경우, 비례 대표 통일을 이룩하였으나 내전으로 치달아 결국은 무력 통일로 귀착되고만 예멘의 경우, 중립화 통일을 이룩한 오스트리아의 경우 등으로 나누어 볼 수 있다. 그런데 사회주의를 표방하는 중국이 남아 있기는 하지만 동서 냉전이 사라지고 소련이 붕괴한 현 시점에서 오스트리아 유형의 중립화 방안은 한반도의 통일에는 큰 의미가 없고, 오스트리아는 국내적으로 단합이 잘 되어 외교적인 문제만 잘 해결하면 통일이 가능한 상황이었고, 또 실제로 그렇게 했기에 연구대상에서 제외하였다. 다만 오스트리아의 경우 정치지도자들의 능력과 행위에서 교훈을 얻을 수 있을 것이다.

2) 국토통일원 통일연수원, 『분단국 통일문제』 (서울: 통일연수원, 1990), 7쪽.

3) *Selected Documents on Germany and the Question of Berlin, 1944-1961* (London: Her Majesty's Stationary Office, 1961), p. 99.

4) 가장 중요한 것은 동서독(2)간의 합의이고, 그 다음이 미국, 영국, 프랑스, 소련 (4) 전승국의 승인으로 하나의 독일(1)이 된다는 것이다. 이영기, "독일통일, 브란트 외교 20년 만의 성과," 『신동아』 1990년 6월호, 516쪽.

5) 동독 사민당은 '이브라힘 뵈메'를 대표자로 하여 1989년 10월 7일 창당되었으며, 창당시에는 당이름을 'SDP'로 하였으나 1990년 1월 13일 서독 사민당과 같이 'SPD'로 바꾸었다.

6) Wolfgang Schauble, *Der Vertrag: Wie ich uber die deutsche einheit verhandelte,* (Stuttgart: Deutsche Verlags-Anstalt, 1991), p. 158.

7) 연합통신, 『독일 통일에서 무엇을 배울 것인가』 (서울: 연합통신, 1990), 33쪽.

8) 위의 책, 34쪽.

9) 위의 책, 35쪽.

10) 빌리 브란트, 정경섭 역, 『동방정책과 독일의 재통합』 (서울: 하늘땅, 1990), 528쪽.

11) 이상우, 『국제관계이론』 (서울: 박영사, 1988), 331~332쪽.

12) 호네커 서기장의 방문은 1983년, 1984년 및 1986년에 예정되었으나, 양독간의 지나친 결속과 협력을 저지하려는 소련의 방해로 취소되었다가 실현된 것으로 콜 수상과 호네커 서기장은 공동성명에서 독일에서의 평화정착, 1972년의 기본조약을 토대로 한 두 나라의 관계개선, 1971년 9월 3일의 「베를린에 관한 4강대국협정」의 준수와 완전한 적용을 강조하였다. 또한 그의 방문중 「환경보호분야의 관계확대에 관한 합의서」, 「방사선 보호분야의 정보 및 경험교환에 관한 협정」, 「과학과 기술분야에서의 협력에 관한 협정」 등이 이루어져 과거의

인적교류, 우편 및 통신교류보다 한 걸음 더 나아간 모습을 보여주고 있다.

13) 1989년 5월 2일, 과거 20년간 오스트리아 정부와 교류를 축적해 온 헝가리 정부는 오스트리아와의 국경에 쳐져 있던 철조망을 절단하여 국경을 개방하였다. 그러자 헝가리에서 여름휴가를 보내던 동독국민들이 절단된 국경을 넘어 오스트리아를 거쳐 서독으로 탈출하기 시작하여, 8월 19일 하루동안 장벽이 생긴 이래 가장 많은 숫자인 약 9백 명이 탈출했다고 전해진다. 이렇게 되자 체코에서 여름휴가를 보내던 동독인들은 물론, 폴란드에서 소식을 들은 동독인들도 곧 주駐 체코, 주 폴란드 서독대사관에 몰려가 탈출을 시도하게 되었다. 여름이 지나도 동독인들의 탈주는 줄을 이었고 동독에서는 9월 4일, 민주화의 본산지로 그 유명한 라이프찌히 니콜라이 교회 앞에서 1천 2백 명의 동독시민들이 서독으로의 여행을 요구하였고, 9월 9일에는 동독의 11개 지역대표 30명에 의해 재야단체인 신광장新廣場(Das Neue Forum)이 결성되어 동독의 개혁운동을 조직적으로 주도하게 되었다. 한편 헝가리 정부는 9월 11일, 동독과의 쌍방 여행협정을 철회하고 6천 5백 명의 동독인의 자유여행을 허용하였고, 10월 1일에는 프라하와 바르샤바의 서독대사관으로 탈주한 7천 명의 동독시민이 특별기차편으로 서독으로 이주했으며, 10월 4일에도 약 1만여 명의 동독인들이 체코의 프라하로부터 역시 특별열차편으로 서독으로 이주하였다.

동독은 1989년 10월 7일 건국 40주년을 맞았다. 건국기념행사에 참가한 고르바초프는 방명록에다 "지각하면 응보가 따른다"라고 쓰면서 동독의 개혁을 촉구했으나 호네커는 이를 거부하였다. 그 이튿날 10월 9일에는 라이프찌히 시위에 7만 명이 참가하였고, 민주화의 물결은 동독 전역에 퍼져 나가기 시작했다. 경찰은 시위를 진압하지 못했으며 난공불락이라고 믿었던 정치체제에 도전한 민중은 승리하였다. 백경남, 『독일, 분단에서 통일까지』(서울: 강, 1991), 212~215쪽.

14) 동독은 1961년 8월 13일, 냉전체제의 상징이 된 장벽을 설치하여 베를린의 중심부 브란덴브르크 문을 기점으로 동서로 갈라 버렸다.

1984년의 자료에 따르면 장벽이 쌓인 이후에도 서독을 향한 탈출노력은 계속되었는데 이 과정에서 적어도 72명이 목숨을 잃었다. 그 중 55명은 동독 수비대의 총에 맞아 숨졌으며 1백 13명은 총탄에 부상했고 약 5천명이 탈출에 성공했다고 한다. 서베를린 자료에 의하면 동독인 3천 1백 명 이상이 탈출시도 혐의로 체포되었다고 한다. 이른바 접근하면 죽음을 면치 못하던 장벽이 축조된 지 28년이 지난 11월 9일 저녁, 정치국원 샤보브스키(Gunter Schabowski)는 기자회견에서 동독 시민의 여행의 자유와 동독 국경 전면개방을 발표하였다. 시민의 압력에 크렌츠 정권은 굴복한 것이다.

15) 1. 동독에서 자유선거를 통한 민주적 합법정부가 구성되면 인도적 분야와 의료

부문에 있어서의 즉각적인 원조
2. 경제, 과학, 기술, 문화 등 모든 부문에서의 협력강화
3. 동독의 정치, 경제제도의 근본적인 변화가 일어나면 서독의 지원과 협력의 확대
4. 동독이 제의한 계약 공동체를 수용
5. 연방제 창설을 목표로 한 동서독간의 연합구조 형성
6. 동서독간의 관계발전은 전체적인 유럽통합 및 동서관계의 구조 속에서 발전시킨다.
7. 유럽공동체를 강화시켜 동독을 포함한 동유럽국가에 문호를 개방하고 동독과 상업 또는 협력협정의 체결을 추천한다.
8. 유럽안보회의(CSCE)는 전체 유럽설계의 핵심이다.
9. 유럽분할 및 독일분단의 극복 위해 군비축소 및 통제
10. 독일민족의 자결원칙에 의한 독일의 통일실현

16) 1. 동서독은 나토와 바르샤바 조약기구에서 탈퇴하여 군사적 중립을 이룬다.
2. 화폐를 비롯한 경제부문은 물론, 교통망 및 법률제도를 통합하는 연방을 구성한다.
3. 중앙 및 지방의회와 정부기구 등을 결합하는 공동정책기구들을 구성한다.
4. 이들 공동기구에 양국 주권을 이양하는 궁극적인 재통일을 하는 데 이때 연방제 하에서 양측이 선거를 실시한다.

17) 7월 1일을 기해 동독의 공산당 기관지『노이에스 도이칠란트』는 동독의 종말을 공식적으로 선언했다. 서독은 통화통합 실현을 위해 5백억 마르크를 인쇄하고, 1994년까지 동독 경제재건을 위해 1천 1백 50억 마르크의 특별기금을 지원할 것이라고 하였다. 한편 통화·경제통합은 서독 국민의 경제적 희생 위에서 이루어진 것으로 그것은 통일을 위한 대가이기도 했다.

18) 1837년 9월 처음으로 영국은 Muhammad Ali에게 아덴을 자신의 영향력 아래 두겠다는 경고를 보냈다. Robin Bidwell, *The Two Yemen* (Longman: Westview press, 1983), p. 32.

19) 중동문제 연구소,『통일예멘과 남북한』(서울: 한국외대 외국학 종합연구센터, 1992.7), 23쪽.

20) Robert D. Burrows, *The Yemen Arab Republic: The Politics of Development, 1962-1986* (Boulder, Colorado: Westview Press, 1987), p. 16.

21) 중동문제 연구소, 앞의 책, 11쪽.

22) 양호민 외,『남과북 어떻게 하나가 되나』(서울: 나남, 1992), 128쪽.

23) 외무부,『예멘공화국 개황』(서울: 외무부 중동일과, 1991.5), 25~26쪽.

24) 홍순남, "남북 예멘의 통일정책과 UN," 통일원,『통일문제연구』제3권 3호

(1991), 143~144쪽.

25) 양호민 외, 앞의 책, 128~129쪽.

26) 국토통일원.『예멘 통일관계 자료집』(서울: 국토통일원, 1990), 217쪽.

27) 석유의 발견이 외부 세계로부터의 독립을 의미하는 것은 아니다. 비록 이것은 사우디와 몇몇 다른 지원자들에게 경제적으로 덜 의존케 하겠지만 예멘은 성숙된 산업국들에 의해 아직도 지배되는 국제 경제체제에 깊이 빠져있다. 예멘이 그의 장래를 결정하는데 석유는 더욱 강한 힘을 주겠지만 국내적·국외적 정책에 근본적인 새로운 통로를 개척해 줄 것 같지는 않다(Burrows, op.,cit., pp. 151-152).

28) http://hopia.net/kyc/book/y_stud_k1-1.htm (검색일: 2005.11,10).

29) Karl W. Deutsch,et al., "Political Community and the North Atlantic Community," in Anchor Anthology, *International Political Communities* (New York: Doubleday, 1966), pp. 1-4.

30) 예멘을 직접 다녀오신 유정열 교수와의 인터뷰에서.

31) K.C. Wheare, *Federal Government*, 3rd ed. (London: Oxford Univ. Press, 1956), p. 101.

32) 아랍 민족주의 의식이 강한 예멘인들은 아랍 국가간의 타협에 의해 전쟁이 종결될 것을 희망하는 입장이었다. 예멘과 이라크는 전통적으로 우호적이었기 때문에 과도정부는 걸프 전쟁에 비교적 중립적 입장이었다고 평가할 수 있다. Eric Watkins, "The Shadow of Suspicions," *The Middle East* (March 1991), p. 25.

33) Ursula Braun, "Yemen: Another Case of Unification," Aussen Politik, *German Foreign Affairs Review*, Vol.43. (Hamburg: Inter Press Verlag, 1992), p. 182.

34) 사회주의자와의 합작한 통일과 통일 후의 민주화 실험을 못마땅하게 생각하고 있던 사우디와 쿠웨이트는 통일정부가 연합군 편을 들지 않았다는 이유로 예멘에 대해 경제적 제제를 가하는 한편 민주화를 방해하기 위해 보수적 부족세력과 이슬람 원리주의자들에게 재정적 지원을 하며 반정부 운동을 지원하였다. 김국신, "예멘 통일 이후 문제점,"『분단 극복의 경험과 한반도 통일 2』(서울: 한울 아카데미, 1994), 217쪽.

35) 1992년 가을과 겨울 사이에 약 80만 예멘인이 사우디와 쿠웨이트로부터 추방되었고 그 중 6만 명은 연고가 없어 홍해연안의 알 후다이다흐 주변의 피난민 수용소에 거처했다. 또한 이들 귀환 노동자의 송금손실은 대략 연 10억 달러 정도로 추산된다. 오만의 경제정보 기관은 18억 달러로 보고했다. Charles Dunvar, "The Unification of Yemen: Process, Politics and Prospects," *Middle East Journal*, Vol.46, No.43 (Summer 1992), pp. 471-472 ; The Economist Intelligence

Unit, *Oman, Yemen Country Report*, No.3 (1991), p. 3 ; 김용욱, 『한민족의 평화통일론』 (서울: 대왕사, 1995), 284쪽 재인용.

36) ≪한겨레신문≫ 1994년 5월 7일.

37) 유지호, "예멘통일 이후 문제점," 민족통일연구원 제12회 국내학술회의 발표논문, 3쪽.

38) 부족세력은 사회주의적이고 인구수에서 북예멘의 4분의 1 정도밖에 안되는 남예멘이 정부 요직을 북예멘과 거의 동등하게 차지하게 된 것에 불만이 많았기 때문에 사우디아라비아의 재정지원을 받아 이슬람개혁당을 설립하고 반정부 운동을 전개하였다.

39) 김용욱, 『한민족의 평화통일론』 (서울: 대왕사, 1995), 291쪽.

40) 위의 책, 293쪽.

41) ≪중앙일보≫ 1994년 5월 3일.

42) 이는 미국이 제안한 유럽방위 공동체에 대해서 프랑스가 미국의 입장을 곤란하게 만들지 않는다는 조건을 전제로 미국이 프랑스의 고민을 대신했는데 한편으로 미국이 프랑스의 고민을 선뜻 대신할 수밖에 없었던 것은 팽창하는 중국에 대한 저지의 목적도 있었다. Keith Buchanan, *The Southeast Asian World* (New York: Anchor Books, 1968), pp. 148-149.

43) 양호민 외, 앞의 책, 124~125쪽.

44) 정용석, 『분단국 통일과 남북 통일』 (서울: 다나 출판사, 1992), 99쪽.

45) D.R., Sardesai, *Vietnam: The Struggle for National Identity* (Boulder, Colorado: Westview Press, 1992), pp. 49-52.

46) 고딘 디 엠 정부에 대한 미국의 지원은 매우 커서 디엠 정부의 통치기간 (1955~1963)동안 경제원조만도 20억 달러에 달하였다. 이영희, 『베트남 전쟁』 (서울: 두레, 1991), 112쪽.

47) 1962년 2월 18일 미국방성은 하킨스 휘하의 특수부대를 창설하여 1만 2천명의 요원을 베트남에 파병하여 진압에 나서게 되었다. Paul M. Kattenburg, *The Vietnam Trauma in American Foreign Policy, 1945-1975* (New Brunswick: Transaction Books, 1980), p. 113.

48) 주월 미군의 수는 한 때 54만 명에 달했고 한국, 오스트레일리아, 타일랜드, 필리핀, 뉴질랜드 등 5개국들이 7만여 명을 파견한 바 있다. 월남 정부군 60만 명을 합치면 도합 1백 20만 명의 대군이 베트콩과 싸운 셈이다.

49) 일시에 전지역에 걸쳐 게릴라식의 기습공세를 취한 것으로 미국으로 하여금 베트남 전쟁의 성격이 여타의 전쟁과 달리 베트남 민중과의 대결이며, 승리하기 어려운 전쟁임을 인식시켰다.

50) 닉슨 정부 시절에 베트남에는 매일 140회에 달하는 전략 폭격기의 출격과 30회

에 달하는 F-111의 출격, 500~700회에 달하는 기타 전투기들의 출격이 있었다.

51) 위의 책, 153쪽.

52) Vo Nguyen Giap, "A New Development of the Art of Leading a Revolutionary War," Vietnam Courier (August 1975). *Van Tien Dung, Our Great Spring Victory* (New York: Monthly Review Press, 1977), pp. 11-12.

53) 이 전쟁으로 북베트남의 전사자는 100만 명에 이를 것으로 추정되는데 이는 북베트남 성년 남자 17명 중 1명이 남베트남 땅에서 죽었다는 것을 의미한다. 이 비율을 미국에 적용하면 1,600만 명이 죽은 것으로 되는데 실제 미군의 사망자수는 49,000명에 불과하다. 공습과 폭격에 의해 북쪽이 입은 물질적 손해는 4억불(미국집계)에 이르는데 당시의 GNP는 17억불이었다. 이상은 단지 북부의 피해일 뿐이다. 인명이나 물질의 면이나 남부에서 입은 피해는 아마 북부의 갑절에 달할 것이다. 더글라스 파이크 저, 녹두 편집부 역, 『베트남 공산주의 운동사』 (서울: 녹두, 1985), 191쪽.

54) Robert A. Divine, ed., The Johnson *Years, Volume Two : Vietnam, the Environment, and Science* (Lawrence: University Press of Kansas, 1987), pp. 24-27.

55) 양호민 외, 앞의 책, 126~127쪽.

56) 장달중, "한국정치의 사회적 기원과 자유민주주의의 과제," 『2000년대와 한국의 선택』 (서울: 고려원, 1992), 75쪽.

57) 양호민 외, 앞의 책, 305쪽.

58) 위의 책, 305쪽.

59) 허성순, "많은 것 일깨워 준 예멘 통일의 교훈," 『주간조선』 제1107호 (1990.7.1), 57쪽.

60) 김국신·김도태·여인곤·황병덕, 『분단극복의 경험과 한반도 통일 2』 (서울: 한울 아카데미, 1994), 235쪽.

61) 유정열 외 3인, "예멘 현지 출장 결과 보고서" (서울: 통일원, 1991.9), 23쪽.

62) 김수남, "남북예멘의 통일과정과 교훈," 『국방연구』 (서울: 국방대학원 안보문제연구소, 1991.6), 69쪽.

63) ≪서울신문≫ 1993년 5월 11일.

64) 임현진·공유식·김병국·설동훈, "한국에서의 민족국가 형성 및 전개의 동학에 관한 비교사적 연구," 『성곡논총』 (서울: 성곡학술문화재단, 1996), 645쪽.

65) 김용욱, 앞의 책, 242쪽.

66) 전경수·서병철, 『통일사회의 재편과정』 (서울: 서울대학교 출판부, 1995), 118쪽.

67) Nguyen Van Canh, *Vietnam Under Communism: 1975-1982* (Stanford: Hoover Institution, Stanford University, 1983), pp. 1-2.

68) 김국신·김도태·여인곤·황병덕, 앞의 글, 134~141쪽.

＜참고문헌＞

1. 남한문헌

국토통일원 통일연수원,『분단국 통일문제』(서울: 통일연수원, 1990).

국토통일원,『예멘 통일관계 자료집』(서울: 국토통일원, 1990).

김국신, “예멘 통일 이후 문제점,”『분단 극복의 경험과 한반도 통일 2』(서울: 한울 아카데미, 1994).

김국신 · 김도태 · 여인곤 · 황병덕,『분단극복의 경험과 한반도 통일 2』(서울: 한울 아카데미, 1994).

김수남, “남북예멘의 통일과정과 교훈,”『국방연구』(서울: 국방대학원 안보문제연 구소, 1991.6).

김용욱,『한민족의 평화통일론』(서울: 대왕사, 1995).

더글라스 파이크 저, 녹두 편집부 역,『베트남 공산주의 운동사』(서울: 녹두, 1985).

백경남,『독일, 분단에서 통일까지』(서울: 강, 1991).

빌리 브란트, 정경섭 역,『동방정책과 독일의 재통합』(서울: 하늘땅, 1990).

양호민 외,『남과북 어떻게 하나가 되나』(서울: 나남, 1992).

연합통신,『독일 통일에서 무엇을 배울 것인가』(서울: 연합통신, 1990).

외무부,『예멘공화국 개황』(서울: 외무부 중동일과, 1991.5).

유정열 외 3인,『예멘 현지 출장 결과 보고서』(서울: 통일원, 1991.9).

유지호, “예멘통일 이후 문제점,” 민족통일연구원 제 12회 국내학술회의 발표논문.

이상우,『국제관계이론』(서울: 박영사, 1988).

이영기, “독일통일, 브란트 외교 20년만의 성과,”『신동아』(1990.6).

이영희,『베트남 전쟁』(서울: 두레, 1991).

임현진 · 공유식 · 김병국 · 설동훈, “한국에서의 민족국가 형성 및 전개의 동학에 관한 비교사적 연구,”『성곡논총』(서울: 성곡학술문화재단, 1996).

장달중, “한국정치의 사회적 기원과 자유민주주의의 과제,”『2000년대와 한국의 선택』(서울: 고려원, 1992).

전경수 · 서병철,『통일사회의 재편과정』(서울: 서울대학교 출판부, 1995).

정용석,『분단국 통일과 남북 통일』(서울: 다나 출판사, 1992).

중동문제 연구소,『통일예멘과 남북한』(서울: 한국외대 외국학 종합연구센터, 1992.7).

허성순, “많은 것 일깨워 준 예멘 통일의 교훈,”『주간조선』제1107호, 1990.7.1.

홍순남, "남북 예멘의 통일정책과 UN," 통일원, 『통일문제연구』 제3권 3호 (1991).
≪서울신문≫ 1993년 5월 11일.
≪중앙일보≫ 1994년 5월 3일.
≪한겨레신문≫ 1994년 5월 7일.

2. 외국문헌

Charles Dunvar, "The Unification of Yemen: Process, Politics and Prospects," *Middle East Journal*, Vol.46, No.43 (Summer 1992).

D.R., Sardesai, *Vietnam: The Struggle for National Identity* (Boulder, Colorado: Westview Press, 1992).

Eric Watkins, "The Shadow of Suspicions," *The Middle East* (March 1991).

Frederick H. Hartmann, *The Relations of Nations* (3rd ed., New York: Macmillan Company, 1967).

K.C. Wheare, *Federal Government, 3rd ed.* (London: Oxford Univ. Press, 1956).

Karl W. Deutsch,et al., "Political Community and the North Atlantic Community," in Anchor Anthology, *International Political Communities* (New York: Doubleday, 1966).

Keith Buchanan, *The Southeast Asian World* (New York: Anchor Books, 1968).

Nguyen Van Canh, *Vietnam Under Communism: 1975-1982* (Stanford: Hoover Institution, Stanford University, 1983).

Paul M. Kattenburg, *The Vietnam Trauma in American Foreign Policy, 1945-1975* (New Brunswick: Transaction Books, 1980).

Robert A. Divine, ed., *The Johnson Years, Volume Two : Vietnam, the Environment, and Science* (Lawrence: University Press of Kansas, 1987).

Robert D. Burrows, *The Yemen Arab Republic: The Politics of Development, 1962-1986* (Boulder, Colorado: Westview Press, 1987).

Robin Bidwell, *The Two Yemen* (Longman: Westview press, 1983).

The Economist Intelligence Unit, *Oman, Yemen Country Report*, No.3 (1991).

Ursula Braun, "Yemen: Another Case of Unification," *Aussen Politik, German Foreign Affairs Review*, Vol.43 (Hamburg: Inter Press Verlag, 1992).

Van Tien Dung, *Our Great Spring Victory* (New York: Monthly Review Press, 1977).

Vo Nguyen Giap, "A New Development of the Art of Leading a Revolutionary War," *Vietnam Courier* (August 1975).

Wolfgang Schauble, *Der Vertrag: Wie ich uber die deutsche einheit verhandelte* (Stuttgart: Deutsche Verlags-Anstalt, 1991).

Selected Documents on Germany and the Question of Berlin, 1944-1961 (London: Her Majesty's Stationary Office, 1961).

http://hopia.net/kyc/book/y_stud_k1-1.htm (검색일: 2005.11.10).

제2부
북한의 외교

정규섭 북한 외교정책의 역사적 전개
서보혁 1990년대 북한의 대미정책:
　　　　정체성 정치의 작동방식을 중심으로
진희관 북한의 대일정책: 북한의 대일인식에
　　　　대한 ≪조선통신≫ 기사 분석을 중심으로
정성임 북·러관계
유광진 북한의 대중국외교정책

북한 외교정책의 역사적 전개

정 규 섭

1. 머리말

북한은 김일성 중심으로 역사를 다시 쓰고 있더라도 소련에 의해 일제로부터 해방되고, 소련의 결정적인 역할에 의해 세워진 나라인 것은 분명하다. 소련에 의해 사회주의국가로 만들어진 북한은 동서냉전이라는 국제질서에서 사회주의 진영의 한 구성국가로 전쟁을 일으키고, 중국과 소련의 다툼 속에서 '자주'를 내걸고, 사회주의가 아닌 다른 진영과의 관계개선도 하면서 생존과 번영을 위한 외교활동을 벌여왔다.

북한은 1980년대가 끝나면서 사회주의권이 무너지고 동서냉전도 끝난 충격적인 상황에 부닥쳤으나, 여전히 '인민대중 중심의 사회주의'라는 북한식 사회주의를 내세웠다. 그렇지만 사회주의권이 사라진 현실에서 북한은 생존을 위해 미국·일본 등에 접근하는 새로운 차원의 외교정책을 모색하여야만 했으며, 1993년 3월 핵무기확산금지조약(Nuclear Nonproliferation Treaty: NPT) 탈퇴를 선언한 이후 핵무기 개발을 빌미로 미국이라는 유일초강대국과 맞서기도 하였다.

1994년 7월 김일성의 사망이라는 충격과 이어 불어닥친 경제난에 따라 북한은 '고난의 행군'이라는 역경을 겪으면서도 국가생존에 성공하였으며, 1998년 9월에는 '강성대국' 건설을 국가목표로 한 김정일 정권이 공식 출범하였다.

이후 북한은 중국·러시아와의 관계긴밀화, 유럽연합 국가들과 수교, 남북정상회담 등 매우 적극적인 외교활동을 전개하였으나 미국과의 갈등은 증폭되었고, 2002년 1월 미국은 북한을 '악의 축'으로 규정하게 되었다. 북한은 미국의 대북 강경 입장에 또다시 맞서는 모습을 보이다 2002년 10월 핵개발을 시인함으로써 그간의 외교적 성과가 물거품이 될 수도 있는 상황에 부닥쳤다. 앞으로 김정일 정권의 진로는 어떤 방향에서 핵문제가 풀릴 것인가에 따라 좌우될 것이다.

국제사회에서 북한은 군사력을 제외한 인구, 영토의 크기, 경제력 등에서는 소국임에는 분명하다. 지정학적인 측면에서 북한은 분단국이며, 중국·러시아와 국경을 맞대고 있고, 미국과 일본의 직접적인 영향력을 받는 위치에 있다. 이러한 북한이 생존과 번영, 나아가 통일을 위해 어떠한 외교정책을 전개해 왔는가 하는 큰 흐름을 알아보는 것이 이 글의 목적이다.

2. 북한 외교의 목표와 기조

1) 외교정책 목표

국제사회의 모든 국가들은 국가안전 유지, 국제적 위신의 증대, 경제적 번영과 같은 핵심적인 국가이익을 추구해 오고 있으며, 자신이 지향하는 나름대로의 목표를 가지고 있다. 외교란 이러한 목표를 달성하려는 대외적 활동이다. 북한 역시 국제사회에서 하나의 국가로서 생존과 번영을 달성하려는 외교활동을 전개해오고 있다. 다만 북한은 다른 국가들과 다르게 분단국이라는 특성에서 나오는 남한과 정통성 경쟁이라는 외교정책 목표가 있으며, 이는 궁극적으로 북한 주도의 한반도 통일이라는 국가목표에 귀결되고 있다.

이러한 북한의 국가목표는 북한이 세워진 이후 계속되고 있다고 볼 수 있다. 그 근거로는 1980년 10월 제6차 당대회에서 개정되어 현재까지 바뀌지 않고 있는 북한의 최고규범인 당 규약에서 '전국적 범위에서 민족해방과 인민민주주의 혁명과업 완수'와 최종목적으로 '온 사회의 주체사상화와 공산주의사회 건설'을 명시하고 있는데서 찾을 수 있다.

북한이 1964년 2월 민족해방혁명을 위해서는 '북조선 혁명력량, 남조선 혁명력량, 국제적 혁명력량' 강화가 필요하다고 제시하여 통일전략을 3대혁명역량 전략으로 체계화한 이후,1) 북한은 국제적 혁명역량 강화를 통한 통일 달성이라는 국가목표를 추구하기 위한 외교활동을 해오고 있다. 1980년대 후반 이후 사회주의권 붕괴라는 세계질서 변화와 북한의 가중되는 경제난 등에 따라 북한이 체제유지에 주력하면서 수세적인 입장에서 대남정책을 추진하고 있는 것은 사실이나, 북한 주도의 한반도 통일을 위한 '민족해방 인민민주주의혁명'이라는 대남정책 기본 틀을 포기하였다는 명백한 증거를 찾기는 어렵다.

2) 외교정책 기조

북한은 맑스·레닌주의를 지도이념으로하여 수립되고, 사회주의권 붕괴 이후에도 '인민대중중심의 우리식 사회주의'를 고수하고 있는 사회주의 국가이므로 국제정치와 외교정책을 계급투쟁이론에 의한 세계

혁명의 과정으로 간주하고 있다. 이에 따라 프롤레타리아 국제주의원칙에 따른 사회주의 국가들과의 단결, 반제국주의, 민족해방투쟁과 혁명투쟁 지원 등은 북한 외교정책의 밑바탕을 이루었다.[2]

그러나 1960년대 중반 주체사상이 체계화된 이후 북한의 외교정책을 규정하는 근본 지침은 주체사상의 근간을 이루는 '정치에서 자주'로 바뀌었으며, 이는 현재까지 지속되고 있다. 북한은 1980년 제6차 당대회에서 주체사상에 기초한 '자주, 친선, 평화'를 외교정책 이념이라고 밝혔으며, 이는 1988년 9월 '자주, 평화, 친선'으로 순서가 바뀌었다. 북한은 이러한 외교정책 이념은 자주적 입장, 반제혁명적 입장, 국제주의적 입장을 구현하고 있는 것이라고 설명하고 있다. 북한은 1998년 9월 개정 헌법에 '자주, 평화, 친선'을 외교정책의 기본이념·대외활동의 원칙으로 명시하고, 외교정책노선으로 우호적인 국가들과의 평등과 자주성, 상호존중과 내정불간섭, 호혜의 원칙에서 정치·경제·문화적 관계 증진, 침략과 내정간섭 반대, 자주권과 민족적·계급적 해방을 실현하기 위한 투쟁 지원 등을 제시하고 있다.

3. 냉전기 북한 외교정책: 1948 ~ 1988

1) 진영외교를 통한 국가승인, 전쟁, 전후복구

북한은 1948년 9월 9일 국가 수립과 함께 한반도 통일을 국가목표로 한 정부정강을 발표하면서, 외국군대의 철수를 주장하고 국제적으로 독립국가로서 승인을 받고자 하는 의사를 밝혔다. 북한은 10월 12일 소련과 외교관계를 맺음으로써 국제사회에 독립국가로서 첫발을 내딛었으며, 첨예한 동서냉전의 상황에서 소련의 뒷받침에 의해 사회주의진영의 일원으로 1950년 1월까지 11개국가와 외교관계를 맺고 소련으로부터 원조를 얻었다. 한편 통일이라는 국가목표를 위해 북한은 북한내 기지건설을 주력하는 '민주기지론'과 모든 세력의 통일전선적 연대를 강조하면서 1950년 6월 남한에 대한 평화공세를 벌인 직후 무력으로 한반도 통일을 시도하였으며, 전쟁이 끝난 후에는 복구에 필요한 원조를 얻는 진영외교를 전개하였다.

한국전쟁을 통해 북한은 한반도 통일이라는 국가목표 달성에 실패한 채, 중국의 도움으로 국가생존을 확보할 수 있었다. 그러나 유엔이 북한을 침략국으로 규정함으로써 북한의 국가위신은 떨어지게 되었으며, 중국군의 전면참전으로 북한에 대한 중국의 입김이 커진 대신 소련의 미온적인 지원으로 북한은 소련을 믿지 못하게 되었다. 미국은 전쟁상대였으므로 북한은 미국을 제1공적으로 삼게 되었다.

북한은 한국전쟁이 끝난 직후 소련·중국·동유럽 국가들로부터 원조를 얻는 외교활동을 벌이고, 한국문제를 논의하기 위한 첫번째 국제회의인 제네바 회담에 참석하였다. 진영외교를 통해 북한 외교의 밑바탕에는 프롤레타리아 국제주의가 자리잡게 되었다.

2) 진영을 넘어서 제3세계로

북한은 1955년 2월 25일 '대일관계에 관한 외무상의 성명'을 통해 일본과의 관계정상화 의사를 밝히면서 "각이한 사회제도를 가진 모든 나라들이 평화적으로 공존할 수 있다"는 진영을 넘어선 외교방향을 밝혔으며, 이러한 입장은 1956년 4월 제3차 당대회에서 구체화되었다.

진영을 넘어선 북한 외교의 첫번째 대상은 일본이었으며, 북한은 1955년부터 인도, 인도네시아와 접촉을 시작하여 점차 중동, 아프리카 국가들로 범위를 확대시켰으며, 자본주의국가들과 접촉도 시도했다. 그 결과 진영을 벗어나 12번째로 1958년 9월 알제리와 외교관계를 맺었으며, 1960년 12월 오스트리아와 무역관계를 체결하기도 하였다. 1961년 7월 북한은 소련·중국과 동맹조약을 체결하여 안전보장을 강화하는 한편 중·소 분쟁으로 인한 사회주의 진영의 분열이 심화되는 상황에서 제3세계 국가들에 대한 진출을 가속화하였다. 그 결과 북한은 1958년부터 1965년까지 13개국과 외교관계, 6개국과 총영사관계, 5개국과 무역관계를 맺었다.

이와 같이 북한이 진영을 넘어서 제3세계로 외교활동을 넓히게 된 이유는 소련이 1956년 2월 미국과의 평화공존정책으로 전환한 것과 국제사회에 제3세계가 대거 등장하였기 때문이었다. 1955년 4월 개최된 반둥회의(Bandung Conference) 이후 1961년 9월 제1차 비동맹정상회의 개최 등 비동맹운동의 전개와 더불어 1960년대에 들어 신생독립국가의 수가 급증하고 이들이 내거는 반제국주의, 반식민주의, 반서구적 입장이 자신의 성향과 맞다고 판단한 북한은 자신의 경제발전 모델을 신생독립국가에게 부각시키면서 이들과의 관계증진을 적극적으로 도모하였으며, 이는 효과적인 결실을 거두었다.

한편 대남정책과 관련하여 북한은 정전이후 각종 대남 제의를 통한 평화공세를 취하면서 1964년 2월 통일전략을 '3대혁명역량 전략'으로 체계화하였다. 이러한 통일전략은 북한이 견지해 온 민주기지론이 확대된 것으로 남조선 혁명의 중요성이 더욱 부각된 특징을 보인다.

3) 자주노선과 강경외교

1960년대에 들어 중·소분쟁이라는 사회주의권의 분열이 가속화되자 북한은 사회주의 국가간의 평등과 자주, 상호존중과 내정불간섭을 주장하면서 자주적 입장을 모색한 결과, 1966년 10월에 개최된 당 대표자회를 통해 대외관계에서 완전한 자주권과 평등권을 행사한다는 내용의 '자주노선'을 공식 선포하였다.

북한은 자주노선 수립 이후 계속 대외관계에서의 자주성을 내세우면서 반미입장과 민족해방투쟁에 대한 지지의 강화와 대남 강경정책으로의 선회, 그리고 제3세계 국가들에 대한 적극적인 외교정책을 지속적으로 전개하였다. 자주노선 선언과 함께 북한의 대외정책에서 가장 특징적으로 부각되는 측면은 1968년 1월 21일 청와대 기습, 1968년 1월 미군함 푸에블로호 나포, 10월 울진-삼척지역의 무장게릴라 침투, 1969년 4월 미정찰기 EC-121기 격추 등에서 나타나듯이 대남·대미 강경정책을 추진한 것이다.3)

북한이 자주노선을 천명할 수 있었던 배경에는 물론 중·소분쟁이라는 사회주의권의 분열이 있었지만, 이와 함께 북한이 정권수립 과정과 한국전쟁 중 경험한 내정간섭과 1962년부터 추진한 군사력 강화의 성과, 그리고 제3세계로의 성공적 진출이라는 외교적 성과에 대한 자만감 등이 놓여있었다.

북한의 자주노선 선포는 소련의 절대적인 영향력하에서 국가가 수립된지 18년만에 이루어진 것으로 지정학적 위치나 소국이라는 북한의 속성을 고려할 때 의미있는 정책전환이었다. 북한의 자주노선이 현실 외교정책에서 실질적으로 반영되었다고 볼 수는 없지만, 북한은 자주노선 수립 이후 계속 대외관계에서 자주성을 표방하였다.

4) 전세계로 외교지평의 확대

1969년 미·소 데땅트와 닉슨 독트린 발표, 1971년 미·중 화해의 시작 등 국제환경 급격한 변화에 따라 북한은 1971년 11월 당 중앙위원회 제5기 제3차 전원회의를 통해 '국제정세에서 제기된 몇가지 문제에 대하여'를 논의한 결과, 세계 모든 나라와 친선과 협조관계를 발전시킨다는 외교정책의 '세계화'를 추진하기 시작하였다. 북한은 외교의 지평을 전세계를 대상으로 확대하기 시작한 것이다.

외교지평의 확대 결과 북한은 1970년 제5차 당대회 이후 1980년 제6차 당대회까지 66개국과 외교관계를 수립하는 결실을 얻었으며, 가장 특징적인 측면은 자본주의 국가들과의 관계개선과 서방으로부터 플랜트 수입 및 차관도입 등 경제관계 확대, 분단 후 처음 남한과의 대화, 유엔주재 상주대표부 개설과 유엔산하기구 가입, 미국에 대한 직접접촉 제의, 비동맹운동과 77그룹 가입 등이라고 할 수 있다.

북한이 전세계를 대상으로 외교활동을 넓히게 된 이유는 미·중국 데땅트라는 국제정세의 급격한 변화를 활용하여 남한과 외교경쟁에서 열세를 만회하고, 군사력 강화정책에 따라 1960년대 후반부터 경제성장이 둔화되고 있는 상황을 극복하기 위해서 자본주의 국가들의 기술과 상품 도입이 필요했기 때문이다.

전세계를 대상으로 외교활동을 전개한 결과 북한은 국제사회에서 독립국가로서 확고한 인정을 받는 동시에 제3세계와의 유대강화를 통해 자신의 입지를 강화할 수 있었다. 더욱이 1972년 7월 4일의 자주, 평화통일, 민족대단결이라는 '남북공동성명'의 핵심 내용은 북한이 주장해 왔던 원칙이었다는 점과 1975년 북한이 비동맹운동의 회원국으로 가입한 것은 남한에 대한 외교적 승리라고 평가할 수 있다. 그러나 1970년대 중반에 들어 국제원유가 상승, 운송수단 결여 등으로 서방과의 경제관계 확대가 난관에 처함으로써 북한 경제는 점차 어려워지는 상황에 부닥쳤으며, 1976년 8월 18일 판문점 도끼만행사건을 저지른 결과 북한의 국제적 이미지는 결정적으로 손상되었다.[4)]

5) 자주, 친선, 평화와 대외개방 모색

북한 외교정책의 변천과정에서 1980년대에 들어 가장 특징적인 측면은 외교정책 이념을 체계한 것과 대외개방정책을 모색·추진한 것이다. 김일성은 1980년 10월 제6차 당대회에서 대외무역의 확대발전, '고려민주련방공화국 창립방안' 제의와 함께 북한 외교정책의 기본원칙을 '자주, 친선, 평화'라고 체계화하여 공표하였다. 특히 북한은 친선이라는 이념에 따라 사회주의 국가, 비동맹국가, 제3세계국가들과의 유대관계를 계속 유지하는 한편, 자본주의 국가들과의 지속적인 관계개선을 도모할 것임을 표명한 것이다.

대외개방문제와 관련하여 북한은 1984년 1월 대외무역의 확대방안을 공식적으로 결정하였으며, 1984년 9월 외국인의 직접투자, 합작투자를 유치하기 위한 '조선민주주의 인민공화국합영법'을 제정·공포하였다. 1987년 4월에 채택된 제3차 7개년계획에는 대외무역 확대와 경제합작, 합영을 구체적으로 명시하였다. 이와 같이 북한은 자립경제가 결코 폐쇄적인 자력갱생 원칙의 고수가 아니라 국제적인 경제협력도 필요하다는 점을 인정하면서 대외경제관계 확대로 나타나는 대외개방의 논리를 구축했고, 이를 정책에 반영하기 시작하였다.

북한이 대외개방을 모색하게 된 근본원인은 계획경제, 자력갱생 정책의 한계에서 비롯된 것이며, 경제의 '주체화, 현대화, 과학화'를 달성하기 위해서는 대외경제관계 확대가 필연적으로 수반되어야 했다. 이와 함께 제6차 당대회에서 김정일의 후계체제가 공식화된 이후 북한은 경제발전이라는 업적을 통해 후계체제를 공고화할 필요성도 있었으며, 1978년부터 추진된 중국의 개방정책은 북한의 정책추진에 많은 영향을 미쳤다고 볼 수 있다.

한편 북한은 1983년 10월 랭군폭파사건으로 실추된 국가위신을 회복하고자 1984년 1월 미국과 남북한이 참여하는 3자회담 개최, 미국과의 평화협정 체결 등을 제의하기도 하였다. 또한 북한은 1984년 9월 8일 북한적십자회를 통하여 한국의 수재민들에게 구호물자를 제공하겠다고 발표하고, 이를 한국정부가 수락하였다. 이를 계기로 경제분야, 적십자 회담, 국회회담 예비접촉 등 다방면에 걸친 남북대화·접촉이 이루어지기도 하였다. 북한이 1986년도 팀스피리트훈련을 이유로 1986년 1월 모든 남북대화를 거부함으로써 남북대화는 재차 전면 중단되었다. 이러한 상황에서 북한은 1986년 12월 '북남고위급 정치회담' 개최 제의, 1987년 7월 '조선반도에서 단계적 다국적 무력감축 협상' 제의 등 평화공세를 취하는 한편, 1987년 11월 남한의 국제적 지위 향상을 견제하기 위해 대한항공기를 격추하는 테러를 감행하였다.

1980년 10월 당시까지 남한은 어떤 통일방안도 내놓은 적이 없는 상태에서 북한이 체계화된 통일방안을 제시한 것은 통일문제의 주도권 장악이라는 측면에서 선수를 친 것으로 평가된다. 또한 북한의 외교정책 이념을 '자주, 친선, 평화'로 체계화한 것 역시 정책의 명쾌한 논리정리로 볼 수 있다. 그러나 실제 정책추진의 내용면에서 북한이 중점을 둔 대제3세계외교가 비동맹운동의 실효성 상실에 따라 빛을 발하지 못하고, 북한 외교 전반에 심각한 손실을 주었다. 또한 북한이 대외개방의 논리를 세우고 많은 관심을 보였으나, 실질적인 성과는 미약하였고, 오히려 북한은 1987년 10월 서방 채권은행단에 의해 채무불이행국가로 선언된 첫 국가라는 불명예를 안았다. 더욱이 1980년대 중반 이후 소련과 동유럽국가들의 개혁·개방정책의 진전은 북한에게는 부담스러운 일로써 받아들여졌다.

4. 세계질서 변화와 대외정책의 조정: 1989 ~ 1998.8

1) 세계질서 변화와 북한의 인식

고르바쵸프(Mikhail Gorvachev)는 1985년 3월 소련공산당 서기장에 취임하여 소련이 처한 사회·정치·경제적 위기를 변혁시키기 위한 개혁의 필요성을 역설하였다. 페레스트로이카(Perestroika)와 글라스노스트(Glasnost)라는 소련의 개혁·개방정책은 처음에는 경제개혁으로 시작되었으나, 사회전반의 민주화라는 정치개혁으로 확산되었으며, 외교적으로도 동맹국들의 정책에 간섭하지 않는다는 입장이었다. 이에 따라 동유럽국가들은 자율적인 개혁·개방에 착수하고 결국 정치적인 측면에서 1989년에 이르러 대부분 다당제 도입, 자유총선거, 궁극적으로는 공산당 일당독재를 종식시키는 현상을 초래하였다. 이는 '1989년 혁명'으로 불리게 되었다. 동독은 1989년 11월 10일 국경을 개방하여 독일분단의 장벽이 와해되었다.

사회주의권의 체제변동과 연계되어 세계질서는 급격히 변화되었다. 1989년 12월 몰타에서 개최된 미·소 정상회담을 통해 제2차 세계대전 이후 국제정치를 규정하였던 동서냉전이 종식되었으며, 1991년 1월 걸프전쟁에 이어 12월 소연방의 해체 이후 사회주의권의 와해과정이 진행되면서 미국은 유일초강대국으로 등장하게 되었다. 이 과정에서 1988년 2월 노태우 정부가 출범하면서 남한은 사회주의 국가들과의 관계개선을 추구하는 '북방정책'을 전개하기 시작하였으며, 그 성과는 사회주의국가의 88서울 올림픽 대거 참가와 한국과 연이은 수교로 나타났다.

이러한 세계질서·동북아질서의 변화는 김일성 유일체제를 고수하고 있는 북한에게 엄청난 충격을 주는 사건이었으며, 북한은 이에 대한 대응정책을 강구할 수밖에 없었다.

북한은 사회주의국가들의 급격한 체제변혁과 궁극적인 붕괴과정을 목격하면서 이를 역사발전의 기본 흐름에서 볼 때 부분적·일시적인 현상으로 간주하였다. 우선 북한은 동유럽국가들의 급격한 정치변동이 초래되기 이전까지는 제국주의자들에 의한 사상문화적 침투와 경제적 압력에 대한 우려를 표명하는 입장이었으나, 점차 제국주의자들이 사회주의 국가들을 내부로부터 와해시키기 위한 사상문화적 침투를 자행하고 있다는 논리를 내세웠다. 동유럽국가들의 체제변동이 급속히 이루어지자 북한은 사회주의 국가들의 개혁·개방정책에 따른 변화양상은 제국주의자들이 "<평화적인 방법>으로 사회주의를 자본주의로 되돌려세워 온 세계를 황색세계 다시말하여 자본주의화하려는 악랄한 반공전략"인 '평화적 이행전략'에 기인한 것이라고 인식하는 한편, 사회주의 국가들의 정치변혁을 "제국주의자들에게 현혹된 사회주의에 대한 배신"이라고 비난하는 수밖에 없었다.

이후 소련의 해체라는 충격적인 사건을 목격한 북한은 사회주의의 붕괴 원인을 제국주의자들의 '평화적 이행전략'이라는 외적 요인뿐만 아니라, 사회주의의 내적 요인에 의해 초래되었음을 분명히 하였다. 그 내적 요인이란 사회주의 국가들이 사회주의 본질을 잘못 알고 있었고, 사회주의의 근본 원칙을 제대로 지키지 않았으며, 사회주의국가들의 국제적 연대성이 약화되었다는 것이다.5)

한편 북한은 냉전의 종식에도 불구하고 국제정세는 여전히 긴장과 대립상태에 있고, 미국이 세계질서 재편의 주도권을 장악하고 있으며, 현대제국주의는 힘의 정책과 평화적 이행전략의 양면전술을 통해 사회주의 국가, 제3세계 국가들을 정치·군사·경제적으로 지배·통제하려 하고 있다고 인식하였다. 특히 북한은 냉전 종식후의 상황을 '1극화세계'로 보았고, 이는 곧 "현대제국주의가 주인 노릇을 하며 판을 치는 서방화된 세계"를 의미하며, 여기에서 "미국은 다름 아닌 <군주>의 역할"을 하려 한다는 것이다. 반면에 긍정적인 측면에서 북한은 냉전 종식에 따라 미국과 직접협상의 명분을 확보할 수 있고, '국제사회의 민주화, 자주화'를 실현할 수 있는 여건이 성숙되고 있다고 인식하였다.

이와 함께 북한은 남한이 추진하고 있는 북방정책은 남북한의 분단을 고착화시켜 두 개의 조선을 초래할 것이고 궁극적으로는 북한을 고립시키려는 정책이라고 간주하였다. 북한은 이를 저지하기 위해 사회주의 국가들에 대해 자신의 입장을 지지해 줄 것을 호소하는 수밖에 없었다.

2) 북한의 대응 방향

(1) 김일성 사망이전 시기

북한은 1980년대 후반 사회주의권의 체제변동이라는 상황뿐만 아니라, 남한과 격차가 커지고, 내부적으로도 경제가 침체되는 상황에 대처하기 위하여 1988년 남한과의 공존을 최초로 표명하는 한편, 12월에는 미국과 북경에서 참사관급 외교관 접촉을 시작하는 등 외교정책상의 변화를 나타냈다. 이후 북한은 탈냉전과 사회주의권 붕괴라는 세계질서 재편과정에서 사회주의권과의 기존관계를 유지하는 한편, 대미·일 관계정상화 추진, 남북공존 모색, 새로운 단계의 대외경제개방 추진 등 북한 나름의 대응정책을 전개하기 시작하였다.

대사회주의권 외교사회주의권에 대한 외교에서 북한은 남한과 동유럽국가들간의 외교관계 수립에 대해 공개 비난과 대사소환 등 외교적 항의를 제기하였으나, 곧 기존 관계의 지속에 주력하였다. 북한은 중국과는 사회주의권의 체제변동에 공동 대응하는 모습을 보이면서 관계긴밀화를 추구하였으며, 1992년 한·중 수교 역시 수용하고 기존의 우호적 관계를 유지하려 하였다. 반면에 북한은 1990년 10월 한·소 수교를 소련의 '배신'이라고 비난하였으나, 독립국가연합이 출범하면서 구성국과 외교관계를 맺음으로써 기존 관계의 복원을 도모하였다.

대미 접근북한은 1988년 12월부터 미국과 접촉으로 시작하여 1992년 12월까지 28차례의 회합을 가졌으며, 1992년 1월 최초의 차관급회담도 있었다. 북한이 이렇게 미국과의 접촉을 시작한 것 자체가 세계질서 재편에 대응하려는 것을 의미한다. 북한은 미국이 한국전쟁과 휴전협정의 당사자로서 한반도문제에 직접적인 책임이 있기 때문에 한반도 문제 해결을 위해서는 미국과 직접대화가 필요하다고 주장하였다. 그러나 북한의 핵개발에 대한 의혹이 커져가는 상황이었기 때문에 양국간 접촉과정을 통해 실질적인 성과는 없었다.

북한은 1993년 3월 12일 핵확산금지조약 탈퇴를 선언한 이후, 외교정책의 초점을 미국과의 직접협상에 두고 문제상황을 극단으로까지 몰고 가는 '벼랑끝전술'을 사용하면서 미국과의 두 차례 고위급회담을 가졌다.

대일 접근북한은 1989년부터 일본과의 관계개선을 희망하였으며, 1990년 9월 가네마루金丸信 전 부총리가 주축이된 일본 자민당·사회당 대표단이 북한을 방문하여 조선로동당과 공동선언을 통해 양국간 국교 정상화 추진에 합의하였다. 이에 따라 1991년 1월 30일 일본·북한 국교정상화를 위한 제1차회담이 평양에서 시작되었고, 1992년 5월까지 7차례의 본회담이 진행되었다. 그러나 이 시기 이후 북한은 핵문제 해결 및 일본과의 관계개선 속도 문제가 궁극적으로 미국의 영향력 하에 있다는 판단에서 대미·일 관계개선 우선순위상 대일관계 보다는 대미관계를 중시하는 경향을 보이면서 대일 접근의 속도를 늦추었다.

대남정책북한은 1988년 이후 남북공존을 강조하면서 1990년 1월에는 남북 쌍방 총리를 수석대표로 하는 고위급회담 개최에 호응하는 한편, 통일전선전술을 통한 남조선혁명역량 강화에 주력하기 시작하였다. 이러한 북한의 대남정책은 김일성이 1990년 5월 24일 최고인민회의 제9기 제1차회의에서 행한 시정연설 '우리나라 사회주의의 우월성을 더욱 높이 발양시키자'를 통해 '조국통일 5대방침'으로 체계화되었다.[6] '조국통일 5대 방침' 발표 이후 북한은 '하나의 조선' 논리를 고수하면서도 흡수통일을 우려하여 남북공존을 수용함으로써 체제유지를 도모하기 위하여 1991년 9월 유엔 동시가입, 1992년 2월 19일 제6차 남북고위급회담에서 '기본합의서' 및 '한반도의 비핵화에 관한 공동선언'의 채택·발효 등에 응하면서 남북관계를 조정하기 시작하였다. 그러나 북한은 다원적인 한국사회의 특성을 최대한 활용하기 위해 '민족대단결'을 명분으로 한 통일전선전술의 적극 추진이라는 남조선혁명역량 강화를 계속 추진하였다.

북한은 1993년 3월 핵확산금지조약 탈퇴 선언 이후 남북대화에 소극적인 입장을 취하면서 대미 직접협상을 통해 핵문제를 비롯한 한반도의 평화·안정·통일문제 전반에 관해 정치적 흥정을 도모하기 시작하였다. 이러한 상황에서 북한은 1993년 4월 7일 최고인민회의 제9기 제5차회의를 개최하여 김일성이 작성한 '조국통일을 위한 전민족대단결 10대 강령'을 채택하였다.[7] 강성산 총리는 '10대 강령' 채택을 위한 보고에서 남한에 대해 외세의존정책 포기와 미군철수 의지 표명, 외국군대와 합동군사연습의 영구 중지 및 미국의 핵우산으로부터 벗어날 것 등 4가지 사항을 요구하였다. 결국 북한의 대남·통일정책은 '10대 강령'으로 체계화되었으며, 이에 나타나는 특징은 남북공존 모색과 통일전선전술의 지속 추진이라는 이중성이다.

북한은 남북대화가 동결된 상황에서 남한의 김영삼 정부 출범과 북한 핵문제가 국제화된 이후 남한을 배제한 채 미국과의 직접협상을 통해 한반도문제를 해결하려는 입장을 보였으나, 1994년 6월 남북정상회담 개최 제의를 통보함으로써 '주 대미회담, 종 남북대화' 전략의 전환 가능성을 시사하였다. 그러나 1994년 7월 8일 김일성의 사망으로 북한의 정책변화는 입증되지 않았다.

대외개방북한은 1980년대 말부터 대외개방에 대해 적극적인 관심을 표명하고, 1991년 12월 28일 나진·선봉지역 621㎢를 '자유경제무역지대'로 지정한 정무원 결정 제74호 채택을 공식 발표하여 새로운 단계의 대외개방정책을 추진하기 시작하였다. 이와 함께 북한은 1992년부터 대외개방과 관련한 각종 법령을 정비하기 시작하는 동시에 1992년 4월 개정된 헌법에 대외개방의 법적 근거를 명시하였다(제16조, 제37조). 또한 북한은 1993년 12월 8일 당중앙위원회 제6기 제21차 전원회의에서 2~3년의 완충기 동안 '무역제일주의'에 입각하여 수출품생산기지 확충, 수출품생산 확대강화, 대외시장 개척을 도모하고, 이를 통하여 대외무역 발전에 새로운 전환을 이루겠다는 정책방향을 공표하였다.

평가북한이 사회주의권의 붕괴라는 충격적인 사건에 직면하여 사회주의 국가들과 기존의 관계를 유지하려한 대외정책의 전개는 궁여지책이었지만 합리적인 정책방향이었다고 볼 수 있다.

탈냉전시대의 도래와 미국 주도의 세계질서 재편이라는 세계질서 변화를 북한은 정확히 인식하고 있었으며, 이에 따라 북한이 대외정책의 최우선 순위를 대미 관계개선에 두었다는 점은 긍정적으로 평가할 만하다. 더욱이 북한이 약소국임에도 불구하고 핵무기개발 가능성이라는 카드를 활용하여 국제사회를 상대로 '벼랑끝 외교'를 전개하면서 미국과의 직접협상의 기회를 확보한 것은 북한체제의 특수성을 반영한 것이지만, 약소국 외교정책의 측면에서 시사하는 바가 크다.

체제유지와 대남정책은 표리관계에 있기 때문에 북한은 '남북공존'을 모색하면서도 기존의 대남적화전략을 포기하지는 않았다고 볼 수 있다. 더욱이 북한은 '기본합의서' 등 남북한 합의사항을 사장시킨 채 미

국과의 직접협상에 주력함으로써 남북관계 개선에 대한 기대를 무산시
킨 일차적인 책임을 질 수밖에 없다.

북한이 1990년대에 들어 추진하기 시작한 일련의 새로운 단계의 대외
개방정책은 분명히 1980년대의 대외개방과는 차원이 다르며, 보다 구체
적인 것이었으나, 이 역시 대외개방의 파급효과를 극소화시켜 체제유지
가 손상받지 않는 범위내에서의 '통제된 개방'인 것으로 평가할 수 있다.

(2) 유훈통치기

1994년 7월 김일성 사망은 사회주의권 붕괴의 여파에 이어 북한의
생존에 어려움을 가중시킨 사건이었다. 김일성 사망과 함께 '유일한 후
계자' 김정일이 북한의 최고지도자로서 등장하였으나, 김정일은 김일성
에 비해 카리스마가 부족한 점에서 정통성이 취약한 근본적인 문제점을
안고 있었다. 김정일이 직면한 대외차원의 핵심과제는 국제적 고립에서
탈피하고 남한으로 흡수통일을 배제함으로써 체제를 유지해나가는 것
이었다. 또한 대내적으로는 1990년 이후 가중되는 경제난, 식량난을 해
소하여 인민의 지지를 확보하는 동시에 효율적인 사회통합을 이루어야
하는 과제를 풀어야 했다. 특히 북한의 경제상황은 1995년과 1996년
여름의 수재로 인해 식량난이 가중되어 아사자가 속출하였고, 결국
1996년 12월 김정일이 식량문제로 인해 '무정부상태'가 조성되고 있다
고 언급하고, 1997년 신년공동사설에서는 "풀죽을 먹는 한이 있더라도"
라는 표현이 등장할 정도에 이르게 되었다.

이러한 상황에서 김정일은 우선적으로 군부장악을 통한 체제의 안정
성 확보에 주력하였고, 이는 1996년 신년공동사설에서 사회주의 정치사
상진지와 경제적, 군사적 진지라는 '3대진지' 강화로 정립되어 나타났
다. 결국 김일성 사후 북한은 체제안정성 확보에 주력하다보니 새로운
정책방향을 제시할 겨를도 없는 상황이었고, 따라서 김일성 시대에 정

립된 정책을 계속 추진한다는 '유훈통치'를 내걸 수밖에 없었으며, 대외 정책 역시 같은 범주에 있었다.

대미외교 중심의 주변4국외교 김일성 사후 북한은 대미외교 중심 의 주변4국외교를 지속적으로 추진하면서 1994년 10월 21일 제3단계 미·북한 고위급회담을 통한 미·북한 '기본합의문' 채택, 1995년 3월 30일 일본 연립3당의 방북 대표단과 수교회담 재개를 위한 4개조항 합 의, 중국과 동맹관계 유지 및 러시아와 실용주의적 협력관계를 모색하 였다.

대미정책과 관련하여 북한은 1994년 10월 제3단계 미·북한 제네바 회담을 통한 '미·북한 제네바 기본합의문' 채택으로 핵개발 동결 대가 로 미국으로부터 경수로 및 중유 지원이라는 경제적 이익과 관계개선의 발판과 함께 과거 핵규명 시한을 연장함으로써 협상카드를 계속 보유할 수 있게 되었다. 이후 북한은 기본합의문 이행의 일환으로 1995년 12월 경수로 공급협상 타결, 연락사무소 개설 협상 진행, 미국의 대북한 경제 제재 완화조치 및 인도적 차원의 물자·자금 제공 허용 등을 도출함으 로써 점진적으로 대미 관계개선을 이루어 나가는 한편, 미국의 요구에 따라 1996년 1월 미군유해송환협상 및 1996년 4월 미사일협상에 호응 하였다.

이후 북한은 1996년 4월 한·미 정상회담을 통해 제의된 한반도 평 화를 논의하기 위한 4자회담에 응하기도 하였다. 1998년 8월 북한의 금 창리 지하핵시설 의혹이 제기된 상황에서 북한은 8월 21일~9월 5일 미국과의 고위급회담을 통해 핵합의 이행, 미사일협상 및 4자회담 재개 를 일괄타결하였다. 그러나 이 회담이 진행되는 동안 북한은 8월 31일 다단계 로켓을 발사함으로써 한반도뿐만 아니라 동북아시아의 군사적 긴장을 야기시켰다.

대일정책과 관련하여 북한은 1995년 3월 30일 일본 연립3당의 방북

대표단과 ① 조기 국교 정상화 노력, ② 조건없는 대화와 교섭, ③ 자주 독립적인 입장에서의 교섭, ④ 정부의 교섭 추진 노력 등 4개 원칙에 합의함으로써 1992년 8월 이후 중단된 수교회담 재개를 시작할 수 있는 근거를 만들었다. 그러나 1997년 11월 일본인 처 고향방문이 처음 성사된 것을 제외하면 양국간 관계진전은 이루어지지 않았다. 1997년 12월 일본 정부의 일본인 납치의혹 해소 촉구와 북한의 반발, 1998년 8월 북한의 다단계 로켓 발사와 이에 대한 일본의 강경한 태도, 그리고 북한의 대일 적대적 태도 등에 따라 양국의 관계개선은 진척되지 않았다.

대중정책과 관련하여 북한은 김일성 사후 지속적인 대중 방문외교를 통해 중국과의 정치·군사·경제 등 제분야에서의 교류·협력을 강화하고자 하였으며, 중국의 대북한 식량·원유의 무상원조도 계속 제공되었다. 그러나 양국간 최고위급 지도자간 교류의 부재, 1997년 2월 황장엽 당비서 망명문제 처리에 대한 북한의 불만, 4자회담에서 중국을 배제하려는 북한의 입장, 중국의 대북한 영향력 행사에 대한 북한의 비판적 입장, 북한의 다단계 로켓 발사에 대한 중국의 우회적 비난 등에서 나타나듯이 북한은 중국과 전통적인 동맹관계를 유지하는데 어려움을 겪었다.

대러정책과 관련하여 북한은 러시아 극동지역과 나진·선봉 자유경제무역지대를 중심으로 대러 경제협력 활성화를 추진하는 한편, 러시아 내 공산세력과의 연대강화, 1995년 2월 새로운 임업협정 체결, 독립국가연합 구성국들과의 관계증진을 도모하였다. 그러나 1995년 9월 7일 러시아가 '러·북한 우호협력 및 상호원조에 관한 조약'을 연장하지 않는다고 발표함으로써 북한은 러시아와 이념적 유대 및 군사적 동맹관계에서 탈피하여 국가이익을 중시하는 실용주의적 협력관계로 재조정할 수밖에 없게 되었다. 이후에도 북한은 러시아와 경제협력 강화 노력을 보였으며, 대러 관계 재조정은 1997년 1월 '조·소 우호협조 및 상호원조조약'을 대체하기 위한 제1차 회담 개최이래 새로운 조약 체결 논의를 중심으로 전개되었다.

대유럽 및 아시아 외교북한은 김일성 사후 1993년 11월 출범한 유럽연합(EU) 회원국들에 대해 각급 대표단을 파견하여 관계개선에 적극적인 입장을 보이기 시작하였다. 1995년 8월 북한이 유엔에 수재 긴급지원 요청을 한 이후 유럽연합은 이에 적극적으로 호응하여 인도적 지원을 제공하기 시작하였으며, 1995년 12월에는 한반도에너지개발기구(KEDO)의 공식회원국으로 참여하였다. 이를 계기로 북한에 대한 유럽연합의 관심은 증대되기 시작하였다. 이후 북한은 유럽연합으로부터의 인도적 차원의 지원획득은 물론 유럽연합 국가들과의 경제관계 확대에 주력하였다.

대아시아정책과 관련하여 북한은 1995년 신년공동사설을 통해 '남남협조'를 강조하면서 동남아시아 국가들에 대한 초청·방문외교를 지속적으로 전개하였다. 동남아시아 국가들에 대한 북한의 초청·방문외교는 주로 경제분야에 관련된 것이었지만, 1995년 11월 최광을 단장으로 하는 군사대표단의 파키스탄 방문은 예외적인 것이었다. 북한은 인도네시아·태국·베트남·라오스·말레이시아 등 동남아국가들에 대한 외교활동을 강화함으로써 쌀 수출국인 태국·베트남·미얀마 등으로부터 긴급 식량지원 획득 및 경제협력을 추구하는 한편, 미얀마·필리핀과의 외교관계 정상화를 추진하였다.

남한 배제 및 이원전략 북한은 김일성 사후 김영삼 정부와의 당국간 대화를 거부하고, 통일전선전술 지속, 1996년 9월 강릉 잠수함 침투 등 대남도발 등을 추진한 반면, 1997년 5월 '남북적십자 사이 구호물자 전달 절차에 관한 합의서' 채택, 8월 19일 경수로 부지 준비공사 착공식에서 나타나듯이 민간차원의 대북지원과 남한 기업인·종교·언론인의 방북 허용 등 민간차원의 교류에는 적극적인 입장을 보였다.

한편 김정일은 1997년 8월 4일 통일문제에 관해서는 처음으로 "위대한 수령 김일성동지의 조국통일유훈을 철저히 관철하자"는 저작을 발표하여 기존의 '통일3원칙,' '10대강령,' '고려민주련방공화국 창립방안'을 '조국통일 3대헌장'으로 규정하고, 전제조건을 내세운 남북당국간 대화재개 의사를 표명하였다.8)

1997년 12월 18일 과거 남한의 민주인사로 간주하였던 김대중 총재의 대통령 당선 이후 북한은 남한의 정책전환을 강도높게 요구하는 동시에, 당국간 대화 용의를 표명하는 이원전략을 구사하기 시작하였다. 북한은 김대중 정부의 대북정책이 기대한 만큼 획기적인 변화를 나타내지 않자 1998년 3월 28일자 ≪로동신문≫ 논평을 통해 김대중 정부 1개월을 "우려와 실망으로 점철된 한달"로 평가하고, 새정부가 "화해 협력과는 반대로 행동했다"고 주장하였다.

북한의 제의에 의해 1998년 4월 11~17일까지 남북관계 개선과 비료문제를 포함한 상호관심사를 논의하기 위한 남북당국간 회담이 성과 없이 끝난 후, 김정일은 통일문제에 관해서는 두 번째로 4월 18일 "온민족이 대단결하여 조국의 자주적 평화통일을 이룩하자"를 발표하였다. 김정일은 이 서한에서 '민족대단결 5대 방침'을 천명하는 동시에 남한의 연북화해정책으로의 전환, 반통일적 법률·기구의 철폐, 외세의 지배·간섭 반대 투쟁 등 북한이 지속적으로 주장해 온 내용을 반복하였으나, "우리는 남조선당국자들이 진정으로 애국애족의 립장, 련북단합의 립장에 선다면 그들과 민족의 운명을 함께 개척해나갈 것입니다"고 언급함으로써 남한 당국과의 대화의지를 적극적으로 표명하였다.9)

그러나 남한 정부가 북한이 요구하는 수준으로의 정책전환 가능성을 보이지 않자, 북한은 남한 정부에 대한 비난의 강도를 높이기 시작하는 한편, 대남무장침투 및 통일전선전술을 계속 추진하였다. 다만 여전히 북한은 민간차원의 다양한 남북교류, 특히 남한인사의 방북에는 매우 적극적인 입장을 보이기 시작하였다.

평가 유훈통치기는 경제난에 따른 '고난의 행군'시기였으므로 북한은 무엇보다도 내정에 국력을 집중하여 체제안정성을 도모하는 것이 급선무였을 것이다. 이렇게 볼 때 유훈통치기의 북한 외교정책은 대체로 김일성 사망이전 세계질서 변화에 부응하려는 정책방향의 연장선상에 머물렀다고 평가된다. 다만 유럽연합과 아시아국가들에 대한 관심이 증대된 것이 부각될 뿐이다. 북한은 유럽연합과의 관계증진으로 경제지원을 획득할 수 있고, 이로부터 파생하는 체제개방 효과는 미·일과의 관계개선에서 초래되는 것보다 적을 것이라고 판단하였을지도 모른다. 북한은 동남아 국가들과의 경제·무역관계를 확대하여 경제난 해소를 도모하는 한편, 국제무대에서의 협력 및 북한에 대한 정치적 지지 또는 중립을 유도하는 입장을 가졌다고 평가된다.

북한이 대미외교에 최대의 중점을 둔 것은 미국이 세계질서 재편의 주도권을 갖고 있을 뿐만 아니라, 일본과의 관계개선, 체제의 안전보장 및 경제지원 도출 등이 미국의 영향력 하에 있다는 판단에서 나온 것으로 분석된다. 그리고 1994년 10월 제네바 기본합의문에 따른 핵문제 해결은 북한에게는 유리한 외교적 성과였다고 볼 수 있다.

북한이 일본에 대해 고자세를 취한 것은 일본이 한·미의 입장과는 관계없이 독자적으로 수교협상에 응하도록 유도하는 전략이라고 평가된다. 한편 북한은 대중 동맹관계 유지를 강조함으로써 유엔 및 4자회담 등 국제무대에서 중국이 북한에 협력하는 한편, 미국의 대북한 국제공조체제를 이완하려는 전략을 추진한 것이었다. 또한 북한은 러시아와의 관계복원을 통해 경제적 지원 확보, 대남 및 대 미·일 협상력 제고 등을 도모한 것으로 분석된다.

북한이 남한을 배제하고 대미 직접협상에 주력한 이유는 미국으로부터의 경제지원과 안전보장 확보가 체제유지의 급선무였다는 점과 연계된다. 또한 북한은 미국이라는 제1의 적이 대미 접근으로 상실되자 남한을 주적으로 대신 설정하고, 대남 적대관계를 유지함으로써 경제난에 따른 내적 불만요인의 배출구로 삼아 효율적인 사회통합을 이루고자 하였던 것으로 볼 수 있다.

북한은 김대중 정부의 전향적인 대북정책을 활용하여 남북대화에 호응 의사를 보임으로써 북한이 필요로 하는 경제지원을 얻고 대미·일 관계개선의 명분을 축적하는 동시에, 남한의 연북화해정책 전환을 촉구함으로써 남북관계의 주도권을 장악하려 하였다고 분석된다.

5. 김정일 정권의 외교정책: 1998.9∼

1) 국가목표와 수단: 강성대국론과 선군정치

1997년 10월 김정일의 당 총비서 취임에 이어, 북한은 1998년 9월 5일 개최된 최고인민회의 제10기 제1차 회의를 개최하여 헌법 개정과 국가지도기관을 선출함으로써 새로운 통치체제를 구축하였다. 이 회의에서 김정일이 국가의 최고직책인 국방위원장직에 재추대됨으로써 김정일 정권이 공식 출범하였다.10) 북한은 1998년 8월 22일 '강성대국'이라는 정치적 구호를 내거는 한편, 8월 31일 다단계 로켓을 발사함으로써 새로운 시대의 개막을 알렸다. 김정일 정권이 국가목표로 내건 강성대국 건설은 "주체사상을 전면적으로 구현하여 우리나라의 국력을 정치와 군사, 경제와 문화 등 모든 분야에 걸쳐 최강의 경지에 올려세우기 위한 거창한 애국애족의 위업"이라는 것이다.11)

북한은 강성대국 건설이라는 국가목표를 달성하기 위한 수단이 곧 김정일의 선군정치라는 논리를 세웠다. 선군정치의 핵심내용은 "군사선행의 원칙에서 혁명과 건설에서 나서는 모든 문제를 해결하고 군대를 혁명의 기둥으로 내세워 사회주의위업 전반을 밀고 나가는 령도방식이다"라는 것이다.12) 이는 선군정치가 곧 김정일 정권의 모든 대내외정책의 기본전략으로 작동하고 있는 것을 의미한다. 북한은 선군정치를 '제국주의와의 대결에서 련전련승하는 불패의 정치'와 '강성부흥의 새시대를 펼치는 현명한 정치'라는 두 측면에서 설명하고 있다. 이렇게 볼 때 김정일 정권은 선군정치를 통해 강성대국이라는 국가목표를 달성하고, 제국주의와의 대결에서 체제를 유지하겠다는 기본 전략을 세우고 있다는 것을 알 수 있다.

그렇다면 과연 북한은 김정일 정권의 공식 출범과 함께 '고난의 행군'을 극복하고, 진정으로 강성대국을 건설할 수 있는 역량을 갖추었는가 하는 의문이 제기된다. 실제로 북한은 2000년대에 들어서 경제회생에 대한 자신감을 표명하기 시작하였다. 예를 들어 북한은 2000년 신년 공동사설을 통해 "지난해에 우리 인민은 불굴의 투쟁을 벌려 여러 해째 계속된 어려운 행군을 구보행군으로 전환시켜놓았다"고 언급하면서도, "우리의 경제형편은 의연히 어렵다"라고 공개적으로 밝혔다. 북한은 비로소 2000년 10월 당 창건 55주년을 "력사에 유례없는 <고난의 행군>, 강행군을 이겨 낸 승리자들의 긍지 높은 대축전이다"라고 규정함으로써 경제난을 어느 정도 극복한 것으로 자평하였다. 그리고 북한은 2001년 신년사설의 제목을 "<고난의 행군>에서 승리한 기세로 세 세기의 진격로를 열어 나가자"로 설정하였듯이 외형적으로는 경제회생의 자신감을 표명하였다.

그러나 김정일 정권은 경제난이라는 대내적 위기상황을 극복하지 못한 것으로 볼 수 있다. 북한 경제는 1990년 이후 9년째 마이너스 경제성장률을 기록하다가 1999년 6.2%로 비로소 플라스 성장으로 반전하였으나, 1999년의 실질GDP는 1989년의 75%에 지나지 않는 것으로 평가되듯이,13) 북한은 장기간의 마이너스 성장을 극복하기에는 역부족인 상태라고 평가된다. 북한은 2000년 신년공동사설을 통해 강성대국 건설을 위한 3대 기둥으로 '사상과 총대, 과학기술 중시로선'을 제시하였다. 이후 북한은 경제회생을 위해 새로운 사고방식 제기, 경제개혁의 모색, 정보기술(IT)산업발전, 경제특구 신설(2002년 9월 신의주, 11월 금강산 및 개성) 등을 추진하고 있으나, 그 성과는 미지수이다. 북한이 2001년 6월 19일자 ≪로동신문≫ 사설을 통해 선군은 김정일의 확고부동한 정치적 신조라고 규정하면서 "설사 나라가 최악의 역경에 처한다 해도 군대만 강하면 얼마든지 다시 일어 설 수 있지만 군력이 약하면 민족의 존엄은 물론 당도 조국도 사회주의도 있을 수 없다는 것이 위대한 장군님의 투절한 립장이다"라고 설명하고 있는 바, 이는 북한이 여전히 위기상황에 처해 있다는 것을 나타내는 결정적인 예이다.

결국 김정일 정권이 내거는 '강성대국' 건설은 하나의 정치적 슬로건이라고 볼 수 있고, 선군정치 역시 체제유지를 위해 어쩔 수 없이 선택한 수단이라고 평가된다. 그리고 김정일 정권이 추진하고 있는 '선군외교전략' 역시 외부로부터 경제지원 획득과 체제안정성을 확보하려는 목표를 가진 것이라고 분석된다.

2) 김정일 정권의 외교정책:
전방위적·입체적 외교의 전개와 좌절

김정일 정권의 공식 출범과 함께 북한은 보다 적극적인 외교정책 전개하기 시작하였다. 이러한 외교정책의 활성화 양상은 1999년 이후 가속화되어 2000년에 들어 대미 고위급회담 개최 합의 및 대일 수교협상 재개, 대중관계 긴밀화 및 대러관계 재정립, 이탈리아·호주와의 수교를 비롯하여 캐나다 등 대서방 접근 적극화, 필리핀·홍콩 등 아시아 국가들과의 접촉 강화 등과 함께 2000년 6월 분단 이후 최초의 남북정상회담개최 등으로 표출되었다. 남북정상회담 이후 김정일 정권의 외교정책 활성화는 전방위적·입체적으로 전개되는 특성을 보였다.

그러나 2001년 1월 출범한 미국의 부시행정부가 대북 강경입장을 보임으로써 북한의 대미 외교는 갈등양태를 띠게 되었고, 2002년 10월 북한이 핵무기 개발을 시인함으로써 김정일 정권이 추진해 온 외교정책 활성화는 심각한 난관에 부딪치게 되었다.

대미정책 : 김정일 정권은 출범 직후 대미협상을 통해 금창리 핵시설 의혹, 미사일 문제를 타결하였다. 금창리 지하핵시설 의혹에 관한 북한·미국간 협상은 1999년 5월 20~24일 현장조사가 실시됨으로써 일단락되었다. 또한 미사일 발사 문제는 1999년 5월 페리 미국 대북정책조정관의 방북에 이어 1999년 9월 베를린 미국·북한 고위급협의를 통해 타결되었다. 북한은 이 회담에서 미사일 시험발사를 유예하는 대신 미국의 대북한 경제제재의 부분적 해제를 도출하였고, 9월 24일 미사일 발사 중단을 공표하였다. 이후 북한은 미국과 고위급회담으로 지속하였으나, 별다른 성과는 없었다. 북한의 대미 접근은 남북정상회담 이후 가속화되어, 2000년 10월 조명록 국방위원회 부위원장의 방미, 올브라이트 미 국무장관의 방북으로 양국간 관계가 급속히 개선되는 양상을 보였다.14)

그러나 2001년 1월 20일 미국의 부시 행정부는 출범과 함께 클린턴 행정부의 대북정책을 유화적인 것으로 평가하면서 북한에 대해 회의적인 시각을 가지고 엄격한 상호주의의 필요성을 강조하였다. 2001년 6월 부시 대통령은 대북정책 검토의 완료와 함께 ① 핵관련 제네바 합의 이행 개선, ② 북한 미사일 검증가능한 규제 및 금수, ③ 재래식 군비태세 등을 의제로 그간 중단된 북한과의 대화를 재개하고, 북한이 긍정적으로 응해 적절한 조치를 취한다면 북한 주민에 대한 지원 확대, 제재완화, 기타 정치적 조치를 취할 것임을 발표하였다. 북한은 이에 반발하여 내부적으로 반미의식을 고취하면서 미국의 대북 강경정책 중지를 촉구하였다.

2001년 9·11 테러를 경험한 이후 2002년 1월 29일 부시 미 대통령은 연두교서를 통해 북한을 이란·이라크와 함께 세계평화를 위협하려고 무장하며 '악의 축'을 이루고 있다고 규정하는 동시에 북한의 경우 미사일과 대량살상무기를 보유하면서도 국민을 굶주리게 하는 나라라고 지적함으로써 북한 체제에 대한 깊은 불신을 나타내었다. 이와 함께 미국은 대량살상무기 보유국인 북한을 테러전쟁 차원에서 접근하려는 의사를 밝혔다. 이에 대해 북한은 1월 31일 외무성 대변인 성명을 통해 부시의 발언을 선전포고나 다름없다고 규정하고, "타격의 선택권은 미국에게만 있는 것이 아니다"라고 강력히 반발하기 시작함으로써 양국관계는 갈등국면으로 돌입하게 되었다.

이후 2002년 10월 켈리 미국무부 차관보가 대통령 특사로 북한을 방문하였으나, 구체적 합의는 도출되지 않았고, 북한은 이 회담을 부정적으로 평가하였다. 미국은 10월 17일 바우처 국무부 대변인 성명을 통해 10월 6일의 고위급실무협의에서 북한이 고농축우라늄 제조시설 건설을 포함한 핵무기 개발을 진행시키고 있다는 것을 인정하였다고 밝혔다. 이에 대해 북한은 10월 25일 외무성 대변인 담화를 통해 핵문제 해결의 방도로 '조미사이의 불가침조약 체결'을 제시한 이후 비교적 빠른 속도로 긴장을 고조시켰다. 이로써 북한 핵무기 개발 문제가 북한·미국 협상의 최대 쟁점으로 다시 부상하였고, 이 문제 해결을 둘러싼 양국간 갈등이 증폭되었다. 북한 핵문제는 2003년에 들어 6자회담이라는 틀에서 논의되기 시작하였으며, 북한은 체제보장을, 미국은 핵포기와 폐기를 주장하였다.

북한은 제2기 부시 행정부 출범 직후인 2005년 2월 10일 6자회담을 무기연기하고 핵무기 보유를 선언하였으나, 9월 19일 북한 핵문제 해결

원칙에 관한 6자회담 공동성명이 도출됨으로써 미국과 관계개선 계기가 마련되었다. 그러나 미국이 2004년 '북한인권법안'을 마련한데 이어 2005년 9월 북한의 위조지폐와 관련하여 금융제재조치를 취하고, 이에 북한이 반발하면서 공동성명 이행 자체가 표류하게 되었다.

대일정책 : 1999년 9월 미사일발사 문제가 일단락된 이후 북한·일본 양국관계는 개선되어 2000년 3월 수교회담 재개 및 2002년 9월 최초의 북한·일본 정상회담이 이루어졌다. 이 정상회담을 통해 ① 10월 중 국교정상화 교섭 재개, ② 일본의 식민지 지배 반성과 대북 경협 제공, ③ 북한의 피랍 일본인문제 사과와 재발방지, ④ 핵 국제합의 준수 및 북한의 2003년 미사일 발사 동결을 2003년 이후에도 유지 등 4개항에 합의함으로써 양국관계의 새로운 전기를 마련하였다. 그러나 이러한 결과가 일본의 여론에 미친 악영향과 북한의 핵무기 개발 시인 등에 따라 대일 관계 개선도 좌초되었다. 다만 2004년 5월 22일 고이즈미 총리의 방북에 따른 정상회담을 통해 북한은 일본으로부터 경제지원 도출 및 미국의 대북 강경입장 완화를 시도하였다. 그러나 2004년 12월 31일 북한 외무성 대변인은 납북 일본인 조사자료와 유골의 진위에 대한 일본의 재조사 요구를 반박하면서 "조일정부간 접촉은 더는 의의를 부여할 필요가 없게 되었다"고 밝힌 이후 대일 비난의 강도를 높임으로써 대일관계 개선을 미루고 있다.

대중정책 : 김정일 정권 공식 출범 이후 북한은 중국과의 관계긴밀화를 적극적으로 추진하기 시작하였다. 1999년 6월 김영남 최고인민회의 상임위원장을 단장으로 하는 대규모 고위대표단이 중국을 방문한 것이 대중 관계 긴밀화의 시작이었다. 2000년 5월 남북정상회담을 앞두고 김정일의 중국방문에 따른 장쩌민 주석과의 정상회담은 북한외교에서 중국이 차지하는 중요성을 단적으로 보여주는 예이며, 이로써 한·중 수교 이후 소원해진 양국관계가정상관계로 완전 복원되었다고 볼 수 있

다. 이후 2001년 1월 김정일의 방중, 9월 장쩌민의 방북 등을 통해 양국 관계의 공고함이 과시되었다. 그러나 중국은 2002년 10월 4일 북한이 신의주 특구 초대 행정장관으로 임명된 양빈楊斌을 구속함으로써 북한에 대해 불편한 점이 있음을 표출하였고, 북한 핵문제 해결의 중재자 역할을 하면서도 북한의 핵무기 개발 반대입장을 명확히 하였다. 소원해진 양국관계를 고려하여 김정일은 2004년 4월 중국을 다시 방문함으로써 중국의 새로운 지도부와 유대강화를 도모하고자 하였다. 이후 2005년 10월 후진타오胡錦濤 주석의 방북, 2006년 1월 김정일의 방중 등을 통해 외형적으로는 긴밀한 양국관계를 과시하고 있지만, 중국은 2006년 7월 북한의 미사일 발사에 따른 유엔 안전보장이사회의 결의에 동참함으로써 북·중 동맹관계에 난기류가 형성되고 있다.

대러정책 : 김정일 정권은 2000년 2월 9일 이바노프 러시아 외무장관의 방북시 '조러 친선선린 및 협조에 관한 조약'을 조인함으로써 대러관계를 새로운 단계로 발전시키는 중요한 계기를 형성하였다. 이후 북한은 러시아와 3차례의 정상회담(푸틴 러시아 대통령의 평양방문, 2000.7.19~20, 김정일의 방러, 2001.7.26~8.18, 2002.8.20~24)을 통해 긴밀한 관계를 유지하였다. 2000년 7월 푸틴·김정일 회담 결과, 동북아 및 한반도 정세, 경협문제 논의 및 선린관계 유지, 안보위협시 지체없는 상호접촉, 통일문제의 자주적 해결 지지, 미사일문제에 대한 공동 입장 등 11개항의 '조·러 공동선언'을 발표하였다. 2001년 7월 김정일의 장기간 방러 결과, 8월 4일 ① ABM 및 북한 탄도미사일 개발의 정당성, ② 한반도 종단철도와 시베리아횡단철도 연결, ③ 6·15 남북공동선언 지지 및 외세배격, ④ 주한미군 철수 등 8개항의 '조·러 모스크바선언'을 발표하였다.[15] 이후 북한은 러시아와 각종 협정을 체결하여 군사·철도·무역·과학분야 등에서 협력을 강화하였다. 2002년 8월 블라디보스톡에서 이루어진 정상회담에서 양국은 경제협력 확대에 합의하고,

대외적으로 친선·우호관계를 과시하였다. 북한과 러시아는 정상간 친서전달, 특사파견, 고위인사 교류 등을 통해 선린우호관계를 유지하고는 있으나, 러시아는 북한의 핵보유 선언에 대해 유감을 표시하고, 북한의 미사일 발사에 따른 유엔 안전보장이사회의 결의에 동참하는 등 국제사회와 공동보조를 취하고 있다.

대유럽 및 서방외교 : 북한의 대유럽외교는 1998년 12월 북한 외무성 대표단과 유럽연합대표간 최초의 정치대화 개최, 유럽연합 의회대표단의 방북, 1999년 1월 유럽연합위원회 대표단의 방북, 1999년 11월 제2차 정치대화 등으로 적극화되었다. 북한은 대서방 접근 적극화의 결실로 2000년 1월 15개 유럽연합 회원국으로는 6번째(스웨덴, 핀란드, 포르투갈, 덴마크, 오스트리아), G7국가와는 최초로 이탈리아와 정식 대사급 외교관계 수립하는 한편, 5월 8일 호주와 대사급외교관계 재개에 합의하였다. 남북정상회담 이후 북한은 유럽연합 국가들에 대한 접근을 보다 가속화하기 시작한 결과, 2000년 12 영국, 2001년에 들어 네덜란드(1.15), 벨기에(1.23), 스페인(2.7), 독일(3.1), 룩셈부르크(3.5), 그리스(3.8) 등과 연이어 외교관계를 수립하였다. 이로써 북한은 15개 유럽연합 회원국 가운데 프랑스와 아일랜드를 제외한 13개국과 외교관계 체결하게 되었다. 북한은 2001년에 들어 캐나다(2.6), 브라질(3.9), 뉴질랜드(3.26)와도 외교관계를 수립하였다.

2001년 5월 유럽연합 의장인 스웨덴의 페르손 총리를 단장으로 하는 대표단이 북한을 방문하여 서방의 국가원수로는 처음으로 김정일과 회담을 가졌다. 북한은 2001년 6월 벨기에 브뤼셀에 태용호 외무성 구주국장 대리를 단장으로 한 대표단을 파견하여 처음으로 유럽연합과의 인권대화에 임하는 동시에 10월 제4차 정치대화 및 2002년 6월 제5차 정치대화를 개최하였다. 한편 북한은 2002년 3월 리광근 무역상 등 12명의 경제시찰단을 벨기에, 이탈리아, 스웨덴, 영국 등 유럽4개국에 파견하여 경제관계 확대를 도모하였다. 이와 같이 북한의 대서방외교는 성공적인 성과를 이루어냈으나, 핵개발 시인으로 급속한 진전을 보이지 못하였다. 북한은 2004년 3월 최고인민회의 대표단의 영국 방문 및 5월 북한·유럽연합 수교 3주년에 즈음한 상호교류 등을 통해 유럽연합과의 관계강화를 추진하였다. 그러나 유럽연합국가들이 북한 인권문제를 강력히 제기함으로써 북한의 대EU 관계개선은 어려움을 겪고 있다. 2005년 11월 유럽연합 회원국들은 '북한인권상황에 대한 결의안'을 유엔총회에 제출하여 통과시키기도 하였다.

대아시아 및 중동외교 : 북한은 브루나이와 수교(1999년 1월), 2000년 2월 홍콩 주재 북한총영사관의 정식 업무 시작 및 인도네시아와 '투자촉진 및 보호에 관한 협정' 체결, 3.23~27 백남순 외무상의 라오스·베트남 방문 등에서 나타나듯이 동남아국가들에 대한 접촉을 강화하기 시작하였다. 2001년 7월 김영남 최고인민회의 상임위원장은 베트남, 라오스, 캄보디아 순방에 이어 2002년 3월 태국과 말레이시아, 7월 인도네시아, 리비아, 시리아를 방문하였다. 또한 북한은 2002년 3월 메가와티 인도네시아 대통령, 5월 천득렁 베트남 국가주석, 분양 보라칫 라오스 총리의 방북을 통하여 동남아 국가 정상들에 대한 초청외교도 활발히 전개하고 있다.

북한은 2004년에 들어 아프리카, 동남아, 쿠바, 몽골 등에 대표단을 파견하여 1980년대 이후 둔화된 비동맹국가들과의 우호증진 노력을 재개하였다. 특히 북한은 1999년 폐쇄했던 몽골주재 북한 대사관을 5년만인 2004년 8월 재개관하였고, 12월 몽골대통령의 방북도 있었다. 2005년에 들어서도 3월 양형섭 최고인민회의 상임위원회 부위원장을 단장으로 한 대표단이 아프리카 여러 국가를 순방하고, 최태복 최고인민회의 의장은 라오스를 방문하였다. 김정일 정권은 동남아 및 중동 국가들에 대한 관계 개선을 적극 추진함으로써 이들로부터 체제에 대한 지지를 확보하는 한편 식량 및 자원 획득을 도모하고 있는 것이다.

평가: 김정일 정권은 강성대국 건설을 내걸고 공식 출범하였지만, 실질적으로는 인민의 기본 욕구가 충족되지 못할 정도의 경제상황에 처한 상황에 있었다. 따라서 김정일 정권의 핵심 목표와 대내외정책의 초점은 체제유지에 있을 수밖에 없었으며, 대외정책 역시 체제안정성 확보라는 국가목표를 달성하기 위한 전략 하에서 추진되고 있는 것으로 볼 수 있다. 이를 위한 북한 외교의 초점은 외부로부터 경제지원과 함께 미국으로부터 체제보장의 확보에 두어지고 있다. 북한은 대량살상무기 개발로서 미국과 갈등을 야기하고, 이를 협상수단으로 활용, 미국으로부터 체제보장을 확보하는 동시에 경제·외교적 지원을 도출하고자 하는 것으로 볼 수 있다. 즉 김정일 정권은 미국과의 관계를 파국으로 이끌지 않는 수준에서 위협을 가하고 협상하는 갈등적 편승전략을 시도하고 있다고 분석된다.16)

김정일 정권의 공식 출범과 함께 북한은 대미 외교에 초점을 두면서도 미국에 대응하기 위한 외교정책을 적극 강구·추진하고 있는 것으로 평가된다. 이에 따라 김정일 정권은 중국 및 러시와의 관계긴밀화를 적극적으로 추진하기 시작하면서 유럽연합 및 아시아·중동지역 국가들과의 외교관계를 강화하고 있는 것이다. 이러한 북한의 입장은 2001년 1월 부시 미행정부 출범 더욱 강화되고 있는 것으로 분석된다.

이러한 맥락에서 김정일 정권의 대주변 4국외교는 '대미외교를 중심으로 한 주변4국외교'에서 '균형적 대주변 4국외교'로 전환되었다고 평가된다. 북한은 중·러와의 관계 긴밀화 정책을 통해 동북아지역에서 미국과 중국 및 러시아의 역학관계를 활용하여 과거 중·소 분쟁을 활용하였듯이 외교적 실익과 안보를 확보하고자 한다고 볼 수도 있다. 북한은 2002년 2월 체결된 '조러 친선선린 및 협조에 관한 조약'에 '안보 위협 발생시 즉각 접촉' 조항을 삽입함으로써 제한적 군사협력의 여지를 확보하였다. 이로써 러시아와의 동맹을 통해 미국에 대응할 수 있는 근거를 마련한 것이다. 또한 북한은 2000년 7월 '조·러 공동선언'과 2001월 7월 '조·러 모스크바선언'을 통해 반미 연대 입장을 확고히 하였다. 북한은 미국의 대북 강경정책에 대응하기 위해 북한-중국-러시아간 '3각 공조'를 적극 모색하고 있는 것이다. 이와 함께 북한은 유럽연합이 미국의 일방주의, 패권주의를 견제하며, 미국과 유럽연합간 갈등이 증폭되고 있다는 인식을 갖고 있다. 따라서 북한은 유럽연합과 미국의 갈등가능성에 주목하여 유럽연합과의 관계강화를 통해 미국주도의 세계질서에 대응하는 균형전략을 구사하는 것으로 볼 수 있다.

3) 김정일 정권의 대남정책: 민족공조 전략

김정일 정권의 공식 출범이후에도 북한은 김대중 정부의 햇볕정책에 호응하지 않은 채 민간차원의 교류·협력을 통한 경제지원 획득에 주력하였다. 그 대표적인 예로는 1998년 10월 김정일의 정주영 현대 명예회장 면담, 11월 18 금강산 관광 개시를 들 수 있다. 북한은 김대중 정부 출범이후 두 번째로 1999년 6월 22일~7월 3일 차관급회담을 개최하였으나, 6월 15일 서해교전으로 결렬되었다. 북한은 김대중 대통령의 2000년 1월 3일 남북경제공동체 구성을 위한 국책연구기관간 협의 제의와 3월 10일 대북 경협지원 확대 내용의 '베를린선언'에 대해 부정적인 반응을 보이고, 오히려 김대중 정부를 '사대로 살고 매국으로 사는 역적들,' '현대판 을사오적' 등으로 격렬히 비난하기도 하였다.

그러나 2000년 6월 남북정상회담을 통해 북한은 내부적으로 김정일의 지도력을 과시하고, 대남차원에서는 기존의 대남전략, 특히 민족공조 전략을 구사할 수 있는 최대한의 여건을 확보하는 동시에 남한으로부터 경제지원을 도출할 수 있는 근거를 마련하였다. 북한은 남북공동선언

1항에 '자주통일' 및 3항에 '비전향장기수 문제 해결'을 명시함으로써 내부적으로 김정일의 지도력과 체제우월성 선전에 활용할 수 있게 되었다. 또한 북한은 제1항 통일문제를 "그 주인인 우리 민족끼리 서로 힘을 합쳐 자주적으로 해결해 나가기로 하였다"라는 것을 근거로 민족공조 및 외세배격과 주한미군 철수를 주장할 수 있게 되었다. 그리고 4항에 '경제협력을 통한 민족경제의 균형발전'을 명시함으로써 남한으로부터 경제지원을 도출할 수 있는 근거를 마련하였다.17)

남북정상회담 이후 북한은 2001년 3월까지는 당국간 회담 및 남북관계 개선의 상징적 행사에 적극 호응하면서도 실질적으로는 민족공조 전략 강화에 주력하였다. 북한은 2000년 8월 15일 '북남공동선언을 지지 환영하며 그 실천을 위한 공화국 정부, 정당, 단체련합대회'를 개최하여 공동선언의 철저한 실천을 위한 결의문을 채택하였는 바, 이 대회에서 양협섭은 "우리 민족끼리 자주적으로 통일문제를 해결해 나가는 원칙을 견지하는 길만이 통일로 나아가는 유일한 길"로 못박고, "우리 민족내부문제에 간섭하려는 그 어떤 외세의 기도도 단호히 배격하여야할 것"을 주장하였다. 이후부터 북한은 민족공조전략을 본격적으로 추진하기 시작하였다.

2001년 1월 부시 행정부 출범이후 북한은 미국의 대북 강경정책으로의 선회를 인식함으로써 남북당국간 대화를 동결한 반면, 민족공조전략 차원에서 '5·1절 통일대회', '남북통일농민대회', '2001년 민족통일대축전' 등에는 적극적으로 호응하는 한편, 필요에 따라 임의로 당국간 대화에 응하는 입장을 보였다. 또한 북한은 2002년 1월 부시 미대통령의 '악의 축' 발언이후 민족공조, '우리 민족끼리'를 더욱 강조하는 양상을 보였다. 그 대표적인 예로 북한은 2002년 6월 15일 남북공동선언 2주년 기념 ≪로동신문≫ 사설을 통해 "북남공동선언이 밝힌 자주통일의 대명제 <우리 민족끼리>를 통일위업수행에서 변함없이 들고 나가는 것은 자주통일시대의 기본요구이다"라고 주장하면서 반미반전투쟁과 반통일세력과의 투쟁을 촉구한 것을 들 수 있다.

남북당국간 대화의 단절 상황에서 북한은 2002년 6월 29일 서해교전을 야기하였으나, 8월 12~14일 서울에서 제7차 장관급회담에 임하였다. 제7차 장관급회담 이후 북한은 당국간 대화뿐만 아니라 합의사항 이행에 비교적 적극적으로 호응하고 있으나, 핵무기 개발 시인 이후 민족공조전략을 한층 강화하였다. 북한은 2002년 10월 28일 조국평화통일위원회 대변인 담화를 통해 "하나의 민족인 북과 남에 있어서 민족의 자주권은 불가분리의 통일체"이며, 북한이 선군정치를 행하였기 때문에 한반도에서 전쟁이 나지 않았고, 그 덕을 보고 있는 남한도 선군정치를 지지하고 미국의 핵압력에 민족공조로 대처해야 한다고 주장하기도 하였다.[18]

이러한 북한의 민족공조전략은 남북공동선언 3주년을 앞두고 2003년 6월 13일 대남 담당비서 김용순의 이름으로 발표된 "우리 민족끼리 힘을 합쳐 조국통일의 문을 열어 나가자"라는 글에 집대성되었다.[19] 이 글에서 김용순은 "<우리 민족끼리>의 리념은 통일문제해결에서 만능의 보검이며 필승의 기치이다"라고 못박았다. 이렇게 체계화된 민족공조전략에 따라 북한은 2005년 신년공동사설을 통해 민족자주·반전평화·통일애국공조라는 '3대공조론' 제시하고, 2006년 신년공동사설에서는 자주통일·반전평화·민족대단합의 '3대애국운동'을 내걸고 있는 것이다.

이러한 '민족공조전략'이라는 북한의 대남전략은 6·15 선언 1항에 명시된 '우리민족끼리'라는 논리를 통일의 공동이념으로 제시하고, 이를 달성하기 위한 수단으로 기존의 '민족대단결론'을 발전시킨 전략으로 평가할 수 있다. 구체적으로 북한은 '우리민족끼리'는 6·15 선언의 기본정신, 통일의 대명제이며, '민족공조'는 공동선언의 성과적 이행과 자주통일의 담보인 민족대단결을 이룩하기 위한 방도로 설명하고 있다.[20] 또한 북한은 우리민족끼리 힘을 합쳐 민족자주, 반전평화, 통일애국의 3대공조를 확고히 이룩할 때 6·15 공동선언의 고수이행도 자주통일위업도 원만히 실현할 수 있다고 강조하고 있다.[21]

민족공조론의 실체는 6·15 선언의 공동실천이라는 명분을 내세워 미국 배제 및 한·미동맹 와해, 남한으로부터의 경제지원 획득 및 대공체제 와해를 도모하는 전략이다. 한·미동맹 및 대공체제 와해를 위해 북한은 지속적으로 남한에서의 연북의식 확산 및 반미자주화투쟁을 선동하고 있다. 6·15 선언 6주년시 북한은 ① 온 겨레가 민족주체적 입장을 확고히 견지, ② 전민족의 대단결을 실현하기 위한 투쟁, 특히 통일운동을 다양한 형태와 방법으로 발전하고, 남조선의 친미보수세력을 타도하는 투쟁 전개, ③ 반미투쟁 지속, ④ 자주통일, 반전평화, 민족대단합의 3대 애국운동을 지속적으로 전개할 것을 촉구하였다.[22]

이와 동시에 북한은 개성공단, 금강산관광 등 공식적인 남북경협 및 인도적 대북지원을 통해 경제지원을 획득하는 동시에 아리랑축전, 민족통일대축전 등 각종 행사 참가, 다양한 민간차원의 방북을 활용하여 김정일의 통치자금 확보에 주력하고 있는 것이다.

남북정상회담 이후 남북관계의 진전상황에서 드러나는 특징은 화해·불가침·교류협력이라는 남북관계의 세 분야가 불균형을 이룬다는 점이다. 북한은 핵문제를 우리 민족끼리 해결하기는커녕 미국만을 상대하고 있고, 남북간 정치·군사분야의 개선은 전혀 이루어지지 않고 있다. 이 점에서 김정일 정권은 여전히 진정한 남북화해·협력을 추구하고 있지는 않은 것으로 평가된다.

6. 맺음말

선군정치를 최고의 통치규범으로 내세우고 있는 김정일 정권의 국가목표가 체제유지인 것은 분명하며, 북한이 내부적으로 체제안정성 확보에 부심하고 있다고 볼 때 북한의 외교정책 역시 이를 달성하기 위한 전략 하에서 이루어질 것으로 예상된다. 즉 김정일 정권에 대한 정치적 보장과 경제지원 확보에 외교의 초점이 두어질 것이다.

앞으로의 북한 외교를 전망할 때 가장 중요한 사안은 북한 핵·미사일문제의 해결방향이다. 2006년 7월 북한의 미사일 발사에 따른 유엔안전보장이사회의 대북결의안 채택에서 분명히 나타나듯이 북한의 핵·미사일문제에 관해 중국과 러시아도 국제사회와 공동보조를 취하고 있다. 그러나 문제는 북한이 선군정치를 강조하고 있는 한 군사력의 최고 상징인 핵무기 보유를 포기하기 어려울 것이라는데 있다. 이는 곧 북한 핵문제를 논의하기 위한 6자회담이 조기에 성과를 거두기는 어렵다는 전망의 근거가 된다. 따라서 북한 외교정책의 전반은 핵문제와 연계되어 부침을 거듭할 것으로 예상된다.

한편 대남정책과 관련하여 핵문제 해결이 지연되고 국제사회의 대북압박이 강화되고 있는 상황에서 북한은 기본적으로 6·15 선언이후 추진해 온 민족공조전략을 더욱 강화해 나갈 것으로 전망된다. 북한은 6·15 선언이후 6년의 결실에 따라 주한미군이 철수하고 남한의 친북자주정권과 더불어 연방제 형식의 통일이라는 '선 남조선혁명 후 조국통일전략'을 머지않아 달성할 수 있다고 생각하고 있을지도 모른다. 그러나 우리 자유민주주의체제의 다양성과 동태성을 고려할 때 북한이 추구하고 있는 목표가 쉽사리 달성되기는 어려울 것이다.

김정일 정권의 외교는 핵문제로 인해 성공과 좌절의 기로에 서 있게 되었다. 이에 더해 인권문제, 위조지폐 문제 등은 북한에게는 불리한 외교환경이다. 이에 대한 대처방향은 김정일 정권의 생존과도 직결될 것이다. 핵문제 해결의 시간이 지연될수록 북한에 대한 국제사회의 압박의 강도는 증가되고, 대북지원은 차단될 것이다. 시간은 북한 편에 있지 않다. 김정일 정권이 어떤 선택을 할 것인지에 따라 남북한을 포함한 동북아 질서가 급격히 요동칠 것인지, 아니면 김정일 정권이 안정을 되찾고 동북아 질서 역시 보다 평화로운 상태로 나아갈 것인지가 결정될 것이다.

※ 이 글은 "협력과 갈등의 대외정책," 『새로운 북한 읽기를 위하여』 (서울: 법문사, 2005)에 수록되었다.

주註

1) 김일성, "조국통일위업을 실현하기 위하여 혁명력량을 백방으로 강화하자" (1964년 2월 27일 당 중앙위원회 제4기 8차회의에서 한 결론), 『김일성저작선집 4』 (평양: 조선로동당출판사, 1968), 77~96쪽.

2) 프롤레타리아 국제주의에 대해 북한은 "당의 령도밑에 로동계급이 자본주의제도를 뒤집어 엎고 사회주의, 공산주의를 위한 투쟁에서 국제적으로 단결하고 서로 돕는 사상"이라고 정의하고 있다. 『정치사전』 (평양: 사회과학출판사, 1973), 1170쪽.

3) 푸에블로호 나포사건이란 1968년 1월 23일 오후 1시 45분 동해의 공해상에서 4척의 무장한 북한 초계정과 미그기 2대의 위협아래 미 해군 푸에블로호가 원산항으로 나포된 사건이다. EC-121기 격추사건은 1969년 4월 15일 일본의 아쯔기에 기지를 둔 미 해군 4발 정찰기가 동해상에서 북한의 미그기 2대의 공격으로 격추된 사건이다. 북한은 이 두 사건을 미국에게 승리한 매우 중요한 사건으로 아직도 강조하고 있다.

4) 이는 1976년 8월 18일 오전 10시경 유엔군 11명(한국군 5명, 미군 6명)이 한국인 노무자 5명과 함께 '돌아오지 않는 다리' 남쪽 유엔군측 제3초소 근처에 있는 미루나무 가지치기 작업 중 북한군 30여 명이 도끼로 미군 장교 2명을 살해하고 9명의 한·미군 장병에게 중경상을 입히는 한편, 유엔군 트럭 3대와 초소를 파괴한 사건이다.

5) 김정일, "사회주의건설의 력사적 교훈과 우리 당의 총로선"(1992년 1월 3일 당 중앙위원회 책임일군들과의 담화), ≪로동신문≫ 1992년 2월 4일.

6) 조국통일 5개방침의 내용은 ①조선반도에서 긴장상태를 완화하고 조국통일을 위한 평화적 환경 마련, ②분단의 장벽을 허물고 북과 남사이의 자유내왕과 전면개방 실현, ③자주적 평화통일에 유리한 국제적 환경을 마련하는 원칙에서 대외관계 발전, ④조국통일을 위한 대화 발전, ⑤조국통일을 위한 전민족적인 통일전선 형성 등이다.

7) ≪로동신문≫ 1993년 4월 8일.

8) 이 저작(8·4로작)에서 김정일은 '통일3원칙'을 "조국통일문제를 민족의 의사와 리익에 맞게 민족자체의 힘으로 풀어나갈 수 있는 근본립장과 근본방도를 천명한 조국통일의 초석"으로, '10대강령'을 "온 민족의 단합을 이룩하여 조국통일의 주체적 력량을 강화하기 위한 정치강령"으로, 연방제 통일방안을 "통일국가의 전모와 그 실현방도를 밝힌 설계도"로 정의하였다. ≪로동신문≫ 1997년 8월 20일.

9) ≪로동신문≫ 1998년 4월 29일.

10) 북한은 1998년 9월 헌법 개정과 국가기구 정비, 김정일의 국방위원회 위원장 추대를 "새형의 사회주의국가정치의 탄생"으로 정의하고, "선군정치는 하나의 체계화된 정치방식으로 완성"된 것으로 규정하였다. ≪로동신문≫ 2001년 4월 9일.

11) 1998년 9월 9일 ≪로동신문≫ 사설, "위대한 당의 령도따라 사회주의강성대국을 건설해나가자" 참조.

12) 1999년 6월 16일자 ≪로동신문≫, 『근로자』 공동논설, "우리 당의 선군정치는 필승불패이다"

13) 한국은행, 『1999年 北韓 GDP 推定 結果』 (2000.6.20).

14) 2000년 10월 북한의 조명록 국방위원회 부위원장이 미국을 방문하여 ①양국관계의 적대관계 종식, ②평화보장체계 수립, ③경제 · 무역전문가 상호교환, ④북한의 미사일 시험발사 유예, ⑤테러반대, ⑥미 대통령의 방북 등을 주요 내용으로 하는 공동성명을 발표하였다.

15) ≪로동신문≫ 2001년 8월 5일.

16) 박영규, 『김정일 정권의 외교전략』 (서울: 통일연구원, 2002), 64쪽.

17) 정규섭, "북한의 남북정상회담 전략," 『북한연구학회보』, 제4권 제1호 (2000), 5～23쪽.

18) "온 민족이 애국의 선군정치를 옹호하자" (조국평화통일위원회 대변인 담화), ≪로동신문≫ 2002년 10월 29일.

19) 김용순, "우리 민족끼리 힘을 합쳐 조국통일의 문을 열어 나가자," ≪로동신문≫ 2003년 6월 13일.

20) 최기환, 『6.15시대와 민족공조』 (평양: 평양출판사, 2004), 45쪽.

21) 강충희, 『조국통일 3대공조』 (평양: 평양출판사, 2005), 21쪽.

22) ≪로동신문≫ 2006년 6월 15일자 사설 "우리 민족끼리 기치높이 자주통일 대행진을 힘있게 벌이자."

〈참고문헌〉

1. 북한문헌

강충희,『조국통일 3대공조』(평양: 평양출판사, 2005).
김용순, "우리 민족끼리 힘을 합쳐 조국통일의 문을 열어 나가자," ≪로동신문≫ 2003년 6월 13일.
김일성, "조국통일위업을 실현하기 위하여 혁명력량을 백방으로 강화하자"(1964년 2월 27일 당 중앙위원회 제4기 8차회의에서 한 결론),『김일성저작선집 4』(평양: 조선로동당출판사, 1968).
김정일, "사회주의건설의 력사적 교훈과 우리 당의 총로선"(1992년 1월 3일 당 중앙위원회 책임일군들과의 담화), ≪로동신문≫ 1992년 2월 4일.
최기환,『6.15시대와 민족공조』(평양: 평양출판사, 2004).
『정치사전』(평양: 사회과학출판사, 1973).
≪로동신문≫ 1993년 4월 8일, 1997년 8월 20일, 1998년 4월 29일, 2001년 4월 9일, 2001년 8월 5일.
≪로동신문≫ 1998년 9월 9일, "위대한 당의 령도따라 사회주의강성대국을 건설해 나가자"
≪로동신문≫,『근로자』공동논설, 1999년 6월 16일, "우리 당의 선군정치는 필승불패이다"
≪로동신문≫ 2002년 10월 29일, "온 민족이 애국의 선군정치를 옹호하자" (조국평화통일위원회 대변인 담화).
≪로동신문≫ 2006년 6월 15일 사설, "우리 민족끼리 기치높이 자주통일 대행진을 힘있게 벌이자"

2. 남한문헌

박영규,『김정일 정권의 외교전략』(서울: 통일연구원, 2002).
정규섭, "북한의 남북정상회담 전략,"『북한연구학회보』제4권 제1호 (2000).
한국은행,『1999年 北韓 GDP 推定 結果』(2000.6.20).

1990년대 북한의 대미정책:
정체성 정치의 작동방식을 중심으로

서 보 혁

1. 서 론

탈냉전 이후 북한의 대외정책 목표가 안전보장을 비롯한 체제 생존이라는 점에는 의문의 여지가 없다. 그것은 북한이 놓인 대내외적인 정책 여건이 열악해진 것에 연유하고 있다. 탈냉전기 북한의 체제생존전략은 이전 시기 '사회주의 완전승리'와 공세적 연방제 통일정책 등 체제 확장형 목표에 비할 때 그 수준이 하향조정 되었다고 할 수 있다. 그런데 여기서 두 가지 문제를 제기할 수 있다. 하나는 탈냉전기 북한의 대외 정책 목표가 실제 정책 양상을 모두 설명할 수 있는가 하는 점이다. 탈냉전 초기 북한의 주변국들과의 접촉은 1992년 하반기에 접어들어 북한 핵문제를 계기로 갈등국면으로 전환하게 된다. 이것은 북한이 구체적인 대외정책 수행 과정에서는 협력과 갈등을 동시에 보일 수 있으며, 따라서 다양한 양상을 띤 북한의 대외정책 과정을 체제생존이라는 정책목표로 환원하여 설명하는 것은 한계가 있다고 할 것이다. 둘째, 첫 번째 문제의 연장선상에서 탈냉전기 북한의 대외정책을 보다 사실적으로 분석하기 위해서는 국가간 혹은 국가와 국제 구조적 제약 간의 물질적 역학관계와 합리주의적 비용－편익 계산의 논리를 극복할 필요가 제기된다. 탈냉전기 들어 북한이 정책환경의 변화와 국력 약화를 반영하여 정책 목표의 하향조정과 정책 방향의 수정을 모색한 점은 국제체제의 구조적 제약을 반영한 합리적 이익 추구 행위로 볼 수 있다. 그럼에도 북한의 실제 대외정책 양상은 단순히 수동적이지 않고 행위자와 구조의 상호작용 속에서 나타났으며, 그 과정에서 북한의 체제 속성이나 국제 규범과 같은 문화적 요인이 개입할 가능성이 있다. 이렇게 볼 때 체제생존은 북한의 대외정책 목표와 성격을 설명해주지만, 구체적인 정책 패턴과 행동 규칙에 대해서는 별도의 분석이 요구된다고 할 것이다.

이상과 같은 문제의식을 바탕으로 본 연구는 탈냉전기 북한의 대외정책 목표를 체제생존이라고 전제하고, 협력과 갈등이 교차된 대외정책 양상 속에 내재하고 있는 행동 패턴을 규명하는데 목적을 두고 있다. 이에 따라 연구의 초점은 북한 대외정책의 작동방식과 정책 효과에 있다. 본 연구는 1990년대 북한의 대미관계를 사례로 하여 연구목적을 고찰하고자 한다. 본 연구의 사례로 북한의 대미관계를 채택한 것은 1980년대 후반～1990년대 초반 북한의 남한, 미국, 일본과의 일시적인 접촉 이후 북한의 대외관계가 미국으로 집중된 점에 착안하여, 대미관계가 탈냉전기 북한의 대외정책을 설명할 수 있는 핵심 사례로 판단되기 때문이다.

본 연구는 구성주의를 이론적 배경으로 삼고 있다. 구성주의는 행위자－구조의 상호구성적 관계, 변수로서 문화－제도적 요인(규범, 정체성 등)의 영향력에 주목한다.1) 먼저, 구성주의는 국제정치분야의 주요

문제영역에 관하여 주류 시각과 다른 입장을 나타내고 있다. 예를 들어, 안보딜레마는 무정부적 국제체제의 불확실성에 의해 발생하는 것이 아니라 적대적인 특정 국가관계의 유형에서 발생하는 것으로 파악한다. 또 국제협력은 힘과 제도의 영향보다는 국가이익에 관한 국가간 이해방식이 일차적인 영향을 준다고 본다.[2] 이 두 가지 가정을 본 연구의 사례에 적용해 본다면, 북·미관계는 국제체제의 갈등적 속성에 연유하는 것이 아니라 양국간 역사적 경험과 그에 따른 상호 인식의 재생산에 의한 것으로 파악할 수 있다. 따라서 양국간 협력이나 관계개선은 양국의 이익을 상호 인정하는 전제 하에서 공동이익을 추구하거나 양국이 공유할 수 있는 행동 규범을 형성하는 데서 찾을 수 있다.[3]

본 연구는 서론에 이어 2장에서 구성주의 논의를 적용하여 분석틀과 연구가설을 제시할 것이다. 여기서 1990년대 북한의 대외정책 패턴을 탐색하는데 물질적 요소만이 아니라 국가정체성이란 문화적 요소를 독립변수로 부각시키고자 한다. 3～4장에서는 제네바합의를 전후로 한 북한의 대미정책을 '정체성 정치'로 설명하고, 두 시기 사이 북한의 대미정책 패턴을 비교 분석할 것이다. 5장에서는 이상의 사례분석을 요약하고 약간의 시사점을 도출해보고자 한다.

2. 북한의 국가정체성과 대미정책

1) 북한의 국가정체성

국가정체성이란 국가의 특성과 목적을 나타내는 다양한 이데올로기와 국가별로 특수한 주권을 말한다.[4] 일반적으로 정체성이 부각되는 경우는 집단의 기본적 필요가 결핍될 경우인데, 그때 해당 집단은 언어,

종교 등 그 집단의 특성을 정체성의 방어 수단으로 사용한다.5) 냉전 붕괴와 세계화 현상은 국가주권을 약화시킬 수 있으며, 국제질서 변화에 적응하지 못하는 국가들은 생존을 위해 자신의 정체성에 더욱 집착하는 양상을 보이고 있다.

북한은 이런 국제질서 변화에 직접적으로 노출되었고 따라서 국가정체성의 호명과 그 정치적 활용의 필요성이 높아졌다고 하겠다. 한편, 정체성의 획득 과정은 주로 사회적 실천을 통한 후천적, 내생적 성격을 갖는다. 북한의 국가정체성 역시 해방과 전쟁, 그리고 분단과 같은 역사적 과정을 거치며 이루어졌다. 특히, 한국전쟁은 북한 민족주의 담론의 역사적 상징이자 국가정체성의 정치적 재생산의 원천으로 작용하고 있다.6) 북한에서 국가 형성 및 권력 획득과 국가 정체성의 형성과정은 동시에 전개되었다. 북한에서 개인과 집단이 국가정체성에 포섭되는데 있어서 주체사상의 역할은 결정적이었다. 주체사상은 김일성의 지도력에 대한 대중적 지지와 개인숭배를 매개로 '지도와 대중'을 국가 차원에서 통합시키는 역할을 하였다. 또 북한의 국가정체성은 냉전시기 진영간 대결에 힘입어 공고화되었기 때문에 미국을 국가정체성 형성 및 재생산의 주대상으로 삼았다. 한편, 냉전 붕괴로 민주화, 개혁개방, 그리고 비확산 등 국제적 조류와 행동규범이 부상하면서 북한의 국가정체성은 도전에 직면하였다. 물론, 양자간 갈등은 북한의 물질적 정책 환경의 악화와 결부되어 북한의 위협 인식을 가중시켰다. 말하자면, 북한의 국가정체성은 주민 개개인과 집단의 정체성 형성을 저지하면서 북한체제에 위협적으로 보이는 국제 규범에 대응하는 이중적 역할을 부여받았다.

북한의 국가정체성은 크게 집단주의의 일종인 민족주의적 정향과 특수주의의 하나인 주체형 사회주의로 말할 수 있다. 북한은 민족을 규정함에 있어서 그 강조점을 사회경제적 요소에서 문화정서적 요소(특히, 언어와 혈연)로 이동시켜 왔다.7) 그렇지만 북한에서 민족주의적 정향은 초계급적이라기보다는 노동자계급이 주도하는 프롤레타리아 국제주의 노선에서 벗어나지 않고 있다. 물론 냉전 붕괴 이후 북한에서 민족주의 담론이 강조되고 있지만, 북한이 주장하는 '참다운 민족주의'는 '부르죠아 민족주의'와 구별되는 것으로 혁명적 수령관과 대남 통일전선전략의 맥락에서 이해할 수 있다. 북한은 냉전 붕괴에 즈음하여 불리해진 대내외적 환경을 정체성 위협으로 인식하면서 민족주의적 담론을 자주 사용하였다. 둘째, 북한이 주체사상에 기초한 독자적 사회주의체제를 확립하고 그것은 다시 '주체조선'의 우월성의 근거가 되고 있다. 북한의 정치사회적 특징으로 지적되는 민족주의적 요소, 유교적 사고방식, 절대주의적 중앙집권통치 방식 등은 북한체제의 독특성과 지속성을 설명해주고 있다.[8] 북한의 독자적 사회주의노선은 대내적으로 유일지배체제 확립과 '자립적 민족경제' 정책을 수행하고 대외적으로 국가 주권을 추구하는 바탕이 되어왔다.

북한은 탈냉전기에 들어 물질적 자원의 고갈 속에서 과거의 역사적 경험과 특정 정책노선의 재현을 국가정체성의 재생산에 활용하고 있다.[9] 이는 북한정권이 물질적 결핍을 심리적으로 보완하는데 있어서 정체성 정치를 적극 활용하고 있음을 말해준다. 요컨대, 북한은 전통의 재현, 일원적 정치체제, 적대 이미지 등을 바탕으로 사회 내의 정체성 경쟁을 허용하지 않고 특정 정체성을 국가정체성의 지위에 고착화시켰다.

2) 북한의 대외정체성과 대미정책

북한은 민족주의적 정향과 독자적 사회주의를 양축으로 하는 국가정체성을 국가 이익과 결합시키기는 데 있어서 대외 정체성을 매개시켜왔다. 북한은 대외관계에서 국가정체성을 '자주권' 개념으로 제시하고 있다.[10] 북한은 국가 지위와 능력이 도전받는 탈냉전기에 들어서도 주권의 지속성을 강조하고 이를 초국가적 규범의 침투 가능성에 대응하는 수단으로 사용하고 있다.[11] 탈냉전기에 들어 북한이 대미관계 개선 의향을 표명하면서 그 전제로 '자주성과 평등의 원칙'을 강조하는 것도 단순히 협상전술 차원이 아니라 국가정체성이 정책 방향을 규제하고 있는 것으로 파악할 수도 있다.[12]

북한이 주권 평등을 국가 정체성으로 활용하는 배경은 그것이 주권국가의 불완전성을 만회하는 국가성으로 작용하기 때문이다. 먼저, 주권평등론은 북한의 자주성 테제와 상응한다.[13] 김일성은 사회주의권이 붕괴되어 가던 1990년 '자주성은 자주독립국가의 생명이며 모든 국제관계의 기초'라는 기존의 입장을 재확인하고, 외부세계의 체제위협적인 요소에 맞서는 대립항으로 '민족자주성'을 제시하였다.[14] 물론, 북한에서 자주성은 "국제주의와 모순되지 않을 뿐 아니라 그것을 강화하기 위한 기초"[15]로 이해되고 사회주의, 공산주의 실현의 맥락에서 위치지어져 있다.[16] 두번째 배경으로는 탈냉전기에 들어 주권평등 규범이 동요한 사정과 깊은 관련이 있다.[17] 주권평등 규범은 탈냉전기에 들어서 초국가적 규범과 경쟁을 벌이며 기존의 독점적 지위를 위협받고 있다.[18] 북한은 이런 국제규범상의 경합 양상에 대하여 "세계에 큰 나라와 작은 나라는 있어도 높은 나라와 낮은 나라가 따로 있을 수 없다"[19]는 논리로 주권 평등 원리를 일관되게 국제질서의 근간으로 강조하고 있다. 그것은 북한이 주권평등 규범의 강조를 통해 약소국의 독자노선을 견지하고 강대국 혹은 국제사회의 압력에 의한 독립성의 훼손 가능성을 차단하는데 효과적이라고 판단하고 있음을 의미한다. 결국 북한의 국가정체성은 ① 국가차원에서 정권과 대중을 동일시하고, ② 북한을 외부세계와 구별짓고, ③ 외부세계를 보는 인식의 창의 역할을 수행한다고 할 수 있다.[20] 요컨대, 북한에서 국가정체성은 정권이익과 국가이익 사이의 긴장을 봉합하는 정치적, 심리적 기제로 평가할 수 있지만 그것은 정책 목표 달성에 양날의 칼로 작용할 수도 있다.

　이상의 논의는 북한의 정책결정에서 국가정체성이 독립변수로 작용함을 말해준다. 물론 본 연구사례에서 정체성 변수는 국제적 환경, 대내 물질적 요소, 미국의 대북정책 등과 결합하여 작동한다. 본 연구는 이에 따라 다음과 같은 두 가지 이론적 가정을 전제하고 있다. 첫째, 정체성은 대내외적 물질적 요소의 반영물이 아니라 하나의 독립변수이다. 국가 정책은 정체성과 국가이익의 결합으로 이루어지는데 이때 정체성은 국가이익의 방향을 제시한다.[21] 둘째, 한편 정체성의 효과는 다른 요소들과 맺는 상호작용의 맥락에 의존한다. 국제관계에서 정체성과 같은 문화적 변수에 대한 주목은 물질적 요소를 부정하는데 있지 않고 그것이 지식과 실천에 의해 사회적으로 재구성된다는 점에 있다.[22]

　그렇다면 북한의 국가정체성이 국가이익 설정에 어떤 영향을 미치고 그에 따라 대미정책 목표는 어떻게 나타나는가? 북한과 같은 고립주의적, 정치사상 중심적인 국가의 경우 국가이익 설정에 국가 정체성의 영향은 상대적으로 크다고 할 수 있다. 북한의 외교정책 원칙인 자주, 평화, 친선에는 북한의 독특한 사회주의체제 유형과 정체성이 반영되어 있다. 북한의 국가이익이 국가정체성에 의해서 구성된다는 사실은 그 내용이 주체사상과 통일이라는 특수 목표가 반영되어 있다는 점에서도 알 수 있다. 그리고 동맹 상실, 자본주의적 경제질서 및 초국적 국제규범의 영향력 확대는 북한에게 체제위협적 요소로 인식되었기 때문에 정체성에 대한 의존은 더욱 높아졌다. 그에 따라서 북한의 대미정책은 위에서 언급한 복합적 위협 요소를 해결할 '중심고리'로 인식되었다. 거기에 국가정체성은 정체성은 국가이익의 한계선을 규제하는 역할을 한다. 즉, 국가정체성은 북한이 대미정책을 '우리식 사회주의'의 유지를 전제로 하면서 국제적 위신을 제고하고 열악한 물질적 조건을 극복하도록 하는 안내자로서의 기능을 수행한다고 말할 수 있다. 또 북한의 대미정책에서 정체성은 열악한 정책수단을 보충하고 주권 규범을 외교수단화하는 역할을 할 수 있다.

따라서 북한의 국가정체성은 탈냉전기 북–미관계의 패턴을 추적하는데 도움을 줄 것으로 기대된다. 왜냐하면, 탈냉전기 들어 ① 북한의 국력이 냉전기 수준이나 미국의 그것에 비해 열세에 놓였고, ② 국제적 환경은 북한의 통제 범위에 벗어나 있을 뿐만 아니라 북한에 부정적으로 작용하였기 때문이다. 말하자면, 북한에게 국가정체성은 후대에 전승할 문화적 유산이 아니라 당대의 국가이익 달성을 위한 정치적 자산으로 기능할 필요가 높아졌다고 할 수 있다. 북한의 대미정책에서 국가정체성의 역할은 다음과 같은 북–미관계의 특징에 의해 더욱 부각된다고 말할 수 있다. 북–미관계는 ① 적성국 관계, ② 강대국–약소국 관계, ③ 체제 이질적 관계, ④ 정치군사적 문제 중심의 관계 등 네 가지로 말할 수 있다. 탈냉전기 북한의 당면 대외정책 목표가 체제생존이고 북한은 그것을 담보해 줄 주상대국으로 미국을 지목하고 있다. 이점과 북–미관계의 특징을 고려할 때 북한의 국가정체성은 북한이 물질적 열세 등 미국과의 비대칭관계를 상쇄하거나 은폐하고 정책목표를 달성할 수 있는 유력한 정책 자원으로 평가할 수 있다.

따라서 북한의 대미정책 패턴은 강대국으로서 미국이 약소국 북한의 주권을 인정하느냐의 여부에 의존한다고 가정할 수 있다. 구체적으로 주권 인정은 상대국에 대한 안전보장과 외교적 실체의 인정이 될 것이다. 이 가정에 따를 때, 미국이 북한의 주권을 부정할 경우 양국관계가 불안정해지고 북한은 이에 대해 국가정체성을 부각시켜 대내적 결속과 대외적 자주를 도모한다고 말할 수 있다. 정체성 정치의 일차적 특징은 타자와의 차별성을 부각시켜 자기 보전을 도모하는데 있다. 물론 정체성 정치에서도 이익 추구 행위는 사라지지 않는다. 다만, 정체성이 부정된 상태에서 정상적인 이익 추구 행위가 불가능하다는 점에서 정체성의 인정이 우선시 되고 그것을 획득할 때까지는 상호주관적인 이익추구가 제약을 받을 수도 있다. 이에 비해, 미국이 북한의 주권을 인정할 경우 양국관계는 상대적으로 안정되고 북한의 대미정책은 합리적 이익추구 양상을 보인다고 할 수 있다. 이때 북한의 정체성 정치는 현상적으로 약화될 것이지만, 그것을 추구하는 과정에서도 정체성 정치는 소멸되는 것이 아니라 잠복해 있으면서 필요시 협상력 제고 등 실리추구를 위한 도구로 활용될 수도 있다. 그러나 양국간 특정 정치적 타협을 정체성 인정으로 이해하기는 어렵다. 왜냐하면 정치적 타협이란 양국간 정체성 인정 없이도 전략적으로 이루어질 수 있기 때문이다.

　본 연구는 정책결정 과정에 국가정체성 변수를 개입시켜 그것이 국가이익의 내용 구성에 간여하여 대외정책 결정에 영향을 미친다는 점을 밝히고자 한다. 본 논의에서 정책환경과 북－미관계 특성을 초기변인으로 통제한다고 할 때 국가정체성을 독립변인으로 설정할 수 있을 것이다. 그 가운데 양국간 상호작용을 매개변인으로 개입시켜 북한의 대미정책이 미국의 대북정책과 상호작용하며 전개되었음을 규명하고자 한다.

3. 정체성 정치의 효과: 제네바합의까지

1. 비확산규범의 강화와 미국의 비확산정책

　북한 핵문제가 국제적 쟁점으로 부각된 1990년대 초는 핵무기 개발의 확산 경향과 비확산 규범의 취약성 등 두 가지 상반된 현상이 공존하고 있었다. 그에 따라 미국 등 핵보유국들의 비확산정책은 안전보장과 경제적 이익, 국가위신 증대 등 다각적 개발 동기를 갖는 북한의 핵개발과 충돌하였다.

냉전 붕괴 이후 핵확산 우려는 오히려 증대되었다. 주요 핵개발 국가들은 주로 지역 패권을 추구하거나 국가안보에 취약한 개발도상국가들이었다. 또 소련 해체 이후 구소련지역의 핵무기 및 관련 기술의 확산 가능성도 나타났다. 동시에 그에 대한 국제적 통제능력이 상대적으로 약화된 것도 핵확산 우려를 증폭시켰다. 실제로 1990년대 초 인도, 파키스탄, 이라크, 이스라엘 등 4~5개국이 핵무기 보유 능력을 갖고 있거나 핵무기 개발에 임박해 있었다.[23] 개도국의 핵무기 개발 파악이 어려운 것은 이런 사정과 함께 국제원자력기구(IAEA)의 제한적 사찰 권한과도 관련이 있었다.[24]

핵확산 우려에 직면하여 국제사회는 핵보유국들을 중심으로 비확산 규범과 핵확산 우려 국가들에 대한 사찰을 강화하는 노력을 전개하였다. 그에 따라 핵확산금지조약(NPT)은 1990년 열린 검토회의(Review Conference)에서 논란을 거친 이후 1995년 회의에서 조약 가입국 수를 178개국으로 늘리는 동시에 조약의 무기한 연장을 결의하였다.[25] 한편, IAEA는 핵안전협정 가입국이 신고한 시설로 제한된 사찰권한을 확대하고자 하였다. 걸프전 발생 직전에 진행된 이라크에 대한 IAEA의 핵사찰 실패는 이런 교훈을 가져다주었고, 그것은 이후 이라크에 대한 재사찰과 북한 핵사찰에 대한 엄격한 태도로 나타났다. 결국, NPT의 무기한 연장과 IAEA의 핵사찰 권한 확대 노력으로 핵 비확산은 보편적인 국제 규범으로 자리잡는 듯 하였다. 그러나 IAEA의 권한 강화는 현실적으로 피사찰국과의 흥정을 필요로 하였다.[26] 특히, 개도국의 복합적인 핵개발 동기를 고려할 때 비확산 규범의 강화 역할을 자임하고 있던 미국의 비확산정책이 비확산 규범의 실질적 정착에 주요 변수로 부상하였다.

미국은 냉전 종식으로 진영대결의 부담에서 벗어나 경제력을 회복할 수 있는 여건을 가진 대신, 국제질서 안정에 도전하는 민족분쟁, 테러리즘, 대량살상무기 확산, 난민 발생 등 새로운 문제들에 대처해야 했다.

이상과 같은 탈냉전 초기 불확실한 국제정세는 미국의 세계전략 수립에 일정한 시간을 필요로 하였다. 당시 미국의 대외정책 전문가들이 제시한 대외정책 방향에는 고립주의와 국제주의를 양극단으로 한 다양한 정책이 제시되었는데 대체로 국제질서의 불안정성 통제 및 미국 국익의 증진을 위해 '선택적 개입주의'로 모아졌다.[27]

미국의 입장에서 대량살상무기의 확산은 이상과 같은 위협들 사이의 연결고리로 인식되었다. 따라서 냉전 해체 직후 미국의 안보관심사는 "(국가안보에 사활적 영향을 미치는) A-리스트 수준의 위협으로 발전할 가능성이 있는 위험에 국가안보전략을 집중시키는 21세기 방위전략"을 수립하는 것이었다. 클린턴정부는 이러한 과제를 기존의 억지전략을 대체하는 예방전략으로 실현하고자 하였다.[28] 미국이 채택한 구체적인 비확산정책은 ① NPT, IAEA 등을 활용한 다자적 접근, ② 핵개발 국가들과의 쌍무적 협의, ③ 강압정책 등으로 나타났다.[29] 그러나 탈냉전 초기 미국의 비확산정책이 체계적인 접근방식과 정책적 우선순위를 확립하지 못한 것이 사실이고,[30] 그것은 미국이 북한 핵문제를 접근하는데 혼선을 초래한 하나의 요인으로 작용하였다. 이때 미국이 상대국에 대해 갖는 이미지와 양국관계의 성격이 미국이 특정 비확산정책을 채택하는데 영향을 미쳤다.

한편, 냉전 붕괴는 미국에 유일초강대국의 지위를 안겨주었지만, 소련을 대신하는 주적이 분명하게 드러나지 않은 상황에 봉착하였다. 그것은 탈냉전기에 들어 미국의 안보 위협 요인들이 분산적이고 그 중 많은 위협이 잠재성을 갖고 있었기 때문이다. 그에 따라 미국의 외교안보 기관들은 일차적인 위협을 찾아내는 작업의 일환으로 위협 인식의 지평을 미래로 확장시켰다. 그 결과 미국은 새로운 국제적 역할을 수행함에 있어서 그 주요 위협세력을 '불량국가'로 설정하고 이들 국가의 대량살상무기의 확산 위험으로부터 자기 정체성을 강하게 부여받았다.[31] 이와 같이 위협 인식에 대한 시간적 범위의 확대와 불량국가 위협론은 "분명하고 실재하는 위협의 부재"에 처한 미국의 새로운 안보전략 수립에 기여하였다.32) 북한 역시 미국에 의해 불량국가 중 하나로 지목되었다. 북한에게 불량국가는 공산국가, 적성국가, 독재국가, 테러지원국 등 기존의 이미지를 대체한 것이 아니라 거기에 추가되었다는 점이 지적될 필요가 있다. 불량국가 위협론을 통한 미국의 북한에 대한 적대적 정체성은 걸프전 직후 파월(C. Powell) 당시 합참의장이 "다음 차례는 카스트로와 김일성이다"라고 말한 데서 극명하게 표현된 바 있다.33) 이와 같이 미국이 북한에 부여한 다양한 부정적 이미지는 북한위협론으로 확대재생산되어 미국의 대한반도정책의 변화를 제약하였다.

북한에 대한 미국의 불량국가 위협론은 미국의 집권세력, 행정부의 관련 기구를 초월하여 광범위하게 공유되고 있었다. 이는 미국의 대북 인식을 편향적으로 만들어 합리적인 대북 정책을 제약하는 요인의 하나로 작용하였다.34) 시걸(Sigal)에 따르면, 미국에서 광범위하게 공유되는 대북 이미지는 ① 북한은 불량국가로서, ② 외부세계에 대한 적대감을 가지고, ③ 핵무기 개발 동기를 갖고 있으며, ④ 따라서 핵확산 위협을 유발한다는 것이다.35) 요컨대, 북한에 대한 미국의 적대적 정체성은 국제사회의 비확산규범의 강화 노력과 결합하여 북한에 대한 절대주의적 핵외교의 배경으로 작용하였다.

2) 북한의 벼랑끝 외교와 정체성 정치

1988년 12월 말부터 베이징에서 진행된 북한과 미국간의 외교 실무접촉은 1990년 5월 미군유해 협상과 1992년 1월 일회성 고위급회담으로 이어졌다. 그러나 북핵문제가 국제적 쟁점이 되고 1992년 한—미 양국이 대선 국면에 들어가면서 북—미 접촉은 중단되고 한반도는 갈등국면으로 빠져들었다.36) 미국은 북한을 상대로 한 비확산정책에서도 앞에서 말한 세 가지 접근방법을 모두 동원하였다. 미국은 IAEA의 핵사찰을 지지하면서도 남북 상호사찰을 검토하였다.37) 미국의 이런 판단은 ① 남북관계 개선의 활용 가능성, ② IAEA 사찰 능력의 한계, ③ 쌍무적 문제해결 방식에 대한 기대, ④ 근본적으로 한반도 전역에서의 비확산 실현 기대 등과 같은 점들이 배경으로 작용하였다. 그러나 남북한 상호사찰안은 구체적인 실천 방안을 둘러싼 양측의 입장 차이로 이루어지지 못하자 미국은 IAEA와 함께 북한에 현상유지 정책과 강압정책을 전개하였다.

1993년 들어 북한은 핵문제를 수단으로 미국과의 정치협상 국면을 조성하기 위하여 벼랑끝 외교를 감행하였다. 벼랑끝외교의 선택은 ① 필요조건으로 대내외적인 위협의 존재, ② 충분조건으로 극단적 방법을 통한 이익 극대화 가능성에 대한 기대, ③ 촉진요인으로 상대국의 반응 등이 성립될 때 나타난다.38) 실제 벼랑끝외교는 위기 조성→ 협상의 문 개방 → 완고한 태도의 지속 등과 일련의 단계를 밟으며 전개된다.39) 1993년 북한의 벼랑끝외교도 미국의 핵공격에 대한 위협 인식, 핵개발 시위를 통한 북—미협상에 대한 기대, 미국의 협상 수용 가능성 등과 같은 조건 하에서 등장하였다. 북한은 3월 12일 NPT 탈퇴 선언을 통해 위기 조성과 북—미협상 의사를 동시에 제시하며 벼랑끝외교에 돌입하였다. 북한은 조약 탈퇴 선언의 이유로 팀스피리트훈련을 통한 핵공격 위협과 IAEA의 편파성을 주장하며, 이 두 문제가 해결될 경우 탈퇴를 재고할 수 있음을 암시하였다.40) 실제로 북한은 NPT 탈퇴 선언을 하면서도 IAEA의 임시 사찰을 수용하고 있었고 미국에 협상을 제의하였다. 그러나 미국이 즉각적으로 협상에 응하지 않자 북한은 5월 29일 노동미사일 발사시험을 통해 위협적 행동을 재차 시위하였다. 이상과 같은 벼랑끝외교를 통한 북한의 대미 핵외교는 체제의 안전보장을 일차적 목표로 하였다. 1993년 6월 2일부터 뉴욕에서 강석주와 갈루치(R. Galucci)를 양국 대표로 하는 북·

미 고위급회담이 열려 11일 한국전쟁 이후 북·미간 최초의 공동성명을 발표하였다. 여기에는 북한이 1992년 1월 김용순·캔터 회담에서 제시한 대미정책 목표의 대부분이 반영되었다. 성명에는 ① 핵무기 공격(위협) 포기, ② 핵안전조치의 공정한 적용, ③ 상호주권 존중 및 내정불간섭, ④ 한반도 평화통일 지지 등의 내용이 담겨있었다.

제1단계 고위급회담에서 국가주권의 획득 가능성을 발견한 북한은 안전보장과 경제지원을 겨냥하며 협상에 적극적으로 임했다. 7월 14일부터 제네바에서 열린 제2단계 고위급회담 3일째, 북한의 강석주 대표는 미국측에 북한의 흑연감속로를 경수로로 대체해줄 것을 공식 제안하였다. 미국이 이 제안을 검토하기로 하자, 북한은 IAEA의 핵사찰 및 남북대화 재개에 임하기로 하였다. 그러나 북·미 대화의 진전과 남북한 및 북한－IAEA의 갈등이 교차하는 상황에서 미국은 1994년 들어 북한과의 정치적 협상을 중단하고 대북 제재와 군사행동을 준비한다. 구체적으로 미국은 팀스피리트 훈련 재개, 패트리어트 미사일의 한국 배치, 유엔 안보리를 통한 대북 제재를 추진하였다. 국가주권의 우선적 인정을 목표로 한 북한의 대미 핵외교가 심각한 위기에 빠지게 된 것이다. 북한은 이에 대하여 영변 핵시설에 대한 임사사찰 중단, 사용 후 핵연료봉의 배출 등으로 맞대응하였다. 이는 북한의 반복된 벼랑끝 외교가 상대국의 맞벼랑끝을 초래하여 군사적 대결과 같은 의도하지 않은 결과를 초래할 수 있음을 시사해준다. 국제규범과의 조화가 아니라 국가주권의 우선적 승인을 겨냥한 북한의 정체성 정치는 북한에 양날의 칼로 다가갔다. 이런 상황에서 북한은 소위 초청외교를 동원하여 벼랑끝외교의 한계를 보완하고자 하였다. 6월 5～18일 카터(J. Carter) 전 미국 대통령의 방북이 그것이다.

카터의 방북 이후 북한과 미국은 김일성 주석의 사망에도 불구하고 1994년 8월 5일부터 3단계 고위급회담을 전개하여 10월 21일 제네바

핵합의를 발표하였다. 양국은 관계정상화 노력과 북핵 동결로 요약되는 양국간 합의 내용의 '동시적 이행'을 표명하였다. 일련의 고위급회담을 경과하면서 북한이 보인 정책 패턴은 미국이 북한체제를 인정하는 태도를 보이면 대화에 임하고 그 반대의 경우에는 갈등을 불사하는 양상을 보였다. 요컨대, 제네바합의까지 북한의 대미 정체성 정치의 작동방식은 국가주권의 인정 가능성에 따라 대화와 갈등이 교차한 것으로 파악할 수 있으며, 제네바합의는 북한의 정체성 정치가 잠정적인 수준에서 효과를 나타낸 것으로 볼 수 있다.

물론 제네바합의에 담긴 미국의 북한체제에 대한 존중은 양국간에 전면적으로 수용되었다고 보기 힘들다. 그것은 제네바합의가 조약의 형식으로 이루어지지 못한 것에서 알 수 있듯이 향후 관계정상화를 통해 실현되어야 할 목표로 남아 있었다. 말하자면 제네바합의 이후에도 양국은 상호 적대적 정체성을 완전히 탈각시키지 못하고 있었던 것이다. 실제 제네바합의를 둘러싸고 북한의 최고지도자와 대부분의 정책결정집단은 미국이 북한 붕괴를 촉진하는 '당근'정책을 취한다고 판단하고 있었고 미국도 북한의 비확산규범의 수용에 회의적이었다.41) 이점이 합의 이후 전개된 북－미간 상호접근의 불안정성과 양국의 대내정치적 제약을 설명해주고 있다. 북한의 입장에서 제네바합의는 국가정체성을 최종적으로 획득하는데 필요한 하나의 정치적 기회구조로 받아들여졌다.42)

4. 정체성 정치의 제약: 제네바합의 이후

1. 양국 정권의 대내적 제약과 정책적 영향

제네바합의 이후 북한과 미국의 대내적 상황은 합의 이행에 상이한

영향을 미쳤다. 그것은 양국의 상이한 정치체제와 양국 정권의 대내정
치적 조건에 기인한다. 북한은 일원적 정치체제와 식량난 해결의 필요
성 등으로 대미접근에 적극적인 태도를 보였다. 반면, 미국은 제네바합
의에 대한 의회와 여론의 강력한 비판으로 대북 관여(engagement)정책
이 큰 제약을 받게 되었다.

1994년 11월 미 의회 선거에서 공화당이 상하 양원을 장악하면서 여
소야대 정국이 형성되었다. 의회의 이런 역학 구도는 클린턴행정부가
끝나는 2000년 말까지 지속되었다. 따라서 클린턴 행정부의 대북정책에
대한 의회의 견제력은 크게 신장되었다.[43] 공화당 주도의 의회는 제네
바합의 이행을 골자로 하는 행정부의 대북정책을 비판하는데 그치지 않
고 의회의 권한을 발동하여 구체적인 견제에 나섰다. 공화당이 클린턴
정부의 대북정책에 가한 비판의 핵심은 두 가지이다. 하나는 클린턴정
부가 대북정책을 북한문제에 대한 낭만적 인식에 기초해서 수행하고 있
기 때문에 미국의 안보위협이 줄어들지 않고 있다는 점이다. 다른 하나
는 클린턴정부가 전개하는 사안별 대북접근이 실효성이 없다는 비판이
다.[44] 이와 같은 판단 하에 공화당은 의회 차원의 미사일위협 조사활동
을 추진하는 동시에 독자적인 대북정책 마련에 나섰다.

1998년 초 상하 양원의 합의로 이루어진 미사일위협조사위원회(일명
럼스펠드위원회)는 북한이 탈냉전 이후 가장 전형적이고 위협적인 대량
살상무기 확산국에 해당한다고 지적하였다.[45] 또 미 의회는 럼스펠드위
원회의 구성에 앞서 정보당국에 외부세력으로부터 받고 있는 미국의 위
협에 대한 평가보고서를 매년 제출하도록 하였다. 그에 따라 1998년 3
월 첫 보고서가 제출되었는데, 이 보고서는 북한의 탄도미사일 개발이
15년 내로 있을 것이라는 1995년의 보고서에 문제점을 제기하고 그 시
점을 10년 내로 단축시켰다.[46] 또 1999년 3월 공화당의 독자적인 대북
정책안으로 제시된 일명 '아미티지 보고서'는 제네바합의를 통한 북한

의 핵동결이 회의적이고 클린턴정부의 대북정책이 분절적이라는 판단
에 따라 억지 중심의 강온 병행접근, 통합적 접근, 제네바 합의의 이행
개선 등을 제시하였다.47) 공화당의 이와 같은 대북정책 제안은 민주당
정부로 하여금 대북정책을 재검토하도록 하였으며, 의회 다수당의 권한
을 이용한 대북 중유 제공 및 식량 지원에 대한 반대 혹은 엄격한 조건
부과 등으로 이어졌다.

제네바합의 이후 클린턴정부는 합의 이행을 바탕으로 비확산정책의
확대와 대북 관계개선의 연계를 추진해 나갔다.48) 그러나 위와 같은 국
내정치적 제약은 행정부의 대북정책 재조정을 불가피하게 하였다. 그에
따라 클린턴대통령은 1998년 11월 대북정책 조정관으로 페리(W. Perry)
전 국방장관을 임명하여 대북정책 조정작업을 지시하였고, 그 결과가
이듬해 9월 대통령과 의회에 보고되었다. 페리보고서는 대북 관여정책
의 기조를 유지하면서도 공화당의 대북정책안을 수렴하여 대북정책의
국내적 제약을 최소화하고자 하였다.49) 결국, 집권 2기 클린턴정부의
대북정책은 의회의 영향력 하에서 전개되는 양상을 나타냈다.

한편, 제네바합의 이후 북한의 대내적 조건은 전반적인 경제난과 김정
일의 공식적 권력승계 준비 등 두 가지로 요약할 수 있다. 1994년 10월
이후 북한이 대미접근을 본격화한 일차적 이유는 미국이 북한의 정체성
을 존중하겠다는 약속이 있었기 때문이지만 이와 같은 현실적인 조건도
크게 작용하였다. 북한은 1994년부터 잇달아 발생한 자연재해를 당한 이
후 식량난에서 벗어나지 못하였다. 그에 따라 북한은 대내적으로 '고난
의 행군'을 전개하면서도 그 한계를 보충하기 위해 국제사회에 식량지원
을 요청하기에 이른다. 제네바합의 이후 북한이 미국과의 각종 회담에
나선 것도 회담의 공식 의제와 별도로 식량지원의 필요성이 크게 작용하
였다. 북한은 식량지원 문제를 인도주의적 차원에서 접근하면서, 식량지
원과 다른 사안의 연계에 대해서는 주권 침해로 간주하였다. 당시 클린

턴 행정부는 북한의 이런 입장을 일정하게 충족시키고 있었다.

북한은 또 김정일 정권의 공식적인 권력승계를 위해서도 안정적인 대외환경이 필요하였다. 북한에서 김일성 주석의 사망 이후 권력승계가 곧바로 이어지지 않고 나타난 3년간의 '유훈통치' 기간이 그것이다. 물론 이것이 김정일의 카리스마 부족을 의미하는 것은 아니다. 김정일은 1970~1980년대를 통하여 조직, 선전, 사상, 대남정책 등 다방면에서 차기 통치자로서의 능력과 정치적 정당성을 확립해왔다.50) 다만, 김일성 사망과 심각한 식량난이 김정일의 공식적 권력승계 시점에 영향을 미치며 대내외적으로 안정적인 조건 마련을 우선시하도록 하였다고 볼 수 있다. 김정일은 대내적으로 권력승계의 완료를 위한 상징화작업, 식량난 해결 노력 및 사회통제를 통한 주민 결속, 군대내 권위체계 확립 등을 추진해 나갔다. 동시에 그는 대외적으로 우호적인 주변 환경의 조성이 필요하였다. 이는 구체적으로 식량지원 확보 및 긴장요인의 완화 등을 통해 그의 권력승계를 순조롭게 할 분위기 조성과 그의 지도력 과시를 말한다. 특히, 김정일은 '선군정치'를 제창하며 군을 권력승계의 주요 기반으로 이용하였는데,51) 거기에는 당시 상황에 대한 김정일과 권력집단내의 공동운명체 의식과 현상유지에 대한 공감대가 작용하였기 때문이다.52) 북한은 이상과 같은 배경 속에서 경수로회담, 미사일회담, 미군유해 송환회담 등 미국과의 회담에 나서면서 경제지원과 주변 환경의 안정화를 도모하고자 하였다. 그러나 제네바합의 이후 북한이 각종 대미 접촉 과정에서 미 행정부가 처한 국내정치적 제약을 고려하며 합리적인 방식으로 이익을 추구하였는지는 별개의 문제이다. 북한은 오히려 협상 주도권 확보와 이익 극대화를 위해 잠복된 국가정체성 변수를 주관적으로 활용하려는 유혹을 버리지 못하였다.

2) 북·미 대화의 전개와 관계정상화의 실패

제네바합의 이후 북한의 대미 접근 양상은 경수로 공급협상에서부터 나타났다. 북한은 3차 경수로 협상(1995년 4월 18～20일)까지도 경수로의 유상 제공을 명분으로 한국형 경수로의 도입을 완강하게 반대하였다.53) 그러나 북한의 강경한 협상자세는 이전의 북－미 협상과 비교할 때 빨리 완화되었다. 북한은 정체성 위협이 약화된 상황에서 명분보다는 실리를 택하였다. 북한은 미국과의 경수로협상 과정에서, 문제는 한국형 경수로가 아니라 미국이 "경수로 제공문제를 한반도에너지개발기구(KEDO)와 연관시키면서 자기가 전적으로 책임진다는 입장을 명백히 하지 않은데 있었다"고 주장하였다.54) 대신 북한은 경수로 노형 선정이 북한과 KEDO간 협의 사안임에도 불구하고 미국과의 정치회담을 고수하여, KEDO 운영에서 미국의 '주도적 역할'과 경수로 제공에서 미국의 '책임'을 명문화하였다. 북한이 경수로사업 등을 통한 대미 이익의 극대화를 추진하려면 위협인식이 계속해서 잠복하고 KEDO 사업에 대한 관련 국가들의 긍정적인 태도가 필요하였다. 그러나 KEDO 회원국들내에서 KEDO사업에 대한 비판적 입장이 나타나면서 경수로 사업과 대북 중유제공을 위한 자금 조성에 차질이 나타나기 시작하였다. 특히, 경수로사업의 책임을 맡은 미국의 경우 대내정치적 제약이 뚜렷하게 나타났다.

경수로사업이 KEDO 설립으로 공식화되자, 북－미 협상은 미사일회담을 중심으로 전개되었다. 1996년 4월부터 2000년 11월까지 6차례 전개된 미사일회담에서도 북한은 의제 분할, 회담 지연 등의 전술을 사용하며 경제적 이익 획득과 정치적 위신 제고 등 실리를 추구하였다. 이 과정에서 북한은 대포동미사일 발사시험에서 보는 바와 같이, 협상국면을 유지하는 가운데 최대의 양보를 이끌어내기 위한 위협적 행동으로서 '연성 벼랑끝' 전술을 구사하기도 하였다. 북한은 현상적이나마 비확산

규범에 반대하지 않는 가운데 대량살상무기 개발의 이익을 포기하는 대가를 미국으로부터 보상받으려 하였다. 그러나 북한이 대미협상을 클린턴정부의 대내적 제약과 관계개선의 시간적 제약을 고려하며 추진했다는 징후는 포착되지는 않는다. 예를 들어, 미사일 회담의 개시는 경수로 공급협상 타결의 지연으로 핵합의 18개월 후(1996년 4월)에 개최되었다. 그러나 북한이 본격적인 협상안을 제시한 때는 1차협상이 아니라 그로부터 2년 5개월 후인 3차협상(1998년 10월 1∼2일: 수출중단 대신 보상 요구)이었다. 더구나 관계정상화를 향한 북한의 노력은 클린턴 대통령의 임기 마지막 해인 2000년에 들어서였다.55) 양국 정권은 2000년 10월 9∼12일 김일성 특사인 조명록 국방위원회 제1부위원장의 워싱턴 방문과 10월 23∼25일 올브라이트(M. Albright) 미 국무장관의 평양 방문을 통해 미사일, 테러 문제 등 양국간 관심사에 대한 일괄타결과 관계정상화 노력에 합의하였다. 그러나 그 구체적인 이행을 위한 클린턴 대통령의 방북 계획은 시간적 제약과 미 대선의 난맥상으로 인해 무산되었다. 이는 제네바합의 이후 비교적 활발해진 북−미간 접촉이 규범의 공유가 아니라 제네바합의상에 나타난 절차를 공유하는 임의적 수준의 협력에서 벗어나지 못하였음을 말해준다.56)

제네바합의 이후 북·미간 협상은 상대방의 합의 이행에 대한 기대로 적어도 1997년까지 순조롭게 전개되었으나, 1998년 양국 내에서 상대국을 겨냥하여 발생한 두 사건은 이후 양국 관계에 부정적인 영향을 미쳤다. 먼저, 북한은 대포동미사일 발사시험을 통해 미국이 북한의 입장을 보다 적극적으로 검토하기를 기대하였다. 그러나 북한의 이런 위협조성 행위는 미 의회와 여론의 북한위협론을 강화시켜 클린턴 행정부의 대북정책을 더욱 제약하였다. 또 같은 시점에서 미국에서 제기된 북한의 금창리 핵시설 의혹 역시 양국의 관계개선 가능성을 제약하였다.

제네바합의 이후 북−미관계는 양국간 접촉의 활성화가 관계정상화로 귀결되지 못한 것으로 요약할 수 있다. 전자는 쌍방이 제네바합의를 바탕으로 국가이익의 상호주의적 달성에 대한 기대로 전개된 각종 회담을 말한다. 특히, 북한은 제네바합의를 통한 '소극적 안전보장'과 실리 추구의 환경을 마련한 상태에서 궁극적인 안전보장과 경제적 실리 극대화, 국가 위신의 제고 등 다각적인 이익 달성의 가능성을 갖고 있었다. 그럼에도 클린턴 대통령 임기내 양국관계가 정상화되지 못한 것은 근본적으로 양국간 상호 적대적 정체성의 영향이 컸다고 볼 수 있다. 미국의 경우 클린턴 행정부의 대북 관여정책에 대한 의회와 여론의 지속적 비판은 물론 행정부 내에서도 대북 위협인식 및 불신이 자리하고 있었다.57) 북한 역시 현상적으로로는 대북접근에서 정책적 통합력을 유지되는 것으로 보였지만 대미 접근에서 외교부와 군부의 입장이 조율되지 않은 채 나타날 수 있었고, 무엇보다 미국에 대한 위협인식이 크게 해소되지 않았다. 예를 들어 북한은 1998년 8월 21일~9월 5일 사이 미국과 고위급회담을 개최하면서도, 8월 31일 대포동미사일 발사시험을 외교부가 모르는 상태에서 단행한 것도 이와 같은 맥락에서 이해할 수도 있다.

요컨대, 제네바합의에도 불구하고 북－미관계가 실질적인 발전을 이루지 못한 것은 적성국 관계 등 양국관계의 특징과 양국간 적대적 정체성에 기인한다. 제네바합의 이후 북한의 대미정책은 현상적으로 실리를 우선하는 양상을 보였지만 그런 접근이 소기의 결과(관계정상화)로 발전되지 못한 데에는 위 여러 사례에서 본 바와 같이 국가정체성 변수가 제약요인으로 작용하였기 때문이다.58) 물론 미 행정부 역시 제네바합의 상의 대북 핵공격 포기 약속에도 불구하고 핵공격 훈련을 지속하고 있었고,59) 북한에 대한 불신과 위협인식이 약화되지도 않았다. 결국 제네바합의 이후 북한의 대미 정체성 정치는 소기의 효과를 거두지 못하였다. 그 원인은 제네바합의에 이르는 과정에서 얻었다고 판단한 정체성 정치의 효과가 반복될 것이라는 주관적 기대가 상대국의 학습과 부정적 반응 등과 같은 객관적 상황을 압도한 것에서 찾을 수 있다.

5. 결 론

1. 요약과 전망

지금까지 1990년대 북한의 대미정책을 사례로 정체성 정치의 작동방식과 효과를 살펴보았다. 탈냉전기 들어 북한은 대내외적으로 불리한 정책환경에 직면하게 되자 이를 상쇄하기 위해 국가정체성을 적극적으로 발동시켰다. 집단내 동일시와 집단간 차별화를 핵심으로 하는 정체성 정치는 북한의 경우 대내적으로 체제 결속, 대외적으로 주권 평등의 강조로 나타났다. 북한은 정체성 정치를 통해 미국을 주대상으로 하는 생존전략을 전개하였다. 이때 북한은 미국으로부터 국가주권의 인정을 일차적 과제로 설정하였다. 제네바합의 이전 북—미관계는 갈등적 양상을 보였고 이후에는 현상적이나마 대화 국면을 유지하였다. 그러나 제네바합의를 북한의 대미 정체성 정치의 성과로 단정하기에는 한계가 있다. 합의 내용에서 미국의 대북 주권 인정이 임의적·제한적일 뿐만 아니라, 이후 양국의 상호작용이 공동 정체성의 획득을 추구하는 방향으로 전개되지 않았기 때문이다. 제네바합의 이행과정과 관계 정상화 가능성에 대한 양국의 회의적 입장이 그런 점을 말해주고 있다.

결국 북한의 대미 정체성 정치는 국제규범의 영향, 경제 침체, 동맹 상실 등 열악한 대내외적 정책환경에 직면하여 체제생존을 겨냥한 방어적 외교 형태의 하나로 평가할 수 있겠다. 정체성 정치는 북—미관계와 같이 국력 차이가 크고 체제 정향이 이질적인 경우 양국의 정책에서 공통적으로 발견할 수 있지만, 그것은 상호 협력을 획득하는 데는 한계를 보여주고 있다. 특히, 북한과 같은 약소국이 국제규범과 대립하거나 군사력을 외교수단화하면서 정체성 정치를 전개할 경우 물질적, 문화적 양측면에서 국제체제의 구조적 제약에서 벗어나지 못한다는 사실도 알 수 있다.

그럼에도 탈냉전기 북한의 대외정책이 세계화 질서에 참여하거나 비확산규범에 순응하는 것에 앞서 국가주권의 인정을 일차적 목표로 한다는 점에서, 대미 정체성 정치가 지속될 것이다. 클린턴정부의 대북정책을 전면 비판해온 공화당이 집권한 2001년 이후 들어 북한의 대미정책은 이를 잘 보여주고 있다. 현 부시행정부의 대북정책이 단지 비확산에 국한되지 않고 '자유와 민주주의 확산 전략'에 입각한 체제 교체(혹은 변형)로 확대되어 있다는 점을 고려할 때, 북한의 위협인식이 제네바합의 이후때보다 훨씬 높아진 것을 부인할 수 없다. 북한은 부시정부 들어 "미국은 언제 한번 우리의 사상과 제도, 독립과 주권을 인정한 적이 없다"고 비난하고,[60] "작은 나라인 우리에게 있어서 모든 문제 해결방식의 기준점은 우리의 자주권과 생존권에 대한 위협의 제거이다"라고 주장하고 있다.[61] 북한은 2002년 10월부터 2006년 8월 현재까지 핵개발 시인, NPT 탈퇴, 원자로 재가동, 핵보유국 선언, 미사일 발사 등을 감행하면서 미국을 향해 구속력 있는 안전보장을 요구하고 있다. 이와 함께 북한이 6자회담에 참여한 것은 부시정부의 일방주의적 외교정책 및 북－미 양자회담 거부에 대한 불가피한 선택에 불과할 뿐, 대미정책 기조가 수정된 것으로 볼 수는 없다. 그러나 북한의 대미 정체성 정치의 재현이 앞으로 제네바합의와 같은 결과를 도출할 지는 불확실하다. 현재 북한의 정체성 정치는 일시적 효과와 부작용을 거친 이후 딜레마에 직면해 있다고 하겠다.

2) 이론적 평가와 과제

본 연구는 구성주의를 비판적으로 차용하여 논의를 전개하였다. 정체성 정치는 미래의 불안 해소를 위해 과거를 재현하고 물질적 열세를 문화적 특수성으로 보완하는 것으로 특징지을 수 있다. 정체성 정치의 한계는 권력 정치로부터 제약을 받으면서 그것을 극복할 가능성을 모색한다는 데에 있다. 탈냉전기 북한의 대미정책에서 국가정체성은 악화된 물질적 정책환경을 상쇄하고 국가이익의 방향을 안내하는 기능을 하고 있다.

국가정체성은 특정 정책결정에서 정책결정집단의 오인誤認이나 상대국에 대한 이미지와 달리 국가 수준의 문화적 요인이라는 점을 강조할 필요가 있다. 그러나 세계화시대에 들어 국가정체성은 국제규범과 긴장을 일으키면서 국가이익의 추구에 부정적으로 작용할 수도 있다. 이것이 정체성 정치의 딜레마이며, 향후 국제협력을 지향함에 있어서 국가정체성이 초래할 부정적 영향을 얼마나 지양할 수 있느냐가 중요한 논의 과제가 될 것이다.

구성주의는 국제정치를 설명·예측함에 있어서 힘이나 이익 그 자체보다는 혹은 그것을 주어진 것으로 간주하기보다는, 규범과 정체성의 독립적 영향력 혹은 그것을 통한 힘과 이익의 재구성에 초점을 두고 있다. 그러나 바로 그런 점에서 현실주의 및 자유주의 시각으로부터 문화적 변수들은 물질적 변수들의 조합에 영향을 미치는 매개변수에 불과할 뿐 독립변수로 간주하기 어렵다는 비판을 받기도 한다. 본 연구도 그런 비판을 받을 수 있다. 만약, 이런 비판을 수용할 경우 구성주의는 기성 국제정치이론을 대체하는 것이 아니라 보충하는 역할로 그 의의를 제한하는 것이 적절할 것이다. 그러나 위와 같은 비판을 수용하지 않고 구성주의 '시각'을 고수할 경우에도 본 연구가 남기고 있는 과제는 첫째,

(북·미관계에서 나타난 것과 달리) 정체성 정치가 긍정적 양상을 띨 경우 변수간 조합방식과 그 설명 논리를 구축하는 것, 둘째는 국제규범과 국가정체성 사이의 상호작용의 패턴을 발견하는 것이다. 첫 번째 과제의 경우 북－미관계는 한－미관계와 비교 연구해볼만 하고, 두번째 과제 북핵문제의 전개과정 속에서 비확산규범과 국가주권의 경합 양상을 계속해서 관찰할 필요가 있다 하겠다.

※ 이 글은 "탈냉전기 북한의 대미 정체성 정치," 한국정치학회, 『한국정치학회보』 37집 1호(2003 봄)에 수록되었다.

주註

1) Onuf, Nicholas, *World of Our Making: Rules and Rule in Social Theory and International Relations* (Columbia: University of South Carolina Press, 1989) ; Wendt, Alexander, "Anarchy Is What States Make of It" *International Organization* 46, No.2 (Spring, 1992).

2) Hoph, Ted, "The Promise of Constructivism in International Relations Theory" *International Security* 23, No.1 (Summer, 1998), pp. 189-190.

3) Ashley, Richard, "Three Modes of Economism" *International Studies Quarterly* 27 (December, 1983), p. 478

4) Jepperson, Ronald L., Alexander Wendt, and Peter J. Katzenstein. "Norm, Identity, and Culture in National Security" Peter J. Katzenstein, ed. *The Culture of National Security* (New York: Columbia University Press, 1996), pp. 59-60.

5) Jeong, Ho-Won, "Conflict Management and Resolution" Lester Kurtz, ed. *Encyclopedia of Violence, Peace, and Conflict* Vol. 1-2 (San Diego: Academic Press, 1999), pp. 394-395.

6) Harrison, Selig S., *Korean Endgame: A Strategy for Reunification and U.S. Disengagement* (Princeton, N.J.: Princeton University Press, 2002), pp. 8-20.

7) 이종석, "주체사상과 민족주의: 그 연관성에 관한 연구," 『통일문제연구』 제6권 1호 (1994), 72~75쪽.

8) Harrison, Selig S., *op. cit.,* p. 21; Snyder, Scott, "A Framework for Achieving Reconciliation on the Korean Peninsula: Beyond the Geneva Agreement" *Asian Survey* 35, No.8 (August, 1995), p. 703.

9) 예를 들어 '생산도 학습도 생활도 항일유격대식으로' 라는 구호로 나타나는 혁명전통과 군사문화, '대안의 사업체계'의 지속적 강조도 그런 맥락이다.

10) 사회과학출판사 편, 『정치사전』 (평양: 사회과학출판사, 1973), 724쪽.

11) Desch, Michael C., "War and Strong States, Peace and Weak States?" *International Organization* 50, No.2 (Spring, 1996).

12) ≪로동신문≫ 1992년 6월 25일.

13) 북한은 '자주성의 원칙이 공정한 국제관계 발전의 기초로 된다'고 주장하고 그 근거로 '자주성의 원칙을 확고히 견지할 때 나라와 민족들 사이에 평등, 협조, 호혜, 내정불간섭의 관계가 형성되고 발전'한다는 점을 들고 있다(≪로동신문≫ 1998년 8월 27일).

14) 김일성, "우리나라 사회주의의 우월성을 더욱 높이 발양시키자 (1990.5.24)" 『김일성저작집 42』 (평양: 조선로동당출판사, 1995), 320쪽.

15) 김정일, "주체사상에 대하여 (1982.3.31)," 『김정일선집 7』 (평양: 조선로동당출판사, 1996), 180～181쪽.

16) 사회과학출판사 편, 『주체사상의 사회역사원리』 (서울: 백산서당, 1989 재출간), 283～284쪽.

17) Barkin, J. Samuel and Bruce Cronin, "The State and the Nation: Changing Norms and the Rules of Sovereignty in International Relations" *International Organization* 48, No.1 (Winter, 1994).

18) Held, David, *Democracy and the Global Order: From the Modern State to Cosmopolitan Governance* (Stanford, Calif.: Stanford University Press, 1995), p. 100 ; Ruggie, John G., "Continuity and Transformation in the World Polity: Toward a Neorealist Synthesis" Robert O. Keohane, ed. *Neorealism and Its Critics* (New York: Columbia University Press 1986), p. 143.

19) 김일성, "일본 교도통신사 사장이 제기한 질문에 대한 대답 (1991.6.1)," 『김일성저작집 43』 (평양: 조선로동당출판사, 1996), 76쪽.

20) Tajfel, Henri. *Human Groups and Social Categories: Studies in Social Psychology* (Cambridge, U.K: Cambridge University Press, 1981), p. 255.

21) Wendt, Alexander, *Social Theory of International Politics* (Cambridge: Cambridge University Press, 1999), p. 231

22) Wendt, Alexander, "Constructing International Politics" *International Security 20* (Summer, 1995), pp. 73-74.

23) Kaysen, Carl, Robert S. McNamara, and George W. Rathjens, "Nuclear Weapons After the Cold War" *Foreign Affairs 70*, No.4 (Fall, 1991), p. 96

24) Deutch, John M., "The New Nuclear Threat" *Foreign Affairs 71*, No.4 (Fall, 1992), p. 126.

25) "Treaties on the Nonproliferation of Nuclear Weapons"의 "Review Conferences (1970-95)" http://cnsdl.miis.edu/npt/npt_4/revconf.htm (검색일: 2002.12.27).

26) Fearon, James D., "Bargaining, Enforcement, and International Cooperation" *International Organization 52*, No.2 (Spring, 1998).

27) Art, Robert J., "A Defensible Defense: America's Grand Strategy After the Cold War" *International Security* 15, No.4 (Spring, 1991) ; Brzezinski, Zbigniew, "Selective Global Commitment" *Foreign Affairs 70*, No.4 (Fall, 1991).

28) Carter, Ashton B. and William J. Perry, *Preventive Defense: a New Strategy for America* (Washington D.C.: The Brookings Institution, 1999), 박건영 외 옮김, 『예방적 방위전략: 페리구상과 러시아, 중국 그리고 북한』 (서울: 프레스21, 2000), 30쪽.

29) Carpenter, Ted G., "A New Proliferation Policy" *The National Interest 28* (Summer, 1992).

30) 비확산문제가 미국 안보정책의 핵심의제로 공식화된 것은 1993년에 이르러서 였다(Aspin, 1993).

31) Campbell, David, *Writing Security: United States Foreign Policy and the Politics of Identity* (Minneapolis: University of Minnesota Press, 1992), pp. 2-8.

32) 이혜정, "단극시대 미국패권전략의 이해," 『한국과 국제정치』 제16권 제2호 (2000), 18~19쪽.

33) Oberdorfer, Don, *The Two Koreas: A Contemporary History* (Reading: Addison-Wesley, 1997), 돈 오버도퍼, 『두개의 코리아』 (서울: 중앙일보사, 1998), 289쪽.

34) Kang, David, "Rethinking North Korea" *Asian Survey 30*, No.3 (March, 1995).

35) Sigal, Leon V., *Disarming Strangers: Nuclear Diplomacy with North Korea* (Princeton, N.J.: Princeton University Press, 1997), 구갑우 · 김갑식 · 윤여령 옮김, 『미국은 협력하려 하지 않았다』 (서울: 사회평론, 1998), 26~29쪽.

36) Quinones, C. Kenneth, "North Korea: From Containment to Engagement" Suh, Dae-Sook and Lee, Chae-Jin ed. *North Korea After Kim Il Sung* (Boulder, London: Lynne Rienner, 1998).

37) Reiss, Mitchell, *Bridled Ambition: Why Countries Constrain Their Nuclear Capabilities* (Washington, D.C.: Woodrow Wilson Center Press, 1995), p. 237.

38) Snyder, Scott, *Negotiating on the Edge: North Korean Negotiating Behavior* (Washington D.C.: United States Institue of Peace, 1999), pp. 76-91.

39) Koh, B. C., "North Korean Policy Toward the United States" Dae-Sook Suh and Chae-Jin Lee, ed. *North Korea After Kim Il Sung* (Boulder, London: Lynne Rienner, 1998), p. 88.

40) ≪민주조선≫ 1993년 3월 13일자.

41) "THE DPRK REPORT" No. 18 (May-June 1999); No. 20 (September-October 1999). ICIP and CNS. http://cns.miis.edu/pubs/dprkrprt/index.htm (검색일: 2002.11.15).

42) ≪로동신문≫ 1995년 1월 1일자.

43) 박영호, 『미국의 국내정치와 대북정책: 지속성과 변화』 (서울: 통일연구원, 2000) ; Gertz, Bill, *Betrayal: How the Clinton Administration Undermined American Security* (Washington, D.C.: Regnery, 1999).

44) 김국신, 『클린턴 행정부와 의회 관계: 대북정책을 중심으로』 (서울: 통일연구원, 1999), 32~52쪽.

45) "Executive Summary of the Report of the Commission to Assess the Ballistic

Missile Threat to the United States" (July 15, 1998). http://www.fas.org/irp/ threat/missile/rumsfeld/ (검색일: 2002.12.5).

46) Gates, Robert, "Intelligence Analysis on the Long-Range Missile Threat to the United States" *Senate Select Committee on Intelligence* (December 4, 1996).

47) Armitage, Richard L., "A Comprehensive Approach to North Korea" *Strategic Forum No.159* (March, 1999).

48) Niksch, Larry A., "North Korea's Negotiating Behaviour" Samuel S. Kim, ed. *North Korean Foreign Relations in the Post-Cold War Era* (Oxford: Oxford University Press, 1998).

49) 공화당의 대북정책안에 대한 클린턴 정부의 수렴 노력은 양측이 적대적 대북 정체성의 공감을 전제하고 있음을 말해준다.

50) 황장엽, 『나는 역사의 진리를 보았다』 (서울: 한울, 1999), 171~186쪽 ; 정창 현, 『곁에서 본 김정일』 (서울: 토지, 1999).

51) 김철우, 『김정일장군의 선군정치』 (평양: 평양출판사, 2000).

52) Zhebin, Alexander, "North Korea: Recent Developments and Prospects for Changes" *The Journal of East Asian Affairs* Vol.12, No.1 (Winter/Spring, 1998), pp. 142-152.

53) Oberdorfer, Don, *The Two Koreas: A Contemporary History* (Reading: Addison-Wesley, 1997), 돈 오버도퍼, 『두개의 코리아』 (서울: 중앙일보사, 1998), 333~ 334쪽.

54) 조선중앙통신사, 『조선중앙년감』 (평양: 조선중앙통신사, 1996), 267쪽.

55) 북한은 1999년 5월 페리 대북정책 조정관이 평양 방문에서 한 양국관계 개선 을 위한 미 행정부 고위인사의 방북 제안을 곧바로 수용하지 않고 2000년 1월 22~28일 열린 베를린회담에 수용하였다.

56) Miller, Benjamin, *When Opponents Cooperate: Great Power Conflict and Collaboration in World Politics* (Ann Arbor: The University of Michigan Press, 1995), pp. 17-20.

57) Lord, Winston, "U.S. Policy Toward the Korean Peninsula" *Testimony before the House Committee on International Relations, Subcommittee on Asia and the Pacific* (March 19, 1996); United States Institute of Peace. "Mistrust and the Korean Peninsula: Danger of Miscalculation" (1998); Hughes, Patrick M., "Global Threats and Challenges" *Prepared Statement before the Senate Armed Services Committee* (February 2, 1999).

58) 제네바합의 이후에도 북한관리들의 대미 불신은 여러 언급에서 확인할 수 있 다. "THE DPRK REPORT" No.12 (March-May 1998); No.17 (March-April 999); No.19 (July-August 1999); No.25 (July-August 2000).

59) Kristensen, Hans M., "Preemptive Posturing" Bulletin of the Atomic Scientist 58, No.5 (September/October, 2002).
60) ≪평양방송≫ 2002년 10월 3일.
61) ≪조선중앙통신≫ 2002년 10월 25일.

〈참고문헌〉

1. 북한문헌

김일성, "우리 나라 사회주의의 우월성을 더욱 높이 발양시키자(1990.5.24)," 『김일성저작집 42』 (평양: 조선로동당출판사, 1995).

______, "일본 교도통신사 사장이 제기한 질문에 대한 대답(1991.6.1)," 『김일성저작집 43』 (평양: 조선로동당출판사, 1996).

______, "우리 민족의 대단결을 이룩하자," 『김일성저작집 43』 (평양: 조선로동당출판사, 1996).

김정일, "주체사상에 대하여(1982.3.31)," 『김정일선집 7』 (평양: 조선로동당출판사, 1996).

김철우, 『김정일장군의 선군정치』 (평양: 평양출판사, 2000).

박영호, 『미국의 국내정치와 대북정책: 지속성과 변화』 (서울: 통일연구원, 2000).

사회과학출판사 편, 『정치사전』 (평양: 사회과학출판사, 1973).

사회과학출판사 편, 『주체사상의 사회역사원리』 (서울: 백산서당, 1989).

『조선중앙년감』 (평양: 조선중앙통신사, 1996).

≪민주조선≫ 1993년 3월 13일.

≪로동신문≫ 1991년 8월 5일 ; 1992년 6월 25일 ; 1995년 1월 1일.

≪조선중앙통신≫ 2002년 10월 25일.

≪평양방송≫ 2002년 10월 3일.

2. 남한문헌

김국신, 『클린턴 행정부와 의회 관계: 대북정책을 중심으로』 (서울: 통일연구원, 1999).

이종석, "주체사상과 민족주의: 그 연관성에 관한 연구," 『통일문제연구』 제6권 1호 (1994).

______, 『새로 쓴 현대북한의 이해』 (서울: 역사비평사, 2000).

이혜정, "단극시대 미국패권전략의 이해," 『한국과 국제정치』 제16권 제2호 (2000).

정성장, "주체사상의 이론적 체계와 성격," 『북한연구학회보』 제3권 제2호 (1999).

______, "북한체제와 스탈린체제의 비교" ; 오일환 외, 『현대북한체제론』 (서울: 을유문화사, 2000).

정창현, 『곁에서 본 김정일』 (서울: 토지, 1999).

황장엽, 『나는 역사의 진리를 보았다』 (서울: 한울, 1999).

3. 외국문헌

Armitage, Richard L., "A Comprehensive Approach to North Korea" *Strategic Forum* No.159 (March, 1999).

Art, Robert J., "A Defensible Defense: America's Grand Strategy After the Cold War" *International Security* 15, No.4 (Spring, 1991).

Ashley, Richard., "Three Modes of Economism" *International Studies Quarterly* 27 (December 1983).

Aspin, Les. Secretary of Defense. *Report on the Bottom Up Review* (Washington, D.C.: U.S. Department of Defense. 1993).

Barkin, J. Samuel and Bruce Cronin., "The State and the Nation: Changing Norms and the Rules of Sovereignty in International Relations" *International Organization* 48, No.1 (Winter, 1994).

Brzezinski, Zbigniew., "Selective Global Commitment" *Foreign Affairs* 70, No.4 (Fall, 1991).

Campbell, David., *Writing Security: United States Foreign Policy and the Politics of Identity* (Minneapolis: University of Minnesota Press, 1992).

Carpenter, Ted G., "A New Proliferation Policy" *The National Interest* 28 (Summer, 1992).

Carter, Ashton B. and William J. Perry., *Preventive Defense: a New Strategy for America.* (Washington D.C. : The Brookings Institution, 1999) ; 박건영 외 옮김, 『예방적 방위전략: 페리구상과 러시아, 중국 그리고 북한』 (서울: 프레스21, 2000).

Desch, Michael C., "War and Strong States, Peace and Weak States?" *International Organization* 50, No.2 (Spring, 1996).

Deutch, John M., "The New Nuclear Threat" *Foreign Affairs* 71, No.4 (Fall, 1992).

Devetak, Richard., "Postmodernism," Scott Burchill and Andrew Linklater, eds. *Theories of International Relations* (New York : St. Martin's Press, 1996).

Fearon, James D., "Bargaining, Enforcement and International Cooperation" *International Organization* 52, No.2 (Spring, 1998).

Gates, Robert., 1996. "Intelligence Analysis on the Long-Range Missile Threat to the United States" *Senate Select Committee on Intelligence* (December 4, 1998).

Gertz, Bill., *Betrayal: How the Clinton Administration Undermined American Security* (Washington, D.C. : Regnery, 1999).

Harrison, Selig S., *Korean Endgame: A Strategy for Reunification and U.S. Disengagement* (Princeton, N.J. : Princeton University Press, 2002).

Held, David., *Democracy and the Global Order: From the Modern State to Cosmopolitan Governance* (Stanford, Calif. : Stanford University Press, 1995).

Hoph, Ted., "The Promise of Constructivism in International Relations Theory" *International Security 23*, No.1 (Summer, 1998).

Hughes, Patrick M., 1999. "Global Threats and Challenges" *Prepared Statement before the Senate Armed Services Committee* (February 2, 1998).

Jeong, Ho-Won., "Conflict Management and Resolution" Lester Kurtz, ed. *Encyclopedia of Violence, Peace, and Conflict* Vol.1-2 (San Diego : Academic Press, 1999).

Jepperson, Ronald L., Alexander Wendt, and Peter J. Katzenstein. "Norm, Identity, and Culture in National Security" Peter J. Katzenstein, ed. *The Culture of National Security* (New York : Columbia University Press, 1996).

Kang, David., "Rethinking North Korea" *Asian Survey 30*, No.3 (March, 1995).

Kaysen, Carl, Robert S. McNamara, and George W. Rathjens. "Nuclear Weapons After the Cold War" *Foreign Affairs 70*, No.4 (Fall, 1991).

Koh, B. C., "North Korean Policy Toward the United States" Dae-Sook Suh and Chae-Jin Lee, ed. *North Korea After Kim Il Sung* (Boulder, London: Lynne Rienner, 1998).

Kristensen, Hans M., "Preemptive Posturing" *Bulletin of the Atomic Scientist 58*, No.5 (September/October, 2002).

Lord, Winston., "U.S. Policy Toward the Korean Peninsula" *Testimony before the House Committee on International Relations, Subcommittee on Asia and the Pacific* (March 19, 1996).

Miller, Benjamin., *When Opponents Cooperate: Great Power Conflict and Collaboration in World Politics* (Ann Arbor : The University of Michigan Press, 1995).

Niksch, Larry A., "North Korea's Negotiating Behaviour" Samuel S. Kim, ed. *North Korean Foreign Relations in the Post-Cold War Era* (Oxford: Oxford University Press, 1998).

Oberdorfer, Don., *The Two Koreas: A Contemporary History* (Reading : Addison-Wesley, 1997) ; 돈 오버도퍼, 『두개의 코리아』 (서울: 중앙일보사, 1998).

Oh, Kongdan and Ralph C. Hassig., *North Korea Through the Looking Glass* (Washington, D.C.: The Brookings Institution, 2000).

Onuf, Nicholas., *World of Our Making: Rules and Rule in Social Theory and International Relations* (Columbia: University of South Carolina Press, 1989).

Quinones, C. Kenneth., "North Korea: From Containment to Engagement" Suh and Lee, ed. *North Korea After Kim Il Sung* (Boulder, London: Lynne Rienner,

1998).

__________________., *North Korea's Nuclear Threat "OFF THE RECORD"* Memories ; 케네스 퀴노네스 지음, 노순옥 옮김, 『2평 빵집에서 결정된 한반도 운명』 (서울: 중앙M&B, 2000).

Reiss, Mitchell., *Bridled Ambition: Why Countries Constrain Their Nuclear Capabilities* (Washington, D.C.: Woodrow Wilson Center Press, 1995).

Ruggie, John G., "Continuity and Transformation in the World Polity: Toward a Neorealist Synthesis" *World Politics* 35 (January, 1983).

______________., "Continuity and Transformation in the World Polity: Toward a Neorealist Synthesis" Robert O. Keohane, ed. *Neorealism and Its Critics* (New York: Columbia University Press, 1986).

Sigal, Leon V., *Disarming Strangers: Nuclear Diplomacy with North Korea. Princeton* (N.J.: Princeton University Press, 1997) ; 리언 시걸 지음, 구갑우·김갑식·윤여령 옮김, 『미국은 협력하려 하지 않았다』 (서울: 사회평론, 1998).

Snyder, Scott., "A Framework for Achieving Reconciliation on the Korean Peninsula: Beyond the Geneva Agreement" *Asian Survey* 35, No.8 (August, 1995).

______________. *Negotiating on the Edge: North Korean Negotiating Behavior* (Washington D.C.: United States Institue of Peace, 1999).

Tajfel, Henri., *Human Groups and Social Categories: Studies in Social Psychology* (Cambridge, U.K: Cambridge University Press, 1981).

"THE DPRK REPORT" No. 1-26 (May/June 1996-September/October 2000). The Institute for Contemporary International Problems(Moscow) and Center for Nonproliferation Studies(California).

United States Institute of Peace., "Mistrust and the Korean Peninsula: Danger of Miscalculation" (1998)

Wendt, Alexander., "Anarchy Is What States Make of It" International Organization 46, No.2 (Spring, 1992).

________________., "Constructing International Politics" International Security 20 (Summer, 1995).

________________., Social Theory of International Politics (Cambridge: Cambridge University Press, 1999).

Zhebin, Alexander., "North Korea: Recent Developments and Prospects for Changes" *The Journal of East Asian Affairs* Vol.12, No.1 (Winter/Spring, 1998).

북한의 대일정책:
북한의 대일인식에 대한 《조선통신》 기사 분석을 중심으로

진 희 관

1. 문제제기

최근 북한 핵문제로 인해 남북한과 주변 4개국은 6자회담이라는 형태의 대화체를 유지하고 있는데, 이 속에서 각 국가간의 관계에 대한 이해는 핵문제의 해결뿐만 아니라 한반도의 현재를 이해하고 미래를 예측하는 데 주요한 배경이 되고 있다.

특히 6개국 중에 북미관계, 북일관계의 개선은 핵문제를 비롯한 현안 쟁점 해결에 중요한 열쇠이지만 2006년 7월 북한의 미사일 실험발사 이후 최악의 사태로 치닫고 있는 실정이다. 지난해 제4차 2단계 6자회담에서 9·19성명을 발표하면서 북핵문제 해결의 실마리가 보이는 듯 하였지만 11월초에 개최된 5차 1단계 회담에서 의장성명을 채택하였으나 입장 차이만을 확인한 후 아직까지 후속회담을 개최하지 못하고 있다. 더욱이 '위폐문제'로 인해 미국이 대북경제제재를 취함에 따라 북미관계는 극한 대립상태로 치닫고 있으며, 납치자문제가 북일관계에 커다란 걸림돌이 되면서 6자회담은 휴업상태에 놓이게 되었다. 더욱이 지난 7월 초 주변국의 우려와 염려에도 불구하고 시행된 북한의 미사일 실험발사는 한반도 문제를 더욱 난관으로 빠져들게 하고 있다.

미사일 문제에 가장 민감한 국가 중 하나는 바로 일본이라 할 수 있는데, 북일관계는 2002년 9월 17일 최초의 북일정상회담이 개최되면서 관계개선이 급물살을 탈 것으로 예견된 바 있다.

그러나 김정일위원장이 납치자 문제를 시인한 것이 오히려 화근이 되었고, 또한 정상회담 직후 2002년 10월, 제2차 북핵 문제가 발발하면서 북일관계는 또 다시 침묵으로 빠져들었다. 일본에서의 반북 여론이 거세었고 북일관계는 정상회담 이전 보다 더욱 악화된 듯한 인상을 주었다. 그런데 지난 2004년 5월 고이즈미 총리의 전격적인 평양방문으로 제2차 정상회담이 개최되었다. 특히 취임 이후 한 번도 중국을 방문한 적이 없는 고이즈미 총리의 두 차례 평양방문은 대단히 이례적인 일이라 할 수 있을 것이다. 더욱이 북핵문제가 여전히 난항을 거듭하고 있었고, 일본 국내의 반북 여론이 거센 상황에서 1차 북일정상회담에 대한 답방이 아니라 고이즈미 총리가 재차 평양을 방문한 것은 외교 관례에도 맞지 않다. 즉 고이즈미 총리의 두 번째 평양방문은 7월에 시행된 참의원 선거와 밀접한 것으로 평가된 바 있다.

그러나 2차 정상회담이 열린 해 11월에 일본으로 보내진 납치자 요코다 메구미橫田めぐみ의 유해에 대해 일본은 '가짜'라고 주장하고 있고 북한은 일본의 유해에 대한 분석이 '날조'라는 입장을 표명하면서 극한 대립으로 치닫고 있어 2005년 이후 북일관계 역시 풀리지 않는 '수수께끼'처럼 공전하고 있다. 뿐만 아니라 북일관계는 어느 쪽도 양보할 수

없는 상태로 빠져들고 있다. 가령 일본이 유해에 대한 분석이 잘못되었다 할지라도 이를 번복 인정하기 어려울 것이며, 북한 역시 일본의 잘못을 지적한 상태에서 이를 덮어두고 다시 관계를 풀어나가기도 어려운 실정이다. 이와 같이 한반도를 둘러싼 주변국 관계는 한 치 앞을 내다볼 수 없는 불확실한 상태를 벗어나지 못하고 있다.

이 글에서는 북일관계의 현황을 분석하고자 하며, 이에 북일 양국의 상호에 대한 정책기조를 문헌을 중심으로 정리하고, 최근 북한의 대일인식을 확인하기 위해 문헌분석을 시도하겠다. 이를 위해 조선통신 사이트(www.kcna.co.jp)에서 2002년부터 2006년 7월까지의 기사 중 '대일논조' 영역에 선별되어 있는 567건의 기사들을 중심으로 내용 분석을 시도하도록 하겠다.

2. 북일관계 연구의 동향

1) 연구동향의 종합[1]

북일관계에 관한 연구의 동향을 종합 정리하면, 북일관계의 현안쟁점은 크게 기본 문제, 경제적 문제, 국제적 문제, 현안 문제, 기타 문제 등 5가지로 구분하여 정리할 수 있을 것이다.

첫째, 기본문제로서 과거청산을 의미한다. 과거사 사죄의 경우, 65년 한일기본조약의 수준에서 처리되겠지만, 98년 한일정상회담의 수준(통절한 반성과 사죄, 98 한일공동선언, 村山)을 첨가한 형태의 사죄가 이루어질 때 합의가 될 것으로 판단된다.

둘째, 경제문제로서 과거사의 배상과 보상, 청구권 문제, 경제협력 등의 문제를 의미한다. 보상 또는 배상문제의 경우 점차 북한은 실리의 측면으로 선회하여 제1차 정상회담에서는 실질적 보상의 문제를 거론하여 어느 정도의 의견이 일치한 것으로 평가되고 있다. 과거 일본은 재산청구권만은 인정하고, 배상과 보상 모두를 부인해왔으며, 북한은 재산청구권, 배상과 보상 모두 주장해 왔던 점에 비추어 볼 때, 양국간에는 상당부분 의견이 접근한 것으로 보인다. 따라서 '준 배상' 이루어질 경우 약 80억 달러의 지원이 이루어질 것으로 예상되고 있다. 다만 북일간의 채무관계는 지원비용에서 삭감하는 방법 등, 이미 논의되었을 가능성도 높은 것으로 보인다.

셋째, 국제문제로서 핵문제, 장거리 미사일문제 등에 대해서는 우선 6자회담으로 이관하여 논의를 전개시켜 나갈 것으로 평가된다.

넷째, 현안문제인 납치의혹 완결문제와 식량지원 문제 등은 제1차 정상회담에서 김정일 위원장의 '시인'외교를 펼친 사안이므로, 나머지 실종자 10여명에 대한 확인 역시 어려운 문제는 아니라는 판단이다. 대북 식량지원 문제는 2003년 11월 일본 중의원 70%가 경제제재 위한 법 개정에 찬성한 바 있으며, 따라서 이후 식량지원 점차 어려워질 수도 있겠으나, 고이즈미 총리가 임기 내에 북일수교를 이루겠다고 하는 주장에서 보듯이 수교를 위해 지속적인 대북 식량지원이 이루어질 것으로 예상되고 있다.[2]

다섯째, 기타문제로서 일본인처 고향방문과 재일동포의 법적 지위 문제를 들 수 있다. 일본인처 고향방문은 일본정부(적십자)의 지속적인 관심사안 이었으나, 2차례의 방문 이후, 납치자 문제가 쟁점 현안으로 떠오르면서 답보상태에 있다. 또한 재일동포 법적지위에 대해서는 북한이 지속적으로 제기해 온 문제이기 때문에 향후 북일 수교과정에서 지속적인 안건으로 상정될 것으로 예상되고 있다.

2) 북일관계 연구의 과제

90년대 초 북일 수교회담 당시 많은 연구가 진행되었으며, 또한 2002년 북일정상회담을 전후하여 또 다시 많은 연구성과들이 만들어지게 되었다. 그러나 북일관계 연구의 상당수가 현안문제, 시사적인 쟁점을 중심으로 하는 정책연구가 대부분을 이루고 있음을 알 수 있다. 이에 앞으로의 북일관계 연구 분야에서 보다 관심을 가져야할 내용을 적어 보고자 한다.

(1) 역사적 분석 결핍

북일관계사에 대한 연구를 비롯해서 역사적 분석이 대단히 부족하다는 점이다. 해방직후 북일관계 및 시대적 변천에 대한 정리는 신정화의 대표적인 연구(단행본)3)외에 후지타 히사가즈4) 등을 비롯한 일부 연구를 제외하고는 전무한 실정이다.

신정화는 그의 학위논문5)을 수정·보완하여 펴낸 단행본에서 1945년 해방에서 부터 1992년 11월 제8차 북일수교회담까지 약 50년 동안의 북일관계를 정부(정부·자민당)와 비정부(사회당·공산당)로 나누어 분석하였다. 물론 본 연구에서도 다루지 못한 영역이 존재한다. 이를테면 북한의 공민조직으로 평가되고 있는 재일본조선인총연합회와 북한의 관계에 대해서는 1955년 결성과정에 대한 언급이 중심이 되고 있다. 그리고 북일간의 무역을 비롯한 경제관계 등에 대해서도 포괄적으로 논의되지는 못하고 있다. 이러한 부분에 대한 보다 세밀한 연구는 관련 연구자들의 향후 과제로 남고 있다.

그리고 앞서 언급한 바와 같이 일본인 납치문제의 경우 후지타를 비롯한 일본의 연구자들이 '김대중 납치사건'과 연동하여 비교사적으로 접근하고 있는 반면에 우리 측의 비교사적인 연구는 전무한 실정이다.

이상과 같이 북일관계의 역사적 전개과정에 대한 세밀한 연구가 부재한 사실은 북한과 일본이 상호관계에서의 보편과 특수가 무엇인지 차별화 해내는데 어려움을 줄 수 있다. 따라서 신정화의 연구의 의의를 정확히 평가하고, 이 연구가 포괄해내지 못한 부분들에 대한 보완적 연구를 앞으로 진행해 나가야 할 것이다.

(2) 정부관계 중심

북한과 일본공산당의 관계를 비롯한 일본의 정당과의 관계 연구가 거의 없다는 점이다. 사실상 북일관계는 다양한 수준(level)의 행위자(actor) 간의 관계를 의미하게 된다. 그러나 지금까지의 연구에서는 신정화의 단행본을 제외하고는 대체로 북일간의 정부차원의 관계만을 소개하고 있다. 물론 신정화의 연구에서도 공식적인 정부·정당관계 이외의 영역에 대해서는 간략히 다루고 있다. 즉 '일조우호촉진의원연맹'의 경우 1970년의 결성과 초기 활동에 대해서 언급하고 있는 것과 같이 전반적으로 다루고 있지는 못하다.

요컨대 정부 이외의 정당관계, 시민단체 및 조직과의 관계 그리고 민간의 관계(예를 들어 북송자 가족들의 문제 등) 등에 대해서는 체계적인 접근이 이루어지지 않고 있다. 또한 이들에 대한 분야별 심층 연구 역시 찾아보기 어렵다. 따라서 북일관계에 대한 다양한 행위자들에 대한 분야별 연구의 필요가 대두되고 있다.

(3) 북한문헌 분석 결핍

북한 문헌을 통해본 북일관계 연구는 극히 일부를 제외하고는 전무한 실정이다. 신정화의 연구에서도 북일관계와 관련된 일본 문서에 대해서는 깊이 있는 연구가 진행된 반면에 북한 문헌에서 나타나는 북일간의 문제에 대해서 총괄적으로 다루지는 못하였다.6) 또한 대부분의 북일관계 연구에서도 북한의 대표적인 문헌인 『김일성저작집』, 『김정일선집』 그리고 당기관지인 ≪로동신문≫, 『근로자』를 비롯한 대표적인 북한 공간 문헌에 대한 분석이 거의 보이지 않는다.

즉 그동안 북일관계의 연구들 중 신정화의 연구를 제외하고는 (김호섭, 남창희, 박철희, 진창수 등) 대체로 국제정세에 대한 분석을 통해 북일관계를 이해하는 접근이 많았다고 할 수 있다. 따라서 국제관계라는 큰 틀 속에서 북일관계의 위상과 일본의 입장을 이해하는 데는 도움이 될 수 있지만, 북한의 대일인식에 대한 이해가 부족할 수밖에 없었다. 물론 ≪로동신문≫을 비롯한 최근 북한의 문헌에 대한 제시는 나타나고 있다. 그러나 역사적 전개과정을 이해 할 수 있는 전반적인 문헌분석이 부재하다는 것이다.

이러한 배경에는 북한의 대일인식은 중요하지 않다는 입장도 있을 수 있지만, 무엇보다도 막대한 양의 북한 문헌을 분석한다는 것이 물리적으로 쉽지 않기 때문으로 풀이된다.

이러한 현상은 북한의 대일 행위에 대한 정확한 평가에 어려움을 가져올 수 있다. 이를테면, 3절에서 자세히 언급하겠지만 『김일성저작집』을 통해 확인할 수 있는 북한의 대일정책 기조는 크게 세 가지라 할 수 있다. 즉 첫째, 일본이 미국의 노선에 추종하여 남북분단정책을 쓰고 있기 때문에 관계개선이 어렵다고 인식, 둘째, 일본이 남한과 북한에 대한 차별적인 외교관계를 설정함에 따라서 관계개선이 어렵다는 입장, 셋째, 재일조선 공민들에 대한 차별적 대우를 철폐해야 한다는 조건 등 일본정부의 대미 자주성의 필요를 강하게 언급해 왔다는 점을 알 수 있었다. 물론 이러한 평가가 북한의 대일외교 기조를 모두 포괄하지는 못할 것이다. 그러나 북일수교가 진행될 경우 이상의 세 가지 인식에 대해 북한이 어떻게 반응하는가에 대해 초점을 맞추는 연구가 진행될 때 제시된 내용에 대해서는 보다 체계적이고, 설득력 있는 분석이 가능하지 않을까 사료된다. 특히 기존의 인식이 지속되는지 또는 변화하는지에 대해서도 설명할 수 있다는 점에서 그 의의를 찾을 수 있을 것이다.

이처럼 북한의 공간 문헌에 대한 분석을 통해 북일관계를 조망하게 될 경우 국제관계 이론에 치우쳐 있는 현안 이슈 분석에서 나타나는 문제점들을 보완할 수 있을 것이라 할 수 있다.

(4) 북미관계와의 관련 연구 부재

북일관계와 북미관계의 연동성에 대한 연구가 취약하다는 점이다. 논문을 제외한 잡지글(김남식, 신정화, 오코노기 마사오 등)에서는 일부 언급이 되고 있지만[7] 체계적인 연구는 없는 실정이다. 즉 북일관계가 북미관계에 종속되어 있었다는 언급들이 자주 등장하고 있지만, 사실 규명에는 취약하다.

앞서 예를 든 바와 같이 김남식은 "북일관계는 북미관계와 밀접히 관련되어 있으며 북미간의 관계정성화를 위한 대화가 열리지 않는 상황에서 북일간의 수교회담이 열린다는 것은 사실상 생각할 수가 없다"라고 언급하고 있지만, 짧은 글이라는 여건 때문에 자세한 설명을 담고 있지 못하다.[8] 신정화는 북일관계가 북미관계와 연동하는 형태로 진행된 점을 설명하면서 "97년 11월 일본 여당대표단의 방북이 모두 4자회담이라는 북미관계의 진전 조짐이 있은 직후에 이루어졌다는 데서, 또 이들 정당의 조기 대북관계 개선요구가 전부 무산되었다는 데서 확인할 수 있다"라고 언급하고 있어,[9] 북미관계와 북일관계의 연동성과 관련 개연성을 설명해주고 있지만 이에 대한 과학적인 분석을 제시하는 것은 아니다.

이처럼 기존 연구의 상당수에서 북일관계는 북미관계와 관련이 깊다는 점들을 언급해왔지만 구체적 근거를 통한 분석은 발견할 수 없으며, 상황논리에 따른 설명의 한계를 뛰어넘지 못하고 있다.

특히, 제2차 핵위기와 북일정상회담 직후의 북일관계는 90년대 초의 북일수교교섭이 제1차 핵위기로 인해 중단된 상황과 많은 부분에서 유사하지만, 이에 대한 구체적인 비교 연구가 안되고 있는 실정이다. 더욱이 92년 말 북한 핵위기가 심각해지자 8차까지 진행되었던 북일수교회담이 종지부를 찍었던 사실과 비교할 때, 최근의 상황은 명백한 차이점이 나타나고 있다. 즉 제1차 북일정상회담 직후 제2차 북핵위기가 도래하였지만, 지난 2004년 5월 제2차 북일정상회담이 개최된 점은 90년대 초와 비교할 때 분명한 차이를 보이고 있다. 이와 같은 사실에서 알 수 있는 바와 같이 북일관계가 북미관계와 연동되면서도 나타나는 결과는 시기에 따라 차이가 있을 수 있다는 점은 시사하는 바가 크며, 이러한 비교연구를 통해 북일관계에 대한 이해를 보다 구체적으로 진행시킬 수 있을 것이다.

(5) 북일수교 이후에 대한 연구 부재

북일수교 이후에 발생하게 될 변화에 대한 준비 차원에서의 구체적인 연구가 필요하다. 2004년 5월 제2차 북일정상회담이 개최되었지만 일본으로 송환된 요코다 메구미橫田めぐみ의 '가짜유해 소동'으로 인해 북일관계가 다시 극도로 악화되어 있다. 그러나 일본 고이즈미 준이치로小泉純一郎 총리는 지난 2004년 참의원 선거를 앞두고 6월 29일 당사에서 가진 일본내 언론과의 인터뷰에서 "(자민당 총재 임기인 2006년 9월까지) 2년 이내에 대북국교를 정상화하고 싶다"는 언급을 한 바 있으며, 3일 후인 7월 2일 '일본텔레비젼'日本テレビ 방송의 당수토론회에서 고이즈미 총리는 "가능하다면 빨리하는 쪽이 좋다. 1년 안에 할 수 있다면 좋겠다"라고 언급하여 북일관계의 풀기 어려운 난제와 대북 여론의 악화에도 불구하고 북일 당국간 관계 개선은 보다 속도를 높일 수 있을 것으로 예상된 바 있다.[10]

물론 이와 같은 언급이 당시 일본의 참의원 선거를 겨냥한 발언일 수 있지만, 일본의 조야의 분위기와는 달리 고이즈미 총리는 북일수교를 실현하여 일본 외교사에 한 획을 긋고자 하는 의욕이 강한 것으로 평가된 바 있다.

어쨌든 고이즈미정권 시기이건 그 이후이건 북일관계가 정상화되는 것은 시간문제라고 할 수 있는데, 이에 대한 대비 차원에서의 연구는 찾아보기 어렵다.

이를 테면, 북일수교 이후의 국제관계의 변화 가능성, 즉 동북아질서 및 세계질서의 변동과 관련한 연구가 필요할 것이다. 왜냐하면 북한과 일본이 수교한다는 것은 북미관계의 변화를 전제하거나 또는 파생시킬 수 있는 사안이며, 이는 동북아 안보문제를 비롯한 국제질서의 변화를 야기하게 된다는 점에서 중요하다고 하겠다.

다음으로 동북아 공동체로서의 한·일·북·중 간의 미래상에 대한 연구 등이 요구되고 있다. 특히 일본의 대북 배상금(약 80억 달러로 추정되고 있음) 또는 경제협력 자금이 북한으로 유입될 경우 북일간의 경제협력과 아울러 동북아 역내 국가들 간의 경제협력이 가속화될 전망이다. 이 경우 한국은 이에 대해 어떻게 대응해 나갈 것인가에 대한 구체적인 예측들이 제시되어야 할 것이다.

이 밖에도 북한국적 재일동포들에 대한 처우의 문제, 재일동포들의 국적선택의 방식과 재산권의 문제 등에 대한 연구가 진행되어야 할 것이다. 현재 국적란에 '조선'으로 표기되고 있는 재일동포들(약 10만 명으로 추정)의 경우 국교 수교로 국적에 대한 선택이 요구된다. 왜냐하면 현재 미수교상태에서 '조선'이라는 표현은 국적이 아니라 기호에 불과하지만, 북일수교가 이루어질 경우 이들에 대해서 북한을 국적으로 선택할 것인지, 아니면 또 다른 선택을 할 것인지를 묻게 된다. 이 때 '조선'적 동포들의 선택은 크게 네 가지라 할 수 있다. 북한, 한국, 일본

그리고 조선으로 선택이 갈리게 될 것이다. 만일 적지 않은 수가 북한을 국적으로 선택할 경우 이들은 북한의 공화국법의 적용을 받게 되며, 재일동포 사회는 공식적인 남북한 국민이 공존하는 공간이 된다. 그렇다면 이에 대한 다양한 문제발생의 사례들을 미리 점검하고 대응방안을 마련해 나가야 할 것이다.

3. 북한의 대일정책 기조[11)

북한의 대일정책 기조는 김일성 저작 등에서 일본의 언론관계 편집국장 및 사회당 대표와의 대화내용 및 질문과 답변에서 읽을 수 있다. 그리고 무엇보다도 가장 최근에 열렸다고 할 수 있는 1980년의 제6차 당대회에서 그 기조를 찾을 수 있다.[12)

일반적으로 북한의 대외정책 기본노선은 1964년 4기 8차 당중앙위원회 전원회의에서 제시된 '3대혁명역량강화'를 대표적으로 들 수 있다.[13) '3대혁명역량 강화'의 기본 내용 중에 하나인 '국제혁명역량강화'는 북한의 대외정책 기조의 기본이 되어 왔다. 1980년 제6차 조선로동당 대회에서도 사업총화보고를 통해 "우리 당은 정세발전의 요구에 맞게 정확한 대외정책을 내세우고 그것을 철저히 관철하였습니다. 우리 당은 국제무대에서 제국주의를 반대하고 식민지민족해방투쟁을 지지하며 온갖 형태의 지배세력들을 반대하고 세계인민들의 자주성을 옹호하며 사회주의의 역량의 단결을 강화하고 국제로동운동을 발전시키는 입장을 일관하게 견지하였습니다. 우리당의 올바른 대외정책과 적극적인 외교활동에 의하여 국제관계 분야에서는 커다란 성과가 이룩되었습니다"[14)고 하며 '자주, 평화, 친선'이라는 3원칙을 강조하였다.

북일관계에 대한 북한의 정책기조는 북한의 문헌에서 쉽게 나타나지는 않는다. 다만 과거 김일성이 한 일본의 언론사 편집국장 및 기자들과의 인터뷰에서 찾아볼 수 있다. 김일성의 저작에서 찾아볼 수 있는 것은, 우선 1972년에 일본 마이니찌신문 기자들과의 인터뷰를 통해 제시한 "우리 당의 주체사상과 공화국정부의 대내외정책의 몇가지 문제에 대하여"15)에서 주체사상, 대외정책, 통일문제 그리고 구체적인 북일관계에 대해서 언급하였다는데 주목할 필요가 있다.

김일성은 당시 "조선과 일본 두 나라 사이에 우호적인 관계를 맺으며 정상적인 국교를 수립하기 위해서는 무엇보다도 먼저 일본정부가 우리나라에 대한 태도를 고쳐야 합니다"라고 하면서 북한은 시종일관 일본정부와 선린관계를 맺을 것을 희망하여 왔는데 반해 일본정부가 이를 거부해 왔으며 "두 나라 사이의 선린관계가 이루어지는가 이루어지지 못하는가 하는 것은 전적으로 일본정부의 태도에 달려있다" 는 점을 누차 강조하였다.16)

구체적으로는, 우선 일본정부가 북한과 선린관계를 맺기 위해서는 남한과 북한에 대해서 어떠한 "침략적 성격도 없는 균등한 정책을 실시하여야"한다는 점을 강조하고 있다.

또한 북일관계의 우호관계를 위해서는 "일본정부가 재일조선공민(조총련측 동포)들의 민족적 권리를 보장해주는 것이 매우 중요합니다"라고 하여 일본정부의 비우호적인 태도를 지적하고 있다.

이와 함께 '일본군국주의'의 재생과 자본주의적 해외침탈을 지적하고 견제의 필요성을 언급하고 있으며, 일본정부와는 달리 일본의 '인민'들과는 우호적인 관계라는 점을 강조하고 있다.

그러나 이듬해인 73년 8월 북한을 방문한 조선대학교 음악체육소조 일군들에게 한 연설에서는17) "우리 인민의 철천의 원쑤인 미일제국주의는 완전히 멸망하지 않았는데 세대는 끊임없이 바뀌어 … 우리가 미일제국주의를 완전히 멸망시키려면 아직도 장기간 투쟁하여야 합니다"

라고 하여 대를 이은 혁명과 새 세대에 대한 교육의 중요성을 강조하면서 일본제국주의를 '우선적 타도의 대상'으로 언급하고 있다.

그리고 76년 일본 ≪세계世界≫ 편집국장과의 인터뷰에서는 "일본정부는 우리나라를 <두개의 조선>으로 분렬시키는 미제의 로선에 추종하고 있습니다 … 때문에 조일 두 나라 사이의 관계를 개선할 방법이 없습니다"[18]라고 하면서 일본 정부와의 관계개선은 "소용 없는 짓"으로 평가하고 있으며, 단 일본인민들과의 친선단결을 강화할 것임을 언급하고 있다. 이와 같은 김일성의 언급은 85년 또 한차례 ≪세계世界≫ 편집국장과의 인터뷰에서도 같은 논지가 반복되었다.[19]

"일본정부는 우리나라를 비우호적으로 대할 아무런 조건도 없습니다. 우리는 일본을 반대하는 깜빠니야(캠페인)를 벌린 일도 없고 다른 나라에 가서 일본을 욕하는 연설을 한 적도 없습니다. 그렇지만 일본정부는 조선의 북과 남에 대하여 일변도정책을 실시하고 있는데 그것은 미국의 압력에 굴종하여 그러는 것입니다"라고 언급하고 있다.

이상에서 북한의 대일정책의 기조를 요약하면 다음과 같다.

첫째, 북한은 일본과 선린관계 유지를 원하고 있지만 일본은 미국의 노선에 추종하여 남북분단정책을 쓰고 있기 때문에 관계개선이 어렵다는 인식을 가지고 있다.

둘째, 일본이 남한과 북한에 대한 차별적인 외교관계를 설정함에 따라서 관계개선이 어렵다는 입장이다.

셋째, 재일조선 공민들에 대한 차별적 대우를 철폐해야 한다는 조건 등 일본정부의 대미 자주성의 필요를 강하게 언급해 왔다는 점을 알 수 있다.

그러나 90년대에 접어들면서 북한은 일본과의 관계개선에 적극적인 노력을 기울이고 있다.

북한은 주로 다음의 세 가지 이유에서 일본에 대해서 관계개선 태도

를 보이고 있다.[20]

첫째, 북한경제 침체의 돌파구를 마련하여 남북경제 격차를 해소 및 축소시키자는 전략이다. 일본의 자본과 기술의 도입은 북한의 경제난 해소에 적지 않은 도움이 될 전망이다.

둘째, 북일교섭을 북미관계 개선에 활용하겠다는 전략이다. 북미관계 개선이 무엇보다도 중요하지만, 북한은 일본과의 관계개선을 미끼로 또 다른 반사 이익을 미국에게서 얻을 수 있다는 전략을 함께 추구한다고 볼 수 있다.

셋째, 일본과 수교를 통해 '준배상' 성격의 차관을 얻어냄으로써 경제난 해소에 도움을 줄 뿐 아니라, 체제내의 명분(일본의 과거사 배상)을 확보함으로써 김정일체제의 안정을 도모할 수 있다는 전략이다.

4. '조선통신'의 기사 동향

총련에서 제작하고 있는 조선통신 홈페이지(www.kcna.co.jp)는 북한의 기사와 통신의 주요 내용들을 매일 업로드하고 있다. <그림 1>과 같이 이 사이트 초기화면의 우측 상단에는 '조일관계개선·대일논조'(이하 대일논조)라는 코너를 마련하고 있고 이 코너에는 연도별 관련 기사내용을 수록하고 있다.

<표 1>에서와 같이 연도별 기사건수를 보면, 이와 관련된 기사를 2002년부터 선별하여 수록하고 있는데, 2002년의 경우 6건에 불과하였으나 2004년 122건, 2005년 312건으로 급증하였다. 그리고 2006년 7월 현재 117건으로 전년과 유사한 수의 기사를 선별하여 게재하고 있다.[21]

<그림 1> 조선통신 사이트 초기화면

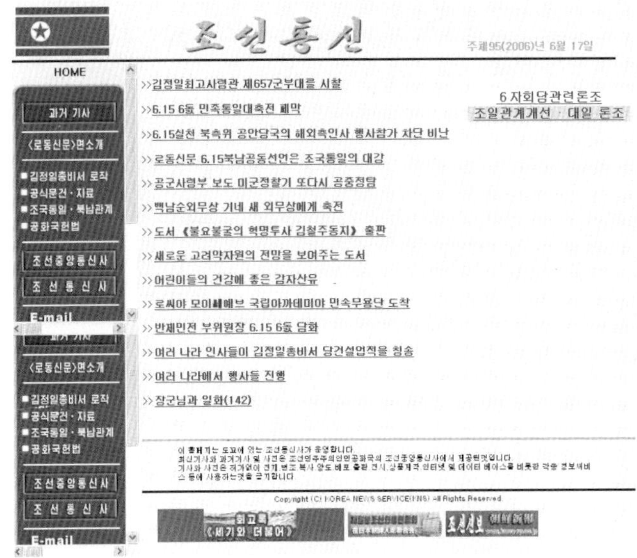

<그림 2> 조선통신 사이트의 '대일논조' 페이지

<표 1> 연도별 '대일 논조' 기사건수 (2002~2006.7)

연도	2002	2003	2004	2005	2006.07	합계
기사건수	6	10	122	312	117	567

2003년까지의 기사 건수가 10건 내외에 불과한 것은 실제 기사의 수가 적었던 것이 아니라 2004년부터 본격적으로 기사 분류를 진행한 것으로 판단된다. 다만 2004년까지는 북일관계가 지금과 같이 악화되지 않은 상태였고, 따라서 기사 제목에서도 북일관계 개선의 여지가 남아 있음을 알 수 있다.

2002년 11월 5일자 ≪조선중앙통신≫은 "우리는 조일국교정상화회담과 관련하여 조성된 사태를 엄밀히 검토하고 있다"라는 제하의 기사에서 10월말 말레이시아에서 개최된 북일회담을 "평가할만한 것"이라고 언급하면서 다만 "실제적인 문제토의는 진전을 보지 못하였다. 그것은 일본측이 국교정상화의 기본문제인 과거청산문제는 뒤로 미루고 핵문제・랍치문제와 같은 현안문제들을 먼저 토의하자고 고집함으로써 대화쌍방사이의 신뢰를 저하시킨 것과 관련된다"고 언급하고 있다. 또한 납치문제에 대해서는 "일본측은 우리와 한 약속을 처음부터 뒤집어 덮음으로써 신의를 깨고 모처럼 마련되었던 협조분위기를 망쳐 버렸으며 오히려 사태를 더 복잡하게 만들고 있다"고 하여 북측의 호의를 일본이 문제시하고 있다는 인식을 보이고 있다. 특히 "국교정상화회담이 이번처럼 공회전만 거듭하면서 장기화될 경우 미싸일발사연장조치를 재고려해야 한다는 의견까지 제기되고 있다. 우리는 새로 조성되고 있는 사태를 엄밀히 검토하고 있는 중에 있다"고 하여 만일의 경우 장거리 미사일 시험발사를 재시도 할 수 있음을 암시하면서도 아직은 검토 중이라는 보류의 입장을 표명하고 있다.

또한 열흘 후인 11월 16일 조선외무성 대변인의 언급을 보도한 조선중앙통신 기사 "미싸일발사문제에서 더이상 아량을 보일 여지가 없어지고 있다"에서는 제목에서와 같이 여지가 없다는 확고한 뜻이 아니라 "여지가 없어지고 있다"라는 어법을 사용하여 여전히 여지가 남아 있음을 보이고 있다.

2003년 3월 18일 《조선중앙통신》은 조선외무성 대변인과 가진 인터뷰 기사 "조선외무성 대변인 일본은 위성발사를 해도 되고 우리는 하면 안된다는 법은 없다"라는 기사에서는 같은 달 28일 발사예정인 일본의 인공위성 <H-2A> 발사에 대해 지적하면서 북한 역시 인공위성(장거리유도체)을 발사할 자격이 있다고 하여 다소의 긴장을 유발시키고 있으나 이 역시 여지를 두고 있는 화법을 사용하고 있다.

고이즈미 총리의 두 번째 평양방문이 실현된 2004년에는 "공화국 정부는 <요도>호 <적군파> 성원들의 귀국을 반대하지 않는다(7월 5일)", "조선의 통일과 조일국교정상화를 위한 조일녀성들의 련대성집회 (8월 30일)", "새 기념우표 <일본총리 상봉> 발행(9월 6일)", "조선적십자회 일본적십자에 니이가다 지진 위문전문(10월 28일)", "조선적십자회 일본적십자에 지진피해 위문금(10월 29일)" 등 대일관계에 대해 매우 우호적인 기사들로 채워져 있다.

그러나 이러한 상황은 2004년 12월로 접어들면서 전환점을 맞이하게 되었다. 그 배경은 바로 동년 11월 중순 북일실무접촉(평양)에 참석한 일본측 대표단에게 보낸 요코다 메구미의 유해 시비에서 비롯된다. 12월 14일자 《조선중앙통신》은 "조선외무성대변인 일본이 발표한 유골 <감정결과>에 의혹"이라는 기사를 통해 "만약 극우익세력들의 책동으로 반공화국 <제재>가 끝끝내 발동된다면 우리는 그것을 우리나라에 대한 선전포고로 간주하고 강력한 물리적방법으로 즉시 대응하게 될 것이다. 이로 하여 조일관계와 지역정세에 초래될 파국적후과에 대해서는 전적으로 일본극우익세력들이 책임지게 될것이다"라고 강력히 반발하였고, 12월 31일자 "조선외무성 대변인 일본정부의 <조사결과>를 단호히 배격한다"라는 조선중앙통신 기사에서는 북한의 대일 자세의 완전한 변화를 의미하는 내용들을 담고 있다. 즉 "일본정부는 우리가 이미 공식경로를 통하여 요구한대로 요꼬다의 유골을 지체없이 돌려보내며 이번 유골 <감정결과>날조사건의 진상을 철저히 규명하고 사죄하여야 한다. 일본정부가 우리에게 <엄중대응>하겠다고 한 것은 도적이 매를 드는 격으로 우리를 심히 자극하고 위협하는 파렴치한 도발이다 … 우리는 이미 밝힌 바대로 일본의 모든 도발행위에 물리적으로 대처할 만단의 준비가 되어있다"라고 하여 일본의 행위는 도발행위이며, 이에 대해 물리적 대처를 고려하겠다는 것이다.

이와 같이 2002년 북일평양선언 이후 북한이 보여왔던 화해협력을 위한 '인내'들은 2004년 12월 불거진 요코다 메구미 유골 시비 사건으로 인해 최악의 상황으로 치닫게 되었다. 여기서 나타나는 북한의 입장은 일본 당국과 과거 '비정상적으로 산생된' 납치사건을 해결하기 위해 성의를 다했다는 것이며, 이에 대해 일본 "극우익세력들의 계획적이며 도발적인 반공화국모략소동"이 전개됨에 따라 "물리적으로 대처할 만단의 준비"를 하겠다는 것이다.

이러한 논조로 2005년의 312건의 기사들은 다양한 영역에서 일본에 대한 반감들을 구체적으로 나타내고 있다.

요코다 메구미의 유골 문제는 2005년 상반기까지 구체적으로 언급되었고, 10월까지는 납치 문제가 중요한 기사로 다뤄지고 있으나 이후에는 관심이 이동하고 있다. 유골 문제에 대해서는 동년 4월 21일 ≪로동신문≫ 기사 "더 큰 망신을 당하지 않으려거든 랍치문제에 대해 떠들지 말라"를 통해 영국, 미국 그리고 일본 내의 과학잡지에서 보도한 관련 내용들을 예를 들면서 일본의 '억지'를 주장한 기사를 끝으로 약 6개월여 동안 공방이 지속되던 유골 문제에 대해서는 더 이상 주요하게 다루지 않고 있다. 이 밖의 납치자들에 대한 문제는 지속적으로 기사 내부에서 일부 다루어지고 있으나 주요하게 다루어진 기사는 2005년 10월 4일 "조선중앙통신사 론평 <랍치문제>관련 <경제제재 발동> 주장 비난" 기사 이후 소강상태를 보이고 있다.

2006년 117건의 기사에서는 크게 몇 가지 영역에서 주요하게 다루어지고 있다.

1월 군사적 패권에 대한 기사, 2월 독도 영유권주장, 역사문제(강화도조약), 야스쿠니 신사 참배, 3월 반공화국·반총련 책동이 그리고 4월에는 독도강탈책동 기사가 총 18건 중 10건에 이르고 있다. 5월에는 일본 군국주의에 대한 비판기사, 6월 야스쿠니 신사참배 비판과 군국주의에 대한 기사가 중심을 이루고 있다. 7월에 이르러서는 15건의 기사가 선별되어 있는데 과거사에 대한 기사(문화재 강탈, 역사왜곡) 6건과 총련 탄압에 대한 기사 3건으로 구성되어 있다. 특히 미사일 실험발사 이후 이를 언급하면서 일본의 과거의 위성실험발사(2003)를 비난하는 기사는 없으며, 미사일 실험으로 인해 발생한 총련 학생 등에 대한 일본내에서의 폭력행위들을 언급하면서도 '미사일' 문제는 언급하지 않고 있다.

5. 쟁점별 북한의 대일인식

1) 납치문제와 과거사

납치문제에 대한 북한의 주요 입장은 2005년 7월 7일자 ≪조선중앙통신≫ 기사에 잘 나타나 있으며, 유골문제에 대해서는 동년 4월 19일자 ≪민주조선≫과 2월 24일자, 1월 24일자 기사들을 대표적으로 들 수 있다.

7월 7일자 ≪조선중앙통신≫ 논평 "<랍치문제> 국제화는 과거청산 회피 책동"에서는 "랍치문제에서 일본은 예나 지금이나 가해자이고 우리는 피해자이다. 일본이 기회가 있을 때마다 <랍치문제>를 꺼내들면서 이를 정치화, 국제화하기 위해 못되게 놀아대는 것은 간악한 가해자가 억울한 <피해자>로 둔갑하여 자기의 범죄를 덮어버리고 과거청산을 회피하려는 서푼짜리 잔꾀 외에 다른 아무것도 아니다"라고 하여 납치문제를 제기하는 일본의 의도는 관심을 돌려 일본의 과거사를 은폐·축소하고자하는 데 있다는 인식을 가지고 있다.

4월 19일자 ≪민주조선≫의 기사 "일본은 수치를 느끼라－유골감정 날조"와 4월 21일 ≪로동신문≫ "더 큰 망신을 당하지 않으려거든 랍치문제에 대해 떠들지 말라"에서는 동년 3월 영국의 과학잡지 ≪네이쳐≫지 인터뷰에서 요코다 메구미의 유골을 감정한 데이쿄대학의 법의학 교수 요시이 도미오吉井富雄가 "유골감정결과가 확정적인 것이 아니며 유골표본이 오염되었을 수 있다는 것"을 시인했다는 내용을 통해 일본의 '비도덕성'을 극렬히 비판하고 있다. 이에 앞서 동년 1월 24일 조선중앙통신사 비망록(일본에게 전달된 공식문서)에서는 일본측 주장의 과학적 문제점을 크게 세 가지로 나누어 지적한 바 있다. 이처럼 유골 문제에 대해서 북한은 근거를 들어 설명하는 꼼꼼함을 보이고 있고, 일본의 주장은 과학이 아닌 날조라는 입장이다. 특히 1월의 북한의 대응에 대해 일본이 재항의를 하였으나 항의 내용에 대해서도 불만이다. 2월 24일자 ≪조선중앙통신≫의 "조선 립장을 공식통지, 일본정부의 유골감정결과는 과학적인 론증결여"에서는 2월 10일 일본 정부가 북경의 대사관을 통해 '반론'을 제기한 것에 대해 또 다시 문제를 제기하고 있다. 즉 일본의 반론 내용은 북한의 날조라고 주장한 것에 대한 과학적 해명이 없이 '받아들일 수 없으며, 엄중대응하겠다'라는 등의 '소리를 열거한 것'에 지나지 않는다는 것이다.

요컨대 유골문제는 일본의 과학적 실수를 극우세력들이 이용하고 있다는 것이며, 납치문제를 국제화하는 것은 과거사 배상을 희석시키고자 하는 의도에서 비롯되었다고 판단하고 있다(≪로동신문≫ 2005년 10월 18일, "과거청산은 조일사이의 기본해결문제" 참조).

2) 북일 평양선언

북일 평양선언(2002.9.17)과 관련하여 위기 징후를 언급한 기사 내용은 아래와 같이 4건으로 내용의 비중에 비해 적은 건수를 보이고 있다.

≪조선중앙통신≫ 론평 평양선언을 달가와하지 않는자, 신의없는자들의 행위(2005년 2월 28일)
≪민주조선≫ 조일평양선언이 리행에 죄지은자들의 맥빠진 넉두리(동년 2월 26일)
≪로동신문≫ 조일평양선언을 깨버리려는 악랄한 술책(동년 2월 2일)
≪로동신문≫ 조일평양선언을 유린하는 <불순한 반공화국모략소동>(동년 1월 18일)

2월 26일 기사에서는 "일본이 <대북경제제재조치>를 취해도 조일평양선언에 위반되지 않는다는 그럴듯한 구실이 필요하였던 것이다. 바로 이러한 간교한 타산밑에 지금 일본반동들이 <대북경제제재조치>를 취함에 앞서 설레발을 치며 돌아가고 있는 것이다. 우리는 일본반동들이 생트집을 걸어가며 우리를 조일평양선언의 파기자로 몰아붙이고 저들의 추악한 정치적리속을 챙기려는데 대해 절대로 용납할 수 없다 … 일본반동들은 부차적문제를 가지고 기본문제와 뒤섞는 오그랑수가 절대로 통하지 않는다는 것을 명심하고 조일평양선언과 관련한 정치적립장을 명백히 밝혀야 한다"고 하여 일본이 납치, 핵, 미사일 등의 문제를 거론하면서 대북제재를 취하겠다는 것은 북일평양선언을 파기하고자 하는 극우세력의 각본이라고 비판하고 있다.

이와 같이 4건의 기사에서는 일본(극우세력)이 제기하는 문제들이 본질과 벗어나 있으며 북일관계의 개선을 방해하기 위한 '책략'으로 규정하고 있는데, 그럼에도 불구하고 평양선언에 대한 명백한 파기를 선언하는 문구는 찾아보기 어렵다는 점은 특징적이라 할 수 있다. 즉 북한은 일본의 행위에 대해 강도 높게 비난하면서도 북일평양선언이 파기되었다는 선언을 하기에는 아직 이르다는 판단을 하는 것으로 보이며, 여전히 북일관계 개선을 통해 얻어지는 과거사 배상이라는 경제적 실익의 중요성을 놓치지 않고 있는 것으로 평가된다.

3) 미사일문제

미사일 문제와 관련해서는 크게 두 가지 내용으로 구성되고 있다. 2003년까지의 기사는 납치문제에 따른 일본내 여론악화 및 일본의 인공위성 발사에 대한 문제제기이며 2005년에 이르러서는 일본의 미사일 방위체계에 대한 문제를 언급하고 있다. 그리고 2006년 7월 미사일 발사 이후 대일논조에서 이와 직접 관련된 내용의 기사는 발견되지 않았다.

우선 2002년 11월 16일자 ≪조선중앙통신≫ "조선외무성대변인 미싸일발사문제에서 더 이상 아량을 보일여지가 없어지고 있다"의 기사에서는 일본 내에서 납치에 대한 여론이 극심하게 악화되는 상황에 대해 "랍치문제와 관련한 일본의 국내여론이 이처럼 감정적으로 극단화되고 있는것은 결국 우리와의 문제해결이 아니라 반대로 외세의 부추김밑에 우리와의 대결을 추구하는 불순세력에 의한 조작이라고밖에 달리 볼수 없다"고 언급하고 있다. 이 당시만 해도 북한은 일본 내 여론 악화의 원인이 '불순세력에 의한 조작'이라고 여길 만큼 비정상적인 것으로 간주하고 있었다. 그러나 앞서 언급한 바와 같이 "아량을 보일 여지가 없어지고 있다"는 화법을 사용함으로써 아직은 여지가 남아있음을 반증하고 있다.

그러나 이듬해인 2003년 3월의 관련 기사 "조선외무성 대변인 일본의 정탐위성발사는 조일평양선언의 정신위반(3월 28일)", "조선외무성 대변인 일본은 위성발사를 해도 되고 우리는 하면 안된다는 법은 없다(3월18일)"에서는 3월 28일 일본의 인공위성 발상에 대해 평양선언 위반이라는 입장을 밝히고 있다. 즉 북한의 장거리유도체 발사유예를 합의한 시점에서 일본의 인공위성 발사는 형평에 어긋난다는 입장을 표명하고 있다.

이와는 달리 2005년의 기사에서는 일본의 MD체제 구축과 토마호크 미사일 도입과 관련하여 비판적인 내용을 언급하고 있다. 2005년 6월 14일자 ≪민주조선≫ "<용납못할 군사적패권광증> － 미싸일방위체계 개발"에서는 일본과 미국이 '<북조선탄도미싸일위협론>'을 제기하면서 결국 그 목적은 "우선 우리 공화국의 자체방위력을 무력화시켜 반공화국고립압살을 실현하고 동아시아에서 가까스로 유지되고 있는 전략적균형을 파괴하여 전략공격무기분야에서 우위를 달성함으로써 이 지역에서의 군사패권적지위를 차지하려는것"이라고 평가하고 있다. 즉 같은 달 21일자 로동신문 "<위험한 선제공격기도> － 일본이 미싸일방위체계 박차"라는 기사에서와 같이 결국 일본과 미국의 MD체제 구축은 대북 선제공격을 위한 구실이라는 인식을 보이고 있다. 이처럼 14일자의 기사에서와 같이 이에 대한 북한의 대응은 "우리는 나라의 안전과 동아시아지역의 평화를 수호하기 위해서도 자체의 전쟁억제력을 부단히 강화해 나갈것이다"의 내용에서와 같이 '자체전쟁억지력 강화'에 있다는 것을 표명하고 있다. 물론 동년 이 시점이 2월 10일 '핵보유선언'

이후라는 점에서 볼 때 이것이 미사일 개발을 의미하는 것인지 아니면 핵무기확보의 정당성을 부연하는 것인지 두 가지 모두를 포괄하는 것인지 확언하기는 어려울 것이나, 북한의 의도는 일본을 비롯한 주변국의 무장화는 북한의 물리력을 강화시킬 수밖에 없다는 논리를 설명하고 있는 것이다.

4) 총련문제

북한을 지지하는 재일조선인 조직인 재일본조선인총연합회(이하 총련)에 대한 북한의 관심은 앞서 제3장에서 지적한 바와 같이 북일관계에서 등장하는 중요한 쟁점중의 하나이다. 이와 관련해서는 2005년 10월 25일자 로동신문 "모략적인 반공화국·반총련소동"과 2006년 1월 19일자 로동신문 "악랄하고 비렬한 총련적대시책동"에서도 언급되고 있지만 언급한 바와 같이 올 3월에 집중적으로 거론되어 23건 기사 중 8건이 이와 관련되었다. 3월 1일자 민주조선 "제 도끼로 발등을 찍는 반총련책동" 기사에서는 후쿠오카 고등재판소가 구마모토 조선회관에 대해 세금면세조치를 취소 판결하고 그 이유가 총련이 '북조선과 일체화된 관계'에 있기 때문이라고 설명한 것에 대해 강력히 반발하였다. 즉 "총련은 우리 공화국의 해외공민단체이다. 총련을 반대하는것은 곧 우리 공화국을 반대하는것이다"라는 것이다. 이 밖에도 도쿄중앙본부 및 관련 단체들의 재정압박, 총련 중견간부의 재입국 불허사건, 총련 중견간부 주택 및 점포 강제수색, 만경봉-92호의 입항규제 등의 일련의 사태에 대해 반공화국 정책을 전개하는 것으로 평가하고 반발하고 있는 것이다.

총련 탄압에 대한 북한의 인식은 크게 세 가지 수준에서 제기되고 있다. 첫째 재일동포들에 대해 일본은 책임을 다해야 한다는 입장이다. 3월 10일자 ≪로동신문≫ "민족의 적개심을 불러일으키는 반총련책동"

의 기사에서와 같이 "재일동포들로 말하면 일제식민지통치시기 <징용>, <징병>, <정신대> 등으로 일본에 강제로 끌려가 온갖 불행과 고통을 겪다가 간신히 살아남은 사람들과 그 자녀들이다. 이런 사람들을 사회적으로 보호하고 우대할 대신 민족적차별을 일삼으면서 박해탄압하는것은 그 무엇으로써도 합리화할수 없는 반인륜적범죄행위이다. 총련의 활동을 보장하고 재일조선인들을 보호하는것은 일본정부가 리행해야 할 법적의무이며 도덕적책임이다"라는 인식을 가지고 있다.

다음으로 북한은 총련 탄압이 북일평양선언의 위반이라는 인식을 가지고 있다. 위의 2005년 3월 1일자 ≪민주조선≫의 기사에서와 같이 (첫째의 과거행적과 연관하여) "일본은 재일동포들의 민주주의적민족권리를 보장해주어야 할 법적, 도덕적의무를 지니고있으며 이를 거부할 그 어떤 리유나 구실도 있을수 없다. 더우기 일본은 재일조선인들의 지위문제에 대하여 성실히 협의하기로 한 조일평양선언에 도장을 찍었다. 라고 함으로써 총련에 대한 탄압은 곧 일본이 북일평양선언을 파기하기 위한 기도라는 인식을 가지고 있다."

5) 독도 및 영유권 문제

일본의 독도 영유권 억지주장과 관련하여 이는 '미제와 비호'아래 '조선재침'을 노린 '날강도적인' 책동으로 규정하고 있다. 이와 관련한 기사는 일본의 억지주장이 있을 때마다 나타나고 있는데, 특히 올 4월 일본의 독도탐사가 시도되자 북한의 외곽단체들(직총, 농근맹, 여맹, 청년동맹, 조선법률가위원회)의 비난성명과 개인필명의 글 등을 소개하는 10건의 기사가 게재되기도 하였다. 북한은 일본의 독도영유권 억지주장이 침략적인 본성이 드러나는 것으로 인식하고 있다. 또한 표현 어법에 있어서 대단히 강한 어조의 비난을 담고 있지만 그 주체는 개인필명 또는 당의 외곽단체들로 한정하고 있으며, 외교부를 비롯한 국가기관과 조선로동당의 입장을 공식 표명한 것은 아니라는 특징을 담고 있다.

이 외에도 대일논조에는 미일동맹과 일본의 군국주의화, 야스쿠니 신사참배 등과 관련한 기사들이 제시되었다.

6. 결 론

이상에 살펴본 바와 같이 북일 정상회담이 진행된 2002년부터 2004년의 기간은 북한의 언론 논조에서 우호적인 기사들을 접할 수 있으며, 설령 비판의 논지가 게재되더라도 평양선언의 지속과 관계개선의 노선을 수정한 것으로 보기는 어려웠다.

그러나 2004년 12월, 요코다 메구미의 유골 사건은 북한이 대일 인식 또는 언론의 화법의 변화를 주는 중요한 계기가 되었다고 할 수 있다.

첫째, 북한은 일본이 유골사건을 일으키고 국제적 쟁점으로 부각시키는 이유는 일본의 과거사 문제를 희석시킴으로써 실익을 얻고자 하는 책략으로 이해하고 있다. 더욱이 일본 내 대북 여론이 극도로 악화되는 것 역시 극우세력들의 '조작'이라는 인식을 가지고 있다.

둘째, 이와 같은 극우세력들의 '조작'의 궁극적인 목적은 김정일 위원장과 고이즈미 준이치로 총리간의 북일평양선언을 파기하는 데 있다고 이해하고 있다. 즉 평양선언이 이루어지기는 하였으나 이것이 일본 내의 다수의 의견과 일치하지 않았으며 특히 극우세력들의 취향과는 거리가 있었다는 것이며, 따라서 극우세력들이 이를 저지하고자 '조작'을 서슴치 않고 있다는 것이다.

셋째, 일본이 미국과 미사일방어체계를 추진하는 것은 결국 방어용·요격용이면서 동시에 공격용이 가능하다는 점에서 북한의 물리적

억지력 증강이 불가피하다는 입장을 가지고 있다.

넷째, 재일 총련에 대한 일본 당국의 경제적 압박과 탄압(만경봉호의 입항 규제, 가택 및 점포 강제수색, 재입국 불허 등)과 그 사유를 평가하면서 이는 북일평양선언을 위배하는 것이라는 인식을 보이고 있다.

이상과 같이 요코다 메구미 유골사건 이후 1년 6개월여 동안의 북한의 대일인식은 대단히 부정적인 흐름을 보이고 있다. 그러나 흥미로운 사실은 일본이 일련의 대북압박을 전개하는 것은 북일평양선언 위배라고 강하게 반발하면서도 이에 대한 북한의 대응은 유연하다는 점이다. 즉 아직까지도 북한이 '북일평양선언 파기'라는 단어를 언급하지 않고 있다. 이는 북일관계 개선이 가져다줄 경제적 실익과도 결코 무관치 않을 것이다.

※ 이 글은 "<조선통신> 기사분석을 통해 본 북일관계," 한국국제정치학회 하계학술회의 발표문(2006년 6월 23일)에 수록되었다.

주註

1) 진희관, "북·일관계 연구의 성과와 과제,"『현대북한연구의 쟁점 1』(서울: 한울, 2005) 참조.

2) 고이즈미 총리는 지난 2004년 6월 29일 참의원 선거를 앞두고 가진 언론과의 인터뷰에서 "2년 이내에 대북국교를 정상화하고 싶다" 언급하였으며, 3일 후인 7월 2일 ≪일본텔레비전日本テレビ≫ 방송의 당수토론회에서 "가능하다면 빨리하는 쪽이 좋다. 1년 안에 할 수 있다면 좋겠다"라고 언급한 바 있다. 인터넷 ≪朝日新聞≫ 참조.

3) 신정화,『일본의 대북정책: 1945~1992』(서울: 오름, 2004).

4) 후지타 히사가즈, "북일 '비정상' 관계와 납치문제,"『극동문제』2003년 5·6월호.

5) 辛貞和, "日本の北朝鮮政策(1945~1992)－國內政治力學の觀點から－," 慶應義塾大學 大學院 博士學位論文 (1992).

6) 이 분야에 대한 연구는 필자의 몇 편의 연구에서 다루어지고 있지만 여전히 부족한 부분들이 존재한다. 다만 필자의 논문 "북일관계 연구"는 북한의 대표적 저작인 김일성의 문헌에서 언급하고 있는 일본에 대한 인식을 소개하고 있다는 점에서 기존 연구가 안고 있는 과제를 일부 보완한 바 있다. 진희관, "북한과 조총련의 관계변화 및 민단－조총련 관계 개선방안 모색,"『통일문제연구』제15권 1호 (2003년 상반기호) ; 진희관, "북송문제 재론,"『역사비평』2002년 겨울호 ; 진희관, "북일관계 연구: 북한의 대일인식 변화를 중심으로,"『통일문제연구』제9권 1호(1997).

7) 김남식, "2002년 북미·북일관계 전망,"『통일로』2002년 2월호 ; 신정화, "북일관계의 역사－1990년대를 중심으로－,"『역사비평』2002년 겨울호 ; 오코노기 마사오, "한일·북일관계의 새로운 국면" (1)(2)『극동문제』2002년 8·9월호 ; 日朝國交促進國民協會 編,『どうなる日朝國交交涉』(東京: 日朝國交促進國民協會, 2003).

8) 김남식, 위의 글, 31쪽.

9) 신정화, "북일관계의 역사－1990년대를 중심으로－," 앞의 글, 73쪽.

10) 인터넷 ≪朝日新聞≫ 2004년 6월 29일, 7월 2일.

11) 진희관, "북일관계 연구: 북한의 대일인식 변화를 중심으로,"『통일문제연구』제9권 1호 (1997) 참조.

12) 북한의 대외정책 및 대일본정책 기조는 북한의 공식문헌 및 규정에서 찾을 수 있다. 그러나 문헌을 만들 당시가 냉전시대라는 점을 감안하여 제한적으로 이해할 필요가 있다고 생각한다.

13) '3대혁명역량 강화'란 북한 내의 혁명역량 강화, 남한 내의 혁명역량 강화, 국
제적 혁명역량 강화를 말한다.
14) 『조선로동당대회자료집 4』 (서울: 국토통일원, 1988), 67쪽.
15) 『김일성저작선집 6』 (평양: 조선로동당출판사, 1978), 286~295쪽.
16) 위의 책, 291~292쪽.
17) 『김일성저작선집 6』, 앞의 책, 478~493쪽.
18) 『김일성저작선집 8』 (평양: 조선로동당출판사, 1978), 256쪽.
19) 『김일성저작선집 9』, 271~272쪽.
20) 김호섭, 「일본과 북한의 관계개선과 통일환경」, 윤정석 외, 『통일환경론』 (서
울: 오름, 1996), 156~160쪽 참조.
21) 2005년의 경우 '과거청산 관련기사'의 별도 항목으로 59건의 기사가 추가로
선별되어 있다. 따라서 이를 제외할 경우 253건이라 할 수 있다.

〈참고문헌〉

1. 북한문헌

김일성, 『김일성저작선집 6』 (평양: 조선로동당출판사, 1978).
김일성, 『김일성저작선집 8』 (평양: 조선로동당출판사, 1978).

2. 남한문헌

국토통일원, 『조선로동당대회자료집 4』 (서울: 국토통일원, 1988).
김호섭, "일본과 북한의 관계개선과 통일환경," 윤정석 외, 『통일환경론』 (서울: 오름, 1996).
김남식, "2002년 북미·북일관계 전망," 『통일로』 2002년 2월호.
신정화, "북일관계의 역사－1990년대를 중심으로－," 『역사비평』 2002년 겨울호.
신정화, 『일본의 대북정책: 1945～1992』 (서울: 오름, 2004)
오코노기 마사오, "한일·북일관계의 새로운 국면," (1)(2) 『극동문제』 2002년 8·9월호.
진희관, "북일관계 연구: 북한의 대일인식 변화를 중심으로," 『통일문제연구』 제9권 1호, 1997년 상반기호.
진희관, "북송문제 재론," 『역사비평』 2002년 겨울호
진희관, "북한과 조총련의 관계변화 및 민단－조총련 관계 개선방안 모색," 『통일문제연구』 제15권 1호, 2003년 상반기호.
진희관, "북·일관계 연구의 성과와 과제," 『현대북한연구의 쟁점 1』 (서울: 한울, 2005).
후지타 히사가즈, "북일 '비정상' 관계와 납치문제," 『극동문제』 2003년 5·6월호.

3. 외국문헌

辛貞和, "日本の北朝鮮政策(1945～1992)－國內政治力學の觀點から－," 慶應義塾大學 大學院 博士學位論文 (1992).
日朝國交促進國民協會 編, 『どうなる日朝國交交涉』 (東京: 日朝國交促進國民協會, 2003).
인터넷 ≪朝日新聞≫ 2004년 6월 29일, 7월 2일.

북·러관계

정 성 임

1. 서 론

국제사회에 북한이 모습을 드러낸 것은 '북핵문제'가 전면에 떠오른 1990년대 이후이다. 그 이전 북한은 대부분 공산권과의 '진영외교'나 제3세계권과의 교류 속에 머물러 왔다. 이런 점에서 북한의 대소(또는 러시아)관계를 살펴보는 작업은 그들의 전통적인 대외관계의 특성과 변화양상을 보여줄 수 있다는 점에서 의미가 있다.

북한의 대외관계에서 소련 또는 러시아의 위상 변화는 상당히 독특하다. 냉전시대에 소련은 '사회주의조국'이자 북한의 점령국으로 북한의 대내외 관계에서 절대적인 위치를 차지하였다. 해방과 국가 및 체제건설, 그리고 한국전쟁의 발발과 휴전협상 등에서 소련의 역할은 결정적이었던 것이다. 그런데 이제 북한은 한편에서는 대러 채무국(약 38억 루블)이며 북한의 대외무역에서 러시아가 차지하는 비중은 4~6%에 머물고 있다. 그러면서도 다른 한편으로는 2000년대 들어 양국은 1990년대와는 또 다른 보다 친숙한 관계를 유지하고 있다.

김일성시대와 김정일시대 북한에게 소련 또는 러시아는 어떠한 존재인가? 양국관계는 어떠한 과정을 통해 변화해왔으며 변화 동인과 계기는 무엇인가? 이 연구는 이러한 질문들에 답하기 위해 시도되었다. 해방 이후 현재까지 지속성과 변화의 차원에서 북·러관계를 역사적으로 고찰하는 한편, 양국관계의 지속요인과 변화요인, 그리고 양국관계의 성격을 살펴보는데 목적이 있다. 이를 위해 먼저 양국이 각각 상대국을 어떻게 인식하는가를 인식의 전환점을 계기로 살펴볼 것이다. 그리고 양국관계의 역사적 전개과정을 시기별로 나누어 전환의 동인과 그 내용을 각각 살펴볼 것이다. 또한 지속성과 변화의 측면에서 양국관계의 특징을 살펴보고 향후 북·러관계에 대한 전망을 제시할 것이다.

2. 양국관계의 결정요인: 인식상의 특징

일반적으로 한 국가의 정책 형성에는 그 국가의 가치관 및 국익, 그리고 상황변수로 대내외적 환경이 영향을 미친다. 이러한 측면에서 우리는 가치관, 인식의 문제에 주목할 필요가 있다. 인식은 과거와 현재에 왜 그러한 정책이 수행되는지를 설명하는 동시에 향후 정책의 전개방향을 예측할 수 있는 길잡이가 될 수 있기 때문이다.

북한은 전통적으로 '친선' 외교에서 소련을 가장 중시하여 왔다면 러시아는 세계적 혹은 지역적 강대국 차원에서 북한의 전략적 가치를 고려하여 왔다. 따라서 북한의 경우 '친선' 외교의 틀 속에서 러시아에 대한 인식변화를 추적할 것이며, 러시아의 경우 강대국 외교에서 북한이 차지하는 위상을 중심으로 인식상의 지속성과 변화를 살펴보도록 한다(<그림 1> 참조).

<그림 1> 인식 변화의 과정

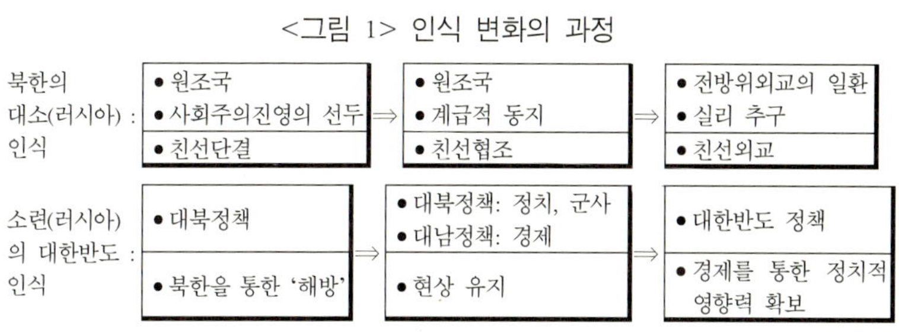

1) 북한의 '친선' 외교와 러시아

공식적으로 북한이 제시하는 외교원칙은 '자주', '평화', '친선'이다.[1] 그 내용을 보면, '자주'는 외교원칙의 핵심으로 내정불간섭을 뜻하고, '친선'은 국제혁명역량과의 연대성 강화를 의미하며, '평화'는 제국주의 국가들의 정책(군사블록, 외국군대 등) 비판에 초점을 맞추고 있다. 여기에서 주목할 점은 언제부터 '자주'가 강조되었고 또 '친선'의 우선순위에 변화가 있는가 하는 점이다. '자주'는 소련의 영향력으로부터 벗어나는 '주체'와 관련된다면, '친선'의 우선순위는 대소관계의 재조정을 보여주기 때문이다. 관련 자료를 살펴보면 해방이후 현재까지 인식은 세 단계를 거치며 변화하여 왔다.[2]

첫 단계는 북한이 소련을 '원조국'이자 '사회주의진영의 선두'로 인식하며 양자간에 친선단결을 강조하는 단계이다. 이 시기는 해방 이후 1960년대 전반까지로 특히 1950년대 후반 이후 북한은 소련의 '영도력'을 받아들이지 않게 된다.[3]

이 단계에서 북한이 대외관계에서 가장 중요하게 제시한 것은 '프롤레타리아국제주의'였으며 대소관계는 '전통적인 친선단결과 호상협조'

관계로 표현되었다. 『조선년감』 대외관계 부문에서 '사회주의국가' 항목(사회주의국가/비사회주의국가/유엔)이 따로 있고 그중 제일 앞자리를 차지하는 국가는 소련이었다. ≪로동신문≫이나 조선로동당대회에서도 소련에 대한 언급은 두드러진다.

대소 인식은 두 가지로 나타나는데 하나는 국가 및 체제건설, 통일과업에 대한 '원조국' 이미지로 매년 8월 15일 기념연설에서 김일성은 감사를 표하곤 했다. 다른 하나는 '사회주의진영의 선두'이자 '국제민주역량의 강력한 힘의 원천'이다. 이러한 인식은 직접적으로 소련의 '위대성'을 칭송하는 것으로 이어진다. ≪로동신문≫은 소련 소식과 함께 공산주의건설의 성과(경제 및 문화 등)는 물론 국내소식(국가예산, 물가인하조치, 노동자 기술교육 등), 대외정책 등을 상세히 담고 있다.

이러한 두 가지 인식 중 후자는 1956년을 기점으로 변화됨을 볼 수 있다. '위대한 소련'의 표현이 줄어들면서 반대로 중국관련 소식이 신문에 게재되기 시작한 것이다. 한국전쟁 초반만 해도 중국과 소련에 대한 표현은 결코 동등하지 않았다. 1951년 8·15행사 때 김일성의 연설문을 보면 그 차이를 알 수 있다. 중국의 발전은 세계민주역량 강화의 일환으로 제시한 반면, 소련의 경제성과는 다른 인민민주주의국가들의 경제발전에 유리한 조건을 마련한다고 한 것이다. 보다 직접적으로 그들은 중국의 발전이 '소련의 원조'로 가능했음을 밝히기도 했다. 그러나 1956년 이후 이러한 북한의 태도에는 변화가 생겼다.4)

가장 눈에 띄는 변화는 북한이 사회주의진영에서 소련의 '영도적 지위'와 민주 및 반ᵣ침략세력의 '향도적 역할'을 더 이상 인정하지 않는다는 점이다. 북한측 자료에 소련의 '향도력'이 처음 표현된 것은 1952년 9월이었다. 소련공산당 제19차 대회를 언급하면서 '인류의 위대한 향도력'이 소련에게 있다고 한 것이다. 그런데 제3차 당대회에서 그들은 국제문제, 특히 아시아문제에 있어 중국의 역할을 인정하고 소련 및 중국과의 친선을 강조하였고 이러한 변화는 제4차 당대회에서도 지속되었다. 소련 인민은 '우리 인민의 해방자이자 가장 친근한 벗'이며 중국인민은 '장기간의 혁명투쟁에서 우리와 생사고락을 같이하여 온 전우'로 표현된다. 소련만을 언급하거나 소련의 영도적 지위를 인정한 이전과는 확연히 다른 것이다. 그 후 신문에는 중국 소식이 부쩍 늘어나고 점차 소련과 중국을 동등하게 다루고 있다. 예를 들어, '중국과 소련의 모범을 배워야 한다'(1957년 6월 13일)든지 중국과의 관계를 '혈연적인 친선관계'로 언급(1957년 12월 5일)하는가 하면, '위대한 소련'과 함께 '위대한 중국' 코너가 등장하고 1961년에는 북한과 소련, 중국 3개국간의 동맹 친선단결이 강조되었다.

여기에서 유의할 점은 북한이 소련의 '영도적 지위'를 인정하지 않았다는 것이 곧 소련이 사회주의진영의 선두라는 사실마저 부인한 것은 아니라는 점이다. 자료에서 소련의 우월성, 북한과 소련과의 특별한 관계에 대한 언급은 계속 볼 수 있다. 특히 과학기술력 부문에서 소련의 우월성 선전이 두드러지는데 이는 자본주의제도에 대한 사회주의제도의 우월성을 선전할 수 있기 때문으로 보인다.

1950년대 후반 이후 북한의 변화는 무엇 때문일까? 그 이유는 두 가지로 설명할 수 있다. 하나는 한국전쟁에서 보여준 소련과 중국측 태도의 차이 때문이었다. 한국전쟁동안 중국은 소련의 공군지원 결정이 내려지지 않은 상태에서 인민군의 파병을 결정하는 한편, 물적 지원 측면에서도 소련에 비해 상대적으로 적극적이었다. 이것이 전후 소련에 대한 섭섭함으로 표출한 것이다.

또한 북한의 대소 태도변화는 당시 북한의 국내사정과도 밀접하게 연관되어 있다. 1965년 연감을 보면 '국가'항목 대신 '방문'항목이 들어섰으며, 1968년 연감에는 대외관계 제목이 '조선로동당과 공화국정부의 자주적이고 원칙적인 대외정책의 빛나는 승리'로 표현되고 '프롤레타리아국제주의' 보다는 '당 대외정책의 자주적 입장'이 부각된다. 그들이 사회주의국가들과의 관계에서 제시한 원칙은 여전히 '프롤레타리아국 제주의'이지만 실제 강조점이 놓은 부분은 대외적 자주성인 것이다. 즉 소련과 중국과의 분쟁, 그리고 대내 파벌다툼의 와중에서 대내외적 '자 주'(주체)가 강조될 필요가 있었고, 이것이 반영된 것이 대외정책의 '자 주적 입장'이었다. '자주'를 강조하는 마당에 특정 국가의 '영도적 지위' 를 인정하기는 힘들었던 것이다.

둘째 단계에서 북한은 소련은 '계급적 동지'로 인식되면서 양자간에 친선협조관계를 강조한다. 이 시기는 1960년대 후반 이후 소연방의 해 체시기까지 지속된다.[5]

이 단계 양국관계 표현에서 가장 자주 볼 수 있는 것은 '공동의 목적 과 이상을 실현하기 위한 투쟁에서 계급적 유대가 연결된 동맹'이라는 것이다. 이전과 비교할 때 양국관계는 동지이며 동등하다는 뉘앙스가 강하다. 물론 당시 양국관계가 평등하다고는 볼 수 없다. 특히 경제적 측면에서 북한은 여전히 소련의 '우호적 지원' 대상이었다. 그렇지만 대 외적 '자주'는 대소 관계에서도 표현되고 그 강도가 더욱 강해짐을 볼 수 있다.

예를 들어, 1966년 10월 5일 당 대표자회의에서 김일성은 형제당들 이 '완전한 평등, 자주성, 호상존중, 내정불간섭, 동지적 협조 원칙'에 기초하여 호상관계를 맺어야 한다고 하는가 하면, 제5차 당대회(1970년 11월 2~13일)에서 김일성은 사회주의진영의 단결을 표현하였을 뿐 소 련에 대한 구체적 언급은 하지 않았던 것이다.

더 나아가 1979년 연감을 보면, '자주성'에 역행하는 투쟁대상으로 '지배주의'를 제시하는데[6] 여기에는 소련도 포함된다. 그들에 따르면, '지배주의'란 '나라의 크기와 사회제도에 관계없이 공개적, 은폐적 방법 으로 다른 나라를 통제하려는 국가들'을 말한다. 사회주의국가들이라

하더라도 북한에 영향력을 행사하려 한다면, 그들 또한 자본주의국가들과 같은 부류에 속하게 되는 것이다. 즉 '자주'의 대상에서 소련도 예외가 아닌 것이다. 이러한 변화는 1980년대 후반 동구권의 변화와 사회주의국가들의 서울올림픽 참가를 거쳐 보다 강화되며 외교원칙의 순서에 영향을 미쳤다. 1988년 9월 8월 국가수립 40주년 기념식에서 지금까지 대외원칙이었던 '자주, 친선, 평화'의 순서가 '자주, 평화, 친선'으로 변화된 것이다.

여기에서 유의할 부분은 '자주'의 대상에 소련도 포함되지만 특정 부문, 즉 경제발전과 대남관계(와 대미관계)에서 북한은 여전히 소련을 적절히 활용한다는 점이다. 예를 들어, 북한의 건설성과를 소련측 신문에서 다루고 있음을 역으로 보도한다든지, 대미관계에서 소련과학의 우수성, 그리고 대남관계에서 소련의 북한 지지 등을 부각시켰다. 대외관계에서 소련은 북한에게 여전히 중요한 버팀목이자 사회주의진영의 선두로 미국에 필적할 존재라는 점은 변화하지 않은 것이다.

이러한 이유에서 직접적으로 소련을 비난한 것은 1994년 한·소수교에 이르러서였다. 1990년대 초 소연방의 해체 당시도 북한은 이를 직접적으로 비난하지는 않았다. 신문을 통해 일련의 상황을 그대로 보도했을 뿐이었고 비난은 주로 우회적으로 이루어졌다. 예를 들어 연방해체 후 혼란상을 집중적으로 보도한다든지 중국관련 보도[7]가 눈에 띄게 늘어난 것이다.

셋째 단계는 러시아를 전방위외교 차원에서 실리적으로 인식하는 단계이다. 이 단계에서 북한에게 가장 중요한 국가는 미국이며 러시아는 북한의 전방위 외교대상의 하나로 자리매김 한다.

'자주'의 대상으로 중요한 의미를 갖는 국가는 서방국가, 특히 미국이다. 북한은 미국이 자국의 '자주'를 인정해 준다면 그들과도 '친선'관계를 맺을 수 있음을 표방하고 있다. 신년사를 분석하면, '친선'의 대상은

‘사회주의국가들,’ ‘뻘럭불가담국가들,’ ‘평화애호인민’(1995~1996) → ‘세계 진보적 인민들’(1997) → ‘자주권을 존중하는 나라들’(2001) → ‘세계 여러나라들’(2004)로 그 범위가 점차 확대되어 왔으며 2001년의 언급은 바로 미국을 겨냥한 것이다. 이와 관련, 러시아에 대한 별도의 언급은 없으며 러시아는 ‘친선’ 관계를 유지해야 할 ‘세계 여러나라들’ 중 하나일 뿐이다.

북한에게 러시아는 실리적 차원에서 특히 대미, 대남관계에서 활용할 가치가 있다. 러시아는 ‘강한 러시아’를 위해 전세계적 차원에서 미국의 정책에 영향을 미치기 위해 노력하고 있으며, 지역 차원에서는 남북한 모두와 외교관계를 맺고 있다는 점을 활용하여 ‘한반도문제’에 적극 개입하려 한다. 북한은 이러한 점을 이용하여 대미, 대남한 관계에서 자신들의 입지를 강화하기 위해 러시아를 활용할 수 있다. 또한 ‘실리외교’ 차원에서 북한은 러시아를 경제적 대상으로 인식하고 있다. 러시아 극동지역에서의 시장경제 학습, 그리고 철도 및 전력문제와 관련 러시아는 북한이 필요한 외부 자원과 자본을 끌어들일 수 있는 일종의 시발점 역할을 할 수 있는 것이다.

요약하면, 북한이 대외관계에서 중시하는 것은 자신들의 체제건설과 유지에 어느 국가가 가장 중요한 역할과 원조를 하는가 하는 것이다. 김일성 시대에 소련은 사회주의 연대성을 지닌 국가였으며 소련의 역할은 일부 변화하였다. 국가건설 및 발전과정에서 가장 중요한 국가로부터 사회주의 동지로 변모된 것이다. 그리고 사회주의 연대성이 사라진 김정일시대에 러시아는 북한체제의 지원 국가로 인식되고 있다.

2) 러시아의 ‘강대국’ 외교와 북한

그러면 소련 또는 러시아는 북한을 어떻게 인식하고 있는가? 고르바쵸프의 등장 이전 소련은 북한을 통해 한반도를 인식했다면, 그후 소련은 북한 뿐 아니라 한국의 활용 가능성을 각각 찾았고, 뿌찐시대 러시아는 특히 경제적 측면에서 남북한과 러시아의 3자 구도 하에 한반도를 인식하고 있다. 즉 그들의 인식은 북한 → 남한과 북한 → 남북한으로 변화되어 온 것이다.

첫 단계는 소련이 대북 정책을 통해 한반도의 '해방'을 지원한 단계이다. 이 시기 소련은 민족해방론8)의 관점에서 북한을 바라보았으며9) 민족해방론의 특징이 그대로 정책에 투영되어 있다. 민족해방론에서는 제국주의로의 분리(정치적 독립) 후 사회주의건설(경제적 독립) 과정에서 '자결권'을 인정하지 않는다. 식민지의 취약성으로 인해 다시 제국주의로 종속될 수 있기 때문이다. 소련은 대일전을 '해방전'으로 규정하는 한편, 북한 인민들에게 스스로 '해방국'과 '우방국'의 이미지를 주장하면서 북한의 국가건설과정에서 그들의 '우호적'인 역할을 제시하였다. 그 과정에서 소련은 실제 모든 과정을 '지도' 및 '주도'하였다.

또한 민족해방론에서 중요한 것은 식민지 자체의 해방보다는 이를 통한 식민지 모국, 즉 제국주의세력의 약화이다. 소련은 조선을 '제국주의의 식민체계' 중 일부로 인식하였다.10) 그렇지만 실제 대일전의 참전 배경은 '조선의 해방'이 아니라 '일본의 패배'에 있었다. 식민모국 일본은 소련의 전통적 위협국일 뿐만 아니라 러·일전쟁의 패배를 안겨준 장본인으로 소련에게는 일본의 위협 제거와 설욕이 중요했던 것이다.11)

소련이 북한의 전략적 가치를 재고한 계기도 일본 점령정책으로부터 나왔다. 1945년 12월 모스크바회의에서 소련의 주장대로 대일이사회의 동경설치가 결정되었을 때 소련이 기대한 것은 일본 점령정책에서 일정 역할을 담당함으로써 일본의 반소화反蘇化를 막는 동시에 극동에서 영향력을 확보하는 것이었다. 그러나 소련은 일본이 미국의 영향력 하에 편입되며 다시 위협요인으로 등장하는 것을 그저 지켜보아야만 했다. 이러한 일본의 위협과 남한의 '반동화'에 대응할 수 있는 대안이 바로 북한이었다. 아시아에서 미국과 소련의 대립이 한반도에 투영되며 소련의 대북 인식은 변화된 것이다.12)

1948년 철군이 소련에게 '해방'정책의 포기를 의미하는 것은 아니다.13) 소련은 통일, 독립국가 건설과제를 완수하지 못했음을 인정하고 향후 북한을 기반으로 남한의 좌익세력에게 '우호, 형제적 원조'를 계속할 뜻을 밝혔다. '해방'의 대상은 이제 일본이 아니라 미국으로 바뀌었고 '해방'정책 지원의 직접적 결과가 한국전쟁이었다. 그러나 전쟁 중 소련이 가장 우려한 점은 북한의 패배가 아니라 미국과의 직접 대결 가능성이었다. 즉 한반도의 공산화라는 '해방'의 목적은 미국과의 대결회피라는 소련의 국익 앞에 뒤로 밀렸다. 소련에게 북한의 전략적 가치는 일정 한계 내에 있었던 것이다.

둘째 단계는 한반도에서 현상유지정책을 수행하면서 처음에는 북한을 통해 그리고 1980년대 말 이후는 남북한을 분리하여 인식하며 각각의 정책을 추구하는 단계이다.

한국전쟁 후에도 한계 내의 대북 인식은 지속되었다. 1950년대 두 차례(1956년 8월 종파사건, 1957년의 집단지도체제 시도)에 걸친 개입 실패 후 소련은 북한의 내정문제에 간섭하지 않는 소극적인 태도로 일관하였다. 북한이 사회주의진영에 남아있는 한, 그들의 주요 관심은 친소인가 친중인가에 있었으며 북한에 의한 '해방' 보다는 한반도에서 '현상유지'를 보다 선호하였던 것이다.

이미 소련은 1954년 제네바회담에서 남북간 문화, 경제적 교류를 주장하였으며, 남측의 반대에 부딪힐 경우 새로운 방식의 접근을 제안하는 등 북한과 달리 실질적 남북교류를 기대하였다. 또한 1950년대 말에는 한반도에 '두 개 국가'가 존재하는 현실을 인정하면서 북한과 이견을 보이기도 하였다. 소련은 1950년대부터 '한반도문제' 해결방식으로 한국인정, 미군철수, 남북교류 후 남북한 유엔가입과 연방제를 상정하고 있었다.14) 소련의 주요 관심은 한반도에서 긴장완화에 놓였던 것이다. 그러나 인식이 변화했을 뿐 그 인식이 정책으로 구체화되는데는 상당한 시간이 필요했다.

그 계기는 고르바쵸프의 등장과 '신사고' 정책이었다. '신사고' 정책의 틀 속에서 개혁과 개방정책을 적극 추진한 소련에게 필요한 것은 자국의 경제 활성화를 위한 국제환경의 변화였다.15) 이러한 연장선상에서 그들의 한반도정책은 이데올로기적 동질성 보다는 경제적 실리가 우선시되는 한편, 한국의 활용 가능성을 모색하기 시작하였다.

1986년「블라디보스또끄 선언」에서 소련은 아·태지역 국가와의 협력관계를 희망하고 이어서 1988년「끄라스노야르스끄 연설」에서는 한국과의 경제협력문제에 대해 직접 언급하였다. 그러나 소련이 한국의 경제성을 인식하였다는 것이 곧 북한과의 단절을 의미한 것은 아니었다. 소련은 북한에 대해서는 긴장완화 차원에서 소련 주도의 새로운 지역안보와 경제협력 구조에 참여하길 원한 반면, 한국에 대해서는 경제교류를 통한 실리획득에 초점을 맞추는 등 한반도에서 현상유지를 계속 희망하고 있었다. 이러한 인식은 옐찐 시기에도 유사하게 지속되었다. 대한국정책은 대서방정책과 연동되어 일부 기복을 보였지만16) 남북한에 대해 각각의 인식과 목표를 가지고 정책이 전개되었다.

셋째 단계는 러시아가 대북, 대남정책을 별개로 추진하는 것이 아니라 러시아와 남북한 3자 관계 속에서 북한을 인식하는 단계이다. 이는 뿌찐의 등장과 함께 시작되었다.

'강한 러시아'가 되기 위해서는 적어도 지역현안에 개입할 수 있어야 한다. 동북아에서 그들에게 가장 좋은 조건을 가진 곳이 한반도이다. 러시아는 남북한 모두와 수교관계를 맺고 있으며, 한반도에서 정치적 영향력을 확보할 수 있다면 지역 강대국으로 역할을 수행할 수 있다. 즉 한반도는 그들에게 '강대국'으로의 발판이 될 수 있는 것이다. 그래서 택한 방법이 경제를 통한 한반도에의 접근방식이다.

그 배경에는 다음과 같은 인식이 자리잡고 있었다. 첫째, 러시아는 북한의 경제적 재건설에 자신의 역할 가능성이 있다고 판단하고 있다. 북한경제의 회생을 위해서는 기존 시설의 보수 및 현대화와 함께 에너지문제 등이 해결되어야 한다. 그런데 1990년 소련시절 건설된 산업시설은 북한 전체의 전력생산 63%, 석탄과 석유제품 50%, 철강 33%, 선철 13%, 압연철금속 38%, 섬유 20%, 화학비료 13%, 철광 42%를 각각 생산하는 등 북한경제에서 상당부분을 차지하였다. 소련시절 경제적, 기술적 대북 지원은 북한경제에 소련의 흔적을 남긴 것이다. 또한 수력발전에 60%를 의존하고 있는 현실에서 북한은 화력발전소의 재건 만으로 전력부족문제를 모두 해결할 수 없으며 다른 보완책이 필요하다. 북한과 인접한 러시아 극동지역은 전력문제 해결의 실마리를 제공할 수 있다.17) 즉 러시아는 소련시절 역할을 내세워 북한의 경제재건에 참여할 수 있으며, 이를 통해 북한 개혁에 동참할 뿐 아니라 '한반도문제' 해결 과정에 자연스럽게 개입할 기회를 얻을 수 있는 것이다.

둘째, 북한 경제재건 참여는 러시아에게 한국과의 공조, 나아가 남북한과 러시아 3자 경협구도의 현실화를 가져올 수 있다. 러시아에게 극동지역은 경제발전의 관건18)이라면, 극동지역에서 북한은 원자재 부족을 보완할 수 있는 가공무역, 그리고 유휴노동력을 이용한 물물교환 방식 등을 통해 실리를 얻을 수 있다. 문제는 자본이다. 극동지역의 열악한 환경, 경협 파트너로서 위험부담에도 불구하고 경협에 관심을 가질 국가는 한국이다. 북한 이외 지역에서의 경협은 북한의 국제경제 및 국제사회에의 편입에 대안이 될 수 있기 때문이다. 그 경우, 러시아는 경제적 실리를 취할 수 있을 뿐 아니라 북한의 개방, 나아가 동북아의 평화에 일조할 수 있는 기회를 잡을 수 있다. 그리고 3자 경협은 극동지역에서 다자경제협력의 출발점이 될 수 있다.

요약하면, 러시아에게 한반도가 갖는 중요성은 안정된 동북아환경과 관련되어 있다. 냉전시대에 그들은 북한에 의한 한국의 '해방'을 통해 사회주의진영의 확대를 꾀하였다. 그러나 한국전쟁의 실패를 겪으며 한반도의 현상유지를 보다 중시하였다. 이는 상당기간 대북 정책으로만 나타났으나 점차 북한과 한국을 별개로 인식하는 특성을 보이게 된다. 그리고 탈냉전시대 그들은 남북한을 함께 고려한 보다 적극적인 대한반도 인식의 특징을 가지고 있다.

3. 북·러관계의 역사적 전개

북한과 소련 또는 러시아와의 관계는 역사적으로 변천의 과정을 겪어왔다. 이는 크게 네 단계, 즉 '우호관계'의 형성기, 긴장기, 기복기, 그리고 새로운 관계의 모색기 등으로 나눌 수 있다. 각 시기별 내용과 변천의 동인을 살펴보도록 하자.

1) 체제건설과 '우호관계'의 형성: 1945 ~ 1953[19]

이 시기 양국관계에 영향을 미친 가장 큰 사건은 3년에 걸친 소련의 점령, 그리고 한국전쟁이었다. 점령기에 북한은 국가건설 및 체제수립에 결정적인 소련의 강한 영향력 하에 놓이게 되었다면 한국전쟁을 계기로 북한은 소련에 대해 실망감을 느끼는 단계이다.

해방 후 '피점령국'이었던 북한은 국가건설과 체제수립 과정에서 소련의 전적인 지원을 받았다.[20] 1945년 8월 10일 처음으로 북한에 발을 내딛은 소련은 '해방국'과 '우호국'의 이미지를 제시하고 북한의 전 부문에 적극 개입하였다. 북한의 사회주의화 과정에서 전면에 나선 것은 국가기구와 당기구였으며 동 기구의 최고지위 역시 북한인들이 차지하였다. 대신 소련은 간접적 통제를 통해 개혁을 준비하고 '지도'21)하는 한편 지도부와 주민들에 대해 인적 통제방식22)을 수행하였다. 그 과정에서 소련은 김일성, 박헌영과 수시로 협의하였으나 대부분의 정책은 소련의 승인 하에 이루어졌다.

1945~1948년 점령기를 통해 북한은 친소국가로 등장하였다. 소련은 대외적으로는 미국과 남한의 대북 '민주화'를 막는 한편, 대내적으로 북한의 개혁, 정부구성, 그리고 철군 등의 문제에서 주도적인 위치에 있었다. 북한과 소련은 피점령국과 점령국, 그리고 '사회주의'라는 이념의 공통성을 통해 돈독한 관계를 맺게 된 것이다. 밀착된 관계는 최초의 외교관계 수립(1949년 4월 10일), 최초의 정부간 공식협정(1949년 3월 17일)으로 나타났으며 1946년 8백 60만 루블에 머물던 양국 교역량은 1950년 1억 백 10만 루블에 달하는 괄목할 만한 성장을 거두었다. 그리고 「1949~1950년간 교역량 및 결제방식에 관한 합의서」, 「차관제공 (44억 7천 7백만 루블)에 관한 합의서」 등이 뒤를 이었다.

한편, 한국전쟁에서 북한은 시작, 과정, 그리고 휴전협상에 이르기까지 소련의 결정적인 지원을 받았다. 전쟁은 김일성의 요청과 소련의 승인, 그리고 중국의 지원표명이 어울어져 시작되었다. 김일성은 스딸린에게 직접 제의(1949년 3월) → 소련대사관측 인사들에게 제의 및 면담 요구(1949년 8월~1950년 1월) 등을 통해 남침 의사를 수차례 밝힌 데 이어 중국의 혁명화 성공 후 재타진을 통해 소련의 결심을 받아냈다. 미국의 개입과 북한 군사력의 열세 때문에 머뭇대던 소련에게 중국의 공산화는 고무시키는 일이었으며 박헌영의 장담대로 전쟁이 장기간 지속되리라 생각하지 않았던 것이다.

그 후 전쟁 과정에서 북한은 조·중연합사에 작전지휘권을 내준 채

소련과 중국의 영향력 하에서 전쟁을 치렀다. 전쟁의 주도권은 소련과 중국에 있었다. 초기에는 소련의 (김일성, 소련대사, 소련 군사고문단 또는 이들을 통한) 일방적 지시를 통해 이루어졌다면 중국의 참전 후 양상은 변화하였다. 중국측이 작전계획을 주도하고 소련은 이에 동의하는 양상(전황보고: 팽덕회 → 모택동이나 소련대사관 → 스딸린, 군사작전: 모택동 → 스딸린, 팽덕회 → 김일성 → 스딸린, 군 개편: 스딸린 → 모택동이나 김일성)으로 변화된 것이다. 그 과정에서 무기지원, 군사고문단 파견, 전술방식, 휴전 조건 등을 놓고 북한과 소련, 소련과 중국 간에 미묘한 갈등이 있었지만 보다 중요한 것은 김일성은 전술, 전략적 측면에서 뒷전에 물러나 있었다는 점이다.

휴전 역시 그들 의사와는 달리 스딸린의 사망 후 이끌어낼 수 있었다. 1952년 1월 휴전회담이 지지부진한 가운데 박헌영은 '전쟁 계속에 반대한다'는 입장을 피력하는 한편, 김일성은 나름대로 협상원칙을 마련하였다. 그렇지만 스딸린은 모택동과 사전협의를 거치도록 지시하였다. 실제 스딸린이 받아들인 모택동의 협상원칙은 김일성의 것과 그다지 다르지 않았다. 그럼에도 스딸린이 모택동을 내세운 것은 휴전 과정에서 주도권도 북한에 있지 않음을 보여준다. 또한 스딸린은 북한과 달리 휴전에 소극적이었다. 소련은 한국전쟁을 반反제국주의 차원에서 파악하고 특히 미국의 힘을 약화시키는 방편으로 이용할 생각이었던 것이다.

밀착되어 있던 양국관계는 한국전쟁을 거치면서 이견과 이익의 차이를 드러냈다. '실패'로 끝난 전쟁에서 북한은 소련의 다른 모습을 보았다. 중국측의 전폭적 지원과는 대조적으로 미국과의 직접 대결을 회피한 소련측의 모호한 지원태도 때문이었다. 물론 소련은 군사고문단의 파견, 북한 유학생의 군사훈련, 그리고 물자원조 등을 통해 북한을 지원하였다. 그러나 인천상륙작전 후 중국의 파병이 지연되자 소련은 1950년 10월 13일 김일성에게 중국이나 소련으로의 완전철수 준비를 지시하는가 하면, 북한측의 물자지원 요청을 두 달 이상 미루거나 양을 줄여 보내곤 하였다. 이러한 소련의 태도는 전후 양국관계의 변화를 가져오는 단초가 된다.

2) 주체의 대두와 긴장의 형성: 1953~1964[23)]

이 시기는 한편에서는 주체의 형성과 등장, 다른 한편에서는 소련의 대내외적 상황변화에 따라 양국관계가 변화하는 단계이다. 이전 단계에서 양국관계가 소련의 대북 친소국가화로 집약된다면, 이 단계에서는 북한이 소련의 영향력으로부터 점차 벗어나는 단계이다. 결정적 계기는 1956년 '8월 종파사건'이지만 변화의 조짐은 한국전쟁 후 이미 시작되고 있었다. 국내정책을 둘러싼 이견과 그 배후의 권력다툼, 그리고 '주체'의 형성이 그 배경에 자리잡고 있었다.

전쟁 직후 소련은 무상원조(1953년 8월 10억 루블), 대소 채무의 탕감(50%), 잔액의 상환기간 연기 등 재정적 지원 뿐 아니라 기술원조(20여개의 산업시설 재건), 전문가 파견(1953년 9월 13일, 1954년 2월 4일, 1955년 등) 등 북한의 복구사업을 적극 지원하였다. 또한 전후 복구발전계획에 대해서도 1953년 9월 북한의 당·정대표단의 모스크바방문과 주북한 소련대사관을 통해 북한은 구체적인 프로그램을 마련하였다. 그렇지만 양국간 불협화음은 두 방향에서 일어났다.

하나는 김일성의 소련계 견제, 그리고 다른 하나는 국내경제정책 때문이었다. 특히 소련은 '올바르지 못한' 경제정책에 대해 우려를 표명하였다. 현물세 징수와 양곡수매사업,[24)] 그리고 농업협동화문제[25)]가 대표적으로 1955년 4월 모스크바에서 소련공산당 중앙위원회는 김일성에게 정책시정을 직접 권고하였다. 중공업우선정책과 농업협동화정책은 곧 김일성의 노선이며 김일성의 정책이었다. 정치부문에서 김일성에게 권력집중과 밀접한 연관 하에 수행되었던 것이다. 그런 차에 모스크바의 권고는 김일성의 정책상 오류를 지적하는 것이었으며 경공업우선정책을 주장하던 다른 세력들의 정치적 공세를 강화시켜주는 형태가 되었다.

이러한 대립기류는 1955년 10월 소련 공산당 중앙위의 집단지도원칙의 채택과 1956년 2월 소련공산당 제20차 당대회에서의 공식선언 이후 1956년 '8월 종파사건'[26)]을 불러왔다. 이와 관련 소련과 중국은 미코얀과 팽덕회를 북한에 파견하여 8월 전원회의 결정을 번복시켰으나 그들이 돌아간 후 모든 것은 원래 결정대로 처리되었다.

여기에서 우리는 이전과 다른 양국관계를 볼 수 있다. 소련은 북한 국내권력문제에 적극적으로 개입하지 않았고 또 일부 개입에도 예전같은 영향력을 발휘하지 못한 것이다. 전후 시작된 김일성의 소련계 견제[27)]에도 소련은 소극적인 불간섭 태도를 견지하였다. 이는 두 가지로 해석할 수 있다. 우선, 소련계의 세력 약화에도 불구하고 소련은 북한에 대한 영향력을 자신하고 있었을 가능성이다. 둘째, 당시 소련의 국내사정을 통해 설명할 수 있다. 1953년 3월 스딸린의 사망 후 말렌꼬프, 흐루시쵸프, 베리야 3각체제 속에서 흐루시쵸프의 당권이 명확해진 것은 1955년 2월 말렌꼬프의 총리직 사임 이후였다. 소련이 북한에 대한 영향력을 확신하는 이상 소련계의 약화에 민감하게 반응할 여력과 필요성이 없다고 판단했을 가능성이다. 그런데 '8월 종파사건' 전후를 보면, 소련은 김일성의 개인숭배를 북한 내부에서처럼 심각하게 생각하지 않은 것으로 판단된다. 소련은 당시 북한 권력문제에서 한 걸음 떨어져서 북한을 바라보고 있었다.

그 후 1957년 5~9월 집단지도체제로의 개편[28)]을 시도하면서도 모스크바는 적극적이지 않았다. 이는 당시 국제공산주의진영의 움직임(헝가리, 폴란드 등), 1957년 6월 흐루시쵸프의 '6월 위기' 그리고 소련과 중국의 갈등 때문이었다. 자국의 대내외문제 때문에 미처 북한에 신경

쓸 여력이 없었던 것이다. 이제 양국관계는 소련이 북한의 국내문제에 소극적 개입을 할 뿐이며 또 일부 개입에도 영향을 미칠 수 없는 단계에 이르렀다.

사실 북한에서는 전후 소련계의 영향력과 한국전쟁을 배경으로 한 연안계의 부상으로 권력다툼이 예견되었다. 김일성은 1955년 12월 28일 당 선전선동원 일군들을 대상으로 한 "사상사업에서 교조주의와 형식주의를 퇴치하고 주체를 확립할데 대하여"의 연설문에서 '쏘련식이나 중국식이 아닌 우리 식'을 주장29)하는 등 이미 '자주'는 형성되고 있었다. 하지만 적어도 1961년까지 북한은 '자주'의 입장을 내세우지 않은 채 대외적으로 소련을 지지하였으며30) 경제관계나 군사관계에도 별다른 변화가 없었다.

예를 들어, 1958년 2월 19일 북한 최고인민회의는 흐루시쵸프의 평화공존정책을 '전적으로 지지 찬동한다'고 결정하였으며, 1959년 제21차 소련공산당대회에서 돌아온 김일성은 흐루시쵸프체제 지지의사를 밝혔고, 소련의 대미 화해정책을 나타나는 미·소 정상간 상호방문계획도 지지하였다. 또한 1959년 9월 7일 양국간에는 「원자력 평화이용에 관한 협정」이 조인되었고, 1961년 「조·소 우호협력 및 상호원조조약」, 1962년 「조·소 문화 및 과학협력협정」이 체결되었다. 그리고 「산업시설의 건설 및 확장을 위한 소련의 대북 기술원조에 관한 협약」(1959년), 「연체(1억 7천 1백만 루블) 면제 및 만기차관의 지불 연기(3천 1백만 루블)에 관한 부속합의서」(1960년), 「1961~65년간 상호물자공급에 관한 장기협약」(1960년) 등 경제적 지원도 이어졌다. 그런가 하면 북한 군사대표단도 방북(1962년 6월)도 있었다.

1961년 10월 제22차 소련공산당대회는 북한에게 '자주'를 대외적으로 표출할 계기를 제공하였다. 북한은 소련과 달리 알바니아노동당에 대해 지지의사를 표명하였다. 그렇지만 이때만 해도 북한은 조심스러운 태도였다. 한편에서는 알바니아를 지지하면서도 다른 한편에서는 '조선 인민과 알바니아인민은 소련을 선두로 한 사회주의 대가정 안에서 친선의 유대로 긴밀하게 맺어져있다'고 하였다. 그러나 1962년 중국과 인도 간 국경분쟁, 쿠바 미사일 위기, 베트남전쟁 등을 거치며 북한은 중국측으로 돌아서고 직접적로 소련을 비난하기에 이른다. 그리고 동년 10월 23일 최고인민회의 제3기 제1차회의에서 사회주의국가들 간 관계의 원칙으로 '평등, 자주, 상호존중, 내정불간섭'이 제시되었다.[31]

그 이유는 디음과 같은 소련의 태도 때문으로 집약된다. 하나는 사회주의권에 대한 지지가 불명확한 경우, 또 하나는 미국에 대한 단호한 태도 부족 때문이었다. 중국과 인도 간 분쟁에서 소련은 같은 사회주의권인 중국을 지지하는 것이 아니라 오히려 인도를 지원하였다. 사회주의연대성 강화가 자신들의 혁명역량 강화와 밀접한 상황에서 사회주의진영의 분열은 북한을 실망시켰을 것이다. 또한 쿠바 미사일 위기에서 미국의 강경 요구에 소련은 굴복(철거 통고)하였다. 주한미군을 고려할 때 향후 통일의 과정에서 소련과 미국의 대결 가능성이 있는데 이때 소련의 굴복이 되풀이 될 우려가 있었다. 이러한 불만은 중 · 소분쟁에서 '수정주의'(소련)에 대한 비판, 그리고 중국 지지를 낳았다.[32]

1963년 북한은 '어떤 사람들'(소련)은 원조를 댓가로 정치적, 경제적 압력수단으로 이용한다고 간접적으로 비난하다가 1964년 9월 3일 ≪로동신문≫에서는 직접적으로 소련을 거론하여 비난하였다. 평양 방직공장과 흥남 비료공장의 일부 직장들을 복구 건설하면서 소련이 국제시장 가격보다 비싼 값으로 설비와 부수동판을 주고 대신 유색금속과 원료들을 국제시장 가격보다 싼 값으로 가져갔다는 것이다. 북한의 비판은 소련의 지원 중단을 가져왔다. 1961년 소련은 대북 수출을 일시 중단했으며 「1960년 협정」의 일부만 이행하는가 하면, 1962년에는 군사원조를 거부하기도 하였다. 이제 양국관계는 이전과는 다른 양상으로 치달았다.

3) '자주'외교와 현상유지: 1964~1990[33]

이 시기는 양국관계가 회복된 후 그 관계가 대체적으로 유지되는 단계이다. 중·소 갈등을 배경으로 북한의 비동맹외교, 미·중, 중·일관계 정상화 등이 변수로 작용하였다.

양국관계의 해빙을 알리는 신호탄은 1964년 흐루시쵸프의 실각과 이어진 코쉬긴의 평양방문이었다. 이들은 공동 코뮤니케를 발표하고 「1961년 조약」의 의의와 역할을 재강조하는 한편, 양국간에 '긴밀한 친선의 유대'와 '단합'에 만족을 표했다. 양국관계는 당시 문화혁명기 북·중관계의 악화[34]로 탄력을 받았다. 이런 관계는 특히 군사적 부문에서 소련의 대북 지원으로 나타났다. 미국의 월맹폭격을 보며 방공체제 개선을 생각한 김일성은 코쉬긴의 평양방문시 군사장비의 제공을 요구했으며, 이에 따라 북한은 4~5년간 지대공 미사일, 전자장비, T-54, T-55, MiG기 등 군사장비를 제공받았던 것이다.

이후 1970년대와 1980년 양국관계는 북한이 반소 입장을 표명하지 않는 한 일부 기복이 있었을 뿐 현상유지가 이루어졌다. 그렇다고 이전의 '우호관계'로 돌아간 것은 아니었다. 북한은 소련의 영향력으로부터 '자주'를 내세우는 한편, 독자적인 외교정책을 구사하고 있었다. 예를 들어, 1966년 자신들의 노선과 견해를 다른 형제 당들에게 강요하는 것은 '대국주의'적 행동이라고 하여 비판하는가 하면, 1979년 국제사회에서의 움직임은 '자주세력'과 '지배세력'간 투쟁으로 규정하고, '지배세력' 안에 소련도 포함시켰다. 또한 1968년 EC-121정찰기 격추사건, 1976년 판문점 사건 등 북한의 대남도발은 소련의 우려를 불러일으키며 그 후 소련은 재래식 무기를 제공하는 한편, 대신 최신예 무기지원은 꺼렸다.

1970년대와 1980년대 양국관계에 영향을 미친 요소는 일부 차이가 있다. 1970년대는 비동맹외교라는 북한의 대외정책이 작용했다면,

1980년대는 신냉전과 미·중관계의 정상화 등이 영향을 주었다.

1970년대 전반 양국관계는 일부 긴장감이 있었다. 1960년대 말 호전적인 북한의 대남정책에 이어 비동맹외교를 둘러싸고 북한과 중국이 공동전선에 나선 것이다. 김일성이 제3세계국가들에 관심을 가지기 시작한 것은 1955년 반둥회의부터였다. 이런 관심은 1956년 제3차 당대회, 최고인민회의 등을 통해 지속적으로 표출되었다. 특히 1961년 제1차 비동맹정상회의35) 개최는 그들에게 구체적인 정책을 요구하였다. 비동맹권의 반식민주의, 반제국주의, 반서구적인 경향은 북한의 목표와 유사성이 있으며, 그들이 유엔에 대거 회원국으로 가입한 것은 국제무대에서 북한입장 강화를 뒷받침해줄 수 있었던 것이다.

따라서 북한은 이들 국가와 초청, 방문외교, 친선단체('친선협회', '련대성위원회', '주체사상연구소조', '김일성동지 로작연구소조' 등) 결성, 그리고 다른 한편으로 민족해방운동에 대한 지지 성명발표 등을 통해 김일성을 '제3세계 지도자'로 부각시키려는 움직임을 강화하였다. 그 결과 북한은 비동맹회의(1975), 77그룹(1976)에 가입하였다. 반제혁명역량이라는 점에서 비동맹은 사회주의진영과 유사한 입장에 있으나, '쁠럭불가담'을 주장하고 그 안에 중국이 들어가 있다는 점에서 비동맹은 소련에게 달가운 존재는 아니었다. 더욱이 당시소련은 중국과 여전히 갈등, 경쟁관계에 있었다.

그러나 1970년대 후반 다시 양국을 끌어당기는 외부환경이 조성되었다. 1978~1980년 미·중, 중·일 국교정상화로 동북아정세가 변화한 것이다. 이에 대해 북한은 중국과 제국주의국가간 관계수립을 받아들이면서도 중국측에게 반제 입장을 고수하고 타국의 이익을 희생시키지 말 것을 요구하였다. 더욱이 중국은 1976년 '4개 현대화계획' 부활을 계기로 개혁과 개방의 길로 접어들었으며, 1978년에는 대내적으로 모택동 격하운동이 있었다. 전자는 경제체제의 변화를 의미한다면, 후자는 김일성 유일체제에 대한 위협요인이기도 하였다. 북한과 소련은 변화하는 대외환경에 대한 대응차원에서 서로 우호적인 태도를 보였다.

그러다 1980년대 신냉전과 중국의 한국 접근 등으로 양국관계는 특히 군사, 경제분야에서 괄목할 만한 성과를 보였다. 1985년에는 최신예 무기 제공(소련), 영공개방과 항구의 기항권 허용(북한), 그리고 1965년 이래 중지되어 왔던 소련의 북한 해방기념식 거행 등이 이어졌으며, 1961년 이후 23년만인 1984년, 그리고 1986년 김일성이 모스크바를 방문하는 등 양국관계는 보다 긴밀해졌다. 그러나 고르바쵸프의 1986년 「블라스보스또끄 연설」과 1988년 「끄라스노야르스크 연설」, 그리고 서울올림픽을 거치며 1989년 서울과 모스크바에 영사업무가 포함된 외교관계가 수립되자 북한은 또다른 실망을 경험하게 된다.

4) 사회주의 연대성의 단절과 새로운 관계의 모색: 1990~2000[36)]

이 시기는 소연방의 해체, 그리고 김정일체제의 등장 속에서 양국관계가 재정립되는 단계이다. 러시아의 변화는 북한에게 새로운 러시아와 어떻게 관계를 정립할 것인가의 과제를 안겼다면, 러시아 역시 북한과 한국을 어떻게 대할 것인가를 두고 혼란을 겪었다.

1990년 9월 한·소수교는 북한에게 매우 큰 충격을 주었다. 서울 올림픽을 앞두고 이루어진 일련의 한국과 소련의 접근을 보면서도 북한은 이들 관계가 국교정상화로 전개될지 미처 생각하지 못했기 때문이었다. 서울 올림픽 즈음에 셰바르드나제 외무장관은 북한을 방문하여 소련은 북한의 정책을 지지하며 한국과의 수교의사가 없음을 전했던 것이다. 그러나 한·소관계의 밀착이 국교정상화로 나타나자 북한은 소련을 격렬하게 비난하였다. 수교 후 소련은 국교수립의 필연성을 설명하였지만

북한은 이들 관계를 '달러로 팔고 사는 외교'라고 한다든지 소련을 사회
주의국가로서의 존엄, 체면, 동맹국의 이익을 달러로 팔아버렸다고 비난
하는 등 '돈에 의한 굴욕외교'로 폄하하였다. 1991년 8월 소련에서의
쿠데타는 북한에게 일말의 희망을 주었으나 결국 실패하며 구소련의 계
승자로 러시아가 탄생하였다.

이러한 변화는 러시아의 체제전환과 맞물리며 양국관계는 새로운 전
환기를 맞이하였다. 경제부문에서 무역결제방식의 변화(우호적 거래방
식에서 국제통화결제방식, 1990년 11월), 그리고 정치부문에서 구조약
의 개정문제는 관계조정의 신호탄이었다. 구조약 개정문제를 먼저 제기
한 측은 러시아였다.[37] 1992년 1월 로가체프 외무차관은 대통령 특사로
북한을 방문하여 개정문제를 제안했으며, 1993년 초에는 쿠나제 외무차
관이 구조약 제1조에 대한 축소해석 의사를 북한 측에 통보하였다. 이는
북한의 불만을 낳으며 양국관계는 더욱 악화되었다.

또한 양국은 1993년 핵문제를 둘러싸고 대립양상을 빚었다. 1993년
3월 북한의 NPT 탈퇴 등 핵문제를 둘러싼 국제사회의 공조체제에 러시
아가 동참한 것이다. 러시아는 '한반도의 비핵화' 원칙 하에 IAEA 사찰
의무 이행, NPT 탈퇴선언 철회를 주장하면서 핵과학자들의 소환 및 방
북 불허, 연구용 원자로 연료봉 수송 중단 등의 조치를 취하였다. 더욱
이 경제위기를 겪고 있던 북한에게 러시아는 채무의 조속상환을 요구하
기도 하였다.

그러나 핵문제는 러시아로 하여금 다시 대북 정책을 고려하는 계기
를 마련했다. 러시아측의 '성의'에도 불구하고 핵문제 해결과정에서 러
시아는 철저히 소외되었고, 기대했던 한국과의 경협도 지지부진했다. 그
계기는 1994년 김일성 사망과 함께 찾아왔다. 러시아는 조의표명과 함
께 외무차관이 북한을 방문하여 김정일체제에 대해 지지를 표명하는 한
편, 관계의 재정립을 시도하였다. 1994년 12월 북한 공군대표단이 러시

아를 방문하였고, 1996년에는 소연방 해체 후 처음으로 북·러 경제과
학기술위원회가 개최되며 '무역 및 과학기술에 관한 의정서'에 합의하
였으며, 두마대표단의 방문도 이어지는 등 정치적, 경제적, 군사적 관계
에서 해빙 분위기가 조성되었다.

그러나 양국 관계의 진전에는 일정 한계가 있었다. 1994~1997년 전
반기는 러시아는 적극적으로 대북 접근을 시도한 반면, 북한은 러시아
의 언론태도, 대한국 무기 수출, 1996년 대선에서 공산당수의 집권기대
등으로 소극적으로 일관했던 것이다. 반면, 1997년 후반기부터는 양국
모두 소극적이었다. 러시아는 대내외 환경(NATO의 동구확대, 코소보
사태, 모라토리엄 선언)이 복잡한데다 북한 또한 미국중심의 외교정책
을 전개하였다.

새로운 계기는 뿌찐 대통령의 등장과 함께 찾아왔으며 이제 양국관
계는 새로운 관계로 변화하고 있다. 한·소수교 이후 소원해졌던 양국
의 정치적 관계는 상당부분 회복되었다. 가장 대표적인 예가 2000년 2
월「조·러 신우호선린협력조약」이 체결된 점이며 정상회담38)이 빈번
하게 이루어지고 있다. 특히 라선시 두만강역지구의 '조·러 친선각'
(2002년 3월), 주북 러시아대사관의 '친선공원'(2002년 11월) 등은 양국
의 친밀도를 보여주는 상징이라 할 수 있다.

주목할 점은 경제분야, 특히 북한내의 재건 지원, 러시아 극동지역에
서의 경협 등 논의가 활발히 진행되고 있다는 것이다. 러시아 극동지역
에 대한 이들의 관심은 1994년부터 시작되었다. 그 해 북한정부 대표단
은 극동지역을 방문하고 무역, 경공업, 건설, 농산물 분야에서 합의를
이루었다.39) 그 후 평양과 하바로프스끄, 평양과 블라디보스또끄(1996
년 8월) 간에 직항로가 개설된데 이어 극동지역 대표단이 북한을 방문하
였다.40) 국제무역촉진위원회(무촉위)와 러시아 극동투자회사는 평양대
표부 설치에 합의하였고, 북한·연해주간 자유경제무역지대에 관한 협

조 협의(1998년 3월), 북한 · 아무르주 농업 및 임업분야 협력의정서 조인(2002년 8월)에 이어 하바로프스끄에서 북한상품전람회(2003년 7월)가 개최되었으며, 최근에는 라진 – 하산 철도 개보수사업 관련 의정서(2006년 7월)가 조인되었다.

　러시아 극동지역에 대한 북한 지도부의 관심이 부각된 것은 21세기 들어서이다. 2000년 양국 정상회담이 열린 곳은 블라디보스또끄였으며, 2002년 4월 북한대표단(단장: 조창덕 내각 제1부총리)은 김정일 국방위원장의 지시로 블라디보스또끄(연해주), 하바로프스끄(하바로프스끄주), 블라고베쎈스끄(아무르주) 등 극동 도시를 방문하기도 하였다. 러시아 극동지역은 경협대상지이자 정치적 중심지로 부상하고 있으며 양국의 새로운 관계를 반영하고 있다.

4. 북 · 러관계의 특징과 한계

　지금까지 북한과 러시아의 역사적 전개과정을 대략적으로 설명하였다. 그 과정에서 지속된 부분은 무엇이고, 변화된 부분은 무엇인가를 제시하기 위해 여기에서는 변화의 동인과 분야별 관계, 그리고 양국관계의 성격으로 나누어 살펴보도록 한다.

1) 변화의 동인과 분야별 관계

　양국관계 변화의 동인은 어떻게 설명할 수 있는가? 냉전시기에는 정치적 요인(이념, '자주')이 주류를 이루었다면, 탈냉전시기에는 경제적 요인(실리) 때문에 양국관계가 변화되어 왔으며, 전환의 결정적 계기는 소연방의 해체라고 할 수 있다.

‘우호관계’의 형성은 소련의 점령정책으로부터 시작되었다. 1950년대 다가온 첫 변화의 요인은 북한측에 있었다. 북한은 ‘주체’의 태동과 함께 대외적 ‘자주’를 소련측에 요구한 것이다. 변화의 또다른 배경으로 중·소갈등이나 소련의 국내외적 어려움도 무시할 수는 없다.

반면, 1960년대 중반이후 1980년대까지 양국관계의 변화는 북한체제나 통일환경에 영향을 주는 외부적 요인들과 밀접한 관련이 있다. 그 예로는 스탈린 격하운동, 미·중 데탕트를 들 수 있다. 전자가 김일성체제에 직접적 영향을 준 사건이었다면, 후자는 동북아의 세력균형과 관련된 것이다. 특이한 점은 미·소 데탕트는 양국관계에 영향을 미치지 못했다는 점이다. 북한은 제5차 당대회에서 ‘수정주의’의 해악을 설명하면서 북한과 소련이 이데올로기와 외교정책의 주요 문제에서 이견이 있음을 언급하고 소련의 대미정책을 비난하였다. 그러나 양국관계는 별 변화가 없었고 오히려 데탕트는 1970년대 북한의 외교범위 확대(서구)의 배경이 되었다. 즉 북한에게 중요한 것은 동북아 차원에서의 힘의 역학관계인 것이다.

한편, 탈냉전시대 양국관계의 변화요인은 주로 소련으로부터 나왔다. 소연방의 해체와 친서방정책으로 대변되는 한국 일변도정책이 그것이었다. 그러나 뿌찐 시대에 들어서면 이제는 상호 필요성에 의해 관계를 재정립하고 있다. 중요한 것은 실리이며 이것이 반영된 것이 양국 경제관계의 변화이다.

그러면 구체적으로 양국 경제관계에서 변화 내용은 무엇인가?[41] 부문별 관계에서 특히 경제부문에 주목하는 것은 두 가지 이유 때문이다. 하나는 북한의 국가건설과정에서 주된 힘은 소련으로 나왔으며, 특히 소련의 대북 지원은 하부구조(경제)의 수립에 결정적 역할을 하였다는 점이다. 또 다른 이유는 최근 북한과 러시아 관계는 실리적 측면이 강하게 작용하고 있다는 점이다. 북한은 경제위기 극복을 위해 러시아에 주목하고 있고, 러시아는 경제관계를 통해 정치적 영향력 확보를 추구하고 있다. 이러한 점에서 경제관계의 변화는 양국관계의 변화와 변화동인을 잘 설명해줄 수 있을 것이다. 먼저 시대별 경제관계의 변화를 살펴본 후 경제관계의 변화 동인을 제시하도록 한다.

<그림 2> 북한과 소련(러시아)의 경제관계

1940, 50년대	1960년대	1970년대
· 무상원조나 무상차관 · 경제복구 지원	· 장기차관(연2%) · 경제개발 지원	· 인프라 투자 · 차관상환방식의 변화

1987년 이후	2000년대
· 경협방식의 변화(합영사업)/무역결제방식의 변화(1990) · 장기협력 프로그램	· 경협 논의의 활성화 · 극동지역의 적극적 활용

<그림 2>는 북한과 러시아 경제관계를 경제지원 중심으로 정리한 것이다. 첫 단계는 1940년대와 1950년대로 이 시기 경제관계는 주로 소련의 대북 차관지원 형태로 이루어 졌으며 연체 면제나 만기채무 연기 등 특혜적 조치를 볼 수 있다(<표 2> 참조). 1947년까지 총 2억 1천만여 루블이 무상원조나 차관형식으로 제공되었으며, 1949년 「조·소경제문화협력협정」에 따라 소련은 총 4천 7백 70만 루블 상당의 생필품 보급 및 기술원조 제공을 계획하였다.

<표 1> 소련의 대북한 차관 (단위: 백만 루블)

연도	내 용	금액	기 타
1949.3	·각종 산업개발 계획 위한 차관		
	·현물차관	47.7	

시기	내용	액수	조건
1953.8	·전후 재건을 위한 차관	225	·무상
	·연체 면제		·채무의 절반 이상
	·만기채무 연기		
1956.8	·전후 경제재건 위한 차관	67.5	·무상
1960.7	·연체 면제	171	
	·연체상환 연기	31.5	
1965.5	·방위력 강화 위한 재정 원조		
1966.6	·각종 산업개발 계획 위한 차관	160	·이자 연 2%, 상환기간 10년 ·장비보급 끝난 때 또는 해당공장의 완공시점 기점
	·1966-70년 연체 지불의 연기(1949, 1961, 1965년 협정에 의거)		·1971부터 14년간 분할 상환
1969.12	·자동차 축전기공장 건설, 에나멜선, 미니전동기 생산공장 건설 위한 재정 원조		·상환기간 5년 ·공장가동 다음 해 기점, 해당공장의 제품으로 상환
1970		52.2	·OECD 국가 1.8
1971		150	·OECD 국가 10.2
1972		90	·OECD 국가 122.4
1973		65.4	·OECD 국가 225
1974		72	·OECD 국가 24
1975		111.4	·OECD국가 145.8
1976.2	·김책제철소 재건(1차) 위한 재정원조	12	·이자 연 2%, 8년 상환 ·해당공장의 제품으로 상환
	·김책제철소 재건(2차) 위한 재정원조	45	·위와 같음
	·청진발전소 건설 위한 재정원조	40	·이자 연 2%, 10년 상환 ·장비제공이 만료된 이듬 해 기점
	·베어링공장의 건설완성 및 알루미늄 공장의 건설 위한 차관	20	·이자 연 2%, 10년 상환
	·1970-80년 사이의 소련에 대한 채무 지불 위한 원조(1949, 1965, 1966, 1967, 1970.12, 1973년 협정에 의해 발생한 기존채무)	400	·1981년부터 연 2%이자, 10년 상환

1978 -1984		177.7	·중국 155.22
1981.5	·1981-85년 사이에 발생한 연체 지불 위한 원조	40	

출처: M. E. Тригубенко, Корейская Народно-Демократическая Республика, 1985 ; 양문수,『북한경제의 구조』(서울: 서울대학교출판부, 2001), 305쪽을 재구성한 것임.

둘째 단계인 1960년대 경제관계도 소련의 대북 차관이 주류를 이루지만 소련은 무상이 아닌 장기차관 형태로, 그리고 경제재건 보다 경제개발을 위해 차관을 지원하였다. 대표적인 협정이 1961년 7월「조·소 우호협력 및 상호원조조약」으로 양국은 기술원조를 위해 10년 상환, 연 2% 금리로 2천 5백만 루블의 장리저리차관 제공에 합의하였다.

셋째 단계는 1970년대로 이 단계에는 북한내 인프라에 대한 투자[42)]가 본격적으로 이루어지면서 차관 상환 및 경협 방식에 변화가 나타났다. 그 계기는 1970년 9월 15일「경제와 기술협력에 관한 협정」이었다.

우선 차관상환 방식에서 원조지원 대상시설이 완공된 후 해당 공장에서 생산한 제품으로 차관을 상환하는 방식이 도입되었다. 이에 따라 1986년 12월「경공업분야의 협력협정」이 체결되었고, 소련은 농업 인프라와 산업 건설을 원조하는 대신 북한은 소련 극동지역 비닐하우스에서 기른 야채를 소련측에 공급하기도 하였다. 또한 소련은 북한이 상환을 못할 경우 이전과 달리 더 이상 상환 면제나 연기 조치를 취하지 않았다.

한편, 경협방식에서는 가공무역방식이 도입되었다. 소련이 북한에 원자재를 공급하면 북한은 이를 가공하여 소련에 완제품을 수출하는 방식이다. 그러나 1974년 북한이 외채를 갚지 못하며 양국관계에는 미상환 부채가 다시 문제시되었다. 1981년 소련은 채무상환을 위해 북한에 1억 1천만 루블 차관을 제공하였지만 금리를 4%로 높였다.

넷째 단계는 1987년을 기점으로 시작되었다. 변화는 크게 두 가지로 요약되는데 먼저 경제협력방식에 변화를 보인다. 1987년 6월 제21차 조·소 경제과학기술협력위원회 회의에서 양국은 전통적인 원조-수혜 관계(신용이나 차관 공여 등)를 지양하고 합영사업 및 협동생산 형태로 경제협력 형태를 변화시킬 것을 결정하였다. 그리고 합영사업의 경우, 중앙정부 차원이 아닌 양국 기업 및 조직간 사업, 과거 북한내 산업시설에 대한 지원이나 협력정책에서 탈피하여 소련 극동지방에 합영사업을 추진한다는 합의에 도달하였다. 실제 소련의 58개 봉제공장과 북한 공장들이 연결되었고, 농업분야에서는 1988년 극동지역 2개 소호즈에서 북한 노동자들이 총 3천 1백 40톤의 채소와 콩을 재배하였으며, 1989년에는 7개 농장에서 총 2만 9천 3백톤의 채소, 콩, 곡물을 생산하기도 하였다.

또한 1987~1988년 소련과 북한의 국가계획위원회 간에 2000년까지 소련과 북한의 장기 협력프로그램 조인에 관한 협상이 이루어졌다. 여기에는 북한산업의 현대화에 대한 다양한 과제가 포함되어 있으며 북한과 소련 극동지역간 직접관계의 가능성도 논의되었다.[43]

마지막 단계는 2000년 이후의 시기이다. 최근 양국은 북한내 공장의 재건, 보수, 현대화문제, 그리고 극동지역에서 경협분야에 대해 활발한 논의를 벌이고 있다. 이전과의 차이는 극동지역에서의 경협이 보다 구체적으로 이루어지고 있다는 점이다.

북한내 산업과 관련, 대표적인 논의 대상은 승리석유정제공장(생산능력 2백만 톤)의 현대화,[44] 4개 화력발전소 재건,[45] 김책제철소(생산능력 2백 40만 톤) 복구[46] 등을 들 수 있다. 이들 사업에는 두 가지 특징이 있다. 첫째, 발전소와 제철소 관련 사업은 북한측의 차관 및 현금지급 거부 등 주로 북한측의 문제와 경제적 이유로 답보상태에 머물러 있다. 둘째, 양국간에 우선적인 추진에 합의한 사업들은 주로 철도사업[47]과 밀접한 관계에 있다.

한편, 러시아 극동지역에서 양국관계는 보다 활기차다.[48] 2001년 이후 여러 차례 방북한 전 러시아극동연방관구 대통령전권대표인 뿔리꼬프스끼(К. В. Пуликовский)는 에너지문제, 자원확보, 외화벌이사업 등과 관련 양국간 경협문제를 논의한 것으로 알려져 있다. 현재 양국 상품교역량의 70%가 러시아 극동지역에서 이루어지며, 북한과 연해주간 무역량은 2005년 930만 달러로 2001년에 비해 4배 증가하였다. 특히 극동지역은 북한 노동력 활용과 관련 주목되는 곳이다. 양국은 임업협력협정(1965, 1999)에 따라 러시아 극동지역에서 북한 노동력 이용에 대해 합의하였다. 원래 북한 노동력의 활용지역은 하바로프스끄주와 아무르주로 한정되어 있었고, 작업범위도 원목생산에 국한되어 있었다. 그러나 이제 양국은 작업지역을 연해주 등으로 넓히는 한편, 작업범위도 복구작업으로 확대하기로 하였다. 실제 아무르주와 북한은 부레이스까야 수력발전소 부지준비작업에 북한 노동력을 이용하는데 합의하였으며 러시아측은 건설부문에서 북한의 전문가와 노동자를 이용하는데도 합의하였다.

그러면 양국관계에서 정치적 관계와 경제적 관계 간에는 어떠한 상관성이 있을까? 정치적 관계의 악화는 곧 경제적 관계의 악화로 이어졌는가?

정치적 관계가 경제관계에 그대로 투영된 경우는 주로 냉전시대이다. 대표적 예로 두 가지를 들 수 있는데 1962~1964년 소련의 대북 원조가 동결된 것, 그리고 1967년 경제 및 과학기술위원회의 신설과 함께 양국의 침체된 경제관계가 회복되며 소련이 다방면(에너지, 광산, 야금, 화학, 석유정제, 건설업, 기계생산업, 교통, 통신, 경공업 및 식품공업 등)에서 북한 산업시설의 건설 및 현대화에 매진한 사실이 그것이다.

당시 상황을 보면, 시기적으로 전자는 양국관계가 극도로 악화된 때에 발생하였다. 1961년 제22차 소련공산당대회에서 제3세계 원조정책에 대한 재검토가 이루어진 것도 일부 작용했지만 보다 중요한 요인은 당시 북한의 대소 비판과 친중 정책이었다. 반면, 1967년 다시 경제관계가 활성화된 것은 양국관계가 해빙기를 맞이한 것과 때를 같이 한다. 즉 1960년대는 정치적 관계가 경제적 관계에 절대적인 영향을 발휘한 것이다.

그러나 그 후 양국 경제관계에 영향을 미친 것은 정치적 고려 보다는 북한측 문제, 즉 경제문제 때문이었다. 1970년대와 1980년대 북한의 대소 채무누적과 공급 불이행은 소련의 손실을 불러왔고 이는 다시 양국 경제관계에 부정적인 영향을 미쳤던 것이다. 북한의 계약조건 이행률이 1986년에는 68%, 1990년에는 38%까지 낮아지자 소련은 1989년 7월 15일 북한이 물자공급 불이행시 동일 협정에 따른 원자재의 대북 수출을 통제하는 대응조치를 시행하였다. 그리고 1990년 11월 2일 소련과 북한은 신경제관계원칙의 도입에 관한 협약을 체결하고 경화결제방식을 도입하였다. 이는 북한에게 또 다른 충격을 주었고 이행률을 낮추는데 한 몫을 하였다. 1990년

물론 1990년 한·소수교가 경제관계에 지대한 영향을 미친 것은 사실이다(<표 2> 참조).

<표 2> 1990~2002년 북한의 대러시아 무역[49] (단위: 백만 달러)

연 도	1990	1991	1992	1993	1994	1995	1996	1997	1998	1999	2000	2001	2002
수 출	908	171	65	39	40	15	29	16	8	2	3	3	4
수 입	1,315	194	277	188	100	68	36	67	57	48	43	43	64
합 계	2,223	365	342	227	140	83	65	84	65	50	46	46	68
비 중	53.3	14.1	12.9	8.6	6.6	4.1	3.3	3.9	4.5	3.4	2.3	3.0	3.6

자료: KOTRA.

1990년 전체무역에서 50%를 넘게 차지하던 대소 무역량이 1991년

에는 14%에 불과했던 사실에서도 알 수 있다. 1990년대만 해도 북한의 대러 무역량은 총 22억 2천 3백만 달러로 북한 전체교역의 53%를 차지하였다. 1991년 한·소수교 이후 교역량은 급격히 줄었고 정부간 협의 채널이 복원된 지금도 여전히 침체를 벗어나지 못하고 있다. 2002년의 경우, 북한의 대러 무역량은 총 6천 8백만 달러로 1990년의 약 30%에 불과하며 러시아가 차지하는 비중도 4%가 되지 못한다.

여기에는 러시아의 시장경제체제로의 이행, 북한경제의 어려움, 그리고 양국 경제관계에 상업적 원칙의 적용 등 여러 요인이 복합적으로 작용하고 있으며 주요 요인은 경제, 특히 북한경제의 어려움에 있는 것으로 판단된다. 그러나 2004년 북한 대외무역에서 러시아의 비중은 7.5%. 무역량은 2억 천 341만 달러에 달하는 등 2002년에 비해 약 두 배 증가하는 등 급격한 신장세를 보이고 있는 점이 주목된다. 그럼에도 양국의 경제관계는 이전과 같은 무역량의 증가를 보기는 어려울 것이며, 다른 형식의 경제관계가 필요하다. 최근 경협부문 논의의 활성화는 이러한 측면에서 이해할 수 있다. 양국 경제관계의 재조정이 본격화된 것이다.

그러면 정치적 관계와 군사적 관계와는 어떠한 관계에 있을까? 경제부문과 마찬가지로 냉전과 탈냉전시대에 차이가 있는가? 경제관계에서 양국의 발목을 잡고 있는 것이 경제적 문제였다면, 군사적 관계에서 최대의 걸림돌은 무엇인가?

국가건설과정에서 소련이 북한의 군사부문에 전적인 지원을 한 점은 의심의 여지가 없다. 군사고문단의 파견과 함께 인민군의 형성 및 발전과정에 폭넓은 지원을 아끼지 않았다. 그 후 양국의 군사적 관계는 굴곡을 겪었다. 중·소분쟁 이후 친중 노선이 반영되어 상당기간 양국의 군사적 관계는 소원해졌다. 그러다 1965년 코쉬긴의 평양방문 이후 긴밀한 관계를 유지한다. 그러나 다시 북한의 대남, 대미 도발 감행으로 재래식 무기의 지원만이 이어진다.

그 후 군사적 관계에 커다란 변화를 가져온 것은 1980년대 중반이었다. 소련은 최신예 미그기라든지 지대지 스커드미사일, 신형 헬기 등을 북한측에 제공하는가 하면, 원산 및 청진항을 군사적 목적으로 이용할 것을 요청하였고, 북·소합동군사훈련이 실시되었다.

이러한 긴밀한 관계는 소연방의 해체와 한·소수교로 다시 변화를 겪게 된다. 소연방의 해체 이후 북한은 ≪로동신문≫을 통해 오히려 군사적 관계의 긴밀성을 강조했지만 실제 양자는 소원해질 수 밖에 없었다. 1994년 말 당시 북한군 공군사령관 조명록은 러시아를 방문하여 전투기 훈련비행을 관람하는 등 관계회복을 위해 노력했으나 별 성과는 없었다. 당시 핵문제에서 러시아는 북한측 입장 보다는 국제사회의 일반적 입장을 지지하였으며, 더욱이 1995년 러시아는 양국의 동맹조약의 폐기의사를 밝혔던 것이다. 그러다 뿌찐 대통령의 등장 이후 방산군수협정(2001)을 체결하고 김정일은 극동지역 방문시 군수공장시설에 관심을 표명하는 등 군사적 관계는 회복되고 있다. 그러나 러시아가 대북군사협력관계에서 재래식 군사장비의 현대화에 국한시키기 때문에 한계 내의 협력이 이루어지고 있다.

이렇게 볼 때, 양국의 군사적 관계에서 두 가지 특징을 찾을 수 있다. 우선, 정치적 관계와 군사적 관계와의 상관성이다. 정치적 관계가 긴밀하면 군사적 관계도 긴밀하나, 정치적 관계가 소원해도 군사적 관계는 유지되고 있다는 점이다. 예를 들어, 1980년대 초반 소련은 최신예 무기지원을 기피하였지만 1983년 북한은 나진항을 태평양 국가들에 대한 통과화물 전진기지로 사용할 수 있는 사용권을 소련에게 양도하였다.

또한 군사적 관계를 긴밀하게 하는 요인은 냉전시대와 탈냉전시대 차이점과 공통점이 있다. 차이점은 냉전시대에는 북한의 친소 여부가 많은 영향을 미쳤다면, 탈냉전시대에는 상호 전략적 필요성이 주요 요인 중 하나로 등장한다는 것이다. 이런 차이점에 상관없이 양국을 긴밀하게 끌어당기는 요인은 동북아 안보환경이다.

2) 양국관계의 성격

양국관계의 성격은 어떻게 변화하여 왔을까? 김일성시대 북·러관계는 동맹관계로 이종이익동맹, 그리고 비대칭적 동맹관계에 있었다. 우선, 북한과 소련이 동맹을 형성하는 목적과 혜택에는 상이성이 있었다(이종이익동맹). 북한의 목적이 국가의 생존과 '한반도문제'의 해결에 있었다면, 소련의 목적은 북한 사회주의의 유지에 있었던 것이다. 물론 소련도 처음에는 북한을 통한 한반도의 공산화라는 보다 적극적인 목적이 있었지만 한국전쟁 이후 한반도의 현상유지에 보다 초점이 맞추어진다. 이러한 점에서 북한에게 소련이라는 동맹의 존재는 국가의 존립을 위해 필요한 반면, 소련에게 북한은 사활적이라고 보기 어렵다. 중국과의 갈등 속에서 북한의 전략적 가치가 증대된 것은 사실이지만, 그들에게 보다 중요한 가치는 동구에 있었던 것이다.

이런 상이성을 묶어 동맹을 유지시켜 준 것은 이데올로기의 동질성으로 이들 동맹은 북한측 표현대로 계급적 동맹이었다. 따라서 이들을 묶여주는 이데올로기의 연대성이 끊어지면 동맹의 성격 또한 변할 수밖에 없으며, 소연방의 해체는 곧이어 양국관계의 재조정을 의미하는 것이었다.

또한 양국은 국력이 서로 다른 국가들간의 동맹관계를 맺고 있었다(비대칭적 동맹). 점령국과 피점령국으로 시작된 관계는 약국관계를 수직적 관계로 만들었다. 주목할 점은 이론에 따르면, 통상 국력이 약한 국가는 상대국에 대해 종속되는 경향을 보이나 북한은 오히려 그 반대의 입장에 있었다는 점이다. 즉 일본의 친미화와 한국에서의 반공정권의 탄생, 중·소갈등, 미국의 신냉전 등의 동북아 환경변화에서 북한은 전략적 위상강화를 통해 소련으로부터 동맹의 혜택을 얻었다는 것이다.

한편, 김정일시대 북·러관계는 김일성시대처럼 이데올로기적 동질성에 기반한 동맹관계가 아니다. 2002년 기존 동맹조약을 대체한 새로운 조약 체결은 새로운 양국관계가 제도화되었음을 보여준다. 양국관계는 어떻게 변화된 것인가?

양국관계에서 일방적인 이익 추구는 더 이상 가능하지 않다. 김정일은 지난 블라디보스또끄 정상회담에서 다음과 같은 발언을 한 적이 있다. 대외관계에서 무조건적인 수혜가 더 이상 가능하지 않으며, 경제관계에서 국가차원이 아닌 상업적 베이스로 접근할 때 양자의 차이점이 무엇인지 알고 있다고 한 것이다.[50] 물론 북한 고위층의 인식변화가 북한의 갑작스런 변화를 약속하는 것은 아니다. 실무를 담당할 중간간부들의 인식변화가 필요하며, 시장경제 전환과정 배우기와 외부지원도 요구되기 때문이다. 그럼에도 양국관계에서 '실리'가 주요 화두로 등장한 것은 분명하다.

바로 이런 점에서 북·러관계와 북·중관계는 다르다. 북한과 중국관계 또한 실리주의적 성격이 강화되고 있는 것이 사실이다. 그렇지만 여전히 동맹의 성격이 남아있다는 점에서 과거의 흔적을 가지고 있다. 즉 북·러관계는 이미 일반적인 국가간 관계 속으로 진입했다면 북·중관계는 아직 그 언저리에 머물러 있다는 점에서 다르다. 그 이유는 세 가지 측면에서 설명할 수 있다.

첫째, 역사적 측면에서 북한과 러시아는 '점령국과 피점령국'이라는 수직적 관계로 맺어졌으며 그 이후 관계는 대외적 주체를 내세워 북한이 소련의 그늘에서 벗어나는 과정이라고 할 수 있다. 그리고 그 과정에서 김일성시대에 그들을 이어준 끈은 이데올로기적 동질성, 그리고 국제적 연대성 차원이었다.

특히 김일성시대 양국관계에서 전환의 계기는 이미 지적한 바와 같이 한국전쟁이었다. 또한 '주체'가 형성되는 시점에 흐루시쵸프의 '평화공존론'과 '집단지도체제'는 북한에게 소련으로부터의 영향력 차단을 공고히 할 뿐이었다. 이런 와중에 소연방이 해체되고 소련이 '사회주의 조국'은 물론 세계 강대국으로부터 물러나자 북한은 그들과 거리를 두었던 것이다. 그러나 북한과 중국은 출발부터 다르다. 수직적 관계가 아니라 '동지적, 혈맹적' 관계였으며 그 계기는 국·공내전과 한국전이었다. 국공내전 당시 중국의 조선족들은 공산당을 지원하였다. 만주국 시절 일본의 민족차별정책에 의해 조선족 보다 못한 대우를 받던 한족들은 일본세력의 약화와 함께 조선족들에 대해 탄압을 시작하였다. 이때 이들을 보호해 준 이들이 바로 공산당 세력이었다. 그래서 국·공내전에서 조선족들은 공산당측에 직접 가담하거나(조선족의 5%) 물적 지원을 보냈고 이런 인연이 한국전에서 중국의 인적지원을 이끌어낸 결정적인 계기가 되었다. 소련의 공군 지원이 확정되지 않은 상태에서 중국이 인민군의 지원을 결정한 것은 '과거에 대한 보은'이라는 점을 빼놓고는 이해하기 힘든 결정이다. 따라서 북한과 중국의 '혈맹관계'는 양국 지도부의 교체에도 불구하고 양국관계에 일부마나 작용하고 있다.

둘째, 문화적 측면에서 북·러 간에는 공통점이 거의 없다고 해도 과언이 아니다. 러시아는 레닌시대 이래로 그들이 유럽국가인 동시에 아시아국가임을 주장했지만 그들 정책에서 아시아가 중요 정책대상으로 부각된 것은 고르바쵸프 이후이다. 그 이전에는 제국주의의 식민지 배후로 민족해방론의 관점에서 아시아의 전략적 가치를 인정하는 한편, 사회주의진영의 일원으로서 중요성을 가졌을 뿐 항상 유럽에 비해 우선순위에서 밀렸다. 브레즈네프의 '아시아집단안보체제'의 주창도 유럽에서 국경선 안정이라는 문제의 해결 후 비로소 가능하였으며, 당시 그들은 아시아국가들의 경제적, 문화적, 역사적 이질감과 배타성을 이해하지 못해 결국 그들의 구상은 선전에 그치고 말았다. 북한이 이러한 소련에게 문화적 공감대를 갖기란 상당히 어렵다.

그러나 북한과 중국은 같은 동양권이며 문화적으로도 유사성을 가지고 있다. 더욱이 그들은 모두 통일의 과제를 안고 있다. 냉전시대 그들은 국제사회에서 한반도와 중국대륙의 대표권을 인정받는 한편 통일의 주도권을 잡는 공동의 문제를 가지고 있었다. 그래서 상당기간 그들은 유엔에서 공동보조를 취하였다. 반면 소련은 이미 1950년대 말부터 한반도에 '두 개의 실체'가 존재하고 있음을 인정하며 북한과 마찰을 빚는가 하면, 한반도에서 서독과 동독의 공존방식을 권하고 있었다.

셋째, 체제적 측면에서 러시아와 중국 모두에게 한반도의 안정은 중요하다. 자국의 국내 경제발전을 위해서는 주변환경의 안정이 요구되기 때문이다. 여기에 미묘한 차이가 있다.

러시아의 대한반도정책은 대미정책이나 대유럽정책과 밀접한 연관 속에서 전개되어 왔다. 친서방 노선을 취할 경우 남한과의 관계개선에 치중한다면 중립노선을 취할 경우 '등거리외교'를 전개하여 왔다. 그리고 김일성 시대에는 북한을 통해, 그리고 김정일 시대에는 남한 또는 남북한 등거리외교를 통해 한반도정책을 수행하고 있다. 그 과정에서 공통된 점은 러시아가 북한 자체의 존재 보다 한반도의 안정과 영향력 확보 문제에 보다 큰 비중을 두고 있다는 점이다. 그런데 중국에게는 한반도의 안정이 필요한 동시에 북한의 존재도 필요하다. 그들에게는 사회주의국가라는 공통점이 있으며, 대만이나 주한미군을 둘러싸고 공동의 대미정책을 취할 수 있기 때문이다.

요약하면 북·러관계는 수직적 관계로부터 수평적 관계, 이데올로기적 관계로부터 실용적 관계로 들어가고 있다. 양국관계에 발목을 잡는 가장 큰 변수가 경제문제(채무)이며 그들 간에 경제적 이득이 중요하게 작용하는 것은 이미 그들 관계가 일반적인 국가간 관계 속으로 들어갔음을 보여준다.

5. 결 론

　지금까지 북한과 러시아의 인식상의 특징, 역사적 전개, 그리고 지속성과 변화의 측면을 세부적으로 살펴보았다. 이를 통해 북 · 러관계가 이념적 유대성으로부터 실리적 관계 추구로 변화되었으며, 최근 경제분야가 부각되고 있음을 제시하였다.

　향후 북 · 러관계는 어떻게 전개될 것인가? 역사적 흐름에서 이미 나타났듯이 경제관계가 주요 관심사로 논의될 것이며, 북한과 러시아 보다는 남북한과 러시아 3자 구도로 전개될 가능성이 높다. 그러나 3자 경협의 활성화를 위해서는 해결해야 할 과제가 있다.

　무엇보다 북한과 러시아 관계의 진전에 가장 큰 장애물은 북한의 대러 채무문제이다. 2002년 현재 북한의 대러 채무액은 총 38억 루블에 달한다. 북한은 채무액의 탕감을 요구해온 반면, 러시아는 채무액의 ⅔를 탕감하고 나머지 ⅓은 23년 할부 물품공급으로 대신할 계획을 밝히고 있다. 문제는 채무액의 환산기준이다. 소련당시 환율(1달러＝0.6루블)이나 현 러시아 중앙은행의 환율(1달러＝28루블) 중 어떤 기준을 적용할 것인가의 문제인데 북한측 사정을 고려하면 그리 쉬운 일이 아니다. 최근 러시아측 일각에서는 '파리클럽' 회원으로 베트남 채무를 탕감해 준 예를 제시하면서 정치적 결단을 촉구하고 있다.[51]

　또한 러시아 극동지역정부와 중앙정부 사이에 북한을 대하는 방식에 견해 차이가 있다. 중앙은 북한과의 경제관계를 정치적 차원에서 접근하는 반면, 극동지역은 상업적 차원에서 실리를 우선적으로 고려하는 것이다. 예를 들어, 지역정부들은 북한 노동자들 보다는 우크라이나 등 다른 지역의 노동자를 보다 선호하며 농업생산에서도 농기구 제공의사를 밝히는 중국을 더 매력적인 파트너로 보고 있다.

바로 여기에 한국의 적극적인 역할이 요구된다. 북한을 외부 지역으로 끌어내서 다자간 경제협력을 시도하는 것은 북한의 개혁·개방 촉진뿐만 아니라 하는데 긍정적으로 작용할 수 있다. 따라서 한국정부는 북한 내부에서의 경제협력 외에도 3자경협 가능성을 모색하는 등 남북경협의 방식을 다양화하는데 적극 나서야 한다.

※ 이 글은 "북한의 대외관계: 북러관계," 한국국제정치학회 북한통일분과위원회 기획학술회의 자료집(2004)에 수록되었다.

주註

1) 공식적으로 외교정책이념을 제시한 것은 1980년 제6차 당대회이나, 1966년 10월 당대표자회의에서 대외적 '자주' 노선이 나온 후 '친선'과 '평화'는 외교이념으로 지속적으로 제시되어 왔다.

2) 조선중앙통신사, 『조선중앙년감』 1959년, 1961, 1962, 1965, 1968, 1971, 1972, 1979, 1980, 1987, 1988년 ;『신년사』 1980〜2004년 ; 國土統一院 편, 『朝鮮勞動黨大會資料集』第Ⅰ·Ⅱ·Ⅲ輯 (서울: 國土統一院, 1988).

3) 김일성, "8·15해방 1주년 평양시경축대회에서 한 보고"(1946.8.15),『김일성선집 1』(평양: 조선로동당출판사, 1963) ; "8·15해방 2주년 평양시기념대회에서 한 보고" (1947.8.14),『김일성저작집 3』(평양: 조선로동당출판사, 1979) ; "8·15해방 3주년기념 평양시경축대회에서 한 보고" (1948.8.14),『김일성저작집 4』(평양: 조선로동당출판사, 1979) ; "8·15해방 6돐기념 평양시경축대회에서 한 보고" (1951.8.14),『김일성저작집 5』(평양: 조신로동당출판사, 1980) ; "10월혁명과 조선인민의 민족해방투쟁" (1951.11.5),『김일성전집 14』(평양: 조선로동당출판사, 1996) ; "프로레타리아국제주의와 조선인민의 투쟁" (1952.4.25),『김일성저작집 7』(평양: 조선로동당출판사, 1980) ; "조선민족의 자유와 평화와 해방을 위하여" (1952.8.15),『김일성저작집 7』(평양: 조선로동당출판사, 1980) ; "쓰딸린서거 1주년 추모행사를 조직할데 대하여" (1954.2.22), 조선로동당 중앙위원회 상무위원회에서 한 연설,『김일성전집 16』(평양: 조선로동당출판사, 1997) ; "8·15해방 10돐경축대회에서 한 보고" (1955.8.14),『김일성저작집 9』(평양: 조선로동당출판사, 1980) ; "조선로동당 제3차대회에서 한 중앙위원회사업총화보고" (1956.4.23),『김일성선집 4』(평양: 조선로동당출판사, 1960) ; "조선인민의 민족적명절 8.15해방 15돐경축대회에서 한 보고" (1960.8.14),『김일성저작집 14』(평양: 조선로동당출판사, 1981) ; "8.15해방 17돐기념경축대회에서 한 연설" (1962.8.15),『김일성저작집 16』(평양: 조선로동당출판사, 1982) ; "8.15해방 스무돐기념경축연회에서 한 연설" (1965.8.15),『김일성저작집 20』(평양: 조선로동당출판사, 1982).

4) 김일성, "사회주의국가들의 친선과 단결," 쏘련잡지 ≪메쥬두나로드나야 쥐즌≫ 1957년 11월호에 발표한 론설,『김일성저작집 11』(평양: 조선로동당출판사, 1981) ; "쏘련을 선두로 하는 사회주의진영의 위대한 통일과 국제공산주의운동의 새로운 단계" (1957.12.5), 조선로동당 중앙위원회 확대전원회의에서 한 보고,『김일성선집 5』(평양: 조선로동당출판사, 1960) ; "조중 량국 인민의 전투적우의" (1959.9.26), 중화인민공화국창건 10돐에 즈음하여 ≪인민일보≫에 발표한 론설,『김일성선집 6』(평양: 조선로동당출판사, 1960) ; "조선인민의 민족적명절 8.15해방 15돐경축대회에서 한 보고" (1960.8.14),『김일성저작집

14』(평양: 조선로동당출판사, 1981) ; "조선로동당 제4차대회에서 한 중앙위원회사업총화보고" (1961.9.11), 『김일성저작집 15』 (평양: 조선로동당출판사, 1981) ; "8.15해방 17돐기념경축대회에서 한 연설" (1962.8.15),『김일성저작집 16』 (평양: 조선로동당출판사, 1982) ; "현정세와 우리 당의 과업" (1966.10.5), 조선로동당대표자회에서 한 보고,『김일성저작선집 4』 (평양: 조선로동당출판사, 1968) ; "8.15해방 스무돐기념경축연회에서 한 연설"(1965.8.15),『김일성저작집 20』 (평양: 조선로동당출판사, 1982).

5) 김일성, "동방식민지민족해방투쟁에 관한 레닌의 위대한 사상은 승리하고 있다" (1970.4.16), 웨.이. 레닌탄생 100돐에 즈음하여 쏘련공산당 중앙위원회기관지 《쁘라우다》에 발표한 론설,『김일성저작집』제25권 (평양: 조선로동당출판사, 1983) ; "조선민주주의인민공화국의 당면한 정치, 경제 정책들과 몇가지 국제문제에 대하여" (1972.1.10), 일본 《요미우리신붕》기자들이 제기한 질문에 대한 답변,『김일성저작집 27』 (평양: 조선로동당출판사, 1984) ; "조선로동당과 조선인민민주주의공화국정부의 대내외정책의 몇가지 문제에 대하여" (1971.9.25, 10.8), 일본 《아사이신붕》 편집국장 및 교도통신사 기자와 한 담화,『김일성저작선집 6』 (평양: 조선로동당출판사, 1974) ; "중국신화통신사대표단이 제기한 질문에 대한 대답" (1981.4.23),『김일성저작집 36』 (평양: 조선로동당출판사, 1990) ; "쏘련 따스통신사대표단과 한 담화" (1984.3.31),『김일성저작선집 9』 (평양: 조선로동당출판사, 1987) ; "반제투쟁의 기치를 더욱 높이 들고 사회주의, 공산주의 길로 힘차게 나아가자" (1987.9.25), 조선로동당 중앙위원회 책임일군들과 한 담화,『김정일선집 9』 (평양: 조선로동당출판사, 1997).

6) 『조선중앙년감』 1979년.

7) 특히 중국공산당의 중요성을 부각시키거나("중국공산당이 없으면 새 중국도 없다," 1991년 3월 14일) 동맹의 존재를 과시(1991년 3월 1일, 4월 1일) 하는 형태로 이루어졌다.

8) 스탈린, 레닌, 임지현(엮음), 『민족문제와 마르크스주의자들』, 얼과글 9 (서울: 한겨레, 1986) ; 강좌편집위원회 편, 『마르크시즘과 민족해방운동』, 강좌/마르크시즘 1 (서울: 학민사, 1988) ; Rostislav Ulyanovsk, trans. by David Fildon and Yuri Shrokov, *National Liberation: Essays on Theory and Practice* (Moscow: Progress Publishers, 1978) ; V. Zotov, trans. by Gennady Gubanov, *Lenin's Doctrine on National Liberation Revolutions and Modern World* (Moscow: Progress Publishers, 1983).

9) 실제 소련의 해방정책은 민족해방이론과 차이가 있다. 이론에 따르면, 부르조아와의 협력은 '독립'을 위해서만 한정되나, 소련은 점령기간 내내 경제부문에

서 중간 부르조아의 개혁성을 인정하고 그들을 활용하였다. Г. Васецкий , "Народно-демократический строй все верюй корее," ст.6.

10) Доклад об итогах работы Управления Совецкой Гражданс кой Администрации в Севернои Корее за три года(август 1945 - ноябрь' 1948)(이하 Доклад) том 1, 2(Пхенъвян, 1948); Е. Пигулевская, "Корей ский народ в борьбе за независимост ь и демократию," ст. 1-2; Л. Зенина, "Борьба корей ского нар ода за демократическое единство и национальную незави симость," Пропаганда и Агитация, но. 13(Июль, 1950), ст. 1.

11) 1945년 9월 2일 스딸린의 승전연설, 11월 재28차 혁명기념일에서 몰로또프의 연설. Н. И. Глаголевский и Л. Р. Чпнышева, За единую неза висимую демократическую корею(Москва: Государственна я ордена ленина, 1950).

12) Е. М. Жуков, Советский Союз в борьбе за демократическое решениееослевоенных проблем дального востока(Москва, 1950), ст. 4-5, 20.

13) Доклад(1948), том 1, ст. 24-34,

14) АВП РФ, ф. 0102, оп. 10, п. 52, д. 8; АВП РФ, ф. 0102, оп. 11, п. 60, д. 7; АВП РФ, ф. 0102, оп. 12, п. 68, д. 5; АВП РФ, ф. 0102, оп. 13, п. 7, д. 6; АВП РФ, ф. 0102, оп. 13, п. 72, д. 5; АВП РФ, ф. 0102, оп. 14, п. 75, д. 6, 8; АВП РФ, ф. 0102, оп. 15, п. 81, д. 7; АВП РФ, ф. 0102, оп. 15, п. 82, д. 14; АВП РФ, ф. 0102, оп. 16, п. 87, д. 27.

15) Првда, Апрель 24, 1985, Февраль 16 (1987).

16) 1991년 말 러시아출범 이후 1994년까지 친서방정책을 표명했으나 1996년 이후 국내의 보수화와 서방의 경제지원에 대한 실망, 유일 강대국에 대한 우려에 따라 국익에 따른 서방협조정책 등 균형된 정책을 추구하였고, 점차 능동적, 공세적 전방위외교정책을 수행하고 있다. 한반도와 관련, 친서방정책은 친한국 정책, 그리고 균형된 정책은 등거리외교로 나타났다.

17) 일부 보도에 따르면, 러시아는 하산-북한의 전력망을 직접 연결하거나 하바로프스끄 전력회사 보스또겐네르고가 생산하는 전력을 북한에 공급하거나 연해주 전력의 2~4%를 공급할 계획임을 밝힌 바 있다.

18) 1987년 「극동 경제지역, 부랴치야 자치공화국과 치타주의 2000년까지의 생산력 종합발전 장기 국가계획」 (고르바쵸프 계획)은 극동지역과 아·태지역의 연계를 지향했다면, 1996년 「극동지역과 바이칼지역의 경제·사회발전을 위한

러시아연방 계획」은 극동지역의 자립발전을 강조하였고, 2002년 「2010년까지
극동지역과 바이칼지역의 경제·사회발전을 위한 계획」은 에너지, 수송, 연료
등의 개발에 초점을 맞추고 있다.

19) ≪로동신문≫ ; Доклад(1948), том 1, 2; ЦАМО, ф. УСГАСК, оп.
433847, д. 1 ; ЦАМО, ф. 25А, оп. 532092, д. 1 ; ЦАМО, ф. 32, оп.
11318, д. 196 ; ЦАМО, ф. 127, Opic' 468007, д. 4 ; ЦАМО, ф. 379,
оп. 578927, д. 3 ; ЦАМО, ф. ?, оп. 687572, д. 2317 ; ЦАМО-А, ф.
19, оп. 266, д. 27 ; 양호민 외, 『한반도분단의 재인식(1945-1980)』(서울:
나남출판사, 1993) ; 김창순, 『북한오십년사 1945년 8월－1961년 1월』(서울:
지문각, 1961) ; 오영진, 『하나의 증언』(서울: 국민사상지도원, 1952), Hak
Soon Pai, "North Korean State Formation, 1945-1950," Ph D. Dissertaton of
Pensylvania, 1993; Eric van Ree, *Socialism in One Zone: Stalin's Policy in Korea,
1945-1947* (Oxford: Bery Publishers Ltd.,,989).

20) 이에 대해서는 필자, "소련의 對북한 점령정책에 대한 연구－1945.8∼1948,"
이화여자대학교 박사학위논문(1999)을 참조할 것.

21) 1945년 9월 초 제25군 사령관 치스짜꼬프(Иван Михаиович Чисцяков)
는 점령정책을 전반적으로 조정할 기구의 필요성을 절감하고는 상부에 건의하였
으며, 이에 따라 11월 말 소련 국방인민위원회는 제25군 내에 민정담당 부사령관
제(Заместител по Гражданской Администраций в Корее)를
결정하였고 12월 10일 민정담당 부사령관에 로마넨꼬(Андреи Алекевич
Романенко)가 임명되었다. 이후 1947년 5월 이들 기구는 소련민정부로 독
립되고 기구도 13개 분과로 확대 기편되었다. 그리고 민정부를 중심으로 정치
부 7호과, 경제전문가 등을 활용하여 북한의 정치, 경제 '개혁'을 주도하였다.

22) 대표적인 기구가 1946년 7월 1일 개교된 '조선인민족간부양성학교'로 설립(소
련공산당 중앙위원회 조직국), 운영 및 교과과정 편성권(제25군 정치부), 재정
권(제25군 군사평의회) 모두 소련이 주도하였다.

23) ≪로동신문≫ ; 김일성, "현 정세와 우리 당의 과업(1966.10.5)," 조선로동당
대표자회에서 한 보고, 『김일성저작선집 4』(평양: 조선로동당출판사, 1968) ;
『조선중앙년감』 1959년, 1961, 1962, 1965 ; АВП РФ, ф. 0102, оп. 10, п.
52, д. 8;АВП РФ, ф. 0102, оп. 11, п. 60, д. 6, 7, 8, 9; АВП РФ, ф.
0102, оп. 11, п. 65, д. 45; АВП РФ, ф. 0102, оп. 11, п. 68, д. 3, 4,
5, 6; АВП РФ, ф. 0102, оп. 13, п. 72, д. 5; АВП РФ, ф. 0102, оп.
13, п. 72, д. 11 ; 국토통일원 편, 『조선로동당대회자료집 2』(서울: 국토통일
원, 1980) ; 동아일보사 편, 『안보통일문제기본자료집－북한편』(서울: 동아일
보사, 1972) ; 이종석, 『새로 쓴 현대북한의 이해』(서울: 나남출판사, 2001).

24) 1954년 흉작에도 불구하고 예정된 징수비율을 그대로 적용함에 따라 세율은 25〜27%가 아니라 30〜32%에 달했으며, 양곡수매가 부진하자 1954년 10월 내각정령을 통해 쌀의 자유판매를 막아버렸다. 그 결과 주민들의 불만을 야기하였다. 소련방문 후 1955년 6월 북한은 당 중앙위원회 전원회의 확대회의를 열고 농업세징수체계와 양곡곡수매사업방식, 국유화정책을 일부 수정하기에 이르렀다.

25) 1954년 11월 전원회의 결정서에 따르면, 농업협동화의 목적은 농촌에서 착취 근절, 농민의 생활수준 개선에 있지만 실제 목적은 공업발전을 위한 전제조건 이었다. 이러한 인식하에 농업협동화는 1954년 상반기까지는 주로 빈농을 대상으로 완만한 속도(1953년 총 농가 중 1.2%, 1954년 6월 2.0%)로 이루어졌으나, 1954년 말 이후 그 추진속도(1954년 10월 21.5%, 23월 31.8%, 195년 6월 44.7%)는 급물살을 탔다.

26) 1956년 8월 30〜31일 평양예술극장에서 개최된 8월 전원회의에서 최창익, 박창옥, 윤공흠, 서휘, 리필규 등이 김일성의 개인숭배에 반기를 든 사건으로 사전에 김일성측에 모의사실이 알려져 결국 실패로 끝났다. 전원회의는 '최창익, 윤공흠, 서휘, 리필규, 박창옥 등 동무들의 종파적 음모에 대하여'라는 결정을 채택하고, 윤공흠 서휘, 리필규는 출당, 최창익(당 중앙위 상무위원, 중앙위원) 과 박창옥(당 중앙위원)의 당직 박탈과 정부직위 박탈 등의 조치를 취하였다. 이들 중 박창옥은 소련계를 대표하는 인물이었다.

27) 1953〜1954년에는 소련계 개인을 대상으로 직위조정이 이루어졌다면, 1955년 에는 소련계 전체를 대상으로 영향력 약화가 시도되었다. 김일성측은 소련계와 소련대사관의 접촉도 견제하였으며 개인의 문제가 아니라 북한에 대한 충성심 차원에서 다루었다. 전자에 대해 소련은 개인의 문제로 파악하는 동시에 소련계의 잘못된 행실을 일부 인정하였다. 후자의 경우, 소련측은 북한 내정에 관여한다는 인상을 주지 않으려 애쓴 한편, 모스크바를 통해 여전히 북한지도부를 통제할 수 있다고 자신한 것으로 보인다.

28) 6월 당위원장 김일성, 수상 최용건 또는 김일→7월 수상 겸 당위원장 김일성, 당중앙위 제1비서 김일, 2〜3년후 수상 김일(남일안)→7월 재정상 이주연 수상(김일성 안), 김일성 수상 및 당 위원장 또는 최고인민회의 상임위원장 최용건, 수상 김일, 당위원장 김일성(박정애 안)→9월 김일성 당위원장, 김일 수상 또는 김일성 수상, 김일 당위원장(김일성 안) 등이 거론되었다.

29) 김일성, 『김일성선집 4』(평양: 조선로동당출판사, 1960).

30) 1957년 11월 12개 사회주의국가의 공산당회의에서 채택된 「모스크바선언」에서 내정불간섭 원칙이 제시되었는데 김일성은 북한에서의 지도권 보장을 고려했을 수 있으며, 1957년 인공위성 및 대륙간 유도탄 발사 성공 등 소련의 군사

력은 미국을 앞서고 있기 때문에 북한은 소련을 지지할 이유가 있었다.

31) 국토통일원 편,『북한최고인민회의자료집 22』(서울: 국토통일원, 1988). 북한
이 대외관계에서 자주성을 공식적으로 선언한 것은 1966년 10월이며, 1967년
최고인민회회의 제4기 제1차회의에서 정부정강에 명시되었다.

32) 1962년 12월 체코공산당 제12차대회에서 북한의 당대표단을 인솔한 이주연은
소련측이 중국을 비방하자 '일방적인 비난은 국제공산주의운동의 단결을 약
화'시킨다고 주장하면서 소련을 공박하였다.

33) ≪로동신문≫ ; 김일성, "조선민주주의인민공화국에서의 사회주의건설과 남조
선혁명에 대하여(1965.4.14),"『김일성저작선집 4』(평양: 조선로동당출판사,
1968) ;『조선중앙년감』1966-67, 1968, 1971, 1972, 1979, 1980, 1981, 1987,
1988년 ;『민주조선』1965년 2월 16일 ;『근로자』, 1980년 10호 ; 국토통일원
편,『조선로동당대회 자료집 3』(서울: 국토통일원, 1980) ; ≪내외통신≫ 제
356호 (1983.11.4).

34) 1964년 12월 3일 ≪로동신문≫에서 북한은 수정주의와 함께 교조주의(중국)을
비난하기 시작하였다. 이런 성향은 중국의 문혁으로 보다 강화되었다. 홍위병
들이 1967년 1~2월에 김일성을 '수정주의자'로 비난하는 한편, 1968년 2월
광동의 문혁통신은 김일성의 사생활과 북한 내 관료주의의 부패상을 폭로하는
기사를 싣기도 하였다. 양국관계는 1970년 4월 중국국무원 총리 주은래의 북
한방문으로 정상화되었다.

35) 북한은 대표단 파견, 국가수반 초청, 국제회의 유치 등 적극적인 움직임을 보였
지만 1980년대 들어 비동맹권은 분열되며 실효성을 상실하였다.

36) 여인곤,『러·북관계 변화추이와 푸틴의 대북정책 전망』, 연구총서 2000-20
(서울: 통일연구원, 2000) ; 이동형, "탈냉전기 북한과 러시아의 관계변화," 서
대숙 편,『한국과 러시아관계 – 평가와 전망 – 』(서울: 경남대학교 극동문제연
구소, 2001) ; ≪로동신문≫ 1990년 9월 5일.

37) 1961년 7월 조약(구조약) 제1조 : "… 체약 일방이 어떠한 국가 또는 국가연합
으로부터 무력침공을 당하여 전쟁상태에 처하게 되는 경우에 체약 타일방은
자기가 보유하고 있는 모든 수단을 동원한 군사적 및 기타원조를 제공한다";
2002년 2월 조약(신조약) 제2조 : "… 쌍방중 일방이 침략 당할 위기 상황에
봉착할 경우, 평화와 안정을 위협하는 상황이 발생할 경우, 그리고 협의와 협력
이 불가피할 경우에 쌍방은 즉시 접촉한다."

38) 2000년 7월 뿌찐 평양 방문, 2001년 김정일 모스크바 방문, 2002년 8월 블라디
보스똑 정상회담. 뿌찐의 등장이전 교류 양태는 주로 당·정 대표단의 방문
(1994년 10월 러시아자유민주당대표단 방북, 1996년 5월 최고인민회의대표단
및 러시아국가회의대표단 회담, 1997년 러시아연방 공산당 모스크바위원회대

표단 방북. 1997년 2월 조선로동당대표단 방러, 1999년 3월 북 · 러 친선의원
단 대표단 방러, 2001년 4월 러시아공산당 대표단 방북, 2002년 12월 모스크바
시장 방북 등)이었다.

39) 합의한 내용을 보면, 무역분야에서 러시아 지방정부와 상호수출품목을 논의하
였고, 경공업분야에서 극동지역 원료를 이용한 봉제품의 공동생산, 건설부문에
서 블라디보스똑에 북한 해외건설관리국 대표부 설치, 농산물 부문에서 협종조
합에 기초한 콩 재배, 복합사료 개발 등에 대해 합의를 이루었다.

40) 1995년 2월 하바로프스크 연방대표단 방북, 1997년 11월 러시아극동국립교통
종합대학 대표단 방북, 2002년 10월 하바로프스끄 정부대표단 방북, 2003년
1월 러시아국립기술종합대학 총장 방북, 2003년 9월 극동연방구 대통령전권대
표 뽈리꼬프스끼 방북, 2003년 10월 연해변강행정장관 방북.

41) Ли Чже Ён, "Измения в характере економических отношен
ий между Северной Кореей и Россией и некаторорые пре
длжения для Южной Кореи," Проблемы Дальнего Восток
а, но. 1(2002); В. Моисеев, Советско-корей ское сотрудничест
во и его роль в строительстве социализма в КНДР, 1985;
김연수, "소련과 북한의 교역관계 분석,"『중소연구』, Vol. Ⅵ,No.3 (1992 가
을) ; 전홍찬, "소련의 대북한 경제 · 군사원조정책에 대한 연구,"『중소연구』
통권 60호 (1993/4 가을) ; 나탈리아 바자노바, 양준용 역,『기로에 선 북한경제』
(서울: 한국경제신문사, 1992).

42) 내연기관차 공급, 기관차수리공장 건설 협조, 평양 화물철도역에의 시설 및 장
비 공급, 지하철의 설계, 장비공급 등 지원. 두만강역과 라진항을 잇는 철도,
라진한 시설을 완비하였다. 양국이 체결한 경제 및 기술원조 협약에 따라 건설
된 산업시설들이 70여개 이상으로 알려져 있다.

43) 전력산업, 광산산업, 비철금속산업, 금속산업, 전자산업, 화학산업, 경공업, 임
업 및 어업, 교통 등 여러 분야를 포괄하고 있으며, 극동지역과 관련, 북한은
주석매장 개발에 북한참여 논의, 코크스탄 탄광개발에 북한 노동력 활용, 목재
폐물 이용한 섬유소공장 건설, 목재생산 등을 제안한 것으로 알려져 있다.

44) 2002년 4월 12일 조창덕 부총리의 러시아 극동지역 방문때 대체적인 합의가
이루어진 것으로 알려져 있다. 현재 러시아는 보다 유리한 임대조건을 내세우
고 있고 북한은 공동운영을 주장하는 등 이견이 있지만 주변 철로의 침목교환
작업이 목격된 점으로 보다 타결 전망이 긍정적이다.

45) 2000년 10월 양국은 평양화력발전소(50만 KW), 동평양화력발전소(5만 KW), 청
진화력발전소(15만 KW), 북창화력발전소(160만 KW)의 재건에 합의하였다. 그러
나 북한이 발전설비의 추가건설, 재건, 설비공급을 위해 총 2억 달러의 차관을

요구하자 러시아는 이를 채무와 연계시켜 답보상태에 있다.

46) 양국은 협력사업에 대해 논의하였지만 북한측이 건설비용의 현금지급을 거부하고 차관을 요청함에 따라 중단되었다. 러시아는 이 문제만 해결되면 부품이나 점결탄 공급에 나설 뜻을 밝히고 있다.

47) 양국간에 가장 적극적으로 논의 중인 부문은 한반도종단철도(TKR)−시베리아횡단철도(TSR)의 연결 문제이다. 2002년 8월 제7차 남북장관급회담에서 경의선 및 동해선 연결공사 동시착공에 합의한 이래 2002년 11월 북한과 러시아는 평양에서 동해선 철도복원 및 현대화 작업에 관련된 양해각서를 체결한 바 있다. 처음 러시아가 관심을 가진 철도는 경원선이었다. 2001년 40여 명의 러시아철도부 기술전문가들이 방북, 조삽작업을 벌였으며 9월에는 필요 장비 및 부품이 일부 북한에 수송되었고, 2002년 4월 북측 구간의 실사가 끝난 것으로 알려져 있다. 그러나 북측의 요구와 실사에서 나타난 문제점 등으로 최근 북한 내륙을 관통하지 않는 동해선이 급부상하였다.

48) К. В. Пуликовский , "К визиту в КНДР Полпреда Президента РФ в Дальневосточном федеральном округе К. В. Пуликовского" ; 인터뷰, 2002년 9월 10일, 2004년 6월 25, 2005년 10월 26일, 하바로프스끄 ; М. Е. Тригубенко, "Торго-економичество между Россей и КНДР: по тентиал и возможность," Укрепление корей ско-россий ского взаимодей ствия для сохранения мира и беопасности на Корей ском полуострове. Москва: ИМЕП, РАН 2001 ; 필자, "최근 북 · 러 경제관계," 『KDI 북한경제리뷰』 제4권 제11호 (2002년 11월호).

49) 러시아측 자료를 보면 한국측 자료의 약 두 배의 무역량을 기록하는 등 차이가 있다. 예를 들어, 1997년 7천 5백만 달러(수출: 2,200만 달러/수입: 5,300만 달러; 이하 단위 백만 달러), 1998년 9천만 달러(12/78), 1999년 1억만 달러(25/75), 2000년 1억 5백만 달러(35/70), 2001년 1억 천 5백만 달러(44/71), 2002년 1억 3천 9백만 달러(37/102), 2003년 130억 달러(5/125) 등이다. 무역량의 차이는 북한 수출액 중 상당수를 차지하는 노동력에 대한 산정에서 비롯된 것으로 보인다. 여기에서는 KOTRA 자료를 기준으로 설명하였다. Т. Леженина, "Россий ско-северокорей ские экономические связи," Азия-2004: экономика, сотрудничество, интеграция(Москва: ИМЭПИ, 2005), ст. 102.

50) 인터뷰, 2002년 9월 10일, 하바로프스끄.

51) 인터뷰, 2005년 10월 22∼25일, 모스크바.

〈참고문헌〉

1. 북한문헌

김일성, "8.15해방 1주년 평양시경축대회에서 한 보고" (1946.8.15), 『김일성선집 1』 (평양: 조선로동당출판사, 1963).

______, "8.15해방 2주년 평양시기념대회에서 한 보고" (1947.8.14), 『김일성저작집 3』 (평양: 조선로동당출판사, 1979).

______, "8.15해방 3주년기념 평양시경축대회에서 한 보고" (1948.8.14), 『김일성저작집 4』 (평양: 조선로동당출판사, 1979).

______, "8.15해방 6돐기념 평양시경축대회에서 한 보고" (1951.8.14), 『김일성저작집 ＝』 (평양: 조선로동당출판사, 1980).

______, "10월혁명과 조선인민의 민족해방투쟁" (1951.11.5), 『김일성전집 14』 (평양: 조선로동당출판사, 1996).

______, "프로레타리아국제주의와 조선인민의 투쟁" (1952.4.25), 『김일성저작집 7』 (평양: 조선로동당출판사, 1980).

______, "조선민족의 자유와 평화와 해방을 위하여" (1952.8.15), 『김일성저작집 7』 (평양: 조선로동당출판사, 1980).

______, "쓰딸린서거 1주년 추모행사를 조직할데 대하여" (1954.2.22), 조선로동당 중앙위원회 상무위원회에서 한 연설, 『김일성전집 16』 (평양: 조선로동당출판사, 1997).

______, "8.15해방 10돐경축대회에서 한 보고" (1955.8.14), 『김일성저작집 9』 (평양: 조선로동당출판사, 1980).

______, "사상사업에서 형식주의와 교조주의를 퇴치하고 주체를 확립할데 대하여 (1955.12.28)" 당 선전선동일군들 앞에서 한 연설, 『김일성선집 4』 (평양: 조선로동당출판사, 1960).

______, "조선로동당 제3차대회에서 한 중앙위원회사업총화보고" (1956.4.23), 『김일성선집 4』 (평양: 조선로동당출판사, 1960).

______, "조선인민의 민족적명절 8.15해방 15돐경축대회에서 한 보고" (1960.8.14), 『김일성저작집 14』 (평양: 조선로동당출판사, 1981).

______, "8.15해방 17돐기념경축대회에서 한 연설" (1962.8.15), 『김일성저작집 16』. (평양: 조선로동당출판사, 1982).

______, "8.15해방 스무돐기념경축연회에서 한 연설" (1965.8.15), 『김일성저작집 20』 (평양: 조선로동당출판사, 1982).

김일성, "사회주의국가들의 친선과 단결" 쏘련잡지 ≪메쥬두나로드나야 쥐즌≫ 1957년 11월호에 발표한 론설,『김일성저작집 11』(평양: 조선로동당출판사, 1981).

______, "쏘련을 선두로 하는 사회주의진영의 위대한 통일과 국제공산주의운동의 새로운 단계" (1957.12.5) 조선로동당 중앙위원회 확대전원회의에서 한 보고,『김일성선집 5』(평양: 조선로동당출판사, 1960).

______, "조중 량국 인민의 전투적우의" (1959.9.26), 중화인민공화국창건 10돐에 즈음하여 ≪인민일보≫에 발표한 론설,『김일성선집 6』(평양: 조선로동당출판사, 1960).

______, "조선인민의 민족적명절 8.15해방 15돐경축대회에서 한 보고" (1960.8.14),『김일성저작집 14』(평양: 조선로동당출판사, 1981).

______, "조선로동당 제4차대회에서 한 중앙위원회사업총화보고" (1961.9.11),『김일성저작집 15』(평양: 조선로동당출판사, 1981).

______, "8.15해방 17돐기념경축대회에서 한 연설" (1962.8.15),『김일성저작집 16』(평양: 조선로동당출판사, 1982).

______, "현정세와 우리 당의 과업" (1966.10.5), 조선로동당대표자회에서 한 보고.『김일성저작선집 4』(평양: 조선로동당출판사, 1968).

______, "조선민주주의인민공화국에서의 사회주의건설과 남조선혁명에 대하여 (1965.4.14)"『김일성저작선집 4』(평양: 조선로동당출판사, 1968).

______, "8.15해방 스무돐기념경축연회에서 한 연설" (1965.8.15),『김일성저작집 20』(평양: 조선로동당출판사, 1982).

______, "동방식민지민족해방투쟁에 관한 레닌의 위대한 사상은 승리하고 있다" (1970.4.16). 웨.이. 레닌탄생 100돐에 즈음하여 쏘련공산당 중앙위원회기관지 ≪쁘라우다≫에 발표한 론설,『김일성저작집 25』(평양: 조선로동당출판사, 1983).

______, "조선민주주의인민공화국의 당면한 정치, 경제 정책들과 몇가지 국제문제에 대하여" (1972.1.10), 일본 ≪요미우리신붕≫ 기자들이 제기한 질문에 대한 답변,『김일성저작집 27』(평양: 조선로동당출판사, 1984).

______, "조선로동당과 조선인민민주주의공화국정부의 대내외정책의 몇가지 문제에 대하여" (1971.9.25, 10.8), 일본 ≪아사이신붕≫ 편집국장 및 교도통신사 기자와 한 담화.『김일성저작선집 6』(평양: 조선로동당출판사, 1974).

______, "중국신화통신사대표단이 제기한 질문에 대한 대답" (1981.4.23),『김일성저작집 36』(평양: 조선로동당출판사, 1990).

______, "쏘련 따스통신사대표단과 한 담화" (1984.3.31),『김일성저작선집 9』(평양: 조선로동당출판사, 1987).

______, "반제투쟁의 기치를 더욱 높이 들고 사회주의, 공산주의 길로 힘차게 나아

가자" (1987.9.25), 조선로동당 중앙위원회 책임일군들과 한 담화, 『김정일 선집 9』 (평양: 조선로동당출판사, 1997).

박태호, 『조선민주주의인민공화국 대외관계사 1』 (평양: 사회과학출판사, 1985).

조선중앙통신사, 『조선중앙년감』 1959, 1961, 1962, 1965, 1965-1967, 1968, 1971, 1972, 1979, 1980, 1987, 1988년.

≪로동신문≫ 1952년~2003년.

2. 남한문헌

國土統一院 편, 『朝鮮勞動黨大會資料集』 第Ⅰ·Ⅱ·Ⅲ輯 (서울: 國土統一院, 1988).

國土統一院 편, 『북한최고인민회의자료집 2』 (서울: 국토통일원, 1988).

동아일보사 편, 『안보통일문제기본자료집－북한편』 (서울: 동아일보사, 1972).

대한무역진흥공사, 『북한의 대외무역동향』 각년호.

강봉구, 『현대러시아 대외정책의 이해: 대외정책노선 형성과정(1992-1998)』 아태 지역연구센터 연구총서 3 (서울: 한양대학교 출판부, 1999).

강원식, 『러시아는 우리에게 무엇인가』 (서울: 일신사, 1998).

강좌편집위원회 편, 『마르크시즘과 민족해방운동』 강좌/마르크시즘 1 (서울: 학민 사, 1988).

김계동, 『북한의 외교정책: 벼랑에 선 줄타기 외교의 선택』 (서울: 백산서당, 2002).

김용호, 『현대북한외교론』 (서울: 오름, 1996).

나탈리아 바자노바, 양준용 역, 『기로에 선 북한경제』 (서울: 한국경제신문사, 1992).

민족통일연구원, 『최근 북한의 대외정책 동향과 전망』 (서울: 민족통일연구원, 1997).

백학순 · 진창수 편, 『"북한문제"의 국제적 쟁점』 (성남: 세종연구소, 1999).

스탈린, 레닌, 임지현 엮음, 『민족문제와 마르크스주의자들』 얼과글 9 (서울: 한겨 레, 1986).

양문수, 『북한경제의 구조』 (서울: 서울대학교출판부, 2001).

이종석, 『새로 쓴 현대북한의 이해』 (서울: 나남출판사, 2001).

정규섭, 『북한외교의 어제와 오늘』 (서울: 일신사. 1997).

정한구 · 문수언 공편, 『러시아정치의 이해』 (서울: 나남. 1995).

김병기, "러시아의 대북정책: 변화와 연속성," 『세계지역연구논총』 제13집 (서울: 세계지역연구학회, 1999).

김연수, "소련과 북한의 교역관계 분석," 『중소연구』 Vol. Ⅵ, No.3. 1992 가을.

북한문제조사 연구소 연구실, "북한의 대외정책 결정과정," 『극동문제』 215호 (서 울: 극동문제연구소, 1997).

서진영·류길재, "김일성 이후 북한의 대외정책 : 초국가적 관계, 국내정치구조, 대외정책 변화의 동향,"『고려대 아세아연구』97호 (서울: 고려대학교, 1997).

신지호. "북한의 대외 관계와 경제 전략 : 전환기의 상호 작용,"『현대북한연구』2권 2호 (1999).

이영형, "러시아 외교정책의 성격 변화,"『한국정치학회보』제31집 제2호.

전홍찬, "소련의 대북한 경제·군사원조정책에 대한 연구,"『중소연구』통권 60호. (1993/4 가을).

정성임, "최근 북·러 경제관계,"『KDI 북한경제리뷰』제4권 제11호 (2002년 11월호).

______, "한·소수교 100년: 인식문제를 중심으로" 경남대 극동문제연구소·러시아국립극동대학교 한국학대학 공동주최 (2000년 10월).

허문영, "북한의 대외정책 이념: 형성과 적용,"『통일연구논총』5권 1호 (1996).

현인택, "북한의 대외정책과 체제보존,"『사상』34호 (1997).

3. 외국문헌

Доклад об итогах работы Управления Совецкой Гражданско й Администрации в Севернои Корее за три года(август 1945 - ноябрь' 1948). том 1, 2. Пхенъвян, 1948

ЦАМО, ф. УСГАСК, оп. 433847, д. 1.

ЦАМО, ф. 25А, оп. 532092, д. 1.

ЦАМО, ф. 32, оп. 11318, д. 196.

ЦАМО, ф. 127, оп. 468007, д. 4.

ЦАМО, ф. 379, оп. 578927, д. 3.

ЦАМО, ф. ?, оп. 687572, д. 2317.

ЦАМО-А, ф. 19, оп. 266, д. 27.

АВП РФ, ф. 0102, оп. 10, п. 52, д. 8.

АВП РФ, ф. 0102, оп. 11, п. 60, д. 6, 7, 8, 9.

АВП РФ, ф. 0102, оп. 11, п. 65, д. 45.

АВП РФ, ф. 0102, оп. 11, п. 68, д. 3, 4, 5, 6.

АВП РФ, ф. 0102, оп. 13, п. 7, д. 6.

АВП РФ, ф. 0102, оп. 13, п. 72, д. 5, 11.

Глаголевский , Н. И. и Чпнышева, Л. Р. За единую независиму ю демократическую корею. Москва: Государственная ор дена ленина, 1950.

Е. М. Жуков. Советский Союз в борьбе за демократическое ре
шение послевоенных проблем дального востока. Москв
а, 1950.

Азия-2004: экономика, сотрудничество, интеграция. Москва: И
МЭПИ, 2005.

Економическая политика на российском дальнем востоке - Мат
эриали научно-практической конфэренции. Хабаровск:
ИЕИ ДОВ РАН, 1999.

Економическое развитией и международное сотрудничество
в северо-восточной азии. Владивосток: Дальнаука, 2001.

Корей ский полуостров: Мифы, Ожиданий иреальность, част
ь 1, 2, Материалы IVнаучной конференции. Москва: ИЕ
ПИ, 2001.

Ли Дон Хун. Политика СССР и РФ по отношению к северо-вос
точной азии двум корей ским государствам(1985-1998 г
г.). Москва: МИД РФ, 1999.

Минакир, П. А. эд. Даль ний восток и забай калье-2010, progra
мма економического и социального развития дальнего
и забай калья до 2010 года. Москва: Економика, 2002.

Научные идеаледования по проблемам социально-экономиче
ского развития дальнего востокка Библиоргафический
указатель(1996-2000 гг.). Хаваровск: ИеИ ДВО РАН, 2001

Соль Чхун. Еволюция економической политики КНДР в усло
виях межкорей ского урегулирования: конет XX - начал
о XXI века. Москва: ИЕПИ, 2001.

Ткачэнко, В. П. Корей ский полуострови интересы россии. Мос
ква: РАН, 2000.

Тригубенко, М. Е. Политика сотрудничествоРоссии со странам
иВосточной Азии в 90-годах. Москва: ИЕПИ, 1999.

Тригубенко, М. Е. "Торго-економичество между Россей и КНД
Р: по тентиал и возможность" Укрепление корей ско-ро
ссий ского взаимодей ствия для сохранения мира и бео
пасности на Корей ском полуострове. Москва: ИМЕП, РА
Н 2001.

Неелова, Т. А. Левченко Г. Я. Проблемы Корей ского полуостр
ова Россий ская Дипломатия в Корее в 1998-1999 годах.

Москва: ИЕПИ, 2000.

Зенина, Л. "Борьба корей ского народа за демократическое еди ство и национальную независимость" Пропаганда и Аг итация. но. 13, Июль, 1950.

Пигулевская, Е. "Корей ский народ в борьбе за независимост ь и демократию"

Првда. Апрель 24, 1985, Февраль 16, 1987.

Ulyanovsk, Rostislav. trans. by Fildon, David and Shrokov, Yuri, *National Liberation: Essays on Theory and Practice* (Moscow: Progress Publishers, 1978).

Zotov, V. trans. by Gubanov, Gennady, *Lenin's Doctrine on National Liberation Revolutions and Modern World* (Moscow: Progress Publishers, 1983).

북한의 대중국외교정책

유 광 진

1. 서 론

2000년 6월과 2001년 1월 두 번에 걸친 김정일 국방위원장의 전격적인 중국 방문은 동북아질서의 급격한 변화와 함께 많은 시사점을 던져 주었다. 어느 나라를 막론하고 국가원수의 방문외교는 기본적으로 국가이익을 추구하는 최고의 실질적 행위라는 의미를 갖고 있다. 따라서 국가원수의 정상외교는 한 나라의 정책 방향을 결정하는 중요한 요소가 된다.

김정일 국방위원장의 방중은 크게 보아 두 가지의 목적을 두고 이루어졌다. 주변 정황과 북한 내부의 사정을 고려해서 본다면, 미국의 부시행정부 출범으로 북한과 중국의 공조체제가 절실하게 요구되었다는 점이다. 다른 하나는 북한경제 발전에 중국 사례를 직접 원용하겠다는 강력한 메시지를 담고 있었다. 2001년 김정일위원장의 '신사고' 주장과

"세계가 놀라는 시선으로 바라보고 있는 상해는 천지개벽이 되었다"[1]는 언급은 북한경제의 운용 방향을 예고하는 것이기도 했다.

이러한 움직임은 체제안보와 경제발전을 '강성대국'의 핵심과제로 삼고 있는 북한이 내외환경의 중대한 전환기를 맞아 중국과의 관계를 더욱 밀착시킬 수밖에 없음을 반증하는 것이었다. 미국은 중국을 '전략적 경쟁자'로 규정하고 있고, 또 북한을 '못 믿을 테러국가'로 낙인찍고 있다. 반면 미국과 일본의 공조 강화 및 일본의 군국주의화 심화 등은 북한에 커다란 안보위협으로 다가오고 있다. 더구나 이를 명분삼아 미국은 미사일방어(MD)체제를 구축하려 하고 있다. 따라서 북·중 관계는 문화심리적인 전통적 유대요인과 결부되어 동맹적인 협력관계로 발전할 수 있을 것이다.

또한 북한의 경제발전도 중국의 협력과 지원에 의존할 수밖에 없는 실정이다. 북한의 경제난 해결은 미국, 일본 등 서구 선진국가들의 협력과 지원 없이는 실질적으로 불가능한 처지에 있다. 그러나 내외환경의 변화에 따라 종래와 같은 국제적 협력과 지원은 어렵게 되어 있다. 이에 북한이 지원을 요청할 수 있는 나라는 전통적인 경제지원국인 중국밖에 없는 것이다. 이는 물론 북한의 대중 체제안보 외교와 분리되어 있는 것이 아니다. 김일성 사후 계속된 경제난에 시달리고 있을 때, 북한체제가 작동하는 데 주요한 역할을 한 나라는 중국이었다는 사실이 이를 증명하고 있다.

현재 중국의 입장에서도 북한을 자국안보의 완충지대로 존속시켜야 하고, 북한도 중국을 안정적인 지원세력으로 붙잡아 두어야 할 입장에 있다. 북한 역시 '중국모델'을 그대로 적용할 수 없지만, 경제발전을 위한 정책방향을 개혁·개방에서 찾을 수밖에 없다. 결국 북한은 중국과의 협력관계를 강화할 수밖에 없는 것이다. 이러한 협력관계가 최근 들어 북핵문제의 미해결, 북한 미사일사태 등으로 인해 훼손되고 있는 것처럼 보이지만, 본질적인 북중 협력관계는 변하지 않고 있는 것으로 보인다.

이런 맥락에서 본 논문은 2001년까지 북한이 대중국외교를 어떻게 전개해 왔으며, 또 북·중 관계가 밀착될 수 있는 요인이 무엇인가를 찾아보는 데 목적이 있다. 북·중 관계의 변화가 한반도 안보정세에 중요한 요인으로 작용하고 있어 변수별로 심도 있는 연구가 필요하나, 여기서는 일반적인 현실주의적 입장에서 포괄적으로 다루었음을 밝혀둔다.

2. 북한의 외교정책과 중국

1) 북한외교의 목표와 이념

한 나라의 외교정책은 일반적으로 자기보존(self-preservation)과 국가발전(national development)이라는 불변의 이익을 달성하는 데 있다. 북한의 경우도 체제의 보존·유지와 이데올로기적 목적 달성에 그 목표를 두고 있다. 즉 그것은 구체적으로 체제안보, 경제적 번영, 그리고 공산화 통일을 필수적인 국가이익으로 삼고 있다는 것이다. 여기서 북한이 다른 나라와 크게 다른 점이 있다면, 그것은 분단구조 아래에서 남한과의 끊임없는 체제경쟁과 갈등관계에 놓여 있다는 사실이다.[2]

북한의 이러한 목표 달성이 불변의 것임을 밝힌 문서가 바로 그들의 최고 규범인 '조선로동당 규약' 전문이다. 즉 "공화국 북반부에서 사회주의 완전한 승리를 이룩하며 …"는 체제안보가 제1차적인 목표임을 밝히는 것이고, "온 사회의 주체사상화와 공산주의 사회의 건설"은 최종 목표가 한반도의 공산화 통일에 있음을 천명하는 것이다. 또한 전문은 "인민들의 물질적 및 문화적 수준을 끊임없이 높이는 것을 최고의 활동

원칙으로 삼는다”고 하여 경제적 번영이 곧 사회주의체제를 유지하는 요인이라고 밝히고 있다.3)

북한은 이러한 목적달성을 위한 외교정책의 이념과 활동원칙으로 ‘자주’, ‘평화’, ‘친선’을 내세우고 있다. 이를 처음 천명한 것은 1980년 10월 10일 ‘조선로동당’ 제6차 대회였다. 이 때는 ‘자주’, ‘친선’, ‘평화’로 발표하였으나, 1988년 9월 8일 ‘공화국 창건 40돌’ 경축사에서 김일성은 이를 지금의 순위로 바꾸었다. 또한 이를 정식화하여 헌법에 명문화시켰다. 즉 1998년 개정헌법 제17조는 “자주, 평화, 친선은 조선민주주의인민공화국의 대외정책의 기본 이념이며 대외활동의 원칙이다”라고 천명한 바 있다.4)

북한은 결국 대외관계에서 자주성을 확고히 견지하고, 세계 여러 나라들과의 친선·협조 관계를 발전시키며, 세계의 평화와 안정을 보장하기 위하여 투쟁하는 것이 대외관계의 기본이라고 규정하고 있다.5) 따라서 북한은 이러한 이념과 활동원칙 아래 북한체제의 유지·발전에 필요한 국제적인 여건 조성과 자신에게 유리한 통일환경 및 경제적 지원 등을 목표로 외교활동을 전개하고 있다.

그런데 북한은 ‘조선로동당’ 제6차 대회로부터 10여 년이 지난 후 ‘친선’보다 ‘평화’를 앞세웠을까? 북한외교는 과거 진영외교에 입각하여 사회주의권과 ‘국제혁명역량’ 강화를 위한 제3세계 국가에 치중되어 있었다. 이 시기 최대의 외교적 수사는 ‘친선’이었다. 그러나 사회주의권의 몰락과 냉전체제의 해체는 북한외교의 이러한 정형을 수정할 수밖에 없게 만들었다. 북한은 내부자원의 고갈 속에서 사회주의권 시장의 부재와 제3세계권의 약화라는 현실적 상황에 직면하여 체제 생존을 위해 서방국가들과의 관계 확장을 시도하게 되었다. 이 과정에서 기존의 대결적 외교정책 방향을 친선·협력 관계로 재정립해야만 했던 것이다. 여기서 가장 필요한 외교적 수사가 다름 아닌 ‘평화’였다고 여겨진다.6)

이러한 북한 외교정책의 목표와 이념은 김정일국방위원장체제 하에서도 변함없이 지속성을 지니고 있다. 그러나 전술적 측면에서는 많은 변화를 가져오고 있다. 체제생존을 위해 명분론보다는 실용적 견지에서 외교정책을 견지하고 있다는 것이다. 전방위적 대외관계 개선 방향이 이를 잘 대변해주고 있다. 2001년 공동사설에서도 "우리의 자주권을 존중하는 나라들이라면 그 어떤 나라든지 대외관계를 개선해 나갈 것"이라고 밝혀 이를 뒷받침하고 있다.[7]

2) 북한외교정책의 수단

북한은 외교정책의 목표를 달성하기 위하여 어떤 전략과 수단을 현실적으로 사용하고 있을까? 이에 대해서는 많은 논란이 있으나, 이를 종합하면 다음과 같이 정리할 수 있을 것이다.

첫째, 외교정책에 군사주의를 활용하고 있다.[8] 북한은 유일한 가용자원인 군사부문을 대외적으로 활용하여 체제유지와 대외협상용 카드로 사용하고 있다. 북한이 1990년대 중반 이후 자신과 관련된 국제적인 군사적 쟁점들을 계속 제기하면서 경제적 보상으로 이를 해결하려는 경향을 보여온 것이 이를 단적으로 보여주고 있다. 미국과의 핵, 미사일, 재래식 무기 등을 놓고 협상이 전개될 때마다 경제적 보상을 요구하였다는 사례가 구체적 증거이기도 하다. 이와 같은 맥락에서 북한의 대중국관계도 결국 안보·군사적 협력관계에 역점을 두고 전개되었다는 사실은 군사주의적 발상에 근거하고 있다고 해석해도 무방할 것이다.

그러나 군사적 쟁점이 경제적 보상으로 해결되면 될수록 북한의 군사적 위협요소는 줄어드는 결과를 가져올 수도 있어 스스로의 모순에 빠질 우려도 있다.[9] 이와는 달리 북한의 군사주의가 미국의 강경정책이 계속될 때는 오히려 이에 대응하기 위한 북방3각관계의 복원에 기여할 우려 또한 간과해서는 안될 것이다.

둘째, 경제적 실리 획득을 위한 제한적 개방과 국제적 지원 획득전략을 활용하고 있다. 오늘날 북한을 이야기할 때 가장 먼저 논의되는 것이 다름 아닌 경제난이다. 사실 이의 해결 없이는 체제유지도, 김정일체제의 정통성도 심각한 타격을 받게 되어 있다. 북한은 경제난 타개를 위해 투자유치와 시장개척을 위한 관계법령의 정비, 전방위 외교를 통한 지원과 협력체제 구축, 유엔기구와 비정부기구(NGO)를 통한 인도적 실리추구, 정경분리를 앞세워 민간수준의 실리추구, 그리고 중국과 러시아로부터의 경제적 지원 등 다각적인 노력을 전개해 오고 있다. 그러나 군사주의를 활용한 경제적 실리추구는 북·미 간의 갈등과 함께 소기의 성과를 거두지 못하고 있다.

한편 김정일위원장의 대외활동을 보면서, 북한의 경제위기가 극복되었는가에 대한 논의가 일고 있다. 중국의 김승남교수는 "조선경제정세와 정책방향"이란 논문에서 1999년을 전환점으로 하여 다소 급한 불을 껐다고 보고 있다. 그는 김일성 사후부터 지금까지 발표한 신년사(공동사설)를 분석한 결과를 놓고 북한경제가 위기를 넘겼다고 지적하고 있다. 신년사가 1995~1996년에는 '진군'을, 1997년에는 '건설'을, 1998년에는 '총진군'을, 1999년에는 '전환'을, 2000년에는 '승리'를, 그리고 2001년에는 "승리한 기세로 새 세기에는 진격로를 열어 나가자"고 하여 2000년 이후부터는 체제유지에 자신감을 회복한 것으로 평가하고 있다.[10] 이에 대해 북한이 아직 위기 이전 수준으로 회복되지 못하고 있다는 회의적인 평가도 있다.[11]

셋째 통일문제와 관련하여 북한은 '자주'를 내세우고 있다. 북한이 통일문제를 유난히 내세우는 이유는 체제 명분적 요청, 주권국가로서의 정통성, '남조선 해방'의 당위성, 북한 주민의 단결 고취 등에 연유하고 있다. 또한 북한의 '자주'가 '반제'에 있기 때문에 명분론적으로도 주장하지 않을 수 없는 것이다. 따라서 한반도의 통일과 관련한 공동성명, 선언, 합의서 등에는 반드시 "자주적, 평화적 해결"이라는 문구가 들어 있다.

그러나 북한의 '자주적 통일'은 결국 자신이 추구하는 공산화 통일 달성에 있어서 상당한 모순이 되고 있다. 사실 북한의 '자주'는 냉전적 대결논리로 출발하였기 때문에 최근 자신의 대외관계 방향을 두고 스스로의 모순에 빠지게 한다. 예컨대 남북한 동시 유엔가입은 '자주통일'의 논리에 많은 한계를 드러내게 하고 있다고 볼 수 있다.[12]

이와 같이 북한의 외교정책은 김정일시대에도 기존의 이념과 노선을 견지하고 있다. 하지만 체제유지를 위해 그 전술과 수단의 사용에는 변화를 주고 있다. 이러한 변화를 가져오는 핵심적인 요인인 동북아지역의 환경과 주변국의 대한반도 정책에 적응하면서 최대한 이를 활용해야 하기 때문이다. 따라서 북한의 외교정책은 실용적 접근을 추진해 나갈 것으로 예상된다. 대중국 정책도 이 범주를 벗어나지는 못할 것이다.

3) 북한외교정책과 중국

북한의 외교정책 목표가 체제안보, 경제발전, 그리고 통일에 있다고 한다면, 대중국외교정책도 결국 이러한 목표를 달성하는 데 있다고 보아야 할 것이다. 그러나 북한이 중국과의 관계를 설정함에 있어 다른 나라와는 달리 반드시 고려하지 않으면 안 되는 명제가 있다. 그것은 다름 아닌 '순치脣齒', '혈맹血盟' 등으로 표현되는 불가분의 특수한 역사와 배경과 관련된 문제이다.

북한과 중국과의 특수한 관계는 다음과 같은 배경에 연유하고 있다.

첫째, 지리적 인접성을 들 수 있다. 양국은 압록강과 두만강을 경계선으로 하여 1,350km에 달하는 국경선을 마주하고 있어 안보적 관점에서

뿐만 아니라 모든 분야에서 일의대수—衣帶水의 관계를 갖고 있다.

둘째, 역사적인 상호관계를 들 수 있다. 양국은 오랜 기간 정치, 경제, 사회, 문화, 그리고 생활양식 등 모든 분야에서 교류와 협력을 해왔다. 양국의 역사에서 볼 수 있듯이 때로는 대립하기도 하였고, 때로는 협력하기도 하면서 수 천년 동안 관계를 맺어오고 있다는 사실을 들지 않을 수 없다.

셋째, 혈맹적 관계를 들 수 있다. 노동당은 항일시기부터 중국공산당과 긴밀한 협력관계를 맺고 항일투쟁을 전개하였는가 하면, 한국전쟁 당시에는 중국이 참전하여 북한을 기사회생시킨 바 있다. 이 인연으로 북한과 중국은 그야말로 혈맹관계를 지금까지 지속하고 있다.13)

이렇게 양국관계가 불가분의 관계를 유지할 수밖에 없도록 하는 배경적 요인들이 때로는 갈등과 반목을, 때로는 동맹과 협력을 되풀이하면서도 기본적으로 기존관계를 계속해 유지케 하였던 것이다. 뿐만 아니라 북한이 중국과의 기존관계를 유지하려고 노력하는 이유는 아직도 양국이 비슷한 체제를 유지하면서 이데올로기적 동질성이 있다는 점, 사회주의권의 붕괴 이후에도 중국이 북한의 유일한 동맹국이라는 점, 북한이 식량, 원유 등 전략물자의 공급을 중국에 의존하고 있다는 점, 국제무대에서 북한을 지원할 국가가 중국밖에 없다는 점, 이른바 제국주의에 대응할 수 있는 혈맹은 중국이 유일하다는 점, 북한이 최후까지 의지할 수 있는 나라는 중국이라는 점 등이다.

중국 또한 북한과의 기존관계 유지가 그들의 국익에 도움이 된다고 판단하고 있다. 첫째, 중국은 북한이 자국안보의 완충지도로 유지·존속되어야 한다는 입장에 변함이 없으며, 둘째 중국은 이와 관련, 화이적 華夷的 세계관에 입각한 "변방의 유지"14)라는 관념이 지배하고 있으며, 셋째로 이런 맥락에서 북한이 변고가 생기면 변방인 티베트, 신강, 내몽고, 대만 등에 문제가 발생하여 현상유지 정책에 심각한 타격을 입는다고 생각하고 있으며, 넷째로 중국의 성공적 개혁·개방정책에 한반도의 안정유지가 필수불가결의 요건이므로 북한을 지원하지 않을 수 없기 때문이다. 다섯째로 이에 따라 중국은 두 개의 한국정책을 추구하고 한반도 분단의 '안정적 관리'를 우선적으로 추진하고 있으며, 여섯째로 주변국들의 대북 영향력 증대를 억제하여 북한이 자기의 세력 범위 안에 있어야 한다는 입장을 견지하고 있다.

이와 같은 양국의 인식이 중국으로 하여금 북한의 체제유지를 지원해야만 하고, 대외전략 면에서도 북한과의 협력이 필요하며, 경제적인 지원 또한 불가피하다고 보고 있다. 마찬가지로 북한도 체제유지를 위해 중국과 끝까지 협력하여야 한다는 인식을 가지고 있다.[15] 바로 이러한 이해를 같이한다는 인식에서 양국은 '조·중 우호협조 및 호상원조 조약'을 공고하게 유지해야 한다는 입장을 갖고 있다.

더구나 부시행정부의 등장과 함께 북·미 관계, 북·중 관계가 어려운 상황을 맞고 있어 북·중 관계는 정치·군사적 협력뿐만 아니라 경제적 협력도 더욱 절실하게 되었다. 더욱 우려스러운 것은 부시행정부가 북·미 관계의 군사적 해결을 위해 "외과수술식 공격"(surgical strike)[16]을 감행할 경우 북·중 관계는 더욱 밀착될 가능성이 높다는 점이다. 2001년 8월 미국 상원외교위원장인 '조지프 바이든'의원은 "북한은 미국의 미사일 능력을 시험하지 않기를 바란다"고 말하면서, 북한의 핵, 미사일, 재래식 무기의 원만한 해결을 촉구한 바 있다.[17]

그러나 무력충돌 가능성은 희박하다고 보여진다. 중국은 한반도의 안정과 평화를 외교정책의 중요한 순위로 설정하고 있기 때문에 북한으로 하여금 원만한 해결을 할 수 있도록 역할을 할 것이다. 따라서 북한과 중국은 북한체제의 유지·발전에는 상호 적극적으로 동맹적 역할을 수행하지만, 전략적 측면에서는 선택적 협력관계로 발전할 것으로 예상된다.

3. 북한의 대중국외교정책 전개와 발전

1) 냉전기의 대중국외교

북한의 공식적인 대중국외교는 양국이 국교가 수립된 1949년 10월 6일부터 시작되었다. 그러나 북한과 중국은 국가건설 이전인 항일시기부터 깊은 관계를 맺고 있었다. 공산계열인 조선인 항일연군 세력이나 조선의용군 세력 등은 중국공산당과 함께 항일투쟁을 전개하였고, 또 국공내전에서 중국공산당을 지원하여 이미 국교수립 이전부터 혈맹적 관계를 맺고 있었다.18)

항일시기부터 조선인 공산주의자들이 중국공산당을 도운 것은 여러 가지 요인이 있겠지만 무엇보다도 이데올로기적 동질성이나 지정학적 인접성, 그리고 해방 후의 한반도 공산국가 수립 문제와 직결되어 있었기 때문이라고 여겨진다. 국공내전 당시 북한의 김일성은 "중국의 사정은 곧 우리의 사정"이라고 언급하면서 적극적인 지원을 했고, 후일 모택동도 한국전쟁에 참전하는 중국인민지원군에게 "조선의 사정을 자기의 사정으로 간주해야 한다"고 말한 것은 그만큼 양국 간의 이해관계가 일치하고 있음을 증명하는 것이다.19)

북한의 냉전기 대중국정책 목표는 북한체제의 유지·발전과 한반도의 적화통일을 달성하는 데 중국의 강력한 지원을 얻는 데 있었다. 그러나 북한의 대중국외교는 자기 정권의 태생적 한계인 소련의 영향력 하에 있었기 때문에 진영외교의 하위체계를 벗어날 수는 없었다. 따라서 중국은 한국전쟁에 참전하기 이전에는 북한에 대한 영향력이 그리 크지 못하였다.

중국의 한국전쟁 참전은 자신의 대북한 영향력을 증대시키는 결정적 계기가 되었다. 이로 인하여 북·중 관계는 종전의 항일투쟁에서의 동지적 유대감에서 혈맹적 동맹관계로 발전하였다.[20] 중국은 패망 직전의 북한정권을 회생시켰을 뿐만 아니라 전후 복구사업에도 물심양면으로 지원을 아끼지 않았다.[21] 중국이 1954년부터 1957년까지 3억 2천만 달러의 무상원조를 북한에 제공한 사실이 이를 잘 입증해 주고 있다.[22] 이는 곧 중국의 대북한 영향력이 그만큼 증대하였음을 의미하는 것이었다.

한편 이후 중·소 분쟁과 관련하여 북한은 소련보다 중국 쪽으로 기울어지기 시작하였다. 1958년에서 1964년 소련의 흐루쉬쵸프 실각까지는 북한이 대중국외교에 있어서 적어도 '형제적' 밀월관계에 있었다고 평가할 수 있다. 이 기간 북한과 중국은 15차례에 걸쳐 김일성과 모택동, 김일성과 모택동·주은래, 그리고 김일성과 주은래 간 정상급 회담을 진행시켰다.[23] 뿐만 아니라 이 기간 동안 '과학기술합작협정'(1957. 12.31), '항공운수협정'(1959.2.28), '문화합작협정'(1959.2.21), '우호협력 및 상호원조 조약'(1961.7.11), '국경조약'(1962.10.12), 그리고 '국경에 관한 의정서'(1964.3.20) 등 많은 조약 및 협정과 의정서가 조인되었다.[24] 또한 북한의 대중국 의존은 경제협력 관계에서도 잘 나타나 있다. 1960~1966년 기간 사이 북한의 대외무역 총량에서 소련이 40%, 중국이 36.5%를 점유할 정도였다.[25]

흐루쉬쵸프 사후 소련 신지도부의 등장과 중국의 문화혁명과 관련하여 북한의 대중국외교는 심각한 문제에 봉착하게 되었다. 북한이 1960년대 후반 중국과 상대적으로 소원하게 된 요인은 북한의 국방·경제 병진노선에 따른 소련의 지원이 시급했고, 베트남전에 대한 중국의 소극적인 태도, 그리고 북한지도부를 '수정주의', '기회주의' 등으로 몰아붙인 문화혁명 등을 들 수 있다.[26] 이러한 상황 속에서 1964년 11월 김일성과 모택동·주은래 간의 회담을 끝으로 1970년 4월 김일성과 주은래 회담 때까지 양국 정상 간 상호방문이 중단되었는가 하면, 북한은

중국공산당을 '교조주의', '종파주의'로 비판하기에 이르렀다.27)

이러한 북·중 간의 심각한 갈등은 북한 외교의 지침이 될 수 있는 '자주노선'을 확립케 했고, 주체사상을 내세워 북한사회를 개인숭배체제로 전환시킨 계기로 작용하였다. 이에 관한 평가는 여러 가지가 있지만 북한의 입장에서 보면, "대국을 이용하여 대국을 견제"28)하는 이대제대以大制大의 성과를 거두었다고 평가할 수 있다.

2) 데땅트와 중국 개혁·개방 초기의 대중국외교정책

북·중 간의 갈등관계는 1969년 가을 풀리기 시작하였다. 그것은 문화혁명의 사실상 종료, 미국의 '닉슨 독트린' 발표와 미·중 간의 대화, 그리고 소련의 대북한 내정간섭 반발 등이 그 원인으로 작용하였다.

이러한 상황에서 북한은 1969년 6월 모스크바에서 개최된 세계공산당대회에 "조건 미성숙"을 이유로 불참하였다. 북한의 불참은 중국으로 하여금 양국 간 관계개선에 나설 수 있는 명분을 제공한 셈이 되었다. 관계개선의 청신호로 1969년 10월 최고인민회의 상임위원장인 최용건이 중화인민공화국 창건 20주년 기념행사에 참석, 5년 여 만의 고위급 인사의 방중이 이루어졌다. 이 때 최용건은 양국관계의 개선과 발전에 관한 김일성의 희망을 주은래 수상에게 전달하였다.29) 이에 앞서 북한의 대중국 관계 회복을 촉진시킨 사건이 있었다. 1969년 4월 15일 북한의 미EU-121정찰기 격추사건에 대해 소련은 미국과의 평화공존정책 유지를 위해 북한의 태도에 대해 적극적인 지지를 하지 않았다. 이는 북한으로 하여금 중국과의 관계를 밀착시킨 중요한 계기가 되기도 하였다.

양국관계의 정상화는 1970년 4월 주은래의 평양 방문으로 가시화하였다. 또한 같은 해 10월 김일성이 북경을 비공식 방문해 모택동·주은래 등과 회담30)하는 등 양국은 그 동안 뜸했던 경제, 군사, 친선, 과학기술 등의 대표단을 상호 교환하면서 우호관계를 완전히 복원시켰다. 이 기간 양국은 '경제·기술원조 협정'(1970년 10월 17일), '무상 군사원조 협정'(1971년 9월 6일) 등을 맺어 중국으로부터의 많은 군사·경제원조를 받게 되었다. 그러나 이 시기부터 북한의 대중국외교는 과거로의 회귀가 아닌 '자주성'이 인정된 바탕 속에서 전개된 것이었다.

한편 데땅트시대의 도래는 북한에게 큰 충격을 주었다. 급변하는 국제정세의 변화에 대처하기 위해 북한은 중국과의 튼튼한 외교공조를 선택하였다. 닉슨의 방중에 앞서 공동전략을 수립하기 위하여 비공식적으로 김일성의 중국 방문이 매년 한 차례씩 이루어졌다.31) 중국 또한 이에 상응하는 평양방문을 지속시켰다. 중국은 미·중 관계개선이라는 새로운 동북아질서를 구축하는 과정에서 북한과의 공동보조를 맞출 필요가 있었던 것이다.

북한은 닉슨의 중국 방문을 "결국 닉슨은 지난 날 조선전쟁에서 패배한 미제 침략자들이 판문점에 흰 기를 들고 나오듯이 베이징으로 흰 기를 들고 찾아오게 된 것"이라고 '미국 백기론'을 들고 나오면서 중국 인민의 승리로 규정하였다.32) 또한 북한은 "국제정세의 변화에 따라 대외정책이 변화될 수도 있습니다"33)는 점을 분명히 하면서 조건 없는 남북대화를 제의하기도 하였다. 이것은 곧 북한의 미국 위협이 감소되었고, 뒤이어 남한에서의 미7사단 병력의 철수가 이루어져 남북대화라는 가시적 긴장완화 조치의 필요성에 북·중 양국의 이해 일치를 반영한 산물이라고 보여진다. 이를 뒷받침하듯 중국은 남북대화와 북한의 통일원칙 등에 계속적인 지지를 보내고 경제적 지원을 아끼지 않았다.

이 시기 새로운 정세 속에서 북한의 외교전략의 변화는 불가피하였다. 종래의 진영외교에서 실리외교의 일환으로 비동맹외교에 주력하면서도 서구 자본주의 국가들과의 외교관계를 수립해 나갔는가 하면 유엔 무대를 상대로 적극적인 활동을 벌였다. 또한 하층통일전선 전략전술과 함께 상층부 통일전선 전략전술을 병행한 것도 커다란 변화의 일면이라고 보여진다.

한편 등소평시대의 개막과 함께 북한의 대중외교는 1960년대 이래 가장 활발한 시기였다고 할 수 있다. 중국은 1978년 12월 중국공산당 11기 3중전회의를 계기로 등소평체제를 출범시켰다. 등소평체제는 '4대현대화'정책을 추진함에 있어서 전통적 우방인 북한과의 입장 조율이 필요한 상태였다. 또한 북한은 1980년 10월 노동당 6차대회를 계기로 김정일 후계체제가 공식화함으로써 중국으로부터 후계체제에 대한 인정을 받아야 할 필요성을 느끼고 있었다. 이러한 쌍방의 필요 속에서 김일성은 1982년 9월과 1984년 11월 중국을 방문하였다. 특히 1983년 6월에는 김정일이 중국공산당 총서기인 호요방의 초청으로 중국을 방문, 등소평과도 면담함으로써 사실상 중국으로부터 김정일 후계체제의 양해를 받았다.34)

중국의 최고지도자들도 빈번하게 북한을 방문했다. 1982년 4월 등소평과 호요방의 비공식 방문, 1984년 5월과 이듬해 5월 호요방의 방문 등 이 시기 북한을 방문한 중국대표단은 180여 단체에 달했다. 그러나 북한과 중국과의 관계는 중국의 개방정책에 따른 실용주의노선 문제, 한반도의 현상유지 즉 안정과 평화의 문제 등 노선과 정책의 차이로 인한 잠재적인 갈등요소를 처음부터 가지고 있었으며, 이는 지금까지도 쟁점이 되고 있다.

3) 탈냉전기의 대중국외교정책

탈냉전기 북한의 대중국외교정책은 갈등과 협력을 되풀이하면서 전개해 왔다고 볼 수 있다. 북한은 사회주의권의 몰락, 미국의 걸프전 압승, 핵문제로 인한 국제사회의 압력, 중국의 실용주의 정책 강화, 독일의

통일 및 남한의 북방정책 성공 등으로 경제난 외교적 고립, 그리고 안보
위협에 직면하게 되었다. 이에 북한은 위기극복을 위해 종래의 교조주
의적 발전방식과 대외노선의 부분적 변화를 가져오는 새로운 생존전략
을 수립하지 않을 수 없게 되었다. 북한은 서방과의 관계개선 시도, 남
북한 유엔 동시가입 수락, 서방과의 무역관계 확대와 합영·합작 및 자
유무역지대 선포 등 변화에 적응하는 정책을 전개하기에 이르렀다.

　이러한 상황의 전개는 초보적인 수준이지만 북한이 중국노선에 접근
하기 시작하였으며, 양측의 발전노선 차이에 의한 갈등은 그만큼 줄어
들었음을 의미하는 것이었다.[35] 중국이 북한의 북·일 관계 정상화 시
도나 유엔가입 신청, 그리고 미국의 대북 핵협의를 위한 고위급회담 제
의 등에 대하여 즉각적인 환영을 한 것만 보아도 북한의 정책노선 변화
가 중국의 이해와 일치하고 있음을 표현한 것이었다.[36]

　그러나 한·러 수교에 이어 1992년 8월 한·중 수교가 이루어지자
북한은 중국을 '배신자', '변절자'[37]로 비난하면서 주중대사를 소환하는
등 불편함을 감추지 않았다. 한·중 수교 이전만 해도 조자양 중공당
총서기(1989.4), 강택민 총서기(1990.3), 이붕 총리(1991.5), 양상곤 국가
주석(1992.4) 등 중국의 고위급 인사들이 북한을 방문하였고, 북한 역시
김일성의 방문(1991.10) 등 양국관계는 원만하게 진행된 바 있다. 그러
나 이로부터 만 8년 동안 양국의 최고위급 인사들의 상호방문은 단절되
고 말았다.[38]

　또한 이 시기 북한은 중국측 정전위원회 대표단 철수를 요구하기에
이르렀다. 중국측 대표단 철수는 한반도에서 스스로 자신의 영향력을
감소시키는 것이며, 나아가 중국경제의 발전에 필수적인 한반도의 안정
과 평화에도 역행하는 것이었다. 중국은 김일성 사망과 외교적 고립의
심화, 그리고 경제난 등 대내외적 위기상황을 고려하여 북한의 요구를
받아들였다.[39] 대신 중국은 새로운 평화체제가 수립되기 이전에는 정전

협정이 여전히 유효하다는 입장을 취하였다.[40) 그러나 북한의 대중국관계 악화는 북한경제를 압박하는 요인이 되어 심각한 상황으로 치닫게 되었다.

하지만 한·중 수교로 소원해진 북한과 중국은 양국의 국가발전을 위해 빠른 회복의 필요성을 느끼기 시작하였다. 러시아의 균형회교 천명, 중국의 한반도 안정과 평화의 긴요성, 북한의 중국으로부터의 경제원조 필요성, 그리고 북·미핵협상 타결 등 현실적 이해관계는 양국관계의 회복국면으로의 전환을 촉진하였다. 이러한 현실적인 한계로 인하여 북한은 중국측에 경제원조를 요청했으며, 이에 중국도 대북 원조를 개시하였다. 중국은 1996년 5월에는 '경제기술합작협정', '상품차관협정', '경제군사원조협정'[41) 등을 맺어 본격적인 대북경제 지원에 나섰다.

이렇듯 북·중 관계 회복의 계기는 북한의 경제난에 있었지만, 군사관계는 처음부터 크게 영향을 받지 않았다. 1992년 9월부터 1994년까지 북한과 중국 군사대표단 간의 접촉과 교류가 한·중 수교 이전보다 오히려 빈번하게 진행되어 북·중 군사동맹관계는 한·중 수교에 크게 영향을 받지 않았음을 나타내고 있다.[42)

북한과 중국과의 관계가 정상화단계로 회복되기 시작한 것은 1999년부터로 보인다. 북한은 그 해 6월 3일부터 7일까지 북·중 수교 50주년을 맞아 김영남 최고인민회의 상임위원장을 대표로 하는 친선사절단을 방중시켰다.[43) 이는 김일성 방중 이후 8년 만의 일이며, 특히 김정일시대 개막 이후 북한정부 대표단의 중국 공식방문이라는 점에서 북한의 대중국 정상외교를 복원시키며 새로운 관계개선을 이룩한 중요한 사건이었다.[44)

북한의 대중 관계개선의 의지는 특히 2000년 5월 28일 김정일위원장의 전격적인 비공식 방중에서 극명하게 드러났다. 김정일은 남북정상회담에 대한 사전통보외교를 부활시킴과 동시에 중국과의 관계를 공고히 하고 경제 등 여러 방면에서 지원을 약속 받은 것으로 보인다.[45] 이어 김정일은 2001년 1월 15일 또다시 중국을 비공식 방문하여 부시행정부의 대중, 대북 강경노선에 대한 공조체제를 튼튼히 하고, 중국으로부터의 경제지원을 확보하는 등 밀착관계를 과시하기도 하였다.[46]

이렇게 볼 때 북한 대중외교의 핵심은 체제안보에 대해서는 상호 적극적으로 대처하고, 경제사안 등에 대해서는 선택적인 협력과 지원체제를 구축하는 방향으로 전개될 것이다.

4. 북한의 대중국외교정책 전망

1) "동맹적 협력관계"로의 재정립

지금까지 살펴 본 바와 같이 북한의 대중국외교는 목표에 있어서는 지속적이며, 구체적인 수단에 있어서는 변화의 측면이 강하게 나타나고 있음을 알 수 있다. 그 목표는 북한의 체제안보에 있기 때문에 양국 안보의 제도적 장치인 '우호협조 및 호상원조조약'을 충실히 유지해야 한다는 입장이다. 한・중 수교로 북한과 중국이 심각한 갈등관계에 놓여 있었을 때도 북한은 중국을 "피로써 맺어진 전통적인 우호관계"로 규정하고, "사회주의 형제국"으로서의 협력과 지원을 아끼지 말아야 한다고 역설한 바 있다.[47]

한편 중국도 북한체제의 붕괴는 곧 중국의 안보에 치명적인 타격을 받는다는 인식을 갖고 있다. 중국이 한・중 수교 이후에도 '정경분리정책'을 내세워 정치・군사적 측면에서는 북한과 혈맹관계에 있다고 강조한 것만 보아도 이를 알 수 있다.

더구나 미・일 간의 '신방위협력지침'의 발표와 함께 부시 행정부의 중국 규정, 즉 '전략적 동반자'에서 '전략적 경쟁자'로의 전환48) 등은 중국과 북한으로 하여금 이 지역에서의 미국과의 적대적 경쟁을 불가피하게 인식하게 할 수도 있다. 이러한 긴장관계는 미국의 대북정책과 함께 양국의 동맹적 유대관계를 더욱 강화하는 요인으로 작용하고 있다.

중국은 1990년대 초반 북·중 관계를 실용적 협력관계로 전환시켜 일반적인 국가관계로 설정하려고 시도한 바 있었다. 그러나 당시 북한의 심각한 경제난이 북한체제의 붕괴 가능성을 불러오자 동맹관계의 불가피성을 재인식하게 되었고, 이에 중국은 대규모 대북지원을 제공하였던 것이다.49) 그러나 북한이나 중국이 다같이 교조주의적 동맹관계에만 매달릴 수 없는 현실이 있다. 내부자원의 고갈상태에서 외부지원을 획득할 목적으로 대외관계를 확장하고 있는 북한의 입장에서는 중국의 지원이 체제생존을 위한 필수적인 조건으로 작용하고 있지만 모든 것을 중국에만 의존할 수 없는 것이 또한 냉엄한 현실이기 때문이다.

중국의 입장도 마찬가지다. 중국의 대북정책 기조가 한반도의 현상유지에 목적이 있다면 비록 북한과의 이해가 일치하지 않는다 하더라도 실리적 측면에서는 중국의 이익을 추구할 수밖에 없는 것이다. 이에 중국은 대북정책 방향을 다음과 같이 설정하고 있다. 첫째, 북한의 존립을 좌우하는 문제에서는 북한을 적극 옹호한다. 즉 북한에 대한 미국의 강제 제재 반대, 경제지원 강화, 무력사용 반대 등이 이에 해당한다. 둘째, 북한의 존립을 직접 해치지 않는 문제는 국제관례에 따름으로써 실리를 취한다. 즉 유엔 동시가입, 한반도 비핵화, 4자회담, 남북대화, 북·미회담 등에 대해서는 지지한다. 셋째, 중국의 이해관계가 크게 걸리지 않는 문제는 최대한 북한의 뜻을 수용한다.50)

이와 같이 중국이 대북한정책에서 일정한 가이드라인을 설정한 것은 실용적, 전략적 측면에서의 국익에 관한 문제는 선택적으로 실리를 추구한다는 의지를 나타낸 것이다. 또한 이것은 북한으로 하여금 대외관계의 선택 폭을 제공하는 기준이기도 하다.

사실 북한과 중국은 발전 양상이나 사회적 역동성, 그리고 대외적 이해관계 등에서 정책적 차이를 갖고 있다. 첫째, 중국은 개혁·개방을 활발히 추진하고 있는 데 반하여 북한은 이에 소극적인 자세를 취하고 있다. 둘째, 중국이 남한과의 교류·협력을 활발히 전개하고 있는 데 반하여 북한은 아직도 남한과의 직접 대화나 협력을 소홀히 하고 있다. 셋째, 중국은 남북대화를 통한 한반도의 평화통일을 지지하고 있는 데 반하여 북한은 아직도 기본 강령상의 통일원칙을 고집하고 있다. 넷째, 중국이 한반도의 비핵화를 지지하고 있는 데 반하여 북한은 아직도 핵, 미사일, 재래식무기 등의 소유 및 확산을 희망하고 있다. 다섯째, 중국은 새로운 평화체제가 수립될 때까지 한반도에 정전협정이 유지되어야 한다는 입장인 데 반해 북한은 북·미 간 평화협정 체결을 주장하고 있다.[51] 그리고 중국은 주한미군의 장래를 한·미 간 문제로 인식하고 있는 데 반하여 북한은 남북정상회담 이후에도 주한미군 철수를 "초미의 문제"[52]로 취급하고 있다는 점 등이다.

이렇듯 북한과 중국은 서로의 이익에 따라 과거 냉전시대의 동맹과는 차원이 다른 협력관계로 나아가고 있다. 이를 "동맹적 협력관계"라고 표현할 수 있을 것이다. 동맹적 협력관계란 북·중 관계의 기본적 바탕이 되는 혈맹적 유대를 토대로 삼아 실용적 사안에 관해서는 선택적으로 협력하거나 지원하는 관계라고 정의할 수 있을 것이다. 왜냐하면 양국의 동맹체제가 아무리 실용주의적 현실이 국제정치를 지배한다고 해도 해체되지 않으리라고 보여지기 때문이다.

2) '동맹적 협력관계'로의 재정립 배경

북·중 관계를 '동맹적 협력관계'로 이해하게 된 배경에는 크게 보아

두 가지 요인 때문이다. 그 하나는 국제환경의 변화이고, 다른 하나는 양국의 국가발전 전략상의 차이에서 발견할 수 있다. 국제환경의 변화 가운데 가장 크게 영향을 받은 것은 두말할 필요 없이 사회주의권의 몰락과 신세계 질서라는 국제조류였다. 사회주의권의 몰락은 종래와 같은 진영적 의존관계의 종결을 의미하며, 신세계질서의 형성은 실용주의의 지배를 의미하는 것이었다.

이에 중국은 신속히 개혁·개방정책을 전개하여 탈냉전의 세계질서에 적극적으로 참여하였다. 반면 북한은 이를 거부하고 오히려 자립적 경제체제를 강화하는 태도를 취하였다. 중국의 입장에서는 냉전체제 하의 동맹관계로만 북한을 대할 수 없게 되었던 것이다. 하지만 이후 북한은 생존전략의 하나로 제한적인 대외개방정책을 전개하기에 이르렀던 것이다. 여기서 양국관계는 종래의 같은 동맹적 성격에서 벗어나 실용적 협력관계로 발전하게 되었다.

한편 북한과 러시아는 1961년 체결한 '북·러우호협조 및 호상원조 조약'을 1996년 9월 10일 폐기하고, 2000년 2월 9일 '우호 선린협조 조약'을 체결하였다. 이는 구조약에서 양국 간 유사시 자동군사개입을 명문화했던 군사동맹을 약화시키고 경제협력에 초점을 둔 실리추구적 협력관계로 변화시킨 것을 주요 내용으로 하였다. 이러한 수준에서 작년 11월 푸틴대통령이 평양을 방문하였고, 뒤이어 2001년 8월 김정일 국방위원장의 모스크바 답방이 이루어졌다. '모스크바선언'을 보면, 북한과 러시아는 군사·경제 협력문제와 미국에 대한 공동대응에 집중하고 있다.53) 이에 비하여 중국은 여전히 북한과 군사동맹관계를 유지하고 있어 이 부분에 관한 한 '동맹국 관계'를 맺고 있다.

그리고 미국의 대중, 대북정책 또한 북·중 관계를 재정립하는 데 커다란 영향력을 미치고 있다. 클린턴행정부 시절의 대중, 대북정책은 대화와 설득을 통해 현안문제를 해결하는데 역점을 두었다. 이에 북한은 군사주의를 활용하여 경제적 실리를 챙기는 입장을 취했다. 이 과정에서 중국은 북·미 관계의 진전이 중국의 국가이익에도 부합한다고 판단하여 이를 지지하였다. 또한 중국은 한반도의 긴장완화와 평화정착이 북·중 간의 동맹관계에 영향을 미치지 않는 것으로 판단했으며, 또한 양국은 실용적 협력관계에 역점을 둘 수 있었다.

그러나 부시행정부의 등장과 함께 미국은 중국과 북한에 대하여 강경정책을 취했다. 심지어 미국 내 '중국위협론', '잠재적 적국론', '북한위협론' 등이 등장하면서, 북·중 관계는 동맹관계를 더욱 공고히 다지는 방향으로 전개되고 있다. 지금 북한과 중국의 이해관계가 가장 일치하는 부분은 미국의 미사일방어(MD)체제에 대한 공동대응이기 때문이다. 김정일위원장의 두 번에 걸친 비공식 중국방문에서도 이는 잘 나타나고 있다.

북·중 관계가 '동맹적 협력관계'로 이행하게 된 또 하나의 요인은 양국의 국가발전전략의 차이에서 발견된다. 발전전략의 차이가 개혁·개방에 대한 양국 간의 견해 차이를 나타냈던 것이다. '사상 중시'의 리더십이 지속적으로 강조되어 온 북한은 개혁·개방에 대하여 매우 부정적인 입장을 보여왔다. 그러나 아직도 풀리지 않은 경제난을 해결하야 할 과제를 지니고 있는 북한은 "새로운 사고"의 강조와 함께 중국의 개혁·개방정책에 긍정적인 태도로 접근하고 있는 실정이다. 김정일위원장의 상해 포동浦東지구 방문이 이를 대변하고 있다 할 수 것이다.54) 이와 함께 북한이 미국을 비롯한 다른 나라로부터의 경제원조를 획득하는데 한계에 부딪쳐 있어 상대적으로 중국에 대한 의존도가 높아질 것으로 보인다.

이와 같이 북한·중국관계는 전통적인 동맹관계를 지속하면서 실용적인 문제에 관해서는 독자적인 입장에서 협력하거나, 양국이 이해가 상충될 때는 원칙에만 합의하거나 양해하는 방향으로 전개될 것이다.

물론 양국의 군사적 동맹관계가 전통적인 수준에서 운용되지 않을 것이라는 것도 주지의 사실이다.55) 그러나 양국관계에서 이념적 정체성이나 유교문화적 형제관계는 이익 차원에서 설명할 수 없는 상징적 의미를 지니고 있음도 간과해서는 안 될 것이다.56)

3) 북한의 대對중국외교정책 전망

21세기의 북한·중국 관계는 어떻게 전개될 것인가? 이는 한반도 정세에 중요한 영향을 미치는 핵심적인 요소이기 때문에 양국뿐만 아니라 많은 관심이 집중되고 있다. 그러나 양국관계의 전망은 연구자의 기본 관점과 접근방법에 따라 정형의 예측이 나올 수 없다. 따라서 여기서는 보편적으로 적용하고 있는 현실주의적 시각에서 양국관계를 전망해 보기로 한다.

첫째, 체제안보적 측면에서 북한은 중국과의 동맹적 관계를 더욱 발전시켜 나갈 것이다. 본질적으로 북한과 중국은 체제생존을 같이 할 수밖에 없는 특수한 관계를 가지고 있다. 앞서 지적한 바와 같이 양국은 지리적, 역사적, 이념적, 그리고 이해관계적 견지에서 상호불가분의 공통이해를 갖고 있다. 뿐만 아니라 현실적으로 양국은 상대지역을 자국안보의 보루로 설정하고 있어 문자 그대로 순치관계에 있다.

이러한 상황 속에서 국제환경은 양국관계를 더욱 밀착하게 만들어주고 있다. 부시행정부의 '힘에 근거한 대외정책' 논리는 북·중 양국을 겨냥하고 있으며, 덧붙여 미사일방어(MD)체제도 양국을 겨냥하고 있어 북·중은 "사활적" 문제로 대미 공동대응을 하지 않을 수 없게 되어가고 있다. 또 미국은 중국을 견제하는 수단으로 '대만카드'를 사용하고 있는가 하면, 북한에게는 상호주의원칙과 핵, 미사일, 재래식무기의 철저한 검증을 내세워 이를 받아들이지 않을 경우 강경책도 불사한다는 입장을 취하고 있다.

김정일위원장의 두 번에 걸친 중국방문과 국방관련 인사의 활발한 교류는 북한과 중국과의 긴밀한 군사적 협력관계를 과시하고 장차 대미 협상에서 유리한 입장을 확보하려는데 있는 것으로 보인다. 김정일·강택민 북경회담(2000.6)에서 '지역안정의 협력'과 '국제사회에서의 공조'를 통한 안보협력관계의 가일층 발전을 강조하고 있음도 이를 뒷받침하고 있다.[57] 이 밖에도 일본, 한국과의 관계도 북·중 관계의 발전에 커다란 변수로 작용하고 있다.

둘째, 경제적 측면에서 북한은 중국에의 의존도가 높아질 것이다. 여기에는 북한의 경제발전노선의 문제와 경제적 지원 및 협력문제 두 가지로 나누어 볼 수 있다. 즉 북한은 현재 자원고갈과 국제적 지원의 약화, 그리고 '민족적 자립경제체제'의 한계라는 상황 속에서 생존해 나가야 하기 때문에 불가피하게 중국의 개혁·개방 노선과 지원을 받을 수밖에 없을 것이다. 그리하여 경제발전노선은 개혁·개방을 받아들이는 쪽으로 전개될 것이다. 물론 북한이 개혁·개방에는 비판적이지만, 그럼에도 불구하고 헌법개정을 비롯하여 개방에 필요한 법률을 제정하여 제한적이지만 개방정책을 준비하는 등의 역사적 사례가 이를 증명하고 있다.[58]

그러나 북한은 중국처럼 전면적 개혁·개방정책을 목표로 하는 것이 아니라 제한된 지역이나 분야를 선택적으로 개방하는 이른바 "점분산형 개방정책"을 전개하고 있다.[59] 앞으로 이러한 방식에서 보다 확장된 개방정책으로 발전해 나갈 것으로 전망된다. 2000년과 2001년 김정일국방위원장의 중국방문, 특히 중국의 개혁·개방의 상징인 상해 포동지구 등을 방문하여 중국의 개혁·개방을 높이 평가한 사실이 이를 증명해 주고 있다.

뿐만 아니라 북한은 당면한 경제난 극복을 위한 경제 협력과 지원을 중국에 많이 의존할 수밖에 없는 상황에 있다. 북한이 현재 미국, 일본을 비롯한 경제대국들로부터 경제적 협력과 지원을 받는 데는 상당한 한계가 있다. 마찬가지로 남한으로부터의 협력과 지원도 한계에 부딪쳐 있다. 이러한 국제환경 속에서 북한이 경제적 협력자로, 경제적 지원자로 중국을 중요시하지 않을 수 없는 것이다.

중국으로부터의 협력과 지원은 양국 간 이해관계 일치, 부담과 압력으로부터의 자유스러움, 역설적으로 미·일·한국 등에 대한 압박 등 실용적인 효과가 크기 때문에 대중국 의존도는 높을 수밖에 없다. 따라서 북한은 중국을 안정적인 협력과 지원세력으로 붙잡아 둘 것으로 예상된다. 김일성 사후 식량난에 시달렸던 북한을 구출한 생명줄이 바로 중국이었다는 사실을 잊지 않고 있다.

셋째, 통일과 남북관계 측면에서 북한은 자기의 명분과 실리의 획득을 위해 중국을 지렛대로 활용할 것이다. 북한은 남한과의 경쟁관계에 있기 때문에 중국이 취하고 있는 한반도의 안정과 평화라는 기본정책과는 이해가 일치할 수 없는 부분이 존재하고 있다. 예컨대 핵과 미사일문제, 정전협정 유지문제, 주한미국문제, 평화정착문제, 탈북자문제 등은 여전히 북·중 양국이 견해 차이를 보이고 있다. 이는 곧 한반도 문제에 관해서는 북한이 체제보존과 통일과 관련하여 사활적 이해를 갖고 있음을 의미한다.

따라서 북한은 여전히 정책적 차이에서 오는 이해관계를 조정하면서 힘겹게 미국, 남한 등과의 협상을 전개해야 하기 때문에 중국과의 관계를 돈독히 해 나갈 것으로 보인다. 이렇게 볼 때 북한의 대중국 밀착관계는 확대되어 나갈 것으로 예상된다. 그러나 북·미 관계의 해결, 북·일 관계의 발전 등 동북아 질서가 긴장에서 또다시 화해와 협력으로 진전된다면 북·중 관계도 "동맹적 협력관계"에서 "전략적 협력관계"로 변화될 것으로 보인다. 왜냐하면 한반도 문제의 갈등관계 속에서 북한이 이익을 얻을 수 있을 요소나 환경이 사라지기 때문이다.

5. 결 론

　21세기 북·중 관계는 현 국제환경의 변화에 따라 긴밀한 협력관계로 발전할 가능성이 높아지고 있다. 그것은 바로 동북아질서가 갈등관계로 접어들고 있기 때문이다. 이러한 갈등요인들은 부시행정부의 동북아지역에 대한 힘의 외교를 강조하는 적극적인 개입정책 추진, 미·일 간의 군사적 협력체제와 일본의 군사대국화 움직임, 중국과 러시아의 대북 영향력 확대, 이와 관련한 남북한 관계의 갈등, 북한의 불안정체제와 핵, 미사일 개발 등으로 인한 주변국가들의 우려 등을 지적할 수 있다.60) 또 최근 일본의 교과서 왜곡사태, 북·일 국교정상화 협상의 난항 등도 북·중 관계 강화에 보탬이 되는 요인이 되고 있다.

　현재 동북아지역의 질서는 미국과 중국의 영향력 경쟁, 일본의 군사대국화에 따른 북한·중국 등의 대응, 남북한 간의 협력과 갈등 등이 중층적 또는 복합적으로 결합되어 지역갈등관계로 발전하고 있다. 특히 미국이 급부상하고 중국을 '적' 또는 '경쟁자'로 설정하여 중·미 간의 경쟁과 갈등이 고조되며 북한이 체제유지와 생존전략 차원에서 핵, 미사일, 생화학무기 등 대량살상무기의 개발과 재래식 무기의 증강을 도모하는 상황은 한반도의 평화와 안정에 위협요인으로 작용하고 있다.

　이러한 국제환경은 자연스럽게 북한과 중국과의 관계를 빠른 속도로 긴밀하게 만들고 있다. 북한이 북한의 입장에서, 중국이 중국의 입장에서 각각 영향력을 확대하려고 하는 것은 당연한 일인지도 모른다. 김정일위원장의 두 차례에 걸친 중국방문과 강택민 주석의 평양 방문은 두 나라 사이가 점차 맹방盟邦관계로 회복되고 있음을 입증하고 있다 하겠다. 이와 더불어 러시아도 푸틴대통령의 평양방문에 이어 김정일위원장의 모스크바 답방으로 이 지역의 영향력을 회복하겠다는 의지를 보였다.

북·중 관계는 이러한 국제환경과 전통적인 '형제국'으로서 자리하고 있는 문화·심리적 요인이 결부되어 체제안보를 위한 '동맹적 협력관계'로 발전할 수밖에 없다고 보여진다. 따라서 북한은 중국과 정치·안보를 우선하면서 경제·사회분야에 이르기까지 포괄적 협력관계를 구축하고 있다고 보여지며, 중국은 김정일체제의 중·장기적 안정 여부와는 상관없이 현재로서는 김정일 이외에는 대안이 없다는 점에서 북한을 강력히 지원해 주고 있는 것으로 보인다. 또한 중국이 동북아의 주도권을 확보를 위해 북한을 지원하지 않을 수 없기 때문에 북·중 관계는 밀착될 수밖에 없으며, 북한 또한 중·미 간의 갈등을 북·미 간의 협상과정에서 중요한 협상카드로 활용할 수 있기 때문에 양국관계는 불가분의 관계로 유지·발전할 수 있을 것이다.

이러한 복합적 요인들을 감안하여 판단할 때, 향후 북·중 관계는 군사적 동맹관계를 강화하면서 실용적 협력과 지원관계로 진전되리라고 예측된다. 이 경우 우려되는 점은 한반도에서 '불균형 질서'가 새롭게 형성될 가능성이 있다는 점이다. 북한·중국·러시아 사이에 북방삼각관계가 복원되면서 동북아지역에 '신냉전질서'가 구축될 수도 있다는 우려의 목소리가 나오고 있는 실정이다. 따라서 북·중 관계의 변화가 남한의 안보에 중요한 영향을 미치는 핵심요인이라는 사실을 명심할 필요가 있다. 이 과정에서 북한이 어떻게 역할을 하느냐에 따라 한반도의 평화와 안정이 좌우될 것이다.

※ 이 글은 "북한의 대중국외교정책: 변화와 전망," 북한연구학회,
『북한연구학회보』 제5권 1호 (2001)에 수록되었다.

주註

1) ≪연합뉴스≫ 2001년 2월 1일자.

2) 유광진, "대외정책의 기조와 기구," 민병천 외,『북한학 입문』(서울: 들녘, 2001), 157∼158쪽.

3) 유광진, "북한의 대미외교정책," 민병천 외,『북한의 대외관계』(서울: 대왕사, 1987), 151쪽.

4) 민병천 외,『북한학 입문』부록, 326∼327쪽 참조.

5) 이종석, "북한외교의 변화와 남북한 관계,"『외교』제54호 (서울: 한국외교협회, 2000.7), 22쪽.

6) 유광진, "북한의 대외정책: 지속성과 변화,"『행정논집』27 (서울: 동국대 행정대학원, 1999), 85쪽.

7) ≪연합뉴스≫ 2001년 1월 4일자, 북A6쪽.

8) 이종석, "한반도 평화정착을 위하여,"『남과 북 하나가 되는 길』(서울: 대한매일신보사, 1999), 113쪽.

9) 이종석, "북한외교의 변화와 남북한 관계," 앞의 책, 23쪽.

10) 김승남, "조선경제정세와 정책방향,"『동국대학교 북한학연구소 · 길림대학교 동북아연구원 제3차 한 · 중 학술회의: 21세기 동북아질서와 한반도 평화』(장춘: 길림대학, 2001년 6월 25일), 6쪽.

11) 김연철, "북한 경제개혁 전망," 민병천 외,『북한학 입문』, 229쪽.

12) 아키쓰키 노조무秋月望, "북 · 중 관계의 특질과 그 전개," 오코노기 마사오小比木政夫 편저 · 강성윤 외 역,『김정일과 현대 북한』(서울: 을유문화사, 2000), 280∼283쪽 참조.

13) 전정환, "북한외교의 변화 양상,"『외교』제54호, 10쪽.

14) 안영섭, "북한 중국관계의 변화 한반도 안보정세: 북한의 최근 변화동향을 중심으로,"『북한연구학회보』제4권 2호(2000), 101쪽.

15) 신상진,『북 · 중 관계의 전망』(서울: 통일연구원, 1999), 10∼18쪽 참조.

16) 고유환, "동북아 신질서와 남북관계,"『동국대학교 북한학연구소 · 길림대학교 동북아연구원 제3차 한 · 중 학술회의: 21세기 동북아질서와 한반도 평화』, 5쪽.

17) ≪동아일보≫ 2001년 8월 4일자.

18) 이종석,『북한－중국관계 1945∼2000』(서울: 중심, 2000), 17∼26쪽 참조.

19) 위의 책, 52∼53쪽.

20) 양국 간 동맹관계의 제도화는 1961년 '조 · 중 우호협조 및 호상원조에 관한 조약'에서 공식화하였다. ≪로동신문≫ 1961년 7월 11일자 참조.

21) 북 · 중 간 경제협력에 대한 제도적 장치는 1953년 11월 23일 '조 · 중 경제

및 문화합작에 관한 협정'이다.

22) 민병천, "북한의 대중·소 외교정책," 민병천 외, 『북한의 대외관계』, 92~93쪽 참조.

23) 이종석, 위의 책, 부록, 309~310쪽 참조.

24) 위의 책, 313쪽.

25) 김동성, "북한의 대중국정책," 양성철 외, 『북한외교정책』(서울: 서울 프레스, 1996), 240쪽.

26) 이기종, 『남북한의 국제관계와 안보외교』(서울: 동림사, 1998), 370쪽.

27) 당시 로동신문 논설은 "자주성을 옹호하자"는 장문의 논설을 실어 중국을 '교조주의'로 비판하면서 특이하게도 '자주노선'을 밝힌 바 있다. ≪로동신문≫ 1966년 8월 12일자.

28) 아키쓰키 노조무秋月望, 앞의 논문, 280쪽.

29) 이종석, 앞의 책, 249~250쪽 참조.

30) 中共中央文獻研究室 編, 『周恩來年譜 1949~1976(上)』(北京: 中央文獻出版社, 1997), 400쪽. 이종석, 앞의 책, 252쪽에서 재인용.

31) 김일성은 1970년 10월, 1971년 11월, 1972년 8월, 1973년 10월 각각 중국을 방문하였다. 이종석, 앞의 책, 254쪽.

32) 김일성, "미제를 반대하는 아세아 혁명적 인민들의 공동투쟁은 반드시 승리할 것이다(캄보쟈국가원수이며 캄보쟈민족통일전선 위원장인 노로돔 시하누크친왕을 환영하는 평양시 군중대회에서 한 연설 1971년 8월 6일),"『김일성 저작집 26』(평양: 조선로동당출판사, 1984), 225쪽.

33) 김일성, "조선로동당과 공화국정부의 대내외정책의 몇가지 문제에 대하여(일본 ≪아사히신붕≫ 편집국장 및 교도통신사 기자와 한 담화 1971년 9월 25일, 10월 8일)," 위의 책, 306쪽.

34) 정진위, 『북방3각관계』(서울: 박영사, 1985), 182쪽.

35) 이종석, 앞의 책, 267쪽.

36) 위의 책, 270쪽.

37) ≪중앙방송≫ 1992년 9월 27일 방송.

38) 『북한연감 2000』(서울: 연합뉴스사, 2000), 681쪽.

39) ≪중앙일보≫ 1994년 9월 2일자.

40) 최춘흠, 『중국과 한반도 평화협정』(서울: 통일연구원, 1999), 24쪽.

41) 中國外交部, 『中國外交 1997』(北京: 世界知識出版社, 1997), 907쪽.

42) 신상진, 앞의 책, 25~28쪽 참조.

43) 정규섭, "김정일체제의 외교정책 – 지속성과 변화,"『북한연구학회보』제3권 1호 (1999), 48쪽.

44) ≪人民日報≫ 1999년 6월 5일자 참조.

45) ≪한겨레신문≫ 2000년 5월 31일자 참조.

46) ≪연합뉴스≫ 2001년 2월 1일(제1248호), 북A4～5 참조.

47) ≪로동신문≫ 1993년 7월 10일자.

48) David Shambaugh, "Sino-American Relation: From Partners to Competitors" *Survival*, Vol.42, No.1 (spring, 2000), pp. 97-115.

49) 이종석, 앞의 책, 284쪽.

50) 오용석, "중국의 대북한정책 기조와 경제협력," 이창재 편,『한반도 주변 4국의 대북한 정책』(서울: 대외경제정책연구원, 1996), 18쪽.

51) 전정환, 앞의 논문, 11쪽.

52) 2001년 8월 북·러 정상회담의 '모스크바선언' 제8항은 미군철수를 제기하고 있다. ≪조선일보≫ 2001년 8월 6일자.

53) ≪동아일보≫ 2001년 8월 6일자.

54) ≪연합뉴스≫ 2001년 2월 1일자. 북한A6～7쪽 참조.

55) 이종석, 앞의 책, 298쪽.

56) Lucian W. Pye, *Asian Power and Politics: The Cultural Dementions of Politics* (Cambridge, M.A.: The Belknap Press of Harvard Univ. 1985), p. 232.

57) ≪대한매일신보≫ 2000년 6월 3일자.

58) 이종석, "2000년 북한의 대내외정책 전망,"『정세와 정책』2월호 (성남: 세종연구소, 2000), 2～3쪽.

59) 이종석,『북한－중국관계 1945～2000』, 302쪽.

60) 고유환, 앞의 논문, 2쪽.

〈참고문헌〉

1. 북한문헌

김일성, 『김일성 저작집 26』 (평양: 조선로동당출판사, 1984).
≪로동신문≫
≪人民日報≫

2. 남한문헌

고병철 외, 『북한외교론』 (서울: 경남대 극동문제연구소, 1977).
고유환, "동북아 신질서와 남북관계," 『동국대학교 북한학연구소 · 길림대학교동북
　　　아연구원 한 · 중 학술회의: 21세기 동북아질서와 한반도 평화』 (장춘: 길
　　　림대학, 2001년 6월 25일).
김동성, "북한의 대중국정책," 양성철 외, 『북한외교정책』 (서울: 서울 프레스,
　　　1996).
김승남, "조선경제정세와 정책방향," 『동국대학교 북한학연구소 · 길림대학교 동북
　　　아연구원 제3차 한 · 중 학술회의: 21세기 동북아질서와 한반도 평화』 (장
　　　춘: 길림대학, 2001년 6월 25일).
김승재, "북한의 대외정책 변화와 중 · 러관계," 『외교』 제54호 (서울: 한국외교협
　　　회, 2000.7).
김연철, "북한 경제개혁 전망," 민병천 외, 『북한학 입문』 (서울: 들녘, 2001).
민병천 외, 『북한공산주의』 (서울: 대왕사, 1983).
＿＿＿ 외, 『북한의 대외관계』 (서울: 대왕사, 1987).
＿＿＿ 외, 『북한학 입문』 (서울: 글녘, 2001).
서진영, 『현대 중국과 북한 40년』 (서울: 고려대 아세아문제연구소, 1989).
신상진, 『북 · 중관계의 전망』 (서울: 통일연구원, 1999).
＿＿＿, 『중 · 미관계와 한반도』 (서울: 통일연구원, 2000).
안영섭, "북한 중국관계의 변화 한반도 안보정세: 북한의 최근 변화동향을 중심으
　　　로," 『북한연구학회보』 제4권 2호 (서울: 북한연구학회, 2000).
안인해, 『탈냉전기 북 · 중관계 변화 연구』 (서울: 민족통일연구원, 1995).
연합뉴스사, 『북한연감 2000』 (서울: 연합뉴스사, 2000).
오용석, "중국의 대북한정책 기조와 경제협력," 이창재 편, 『한반도 주변 4국의 대
　　　북한 정책』 (서울: 대외경제정책연구원, 1996).
오코노기 마사오小比木政夫 편저, 강성윤 외 역, 『김정일과 현대 북한』 (서울: 을유문

화사, 2000).

유광진, "대외정책의 기조와 기구," 민병천 외,『북한학 입문』(서울: 들녘, 2001).

______, "북한의 대외정책: 지속성과 변화,"『행정논집』27집 (서울: 동국대 행정대학원, 1999).

유지·허명 저, 김태만 외 역,『장쩌민과 신중국 건설의 청사진』(서울: 동방미디어, 1998).

이기종,『남북한의 국제관계와 안보외교』(서울: 동림사, 1998).

이종석,『북한―중국관계 1945~2000』(서울: 중심, 2000).

______,『새로 쓴 현대북한의 이해』(서울: 역사비평사, 2000).

______, "2000년 북한의 대내외정책 전망,"『정세와 정책』2월호 (성남: 세종연구소, 2000).

______, "북한외교의 변화와 남북한 관계,"『외교』제54호 (서울: 한국외교협회, 2000.7).

______, "한반도 평화정착을 위하여,"『남과 북 하나가 되는 길』(서울: 대한매일신보사, 1999).

전정환, "북한외교의 변화 양상,"『외교』제54호 (서울: 한국외교협회, 2000.7).

정규섭,『북한외교의 어제와 오늘』(서울: 일신사, 1997).

______, "김정일체제의 외교정책―지속성과 변화,"『북한연구학회보』제3권 1호 (서울: 북한연구학회, 1999).

정진위,『북방3각관계』(서울: 박영사, 1985).

최춘흠,『중국과 한반도 평화협정』(서울: 통일연구원, 1999).

______,『중국의 한반도 대한반도 정책 전망』(서울: 통일연구원, 2000).

≪동아일보≫

≪대한매일신보≫

≪연합뉴스≫

≪조선일보≫

≪중앙일보≫

≪한겨레신문≫

3. 외국문헌

Pye, Lucian W. *Asian Power and Politics :The Cultural Dementions of Politics* (Cambridge, M.A.:The Belknap Press of Harvard Univ. 1985).

Shambaugh David, "Sino-American Relation: From Partners to Competitors," *Survival*, Vol.42, No.1 (spring, 2000).

찾아보기

ㄱ

고난의 행군 244, 301
고려민주련방공화국 창립방안
　　26, 116
과대성장군부론 46
교차승인 27
9·19 공동성명 52
국방에서의 자위 72
국제원자력기구(IAEA) 294
기본합의서 257

ㄴ

남북연합제안 157
남조선혁명론 23, 127
낮은 단계의 연방제 38, 106, 135
느슨한 연방제 30, 133
닉슨 독트린 75, 219, 249, 414

ㄷ

다원적 안전공동체 210

동맹적 협력관계 421, 423
동방정책 197, 198, 199

ㅁ

미·중 공동성명 75
민족대단결 5대 방침 36, 263
민주기지론 21, 107, 247

ㅂ

반둥회의(Bandung Conference)
　　248
베를린 선언 68
벼랑끝전술 256
부르죠아 민족주의 289
부분통합의 확장논리 200
북·미 기본합의문(Agreed
　　Framework) 32
북방정책 253
북한인권법안 270
비대칭적 동맹 383

비례대표유형   206

ㅅ

4대군사로선   72
사회정치적 생명체론   13
3대혁명역량의 강화   11
3대혁명역량   245, 329
선건설 후통일   73
선군정치   46, 90
선택적 개입주의   295

ㅇ

아미티지 보고서   300
얄타 협정   192
연방연합제   135
외과수술식 공격   411
위기조성전술   50
유엔동시가입   27
유훈통치   260
6·15 남북공동선언   68
6·23 특별성명   25
6·23선언   79, 114
6자회담   269
융합 안전공동체   210
이종이익동맹   383

ㅈ

제네바 기본합의문   260
제도통일 후대위임론   148
조·러 공동선언   271, 275
조·러 모스크바선언   275
조국광복회   15
조국통일 3대원칙   15, 25, 36, 77, 114, 143, 149
조국통일 3대헌장   40, 149, 151, 263
조국통일 5대강령   79, 114
조국통일 5대방침   16, 26, 257
조국통일을 위한 전민족대단결 10 대강령   31, 36, 257
조일평양선언   339
지배주의   354

ㅊ

참다운 민족주의   289
7·4 남북공동성명   16, 36, 66, 75, 114
7·7선언   85

ㅌ

테트(구정)대공세   219

ㅍ

파리클럽 387
8월 종파사건 364, 365
페리보고서 301
포츠담 선언 192
프롤레타리아국제주의 351

ㅎ

한민족공동체 통일방안 157
핵확산금지조약(NPT) 294

필자약력

□ 유호열

고려대 북한학과 교수, 행정대학원 원장

오하이오 주립대(Ohio State University) 정치학 박사

주요저서 및 논문 : 『현대북한체제론』(공저), 『북하의 재외동포정책』(공저), 『북한 사회주의 건설과 좌절』, 『동북아 탈북자지원 NGO의 현황과 전망』

□ 고유환

동국대 북한학과 교수

동국대학교 정치학 박사

주요저서 및 논문 : 『북한정치의 이해』(공저), 『북한학 입문』(공저), 『로동신문을 통해 본 북한변화』, 『북한 핵문제의 해법과 한반도 평화체제 구축』, "노무현 정부의 대북정책 2년 평가와 과제", "Changes in the Political and Economic Structure of North Korea Under Kim Jong-Il", "The Roh Moo-hyun Administration's North Korea Policy: Making Peace on the Korean Peninsula"

□ 전현준

통일연구원 선임연구위원, 북한연구학회 회장

전남대학교 정치학 박사

주요저서 및 논문 : 『김정일 정권의 권력엘리트 연구』, 『김정일 리더쉽 연구』, 『북한의 대남정책 특징』, 『북한의 사회통제 기구 연구』

□ 윤황

선문대학교 북한학과 겸임교수

건국대학교 정치학 박사

주요저서 및 논문 : 『분단 극복을 위한 초석』(공저), 『북한핵문제의 실체적

북한학총서 북한의 새인식

▫ 발간위원회
　발간위원장: 전현준(북한연구학회 회장)
　발 간 위 원: 고유환(북한연구학회 부회장, 동국대학교 교수)
　　　　　　　정규섭(북한연구학회 부회장, 관동대학교 교수)
　　　　　　　이기동(북한연구학회 총무이사, 국제문제조사연구소 연구위원)

▫ 편집위원회
　책임편집: 정영철(북한연구학회 연구이사, 서울대학교 국제대학원 책임연
　　　　　　구원)
　편집위원: 고재홍(북한연구학회 편집위원, 국제문제조사연구소 연구위원)
　　　　　　신효숙(북한연구학회 편집위원, 북한대학원 대학교 연구교수)
　　　　　　이무철(북한연구학회 연구위원회 간사, 북한대학원 대학교 연구
　　　　　　교수)
　　　　　　전영선(북한연구학회 문화분과위원장, 한양대학교 연구교수)

북한의 통일외교

정가 : 27,000원

2006년 11월 20일　초판 인쇄
2006년 11월 25일　초판 발행

　　　　편　　저 : 북한연구학회
　　　　발 행 인 : 한 정 희
　　　　발 행 처 : 경인문화사
　　　　　　　　　서울특별시 마포구 마포동 324-3
　　　　　　　　　전화 : 718-4831～2, 팩스 : 703-9711
　　　　　　　　　http://www.kyunginp.co.kr 한국학서적.kr
　　　　　　　　　E-mail : kyunginp@chol.com
　　　　등록번호 : 제10-18호(1973.11.8)

ISBN : 89-499-0445-4 93340
ⓒ2006, Kyung-in Publishing Co, Printed in Korea
* 파본 및 훼손된 책은 교환해드립니다.